U0510671

谨以此丛书献给万德珍女士：

感谢她为此生存理性存在之问

付出一生，

陪伴一生，

唱和一生！

四川师范大学重大成果孵化资助项目

唐代兴　著

第5卷

生存论
研究丛书

律法规训逻辑

中国社会科学出版社

图书在版编目(CIP)数据

律法规训逻辑／唐代兴著．—北京：中国社会科学出版社，2024.1
(生存论研究丛书)
ISBN 978 - 7 - 5227 - 2807 - 0

Ⅰ.①律…　Ⅱ.①唐…　Ⅲ.①法哲学—研究　Ⅳ.①D903

中国国家版本馆 CIP 数据核字(2023)第 240247 号

出 版 人	赵剑英
责任编辑	刘亚楠
责任校对	张爱华
责任印制	张雪娇

出　　　版	中国社会科学出版社
社　　　址	北京鼓楼西大街甲 158 号
邮　　　编	100720
网　　　址	http://www.csspw.cn
发 行 部	010 - 84083685
门 市 部	010 - 84029450
经　　　销	新华书店及其他书店

印刷装订	北京市十月印刷有限公司
版　　　次	2024 年 1 月第 1 版
印　　　次	2024 年 1 月第 1 次印刷

开　　　本	710×1000　1/16
印　　　张	25.75
插　　　页	2
字　　　数	408 千字
定　　　价	158.00 元

凡购买中国社会科学出版社图书，如有质量问题请与本社营销中心联系调换
电话：010 - 84083683

版权所有　侵权必究

几乎所有的推理都有隐含的前提，没有什么值得特别惊讶和感觉不平常的。

——理查德·德威特《世界观：科学史与科学哲学导论》

总　序

世界自在，而人立其中。其存在，须臾不离阳光、空气、气候、水、土地；其生存，总要努力于技术、科学、经济、政治、教育、艺术、宗教的武装，既丰富内涵，更挑战极限：

技术，创造生存工具，持续地挑战安全的极限；

科学，开拓存在疆界，持续地挑战经验的极限；

经济，增长物质财富，持续地挑战富裕的极限；

政治，平衡公私利欲，持续地挑战权利的极限；

教育，开发生命潜能，持续地挑战智力的极限；

艺术，追求生活善美，持续地挑战自由的极限；

宗教，赋予存在信仰，持续地挑战心灵的极限。

所有一切都有正反实用，惟有哲学，历来被视为无用之学。然而，无论技术、科学，或经济、政治、教育，甚至艺术或宗教，其正反实用达于极限状态，往往演化出绝望，因为绝望之于希望，才走向哲学，开出"存在之问"的**新生**之道。

一　哲学发问存在的当世取向

哲学在无用中创造大用，本源于它专注于存在及其敞开，并从发问存在出发，开出存在之思而继续向前，始终行进于存在之问的当世之途，这构成哲学不同于哲学研究的根本性质定位和功能定位。

1. 哲学的自身定位

哲学乃存在之问，偏离存在之问，遗忘或丧失存在之问，哲学必然消隐。哲学一旦消隐，存在世界因丧失思想的光芒而沦为荒原，人必自得其乐于物质主义的愚昧并进而沦为暴虐主义的耗材。这是因为哲学始终是当世的，以存在之问为基业的当世哲学，直接地源于人类的存在困境和生存危机。人类的存在困境和生存危机永远属当世，是当世的必然制造：人类的每一个当世存在必然演绎出只属于此"在世之中"的存在困境和生存危机，哲学的存在之问就是直面人类的当世存在困境和生存危机而展开追问，以探求根本的解救之道，这一根本的解救之道构成武装当世政治、经济、文化、教育、科学、技术的根本智慧、最高知识和统领性方法。这是哲学的当世消隐必然带来存在荒原和非人深渊的根本原因，这也是它与哲学研究的根本不同所在。

哲学是当世的，哲学研究是历史的。

哲学的当世取向及努力，源于它对"在世之中"的人类发出存在之问，以探求其存在困境和生存危机的根本解救之道；哲学研究的历史取向及其努力，在于它只关注已成的哲学思想、知识、方法的历史及其具体内容的哲学著作，哲学理论，哲学思想、知识、方法体系以及与此直接关联的哲学思潮、哲学运动和哲学家。

所以，哲学关注的对象是人类的当世存在，具体地讲是人类当世的存在困境和生存危机；哲学研究关注的对象是已有的哲学成就，包括已经功成名就的哲学家，和这些哲学家创造出来的哲学思想、哲学知识、哲学方法、哲学理论、哲学体系、哲学著作和由他们涌动生成的哲学思潮、哲学运动、哲学流派、哲学传统。

哲学研究追求严肃、严谨、庄重；哲学却崇尚使命和责任。

哲学研究可能成为事业，但对于更多的人或者大多数人来讲只是一种职业，所以哲学研究可以会聚形成庞大的群体，庞大的职业圈，庞大的师门承传，甚而至于可以汇聚成为课题、项目、获奖的江湖，或可曰：哲学研究可成为甚至往往成为敲门砖、工具、手段。哲学研究所拥有的这些都与哲学无缘：哲学作为对当世的存在之问的根本方式，不能成为职业，只能成为事业，所以哲学在任何时代都只由**极少极少的人**所能眷顾。因为，哲学之为哲学的基本标志，是存在之问；哲学研究之为哲学研究的基本标志，是对哲学家的哲学成果（认知、思想、知识、方法、著作、体系）之问。

哲学研究可类分出东方或西方，也可类分出古代、近代或现代，更可类分出国度与种族，还可类分出思潮和流派、著作与人，以及阶级和门派。哲学却全然与这些无缘、无关，因为哲学不仅是当世的，更是世界的，它就是立足当世开辟人类存在之问的**世界性**道路。

要言之，哲学研究是人类根本思想、根本知识、根本方法的历史学，或**历史阐释学**；哲学却是人类根本思想、根本知识、根本方法的当代学，或**当代创造学**。

2. 哲学的当世努力

哲学研究的对象产生于历史，哲学及其创造源于当世的存在困境和生存危机，这就是自古磨难出英雄，从来动荡激哲思。古希腊哲学诞生于存在的自然之问，并朝存在之伦理和政治哲学方向发展，前者不仅因为存在世界引发出惊诧和好奇，更是突破大海束缚开拓存在空间的激励；后者源于突围战乱的绝境而探求人性再造的生存反思。春秋战国之世，如果没有"天子失官，学在四夷"的存在困境 和"道术将为天下裂"的生存危机，则不可能有探求如何解救时世的思想方案的诸子盛世的产生。

存在的困境，创造思想盛宴；生存的危机，孕育哲学盛世。

以直面存在困境和追问生存危机的方式彰显自身的哲学，始终是当世的。唯物质主义存在和祛魅化生存，基因工程和人工智能开启生物人种学忧惧，后环境风险带动地球生物危机，极端气候失律推动灾害世界化，加速迭代变异的病毒正以嗜虐全人类的方式全面改写着人类的历史，而更新的殖民主义浪潮推动全球化的空间争夺、价值对决、军备竞赛、武器至上等汇聚生成、运演出风云突变的当世存在，构筑起后人口、后环境、后技术化存在、后疫–灾、后经济–政治为基本向度的**后世界风险社会**陷阱，必然激发哲学追问以拆除唯学科视域、突破科学主义，摒弃细节迷恋，走向生态整体，以关注存在本体的方式入场，开启哲学的当代道路，探索哲学的当世重建。

哲学的当代道路，即是沿着经验理性向观念理性再向科学理性方向前进而必然开出生存理性（或生态理性）的道路①，因而，生存理性哲学，应该成为解救当世存在的根本困境和危机的根本之道的哲学。

哲学展开存在之问的方式，就是理性。哲学以理性方式展开存在之问有多种形式，具体地讲，以理性方式敞开存在的经验之问，即是经验理性哲学；以理性方式敞开存在的观念之问，就是观念理性哲学；以理性方式方式敞开存在的科学（或曰方法）之问，就是科学理性（或曰"工具理性"）哲学；以理性方式敞开存在的生态之问，就是生存理性哲学。由于**存在敞开生存**始终呈自身的位态，所以生存理性哲学亦可称之为生态理性哲学。因为"生态"概念的本义是生命存在的固有姿态，当生命存在敞开生存时，其固有的姿态也就随之呈现其存在敞开的原本性位态，这一本原性位态即是存在以自身方式敞开的生存朝向（详述参见"生存论研究"卷4《生成涌现时间》第1章第四部分），所以，生存理性哲学也就是生态理性哲学。

二 生态理性之思敞开的初步

生态理性哲学的基本主题是"当代人类理性存在何以可能"？它落实在生存上，则凸显出四个有待追问的基本问题：

一、人善待个人何以可能？

二、人善待环境何以可能？

三、人善待文明何以可能？

四、人善待历史何以可能？

生态理性哲学直面当世存在困境和生存危机而发问，探求其解决的根本之道，就是为人善待个人、人善待环境、人善待文明、人善待历史提供可能性，包括认知、思想、知识、方法及其生态整体路径等方面的可能性。因而，发问当世存在困境和生存危机，探索和创建生态理性哲学，不仅是当世哲学家的事业，也是当世文学家、科学家以及其他当世思想家的共同事业。

1. 生态理性的形上视域

基于如上基本定位，生态理性哲学的认知起步，是重新思考人类书写，

---

① 参见唐代兴《生态理性哲学导论》，北京大学出版社2005年版。

考察人类书写事业的主体构成，由是于 1987 年、1988 年先后完成《书写哲学的生成》和《人类书写论》（1991）两本小册子。以此为起步，尝试思考生态理性的本体论和形而上学问题，于 1989 年完成生态理性本体论《语义场导论：人类行为动力研究》（1998 年初版，十五年后修订增加了 15 万字，于 2015 年以《语义场：生存的本体论诠释》再版），1990 年完成生态理性形而上学《生态理性哲学导论》（2005），1991 年完成生态理性本体论美学《语义美学论纲：人类行为意义研究（1）》（2001 年初版，一年后市场上出现版盗版本，2003 年重印）；1992 年完成生态理性政治哲学《语言政治学：人类行为意义研究（3）》（至今未出版）；1993 年完成生态理性美学《形式语义美学论纲：人类行为意义研究（2）》（因 2001 年家被盗，电脑被偷，此书稿丢失）。继而尝试思考生态理性哲学方法问题，先后形成《思维方法的生态化综合》（1990 年 2 月）、《再论生态化综合》（1991 年 3 月）、《生态化综合：全球化语境下的文艺学方法》（1992 年 4 月）等论文，其后予以系统思考，于 2000 年完成《生态化综合：一种新的世界观》（2015）。

依照哲学传统，哲学应包括三部分内容，即形而上学、本体论，认识论和实践哲学。认识论是形而上学、本体论指向实践哲学的中介，实践哲学应该成为形而上学、本体论达于生活世界指导人生和引导社会的方法论。实践哲学，在经典的意义上是伦理学（或道德哲学）和政治学（或政治哲学）（比如亚里士多德就是如此定位实践哲学，笛卡儿在此基础上增加了医学和力学，黑格尔却以法哲学的方式将伦理学和政治哲学统合起来），但在完整的意义上，实践哲学应包括伦理学、政治哲学、教育哲学和美学（或曰"美的哲学"）四个方面：伦理学，是哲学走向实践引导人如何善待人的根本方法和普遍智慧，或可说伦理学是哲学引导人如何与人"生活在一起"的根本方法和普遍智慧；政治哲学，是哲学走向实践引导社会如何善待人的根本方法和普遍智慧，或可说政治哲学是哲学引导社会如何与人人"生活在一起"的根本方法和普遍智慧；教育哲学，是哲学走向实践引导人如何成己成人立世的根本方法和普遍智慧，或可说教育哲学是哲学引导人如何从动物存在走向人文存在而成为人和大人的根本方法和普遍智慧；美学或曰"美的哲学"，是哲学走向实践引导人如何善待自己的根本方法和普遍智慧，或可说美学是哲学引导人如何**悦纳**内在的自己而自由地存在、生活和创造的根本方法与普遍智慧。

2. 生态理性的伦理建构

从 2001 年始，开始从生态理性的基本问题转向其生态理性的实践问题。实践哲学虽然主要由伦理学、政治哲学、教育哲学和美学构成，但此四者中，伦理问题却成为实践哲学的**基础性**问题。这正如斯宾诺莎和黑格尔所说，伦理是一种存在的精神实体。在西语中，ethics 源于古希腊语 ëthos（ηθος），意为气禀和品性；但与 ëthos 关系密切的词是 ethos（εθος），意思是风俗、习惯。所以，气禀、品性、习惯、风俗构成 ethics 的基本语义。相对人而言，气禀和品性属内在的东西，构成**个体**的内在精神规范；习惯和风俗却是外在的东西，构成**社会共同体**对个体的外在规范：这种外在规范的个体化呈现，就是习惯；这种外在规范的群体性呈现，就是风俗。或者，习惯表述气禀和品性向外释放形成个体行为约束方式，当这种行为约束方式因**共同行动的便利约定俗成为主体间性**的行动自觉，就成为风俗。风俗是超越个体行为习惯的一种普遍性体认方式、行为模式、精神结构。

伦理作为一种存在的精神实体，是从个体出发，以个性精神为动力，以个体行为方式的**群体性扩散**所构筑起来的**伦理地存在**的**普世性**体认方式、行为模式和精神结构。伦理地存在，是指以个体为主体的体现普世性体认方式、行为模式和精神结构的存在方式。这种体认方式、行为模式、精神结构的内在规定性及基本诉求是什么呢？ethics 没有提供这方面的信息，但汉语"伦理"概念却为之提供了这方面的解释性依据。在汉语中，"伦理"之"伦，辈也"（《说文》），揭明"伦"的本义是**辈分**，辈分的本质是**血缘**。血缘和辈分既将人先天地安排在**各自该居**的关系位置上使之获得等级性，也规定了人与人界线分明的**类聚**关系，即血缘之内一类，血缘之外另一类。血缘、辈分、类聚，此三者生成性建构起人间之"伦"，简称人伦。人伦作为一种基本的人道，却是自然使然，因为血缘、辈分、类聚，都源于自然，因而都是自然的：血缘不由人选择，辈分也是天赋予人，当一个生命种子在母体中播下，辈分就产生了；原初意义的类聚是由血缘和辈分生成，比如，你生而为女人或生而为男人，以及你生而为丑女人或美女人、矮男人或高男人，或者生于富贵之家还是贫贱之家，均不由你选择，它对你来讲，是自然地生成，自然地带来，并自然地将你带进矮或高、丑或美、贫穷或富贵之"类"中，并且是强迫性地使之成为种种"类"的符号、代码，比如生于贫穷地域的贫穷人家，你就成为"穷人"一类中的"穷人"代码。从根本讲，血缘体现**自然生育法则**，辈分和类聚蕴含大千世界存在物如何**存在的天理**（即"自然之理"的简便说法）。遵循血缘这一自然生育法则和辈分、类聚这一存在天理向外拓展，就形成民族，建立国家，产生国家社会的人伦关系形态。亚里士多德在《政治学》中指出，人单独不能存在，更不能延续种类，相互依存的男女因为生理的成熟而结合，所以配偶出于生理的自然产生两种结果，一是男女出于生理的自然而结合组成家庭；二是男女因为生理的自然结合产生生育，所以生育亦是生理的自然。生育的繁衍，使家庭扩展成为村坊，村坊的横向联合，产生城邦。① 这一生成敞开进程，既遵循了自然生育法则，也发挥了辈分和类聚这一存在天理的功能。"伦"字所蕴含的这一双重之"理"，使它有资格与"理"字结合而构成"伦理"：《说文》释伦理之"理，治玉也"，意指"理"的本义为璞石之纹路，按照璞石的天然纹路将其打造成美玉的方式，就是"治玉"。所以"理"蕴含了自然形成、人力创造和改造自然事实的预设模式与蓝图这样三重事实。整体观之，"伦理"既指一种自然存在事实，也指一种理想存在事实，既蕴含自然之理，也彰显人为之道。因为"伦理"既是由"伦"生"理"，也是由"理"生"道"，这一双重的"生"机和"生"意的本质却是"信任"。作为源自自然而生成社会基本结构的伦理达于个体化的人与人"生活在一起"的道德的主体性桥梁，即是信任。（见下页"总图1"）

伦理作为一种存在事实，既是自然存在事实，也是人为存在事实。而凡存在事实，无论从形态学观还是从本体论讲，都是具有内在关联性并呈现开放性生成的关系。所以，统合其自然存在事实和人为存在事实，伦理实是一**种人际存在关系**，简称为人际关系，它敞开人与人、人与群（社会）、人与物、人与环境（自然）诸多维度，形成一种**四面八方和四通八达**的开放性取向、态势或诉求。由于人是以个体生命的方式存在，并且其个体生命需要资源滋养才可继续存在，滋养个体生命的所有资源都没有现成，都必须要通过

---

① ［古希腊］亚里士多德：《政治学》吴寿彭译，商务印书馆1983年版，第5—6页。

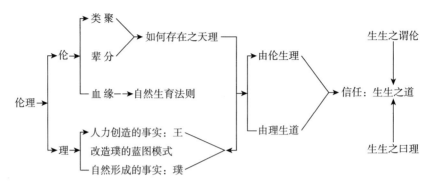

[总图1：汉语"伦理"蕴含自然－种族－社会三维精神结构]

劳动付出甚至以生命为代价方可获得。人的存在之生，需要利的滋养，因为利而生发争夺，产生权利与权力的对抗、博弈或妥协，更因为利的得失而必生爱恨。所以，伦理本质上是一种**充满利害取向**的人际关系，或可说是一种充满利害选择与权衡的人际关系，蕴含生、利、爱——即生己或生他、利己或利他、爱己或爱他——的对立统一朝向，这种对立统一朝向落实在个人存在敞开生存的日常行为中，就表现为其利害选择与权衡的德或非德，或德或反德。这一对立统一朝向落实到社会共同体的秩序构建上，就是善恶机制、价值坐标、社会方式的建立，并以此善恶机制、价值坐标、社会方式为依据，选择政体，形塑制度，建立边界和限度的法律体系。

从根本言，实践哲学的探讨，无论是政治哲学探讨，还是教育哲学探讨，或者美学探讨，其背后都伫立着一个**伦理坐标**，忽视这个伦理坐标，其探讨无论怎样深入，都会产生**不得其中**的局限。正是基于此，当运用初步形成的生态理性思想和方法来重构实践哲学时，首要工作就是作伦理检讨。

无论中西，伦理学既是最古老的学问，也是与世常青的学问。古老的伦理学发展到今天，存在许多最为根本的和基础的问题，这些问题集中表现在伦理学、道德学、道德哲学的混同、伦理的基础理论与方法的等同，道德与美德不分、功利与道义对立、责任与义务混淆，等等。但其症结却是对伦理学的性质定位错位，这即是人们总是擅长或者说喜欢从价值入手来定位伦理学，并以价值为依据、尺度、准则来考察伦理问题，由此很自然地忽视了人性问题和利益问题。更准确地讲，这种做法是无视人的他者性存在处境和生存状况而将伦理想象地观念化。从根本讲，伦理学不是价值的科学，而是人

性塑造的学问。人性不是价值事实，而是天赋的存在事实。人性的存在敞开呈现出来的首要问题、根本问题、本质问题，不是价值的问题，而是"因生而活，为活而生"且"生生不息"的问题，具体地讲即存在安全和生活保障的问题，这一存在和生存的根本问题所开出来的第一要义，是"利"，即人"因生而活"关联起利，人"为活而生"也关联起利，人生生不息地诉求"因生而活，为活而生"的劳作同样关联起利。从个人言，人与人之间的爱恨亲仇，均因为利，均以利为原发动力并以利为最终之行动目的；对社会言，人与群体、人与社会、人与政府等等之间的生存纽带，依然是利，政体的选择、制度的安排、法律的制定，都以利为原发机制和最终的校准器。伦理的价值主义，架空了人性和人性存在，这种做法无论是无意还是刻意，都是要洗白"因生而活，为活而生且生生不息"的"利"这一原发动力和原发机制，最终导致政体选择、制度形塑、法律制定丧失人性土壤和利益这块基石，而使野心家、阴谋家任性虚构存在，使地痞、流氓、白痴、人渣、畜牲横行生活世界。

从生态理性思想出发并运用生态综合方法来检讨人类伦理，首先是走出伦理学的**科学主义和价值主义**怪圈，考察"利益"问题，于 2001 年完成《利益伦理》（2002），然后以"利益"为校准器，检讨制度形塑与公正的问题，于 2002 年完成《公正伦理与制度道德》（2003）。以此为两维视野，探讨引导国家成为"善业"并使人人能够过上"优良的生活"[①] 的道德应该是什么道德，于 2003 年完成《优良道德体系论》（2004）。以"优良道德"为判据，检讨社会的政体选择的道德基础和个人生存诉求幸福的知识基础这两个有关于道德社会的基本问题，先后完成并出版《宪政建设的伦理基础与道德维度》（2008）和《生存与幸福：伦理构建的知识论原理》（2010）。

从整体讲，如上关于"利益""优良道德""公正与制度道德""伦理价值构建与政体选择""生存与幸福"五个专题研究，仅仅是为构建伦理学的生境体系做的"**准备性研究**"。

我所讨论的伦理生境问题，不是人们习惯性看待的"生态伦理"，而是指

---

① ［古希腊］亚里士多德：《政治学》吴寿彭译，商务印书馆 1983 年版，第 7 页。

伦理学是引导个人和社会尽可能释放其有限理性，在境遇化生存中面对利害关系的选择与权衡时做到有边界和限度，既使自己生和生生不息，同时也使他者（他人、群体、自然物、生命、自然环境、存在世界）生和生生不息。从本质讲，**伦理学是使人和人组构起来的共同体共生存在并生生不息的伦理知识、学问和方法**，这种伦理知识、学问和方法成为引导和激励人营造共生存在之生境智慧。我所致力于构建的伦理学的生境体系，就是这种性质的知识、学问和方法体系，它由上海三联书店出版的伦理体系由九卷构成，包括导论《伦理学原理》（2018）和卷1《生境伦理的人性基石》（2013）、卷2《生境伦理的哲学基础》（2013）、卷3《生境伦理的知识论原理》（2013）、卷4《生境伦理的心理学原理》（2013）、卷5《生境伦理的规范原理》（2014）、卷6《生境伦理的实践方向》（原书稿名《生境伦理的宪政方向》）（2015）、卷7《生境伦理的制度规训》（2014）和卷8《生境伦理的教育道路》（2014）。

3. 生态理性的验证性运用

生态理性的哲学方法是生态化综合，其所敞开的思维视野是**生态整体性**，诉求整体动力学与局部动力学的合生，具体地讲，就是在问题的拷问和理论的建构过程中，始终诉求整体动力向局部动力的实现和局部动力对整体动力的回归。仅就伦理思考及其理论建构言，即是将人性论、心理学、政治哲学、教育学统合起来予以有序探讨，并获得初步的成功。于是运用生态理性思想、方法和伦理学理论来作映证性研究，即检验生态理性思想、生态化综合方法和生境主义伦理理论是否具有可拓展运用的可能性。这种尝试研究主要从文化、环境和中国传统哲学三个方面展开。

第一个方面是运用生态理性思想、生态化综合方法和伦理学的生境理论来研究文化，并不是主动为之，而是应北京大学"软实力课题组"邀请，完成其"文化软实力"课题，最终以《文化软实力战略研究》（2008）出版。这种对文化软实力的思考虽告一段落，但却后来拓展到对一般文化的断断续续的思考，并于近年发表数篇文章。

第二个方面是运用生态理性思想、生态化综合方法和伦理学的生境理论来检讨当世存在环境，追问环境伦理和环境哲学问题，却是源于主动为之，其契机是2008年汶川地震。在所有的宣传与说教中，地震是纯粹的自然现象，并且是无法预测的。仅后者言，地震确实无法精确地预测准确爆发的时间和地点，但却能预测出爆发的大致时间域和范围域，旱震专家耿国庆的旱震理论及其被采用所产生的预测实绩无不表明这一点。就前者论，在人类自然生存的农牧时代，地震以及海啸、火山爆发、气候失律等自然灾变，都是纯粹的自然运动之呈现。但在人力改变地球状貌甚至地质结构的现代工业社会和后工业社会，气候极端失律、频发的海啸、地震等自然异动现象以及疫灾，都渗透了人力因素，是人为破坏环境的负面影响层累性积聚突破自然生态容量极限时爆发出来的人为灾难，科学研究发现，"过去几十年，地球快速变暖，并不是太阳能量释放发生变化所致"，而是人类无节制地向大气层排放温室气体所致。① 在深刻维度上，环境灾害却展露出人类存在危机和可持续生存危机。这一双重危机首先源于人类文明对自己的伤害，具体地讲，它"是人类决策和工业胜利造成的结果，是出于发展和控制文明社会的需求"②。所以历史学家池田大佐和阿·汤因比才如是指出，"在现代，灭绝人类生存的不是天灾，而是人灾，这已经是昭然的事实。不，毋宁说科学能够发挥的力量变得如此巨大，以致不可能有不包含人灾因素的天灾。"③ 基于汶川地震背后的**人力性**因素④和**人为性**灾难⑤而展开环境伦理思考，于 2010 年完成《灾疫伦理学：通向生态文明的桥梁》（2011）。其后，继续运用生态理性思想、生态化综合方法和伦理学的生境理论思考现代环境灾难频发的宇观因素，也即是气候极端失律的人力因素，完成环境哲学 - 伦理学研究四卷，即卷 1《气候失律的伦理》（2017）、卷 2《恢复气候的路径》（2017）、《环境悬崖上的中国》（未能出版）和卷 4《环境治理学探索》（2017），与此同时发表了 50 余篇环境哲学 - 伦理方面的论文，重在于探讨环境生境运动的原发机制和环境逆生态运动的生变机制和原理，提炼出环境生境运动的场化原理和环境逆生

---

① ［美］安德鲁·德斯勒、爱德华·A. 帕尔森：《气候变化：科学还是政治?》，李淑琴等译，中国环境科学出版社 2012 年版，第 80 页。

② ［德］乌尔里希·贝克：《什么是全球化? 全球主义的曲解：应对全球化》，常和芳译，华东师范大学出版社 2008 年版，第 43 页。

③ ［日］池田大佐、［英］阿·汤因比：《展望 21 世纪》，荀春生译，国际文化出版公司 1997 年版，第 37—38 页。

④ 卢清国：《汶川地震与三峡库区蓄水的关系》，《北京工业大学学报》2009 年第 4 期。

⑤ 范晓：《汶川大地震下的奥秘》，《中国国家地理》2008 年第 6 期。

态运动的层累原理、突变原理、边际效应界原理，以及环境生态临界点和环境生态容量极限。对环境生变运动的系统性思考和理论建构，实已从环境伦理和环境哲学领域达于存在场域的自然哲学领域，为后续更为深入地和系统地展开生态理性本体问题的研究，打开了存在世界的自然之维。

环境问题，不仅是自然问题，更是社会问题，而且首先且最终是社会问题，所以，环境问题涉及自然环境和社会环境两个维度。就社会环境言，其整体的恶化态势主要由唯经济主义、唯技术主义和唯政治正确的集权主义、唯武器主义四者合生推动，最终将人类社会推进了后世界风险社会陷阱，近些年来，针对唯技术主义以加速度方式造就整个人类的技术化存在现实，分别集中检讨了两个方面的问题，一是检讨以计算机为运演工具、以会聚技术为认知方法、以大数据为分析方法、以基因工程和人工智能为主要形态的生物工艺学技术给当前和未来人类带来的整体危害和毁灭性危机；二是检讨生物环境以及微生物环境的整体破坏和病毒实验带动的全球化彼起此伏的疫灾，如何从整体上改变了地球生态和人类生态而形成一种我们至今不愿正视的**疫灾化存在的生态场域**。对前者的思考所形成的文章陆续刊发出十来篇，对后者的思考所形成的系列论文却一篇都未刊发出来。在如上两个方面的尝试探讨基础上，完成了《后世界风险社会》并将由上海三联书店出版。

第三个方面是运用生态理性思想、生态化综合方法和伦理学的生境理论来思考中国先秦的孔子哲学，具体讲就是以生态理性思想和伦理学的生境理论为指导，运用生态化综合哲学方法来尝试创建语境还原的经典文本解读方法，会通理解《论语》，抉发孔子哲学的思想生成逻辑和理论体系，完成并出版《〈论语〉思想学说导论》（2019）和《〈论语〉思想学说会通研究》（185万字，2023），以为抉发本土文化之大传统即诸子思想资源以为当世文化和思想重建打开一扇新的门窗。

三　生态理性之思的继步向前

以生态理性为志业，将其意愿生成为持存的思维、认知的土壤是逆生态化的环境（自然环境和社会环境）、被立体地扭曲的人性和被连根拔起的文化、文明、传统，并在整体上重塑的荒原般贫瘠的农村，其志业意愿、思维、认知受孕于早年的生活经历和阅历，尤其是十年农民生活。展开其志业之旅的书写尝试始于 1985 年，经历两年的文论思考之后于 1987 年开始转向对生态理性问题的意识性关注。2001 年将问题思考的重心从生态理性哲学的基本问题转向人类伦理的生境问题，既是思维运动中对问题关注重心的自然转移，但更是个人生存（工作和研究）环境因素的逼促和推动。从 2001 – 2020 年这 20 年间，从整体讲是围绕伦理问题展开，但具体言之，其关注重心也经历了从伦理基础理论的重建向环境哲学 – 伦理、技术哲学和中国传统哲学中孔子哲学诸领域之间的游弋，虽然其主题始终是生态理性的，但主要是对初建起来的生态理性思想、方法、理论的运用，体现面的拓展，这种研究最终将存在之间的根本问题和基础问题又以更新的和更为深度的方式焕发出来，吁求重新检视和拷问，由此形成"生存论研究"规划。

"生存论研究"规划的基本意向，是回到生态理性的基础认知和基本问题本身，对生态理性的源头问题、本原问题予以进一步澄清，在此基础上展开四个维度的综合审问。

1. 生存论的形上认知

"生存论研究"关注的首要问题是生存的基础问题，分别从五个维度敞开其讨论。

第 1 卷《书写哲学的生成》（2023）讨论人类精神创造主体的书写哲学生成何以可能。

讨论一个一直被忽视的问题，这就是人成为一代伟大写作家的主体条件问题。这个问题被聚焦于书写哲学（或曰写作哲学），即一切伟大的写作家创作文学、探索科学、创造哲学或建设思想体系的书写哲学何以生成的社会因素和个体条件。从思维方式观，人类伟大的写作家大致可以归为两种类型，一是擅长于运用**抽象性具象**的思维形式的文学家，二是擅长于运用**具象化抽象**的思维方式的科学家和哲学家、思想家。他们是运用语词语言或者是综合运用符号语言和语词语言从事存在书写的志业者。个体将自己成就为一代写作家的主体前提是具备个性人格化的书写哲学。写作家书写哲学的生成建构既以生存意向为基础，更以心灵意向为动力。前者由写作家之生活经历与人生阅历、生活变迁与自由阅读层累性生成，后者是写作家对天赋生命的意志因子、智慧因子、体质结构、气禀朝向的反身性体验、领悟和自为性觉解所生成，其原发动力是写作家的物种生命天性和人本存在天性，前者由物种本能、种族原型和个体性力构成原发性的生命意志机制，后者乃生存无意识的层累性积淀和成长无意识的创生性建构，其转换生成的必然方向是生命意志向生存意志的生成和生物无意识对文化无意识的激励，此二者有机整合生成性建构起写作家的书写哲学及精神意向。

第2卷《存在敞开的书写》（2023）讨论哲学展开存在之问并建构存在之思的本性、方式及面对后世界风险社会进程的生存理性消息。

哲学开启的存在之问，既牵涉存在**为何**存在之问，也带动存在**何以**存在之问。仅后者言，存在以敞开自身的方式存在。存在以敞开自身的方式存在，即是书写。而存在，既是存在世界的存在，也是人的世界的存在，并且，人总是以历史（自然史和人文史）性敞开的方式存在于存在世界中，而存在世界既自在，又存在于人的历史性敞开"过去→现在→未来"的不可逆进程中。哲学则屹立于过去走向未来的当世交汇点上展开世界性的存在之问并构建人的存在之思。无论存在世界或人，其存在始终敞开书写，并且，存在世界以自身方式敞开存在而书写着人，人既以自然存在的方式又以人文存在的方式敞开自身存在而书写着存在世界。所以，人与世界互为书写构成存在本身，哲学对人的世界与存在世界互为书写的存在之问构建存在之思的敞开过程，亦是存在书写。基此基本认知，首先梳理存在敞开书写的条件、源头方式及发展进程，然后从近代哲学向现代哲学方向演进切入，考察存在敞开书写的形式化道路呈现出来的时空视域与多元方式，揭示其存在敞开书写的自然之理以及整体动力向局部动力实现和局部动力向整体动力回归的认知方向。以此向前聚焦后世界风险社会的人类进程，探询存在书写运思的哲学方向，拷问人的世界性存在根基与存在世界存在的内在关联，报告**限度生存的**生态理性哲学消息。

第3卷《生成涌现时间》（2023）讨论生态理性哲学的场存在论和场本体论何以可能。

存在必然敞开自身。存在敞开自身既是存在的空间化铺开，更是时间的**生成性**涌现。《生存涌现时间》讨论的主题是存在敞开自身的空间化铺开如何以涌现方式生成时间。对此主题的讨论主要是梳理生态理性、共生存在、场态本体、生境逻辑这四个概念，通过这四个概念内涵及其关联生成的历史的梳理呈现生态理性哲学之认知框架和思想体系构成的四个范畴。在发生学意义上，哲学的存在之问发生于生物存在的人向人文存在的人迸发的转捩点上，或可说哲学发生于自然人类学向文化人类学的萌生进程，其萌生的方式是**心觉的，**继而开出**知觉的**方式。哲学发问存在的发生学向继生论方向敞开，自然形成从天启向人为的方向演进，使理性成为哲学发问存在的基本方式，哲学发问存在的这一理性方式获得了调和心觉和知觉的功能。人为的哲学的最初形态经验理性，继而开出观念理性，观念理性对主体主义的认识论形而上学道路的开辟，必然结出科学理性（或曰工具理性）之果，推动理性回返生态理性（或曰生存理性）的本原性道路。所以，生态理性，既是生态理性哲学发问存在的思维方式，也是其发问存在的认知视域和存在姿态。从生态理性出发，生态理性哲学发问存在的主题，既不是经验存在，也不是观念存在，更不是工具存在，而是生存书写的生态存在；并且生态理性哲学发问存在的存在论，既不是"变中不变"的静态存在论，也不是"不变中变"的动态存在论，而是"变中不变"和"不变中变"**互为会通**的共生存在论。生态理性哲学的**共生存在论**打开场态本体论的全新视域，并获得生境逻辑的支撑。

　　从根本讲，卷三是通过对"生态理性""共生存在""场态本体"和"生境逻辑"四个概念的内涵及其生成演化的逻辑推证，**来重建早已被遗忘和抛弃了的存在本体论，**这即是生态理性本体论，或可称为场本体论。生态理性哲学的场本体论的内在规定是存在语义场的自生成、自凝聚、自存在、自持守。在存在场本体论中，存在语义场的自敞开的存在，即是生境存在。生境逻辑的自身规定是生境。在存在语义场中，生境属于本体范畴，是其存在场本体论的本体，存在语义场本体的内在规定性是生境；生境的本质是生，生境的本性是生生。并且，生境作为存在场本体论的本体概念，蕴含三个方面的内涵，并为解决三个维度的根本问题提供可能性。首先，生境蕴含场化的存在世界的本原状态；其次，生境蕴含场化的存在世界的生成动力；最后，生境蕴含场化存在的本质和本性。由此三个方面，生境敞开的逻辑，乃生境逻辑；生境敞开的方法，乃整体动力向局部动力实现和局部动力向整体动力回归的认知方法和思想方法。

第 4 卷《限度引导生存》（2023）讨论人与世界共生存在视域下限度生存的实然和应然问题。

此卷是在由生态理性、共生存在、场态本体、生境逻辑四个范畴建构起来的本体论框架和形而上学蓝图规范基础上讨论如下四个基本命题：

（1）心灵镜像视域的生成。

（2）人是世界性的存在者。

（3）自然为人立法，人为自然护法。

（4）限度生存的实然状态和必然方向。

世界原本是一个圆浑的存在整体，但因为人这种物种从自然人类学向文化人类学方向演化，原本动物存在的人踏上了人文存在的进化道路，于是世界的自身存在开出了一个人的存在，存在也因此呈现存在世界的存在和人的世界的存在。哲学的存在之问也就必然同时敞开存在世界的存在之问和人的世界的存在之问，哲学的存在之问所开辟出来的形而上学道路，同样有了人存在于其中的存在世界的本体论和人的存在世界之中的本体论，卷三《生成涌现时间》，致力于讨论人存在于其中的存在世界的本体论，揭示人的存在和人的存在世界如何可能在存在世界中生成涌现，以及人的存在和人的存在世界得以生成涌现的根本标志或先决条件"时间"何以产生的原发机制和存在论动力。与此相对应，卷四《限度引导生存》则致力于讨论存在世界存在于其中的人的存在世界何以生成建构。人的自然人类学向文化人类学方向演进，或者说人的动物存在向人文存在方向生成的人的存在和人的存在世界如何从存在世界中凸显出来的前提性条件，就是人的自然人类学的**动物心灵**向文化人类学的**人文心灵**的形塑，这就是人的心灵镜像的生成。人的心灵镜像一旦自为地生成，则必然构建起人的心灵镜像视域。人的心灵镜像视域无论之于个体还是之于人类整体，都是以历史化的此在方式或者说以"在世之中"的方式不断生成拓展，或外向的生成拓展，或向内的生成拓展，而始终生生不息地自我发展其存在敞开生存的精神意向。

人真正从动物存在的深渊中解脱出来成为世界性的人文存在者，始终行进在路上。这就是说，人作为世界性存在者并不是一种静态的存在状态，而是一个动态生成性形塑的进程状态。在这一自我形塑的进程态中，人必须走出其存在的实然而进入应然努力，不断地拓展其世界性存在的自然面向和社会面向，必须遵从和守护的自然律令，这就是"自然为人立法，人为自然护法"，它成为人的世界性存在的根本律令和法则，遵从和守护这一根本的律令和法则而存在于存在世界之中永相发展的基本努力，就是**限度生存**，这既是自然人类学的实然，也是文化人类学的必然。

第 5 卷《律法规训逻辑》（2023）讨论宇宙创化的存在律法指南和规训人的智力逻辑何以可能。

卷三存在世界的共生存在的场态本体论和卷四人的世界性存在的限度生存论构成一种自然人类学向文化人类学方向演化到底能走多远的张力问题。这一张力问题的实质即是共生存在的**本体的本体**，即其逻辑的体认和建构、遵从和运用的问题。

自然人类学向文化人类学进发的历史进程，使存在世界成为两分的世界，即自然存在的世界和人的存在世界，由此内在地呈现两分的逻辑，即存在世界的**存在逻辑**和人的世界的**人力逻辑**，可以将前者称之为存在世界的**存在律法**，将后者称之为人的世界的**智－力逻辑**。由于自然存在的世界和人的存在世界是互涵的，即人的存在世界存在于自然存在的世界之中，自然存在的世界亦部分地存在于人的存在世界之中，存在世界的存在律法与人的世界的智－力逻辑之间也就必然地出现合与分的问题，这种合与分的问题的实质表述是：到底是由人的智－力逻辑来统摄存在世界的存在律法，还是由存在律法来规训人的世界的智－力逻辑？这就涉及一个根本问题，即到底是存在世界创造、养育了人类物种，为人类物种从自然人类学向文化人类学方向持续进化提供了土壤、条件、智慧、方法？还是人的世界创造、养育了存在世界，为存在世界持续地存在敞开提供了土壤、条件、智慧和方法？这个问题的答案显然是前者。因而，存在世界的存在律法构成人的世界的智－力逻辑的源泉、准则、规训、原则，也规定了人的智－力逻辑对人的存在世界和宇宙自然世界的运用范围。基于如此基本认知，卷五《律法规训逻辑》首先讨论了人类的智力逻辑的来源、生成及其建构和发展，具体分析知识探究（主要着眼于科学和哲学）的逻辑、思维规律的逻辑和生存规则的逻辑建构与发展的准则、原理、特征、功能、局限，以及无限度地运用智－力逻辑来服务人的存在所造成的根本局限和这种局限如何形成对人类存在歧路的开辟和对人类当代之根本存在困境和生存危机的制造。在此基础上讨论存在世界的存在律法，着重探讨存在世界的自然的律法、人文的律法、社会的律法，以及此三大律法的融贯与会通对智－力逻辑的引导和规训，如何可能引导人类重建继续安全存在的新文明。

2. 生存的人本条件

第6卷《意义与价值》主要讨论人得存在的本原意义及其价值生成。

从本质讲，意义和价值对于存在世界本身并不具有本原性，因为意义和价值并不是造物主创化世界所成，而是存在世界继创生的产物，即意义和价值是后来生成的。以此观之，存在世界即是存在世界本身，不存在意义和价值的生成问题；并且，人处于自然人类学状态，也不存在意义和价值的生成问题。只有当自然人类学的人获得文化人类学的趋向、态势、特征并进入持续演进的进程之中，意义和价值的生成才在世界中产生。所以，意义产生于人的自然人类学向文化人类学方向演化，具体地讲，意义产生于人的动物存在向人文存在的努力。但意义的源泉却是存在世界本身，是人的自然人类学本身。

以存在世界（包括人的自然人类学）为源泉，意义构建起人的世界蓝图的内在框架，也可说意义构建起人的世界的基本格局，而充盈这一内在框架并撑起起这一基本格局的内容却是价值。价值是意义的实项内容，但意义却是价值的来源，没有意义，不可能有价值，所以，意义生成价值，价值呈现意义。将存在世界、意义、价值三者贯通形成存在之整体的却是**事实**本身，即人的存在世界这一存在事实和宇宙自然世界这一存在事实。

第7卷《善恶的病理问题》主要讨论人的存在信仰敞开或遮蔽如何生成其生存论的善恶朝向，并引发出系列的病理学问题。

以存在世界为源泉，构建以事实为依据，以意义为框架和以价值为基本格局的人的蓝图。必然涉及信仰和善恶。人从自然人类学走向文化人类学而生成意义，意义的充盈形式和呈现形态是价值，价值的本质内涵也即是意义的本体，是信仰：赋予意义框架以实项内容的是信仰，信仰充实意义使意义成为意义，并赋予意义以**自持存的**不变方向和坚韧气质。信仰的自为坚守，创造价值；信仰的自为极端、信仰的人为异化、信仰的自我迷失，此三者从不同扇面解构价值。因而，价值的守与失、正与邪，必生发出善恶。从表面讲，价值创造出善恶，善恶构成价值的表征；从本质论，信仰既生成价值，也生成善恶。因为信仰有正邪之分，守正的信仰创造正价值，敞开为善；邪恶的信仰创造负价值，敞开为恶。

　　从本质讲，善、恶既不构成一一对应的关系，也不构成必然的关系。**恶是善的意外，而非善的必然**。因为善守正的信仰是人对存在意义的张扬和对生存价值的实现，信仰的迷失和信仰的异化（信仰的绝对化、极端化是信仰异化的基本形态）才造成人的世界——包括个人存在和社会存在——的世界的**精神病理学**，人的存在及其敞开一但形成精神病理学特质，必然丧失存在的人本意义而扭曲或歪曲价值，沦为恶报。以是观之，善恶之间虽然不构成一一对应的必然性，但却潜伏着**相互转换**的或然性，即开出"由善而恶"或"因恶而善"的可能性。这种或然性或能性均需要追溯到信仰本身，因为信仰的正邪，构筑起心灵与精神的分野：守正的信仰是心灵性质的，生成心灵之善；失正从邪的信仰属于精神学的，生成病理之恶。从来源讲，病理学之恶生发于两类情况，一类是由**信仰的迷失**造成，一类是由**信仰的邪恶**造成。病理学之恶，既可以暴力方式呈现，比如政体、制度及其结构的暴力方式，武装的暴力体系方式和语言的暴力方式；也可以非暴力方式呈现，平庸之恶、习俗之恶、传统之恶、社会风气之恶和善良意愿之恶等，却构成非暴力之恶的主要方式。

　　从存在的在场性和存在的历史性两个方面拷问，信仰和价值的病理学方式造就了人间的暴力之恶和非暴力之恶。从本质言，无论是暴力之恶还是非暴力之恶，实是信仰和价值的**病毒**。信仰和价值的病毒一但产生，就会传播，就会传染。病理学之恶传播和传染的总是社会化的，这种社会化传播和传染的方式不仅腐蚀伦理，颠覆道德，而且可选择邪恶政体，并通过制度、法律、教育、市场和分配等社会机制而加速传播和传染其信仰和价值的病毒，最终将人沦为工具，进而将人作为**耗材**而任意处置，形成社会化的工具之恶和人的世界的耗材之恶。

第 8 卷《论尊严》主要讨论人之尊严存在的生存论形塑及方法。

人从自然人类学向文化人类学进化，产生人的存在意义，必通过信仰、价值、善而获得书写，其书写过程的实质性努力，是既要避免信仰的异化和迷失，更要防范价值的失范或扭曲而陷入精神病理学之恶的深渊。但仅人的存在个体言，其意义的生成，信仰的确立和价值的构建要避免滑入病理学之恶的深渊而持守人的存在，其基本努力就是创造和守护尊严，因为尊严构成形塑**人的存在**的根本方式。

人作为个体是渺小的，但却是神性的和神圣的，因为人的生命得之于天，受之于地，承之于血脉而最终才形之于父母，所以人是天地神人共创的杰作。人无论出生贫富，都具有天赋的神性和神圣性，这是人以尊严的方式存在于世界之中的根源，也是人以尊严的方式存在于苍天之下和大地上的底气。不仅如此，人原本是物，属自然人类学，但却自为地走出一条与众生命和万物根本不同的路，那就是以自然人类学为起步开出了文化人类学方向，使个体的人从动物存在持续地进化为人文存在。人的人文存在相对万物存在言，它汇聚并会通了造物主的神圣和存在世界的神性，而使自己成为神性的和神圣的存在。所以，人以尊严的方式存在，不仅拥有自然基础，更有人性依据，还有人自身的天赋条件。

天赋人尊严地存在的条件，就是人拥有生命并成为人的**个体权利**。

从根源、依据、条件三个方面讲，人从自然人类学走向文化人类学，从动物存在成为人文存在，应该完全拥有尊严而尊严地存在，但实际的存在并非如此，这源于人的先天的缺陷和后天的局限。人的先天的缺陷，体现在人是个体的、有死的而且是需要并非现成的资源滋养的生命存在，所以人是弱小的、有限的。人的后天的局限体现在人永远不能真正解决存在安全和生活保障的问题。由此两个方面形成人必须互借智－力才求得生存，因而必须组建社会。人的社会的产生，源于人致力于解决存在安全和生活保障的努力本身构筑起社会必然成为不平等的根源。由此，等级、强权、暴力伴随社会，由政治、财富、知识形塑的威权主义必然导致人的尊严失迷；更根本的是，由暴力生成的生物主义强权，往往造成人的尊严的全面沦陷。所以，人要能够形塑尊严的存在，必须从根本上解决**人的**生物主义和威权主义，恢复人能够从动物存在的深渊中走出成为人文存在的人的权利。

第 9 卷以"平等保障生存自由"为主题讨论尊严存在的人敞开生存、诉求自由和幸福的根本条件。

讨论人从动物存在的深渊中走出来成为人文存在的人，应该享有的根本的人的权利是什么。

从存在世界中开出的人的世界，实是自然人类学对文化人类学的开辟。自然人类学开辟出人文化人类学，就是人从动物存在的深渊中走出来成为人文存在的人。**人的人文存在必须用尊严来形塑**，这表明尊严虽有自然的依据、人性的依据和自身的条件，但它却不是天赋，而是后天**人为的努力**。尊严的后天人为性质和努力方式，将威权主义和生物主义凸显了出来，突出人的存在权利的重要和根本。用人的存在权利来抵制生物主义和解构威权主义，构成尊严形塑人的存在的根本方法。

人的存在权利涉及方方面面，但根本的方面有二，一是平等，二是自由。相对而论，平等是自由的绝对前提，自由是平等的实现方式。其他所有的权利由此衍生出来并回归于此。

平等的问题发生于人的存在，属于人的存在世界问题，但平等的土壤、平等的根源、平等的依据却来源于造物主创化的存在世界：造物主创化的存在世界既敞开四面八方，也涌向四通八达。存在世界的四面八方性和四通八达性生成存在世界自身存在敞开的场化运动，存在世界存在敞开的动变运动，构成平等的土壤；场化运动的存在世界的共生存在方式，构成平等的根源，存在世界自生生它的生生本质和生境逻辑，构成平等的依据。正是因为存在世界构成平等的土壤、根源、依据，平等之于人才获得了天赋性。

平等既是神圣的，这种神圣性注释了人的存在意义，并通过信仰来定型并以价值来显现。

平等又呈现永恒性，这种永恒性既有其自然的来源，更因为人的存在境况本身。这就是天赋的平等落实在人的文化人类学进程中，就是根本的不平等。这种根本的不平等不仅是生存论的，首先是存在论的。所以，从不平等的实然存在出发展开平等追求，客观地敞开存在论、生存论和实践论三个维度。

在存在论意义上，不平等来源于个体和社会两个方面：就个体言，不平等根源于出身、天资、环境、造诣四大因素。从社会讲，不平等构成社会的本质，也构筑起社会的本体结构，即社会是以不平等为准则构建起来的，并以不平等为依据而运作的。

存在论的不平等，必然落实在生存的方方面面而生成出生存论的不平等。生存论的不平等，既可是个人之为，更源于社会之为，并且主要来自社会之为。具体地讲，社会形塑社会的生存不平等才造就出个人的生存不平等。社会形塑社会生存不平等和个人生存不平等的实质方式，是通过选择政体、生成制度，建构法律和编制规程体系并最终通过国家机器和语言两种基本工具来实现的。在生存论的不平等框架下，才形成实践论的不平等。实践论的不平等的具体呈现，从个体言，就是出身、天资、环境、造诣的无限度张扬；从社会讲，就是来自四面八方和四通八达的被规定性和被规训化，包括教育、择业、劳动、分配、消费和言行等方面的被规定性和被规训化。

存在的不平等是宿命的。在不平等的存在宿命框架下，诉求平等构成人的存在的根本权利，这根本权利的享有通道，只能是生存论的构筑和实践论的形塑。这种构筑和形塑也潜伏着四面八方的或然性和四通八达的可能性，但它却集中诉求六个基本方面，它以尊严地存在为目标，诉求人格平等，起点平等，机会平等、原则平等和构筑运作原则的机制平等，由此努力最终诉求尊严平等而实现尊严地存在。

第10卷以"自由创造美生存在"为主题讨论人的存在自由和自由存在的善美敞开。

如果说人格、尊严、起点、机会、原则和运作原则的机制平等，构成人人拥有天赋权利而生存的根本保障，那么自由权利的平等配享却是人人创造美化生存的保障。

在人的存在权利体系中，作为根本的存在权利之平等和自由，虽具有生成论的逻辑关联，但其之于个体之人和由个体之人缔造出来的社会而言，其根本功能和作用是各有其别的：**平等是保障生存的，而自由是创造生活的，**具体地讲，自由是创造美的生活的根本权利。

自由之于人和社会，是最为古老而常青的问题。但在过去，思想家们更多地将对自由的热情置于实践的论域，并更多地予以政治学的探讨，由此使自由问题成为生物主义和威权主义的最为敏感的问题，也成为病理学之恶得以泛滥之源，即生物主义和威权主义总是任性地自由，是从政治出发用强权来定义他们的自由和规训社会与众民的自由。但就其本身言，自由，既是一个存在论问题，也是一个生存论问题，最后才是一个实践论问题。实践论的自由问题，本应该以生存论的自由为指南并必以存在论的自由为依据；并且，实践论的自由，始终是政治学性质的。要使政治学性质的实践论的自由获得尊严、人格、起点、机会、原则和运作原则的社会机制等方面的人人平等的性质规定，并发挥其如此性质规定的创造美生的功能，必须先立其存在论的自由依据和生存论的自由界标。

自由和平等一样，在本原意义上不是由人来确定，而是由造物主的创造所书写，因为自由是属存在世界的，是存在世界的自身方式，也是存在敞开自身的具象方式。存在世界以自身方式敞开存在，即是自由。造物主创化存在世界以同样的方式赋予存在于存在世界中的存在者以自身方式敞开存在，所以，在造物主的创造中，存在者同样享有存在的自由。人类物种是存在世界之一存在者，它以自然人类学的方式敞开存在，亦是自由地存在。在造物主的创造中，存在世界以自身方式敞开存在的自由，即是自身的本性使然，存在世界中的存在者以自身方式敞开存在的自由，同样是自身本性使然。自然人类学的人向文化人类学方向敞开，而使动物存在的自己从黑暗的深渊中走出来而显发为人文存在，同样是自身存在本性使然，这即是其自然人类学的存在本性向文化人类学的存在本性生成使然。作为文化人类学的人的存在本性，就是意识地觉醒自身存在的他者性中**"有权如此"**地存在，这种**"有权如此"**地存在的自由即是绝对自由。"有权如此"地存在就是人从自然人类学向文化文类学方向进发的存在自由。

人的存在自由源于天赋，是天赋的人权。天赋人权的存在自由之于自然人类学的人，是与所有存在者一样遵循造物主的创造本性而一体地存在，自然不会产生存在自由的**裂痕**，更不会出现其存在自由的**破碎**。人的存在自由生发出问题，出现裂痕并敞开破碎，完全在于人从自然人类学向文化人类学方向进发途中所生发出来的意识将以自身方式存在的本性膨胀，使其"有权如此"地存在突破了**他者性**的存在边界，为解决这一存在意义上的裂痕和破碎，只能抑制意识对本性的膨胀而诉求其存在敞开"**只能如此**"地生存。人的存在敞开只能如此地生存的自由，就是生存论的自由。人的生存论的自由，就是**以他者性为界**（他人、他物、他事以及它种存在环境）的自由，这种以他者性为界的自由，就是相对自由的**己他权界**的自由和**群己权界**的自由。这种以他者性为界的己他权界的自由和群己权界的自由落实在生活运动中——更具体地讲，落实在人与人生活在一起的言行中——就是**权责对等**的自由和**公私分明**的自由。

以他者性为界的生存论自由，从人与人和人与群（群体、社会）两个维度规定实践论的自由，落实在个体（个人、群体、权力组织、政府）的实践运动中，就是**生活的自由**。生活的自由，不仅是相对的自由，而且是内涵清晰、边界明确的自由，这即是**有责务的**自由和**有节制的**自由。这种以责务和节制为本质规定的生活的自由，一旦忽视、遗忘或强行拆除了权责对等的责务和公私分明的节制，就会滑向"有权如此"地存在的绝对自由。在生活世界里，能够独享"有权如此"地存在的绝对自由的人，只能是少数人，但它必然是以绝大多数人丧失相对自由的权利为前提条件。所以，在生活世界里，当"有权如此"地存在的绝对自由得到表彰性认同或成为"合法"时，则是生活大众的"只能如此"地生活的相对自由也即是有责务和节制的自由全面丧失的体现。这种人为地丧失其以责务和节制为本质规定的相对自由的基本环境，总是通过政体选择、制度生成和法律构建来呈现，来保障，来实现。因而，在生活世界里，人若要能获得平等的保障而创造美生的存在自由，却需要通过政体、制度、法律来奠基。所以，在以他者性为界的生活世界要开辟美生存在的自由生活，不是个人所能做到的，需要"众人拾材"的努力共同清算生物主义和威权主义，前提是人人自觉地**自我医治**病理学的精神，诚心诚意地抛弃平庸之恶。因为生物主义和威权主义生产的精神病理学，总是传播垄断和谎言的病毒并传染平庸之恶。

3. 生存论的善业基础

第11卷以"**国家的善业基础**"为主题讨论国家为何是善业和国家回归善业本原何以可能。

有关于"国家"，有两种认义，一是亚里士多德的定义，他在《政治学》中明确定义城邦（即国家）是一种善业，指出人们创建城邦国家的目的就是促使人人能过上"优良的生活"。二是马克思主义将国家定义为"暴力工具"和"压迫机器"。若对这两种"国家"定义予以选择，或许其民生者会取前者，威权者会取后者。但无论取向前者还是取向后者，都将如下基本问题凸显了出来：

第一，何为国家？或曰：国家是做什么的？

第二，国家何由产生？或曰：谁缔造了国家？

第三，国家得以缔造的依据何在？本体何在？本质何在？

第四，谁可以支配国家？或曰：谁才是国家的主人？进而，谁有权代表国家？

第五，何为正常的国家？或曰：正常国家的构成条件有哪些？

第六，如何使国家正常？进而，怎样使国家始终保持正常状态？

第七，在正常国家里，经济权、知识权、教育权、政治权（包括立法权、行政权、司法权）、媒体权如何有限度和有边界地配置，实现高效率地运作以保障人人存在安全、人人平等生存、人人生活自由和幸福。

如上构成第 11 卷所讨论的基本问题，并以期通过对如上基本问题的严肃讨论而可清晰地呈现以存在律法（自然的律法、人文的律法、社会的律法）为依据、以天赋的人性为准则、以人类文明为指南、以"生存、自由和幸福"为目的善业国家样态及其回归之道。

第 12 卷以"文明牵引文化何以可能？"为主题讨论文明对文化的牵引和文化对文明的进阶何以可能。

在习惯性的和感觉经验性质的认知传统中，文化和文明是等义与互用的，但实际上，文化与文明有根本区别：

文化，是人从自然人类学向文化文类学方向演化的成果，这种成果可能是形态学的，也可能是本质论和本体论的。英语 culture 源自拉丁文 cultura，而 cultura 却从其词干 Col 而来，Col 的希腊文是 Con，表农夫、农业、居住等义。所以 culture 一词指农夫对土地的耕作，并因其耕作土地而定居生活，亦有培育、训练以及注意、敬神等含义，后来引伸出对人的培养、教化、发展等内涵。归纳如上繁富的内容，"文化"概念的原初语义有二，一是指人力作用于自然界（具体地讲土地），对自然事物进行加工、改造（具体地讲是耕作土地，种植并培育庄稼），使之适用于自己（具体地讲是生产出粮食以养活自己）。二是指人通过以己之力（比如耕作土地培育庄稼、饲养家禽并驯化动物）作用于自然界或自然事物的行动同时实现了对自身的训练，使自己获得智力发展并懂得其存在法则（比如自然法则）和掌握生存规律（比如人互借智－力地劳动和平等分享劳动成果等）地谋求生存、创造生活。要言之，文化即是**改变**（对象或自己）的成果，它可能是好，也可能不好，更可能成为坏。"五毛"们所从事的文字书写工作，却每天都在实实在在地创造着文化，但其创造出来的文化，不仅不是好的，而且还是坏的。不好的文化，不是文明；坏的文化，更远离文明。只有蕴含文明内容和张力的文化，才是好的文化。

所以，**文化不等于文明，文明只是文化的进步状态**，只有蕴含一种进步状态和进步张力的文化，才是文明。

并且，**文化史也不等于文明史**。在存在世界里，只要人类存在，只要民族存在，其文化就不会中断而天天创新。文化创新是文化的本性，只要文化存在，只要活着的人还运用文化，文化就无时不在创新。但文化并不能保证文明，文化创新也不保证其有文明的诉求和文明的内涵，所以，**文化不会中断，但文明却可能中断，甚至常常中断**。这种现象在人类文化史和民族文化史中比比皆是。

文明，是文化的进步状态。从文化到文明，其根本区别不在"文"，而在于**由"化"而"明"**。"明"的甲骨形式◖▫、◖◗、◎◗、◗◗、，"从日，从月，象意字，日月为明。本义是光明。"卜辞义为"天明意。'其明雨，不其明雨'。"① 所以，《说文》释"明，照也。从月从🔲，🌙古文明从日。"无论甲骨文，还是《说文》，"明"字均表示自身乃日月所成。日月乃天之具体表征：天者，宇宙、自然、存在，相对人、人类言，它是存在于人和人类之外并且使人和人类必须伫立其中的存在世界。所以，"明"作为"天明意"，是指宇宙、自然、存在世界通过日月照亮，并以"明"的方式彰显天的意志、

---

① 马如森：《殷墟甲骨文实用词典》，上海大学出版社2008年版，第165页。

宇宙的力量和自然的法则，指引人和人类按照天意的方式存在。《尚书·舜典》"濬哲文明，温恭允塞。"孔颖达疏："经天纬地曰文，照临四方曰明。"①其后，《易传·干·文言》曰"见龙在田，天下文明。"孔颖达疏"天下文明者，阳气在田，始生万物，故天下有文章而光明也"。《舜典》和《易传》关于"文明"的这两段文字可为互文，从四个不同的方面定义了何为"文明"。首先，文明是**对人的教行**。人（从动物到人）的本质（而不是形态、形式）的和本体的改变，是通过教行来实现。其次，文明以律法为本质规定，并以律法为指南。具体地讲，文明作为以教行改变人的根本方式，其最终依据是宇宙律令，自然法则和万物生长的原理，这就是"经天纬地曰文，照临四方曰明"的理由和"天下文明者，阳气在田，始生万物，故天下文章而光明也"的原因。再次，文明需要先行者，即以宇宙律令、自然法则和万物生长的原理为依据对人施以教行，使之成为人的前提，是必须"天明意"，即使自己明天意：**只有明其天意的人，才可施教行**。用宗教语言表述：文明需要天启者；用现代语言表述：文明需要先行者，文明始终是先行者的事业。最后，文明构成文化的指南的具体方式，就是文明先行者指引人的存在明天意、人的生存守律法，人的生活有边界，人的行为有限度。

以此观之，人的存在世界更需要的是文明，而不是文化。因为野蛮也可能创造文化，流氓同样可以创造文化，愚昧更可以创造出文化来，而**文明总是抵抗野蛮、消灭流氓、解构愚昧的社会方式和人类方法**。

第 13 卷以"教育与律法、人性和文明"为主题讨论教育何为和何为教育及形塑人性的可能性条件。

比较而言，文化的创造更多地充盈功利、实利甚至势利，并有可能呈非人性、反道德取向；与此不同，文明的建设，始终需要祛功利、实利、势利。文明是人性的光华，呈道德和美德的光辉，它需要教育的入场。

教育历来被定义为"传道，授业，解惑"，这一教育观念在近代得到了全面的确立，那是因为近代以来的教育更加宣扬**知识的教化和技能的训练**。其实，如此定义和规训教育，已从根本上解构了教育本身，使教育丧失了它自

---

① 阮元校刻：《十三经注疏》，中华书局 2008 年版，第 125 页。

身的本性。因为这种性质的教育全面贯通了功利主义、实利主义甚至势利主义，并且是以文化知识为根本资源。

真实的和真正体现其自身本性的教育，只能是以存在世界为源泉，以存在律法为依据、以人性为准则，以**文明知识**为根本资源。要言之，教育的自身本性有三：一是**律法主义**；二是**人性主义**；三是**文明主义**。由此，对教育的理解和界定，既可以从遵从律法角度来定义，揭示教育就是引导人学会遵从律法而存在；也可以从人性再造角度来定义，突出教育就是训练人进行人性再造而共谋生存；还可以从会通文明知识角度来定义，强调教育就是激励人会通文明知识而服务生活。但无论从哪个方面切入来定义教育，都是实现使人成为人和使人成为大人。为此，讨论教育和探索实施教育，其首要前提是澄清如下四个基本问题：

（1）何为教育？这个问题涉及世界存在与人的存在问题，具体而言，涉及到自然人类学与文化人类学的问题。

（2）为何教育？这个问题涉及到人的动物存在与人文存在的问题。

（3）如何设定教育的目的？这个问题涉及人的存在本体论和生存论。具体地讲，首先涉及人在宇宙中的地位，人的神性存在；其次涉及人为何需要尊严地存在；最后涉及人在不平等的存在世界里诉求平等和自由的美好生活如何可能的问题。

（4）教育的正常展开需要哪些基本条件？这个问题首先涉及教育的本性和教育的异化，其次涉及国家的定义和定位问题；最后涉及文明的建设和文明如何可能形成对文化创造的引导与净化。

第14卷以"知识分子的形塑"为主题讨论技术化存在和实利主义生存场域中知识分子形塑何以可能。

知识分子的形塑问题实由两个具体的方面构成，即知识分子的自我形塑和知识分子的社会形塑问题。对这两个问题的澄清，涉及一个前提性问题，那就是国家社会和人类社会为何需要知识分子？这个问题总是被另一个问题缠绕和困惑，那就是谁是历史的创造者？或者（1）谁是文明的创造者？和（2）谁引领或推动了历史的进步和文明的前进？

如果民众可以创造历史，或者民众有能力推动历史的进步和文明的前进，实是可以不需要知识分子，或者知识分子是可有可无，所以，采取威权主义和生物主义的双重方式来解构性矮化、软骨性诬化甚至从肉体到精神灭绝知识分子，是完全可行的，也是必要的，而且还应该是"合法"的。反之，如果创造历史或者说推动历史进步和文明前进应主要由知识分子来担当，那么，人类世界可以允许任何阶层堕落，也不能允许知识分子堕落。因为知识分子的堕落意味人的世界重新沉沦到自然人类学的黑暗的渊谷，更意味着人从人文存在重新倒退到动物存在，倒行逆施其绝对自由的丛林法则指导生活。

从历史观，历史的进步是以文明的前进为标志。而文明的产生和前进都需要先行者。这个先行者就是知识分子。作为文明先行者的知识分子，之所以有存在的依据和不可或缺的理由，就是文明需要教行。文明对教行的需要，则需要知识分子来担当和施行。知识分子担当和践履教行的基本方式有三：一是教育；二是探索真理、创造知识；三是道德的表率和激励。

因而，当历史进步和文明前进需要知识分子，当教育、真理探求、知识创造和道德表率与激励需要知识分子，知识分子的形塑问题就呈现出来成为至为紧要的人类存在论和社会文明论问题，这个问题落实在知识分子本身，就是知识分子的自我形塑和知识分子形塑社会的问题。

知识分子的自我形塑需要诸多条件，但主要条件有三个方面：

一是个人方面的，即作为知识分子"不应该成为什么"和"应该成为什么"两个方面，具体到日常生活中，就是"不当为什么"和"当为什么"，对这两个方面的界定和澄清，才可"当为而必为"和"不当为而必不为"。

二是社会方面的，即社会在政体选择、制度生成、法律构建等方面形成善待、尊重、激励人成为知识分子的环境。这涉及社会对"人"的基本定位和人与社会、国家的本原性关联。

三是历史、文化、传统的祛虚构和净化。祛虚无主义和净化的历史、文化、传统是形塑知识分子的基本土壤，也是形塑知识分子的重要社会方式。

第 15 卷以"知识、学术与大学"为主题讨论知识分子不可取代的独立工作如何形塑人的进化和社会文明。

知识分子之可以作为独立的社会阶层而存在，在于它具有其他阶层不能取代的独特性，这种独特性就是**创造**。知识分子的创造最为集中地铺开为三个方面；一是创造知识，为此而必须探索真理，解构遮蔽；二是创造学术，为此而必须弘大批判的学问，抵制意见的奴役，克服思想的瘫痪；三是创造大学，为此而必须遵从存在的律法，追求普遍的道理，张扬创造的个性，鼓励自由的探索。

知识分子创造大学的努力，是使大学本身成为创造的方式，创造的中心，创造的动力源泉。

大学之成为大学的根本性质和自身本分，是能够立定"四不服务"的阵脚，即不服务宗教，不服务政治，不服务经济，不服务就业。大学一旦成为**服务器**，变成服务宗教、政治、经济和就业的**工作站**，大学则不复存在，即或是它具有其硬件齐全的设施和阵容庞大的形式结构。

大学保持创造的基本面向，是追求**存在真理**和创造**知识理性**。

大学也肩负服务的职能，但却是以探求存在真理和创造知识理性的方式来展开对人的服务，即服务人的**人性再造**，服务人的**心智成长**，服务人的存在自由和生活幸福。

知识、学术、大学，此三者因为知识分子而自为弘大，构成文明的象征。文明即是知识、学术和大学，它的土壤是思想，灵魂是信仰，准则是存在的律法。知识、学术、大学因为知识分子而存在、而创造和发展、弘大和繁荣。所以，知识分子是文明的主体，大学是文明的核心阵地，知识和学术、是文明的形态和光辉；而存在律法、信仰和思想，是文明的源泉。

4. 生存论的美学智慧

第 16 卷以"美的存在"为主题讨论人的美生存在的依据和基础。

美的存在论问题，是美的形而上学问题。

美的形而上学问题，是从哲学的形而上学发散开来的问题，它的基石由哲学发问存在所构筑。

哲学发问存在的形而上学的核心问题，是存在何以存在的本体论问题，由此形成美的形而上学的核心问题，亦是美何以为美的本体论问题。

美的存在论问题也涉及两个世界的存在，即存在世界的存在和人的世界的存在。

美之于存在世界的存在论，实是存在世界（具体地讲存在事物）以何种方式敞开自身存在？对它的拷问揭发两个方面：一是存在世界的存在之美敞开为简单与复杂之美；二是存在世界的存在之美敞开对称与非对称之美。由此，复杂创造简单和简单创造复杂，构成美的存在论源泉。

美之于人的世界的存在论，即是人的世界以何种方式敞开自身存在？对它的发问必然凸显出两个维度四个方面的存在之美：（1）**物在**美和**人在**美；（2）知识美和原则美。

美的存在论的探讨必然铺开美的本体论，无论是存在世界的简单创造复杂的存在之美，还是复杂创造简单的存在之美，或者人的世界的物在之美和人在之美，或者是知识之美和原则之美，其本体之美都是场态之美和场域之美。其本体的本体之美，必是以生为原发机制、以生生为动力之源的生境逻辑之美。

造物主创化的以宇宙自然为宏观构架并以生命为实存样态的存在世界，就是它自身，它融通铸造真善美的律法于自身的内在神韵。只有人这种生命样态从自然人类学向文化人类学方向演化而推动动物存在的人从黑暗的深渊中走出来成为人文存在的人的这一过程中，构筑存在世界之内在神韵的真善美才因为人的意识的生成及自为弘大而获得了人为的"分"并立意于诉求意识地"统"。由此，美的存在论自然地生发其主体存在论。

美的主体存在论所必须讨论的核心问题有三，一是美的主体存在的发生学机制；二是美的主体存在的心灵学动力；三是美的主体存在的意向性方向。

第 17 卷以"美的形式"为主题讨论存在之美敞开自身的形态学。

存在，无论是存在世界存在，还是人的世界存在，其存在敞开即是书写，而存在书写必然形式化。存在书写的形式化呈现即是形式。形式化存在书写的形式，始终是"**有意味的形式**"。

形式的有意味性，源于对存在世界的形式化。形式化将存在世界化为美的形式的"意味"内容，既可能是存在世界的本真性，也可能是存在世界的本善性，更可能是存在世界的本美性，还可能是存在主体的心灵意向，以及存在主体敞开存在之问的情欲之美、思想之美、灵性之美或神性之美。

存在世界的实存样态是生命，生命书写自身存在的形式化努力所生成的"有意味的形式"，可归纳为三大类：

第一类：存在世界敞开书写的有意味的形式，它广涉存在世界敞开自身的方方面面，但最为紧要的方面有六：

（1）材料的"有意味的形式"。

（2）光与色的"有意味的形式"。

（3）时间和空间的"有意味的形式"。

（4）制造物的"有意味的形式"。

（5）确定性与非确定性的"有意味的形式"。

（6）存在之场敞开其四面八方和四通八达的"有意味的形式"。

第二类：人为书写的存在世界敞开有意味的形式，它同样涉及人的存在的方方面面，但最基本的形式之美有六：

（1）声音的"有意味的形式"。

（2）语言的"有意味的形式"。

（3）符号的"有意味的形式"。

（4）语词的"有意味的形式"。

（5）组织与结构的"有意味的形式"。

（6）秩序与混乱的"有意味的形式"。

第三类：主体性敞开的有意味的形式，它也涉及存在主体的方方面面，但最主要的形式之美有六：

（1）情感生发的"有意味的形式"。

（2）想象敞开的"有意味的形式"。

（3）心灵镜像视域敞开的"有意味的形式"。

（4）自由表达的"有意味的形式"。

（5）思想创造的"有意味的形式"。

（6）知识生成与理论构建的"有意味的形式"。

第 18 卷以"美的生活"为主题讨论存在之美的生活形塑。

存在之美的生活形塑，也可称之为生活形塑的存在之美。

美的生活问题，涉及三个基本方面，一是人的生活何美之有？二是人的生活何以需要美？三是人的生活美在何处？

讨论"生活何美之有"，必然牵涉出自然人类学的人走出黑暗的深渊向文化人类学进发和人从动力存在上升为人文存在的存在"意义"。意义构成人的生活之美的源泉。

拷问"生活何以需要美"，必然牵涉出人的本原性的存在处境、状况和何以可能在其存在处境、状况中自持地存在的信仰、希望、爱。因为在最终意义上，唯有信仰、希望、爱的合生才煽旺自由存在的持存、坚韧、坚守。因为，美是自由的象征，美更是自由的追求、行动、守望。而这，恰恰是生活的本质构成，亦是生活的本质力量。

追问"生活之美在何处"，必然从存在意义本身出发，以因为自由而信仰、希望、爱本身而回归生活自身：生活之美在生活本身，生活之美在生活之中，生活之美在生活的经营、生活的创造和生活的全部努力和所有行动的过程之中，但首先且最终在身体之中，在身体的敞开与行动之中。

生活之美无处不在。有生活，就有美。经营生活，就在经营美，创造生活，就在创造美。并且，生活的想象，创造想象之美；生活对存在的记忆，创造记忆美；对存在的遗忘，创造遗忘的美。生活的完整，是生活的完美；生活的残缺，亦呈现生活的残缺之美。残月之于人的生活，既是残缺之美，也是期待和想象完美之美。

第 19 卷以"生态修辞的美与恶"为主题讨论生态修辞的美的哲学问题。

生态修辞是存在敞开生存的基本方式，所以，生态修辞既是一个存在论概念，也是一个生存论概念，更是一个生活论概念。但无论是存在论意义的生态修辞，还是生存论和生活论意义的生态修辞，都是形式化的，并通过形式化而获得"有意味的形式"，所以，生态修辞也是美学的。

美学的问题，既是美的问题，也丑的问题，前者呈现真善和利义取向的自由，或可说美的存在本质是真，美的生存本质是善，美的生活本质是利义取向的相对自由。后者呈现假恶和欲望取向自由，或可说丑的存在本质是假，丑的生存本质是恶，丑的生活本质是利欲望取向的绝对自由。

由此，生态修辞涵摄了真善美利义和假丑恶欲望，但生态修辞首先是创造，既可创造真善美利义的限度自由，更可创造出假丑恶欲望的无度自由。

生态修是存在的智慧，这种智慧的源泉是存在世界的本体之场，原发于造物主对以宇宙自然为宏观样态、以生命为实存样态的存在世界的原创之生和继创之生生。生态修辞这个存在的智慧被人运用于生活的构建，就演绎成为根本的和普遍的方法，广泛地运用个人生活和社会运动的方方面面，其中最为根本的方面，就是政治、经济、教育、文化和生活交往交流等方面。

生态修辞运用政治、经济、教育、文化等领域，既有实体的方式，也是虚体的方式，前者主要通过政体、制度、法律、组织、结构、秩序、规程和教化（观念、内容、方式、方法）、宣传、伦理、道德等社会方式来实现；后者主要是通过语言来实现。而在更多的时候是对其实体方式和虚体方式的综合运用。这种综合运用既呈现柔性的取向，更可呈现暴力的取向。一般来讲，在正常的社会里，生态修辞的运用主要呈柔性取向；在非正常的社会里，生态修辞的运用主要呈暴力取向，包括政体的暴力、制度的暴力、法律的暴力、武装的暴力，其中最为普遍的和无孔不入的是语言的暴力。运用语言的暴力来予以生态修辞的基本方法主要是象征、隐喻、（扩张、压缩或扭曲的）夸张、虚构，而历史虚无和民族主义是其象征化、隐喻化、夸张性和虚构化的语言的暴力的基本的和普遍的方法。

生态修辞的美，创造人的尊严存在，诉求生存、自由和幸福。生态修辞的恶，不仅是暴力主义，而且是平庸主义的。

第 20 卷以"哲学意向的中西会通"为主题讨论哲学的人类学和世界主义及其超越性会通。

哲学的超越性会通，首先涉及哲学何为和哲学为何的问题，其次涉及哲学的性质定位和本分问题。哲学是存在之问，但其存在之问原发于存在的困境和生存的危机，因而，哲学的存在之问，是为解构存在困境和生存危机提供根本的解决之道（真理、知识、方法）。所以，存在必须且只能面对存在而发问，包括面对存在世界的存在和人的世界的存在而发问，并且这种发问不是历史的，只能是当世的。由此两个方面观，存在何为和哲学为何的问题，实际地蕴含哲学超越性会通的自身依据。

哲学会通是空间化的，而非历史性的。因为哲学始终行进于当世，是对在世之在和在世之中的当世存在的发问，而非对哲学成就的历史的发问，这是哲学与哲学研究的根本分野之呈现。

哲学的超越性会通，只能在哲学意向的层面。所谓哲学意向，即是哲学发问存在的场态化的视域意向、思想意向、方法意向和存在敞开生存的心灵镜像意向、情感意向、精神意向。

哲学意向的会通，既源于中西哲学个性的激励，也源于中西哲学共性的鼓动。因而，理解哲学的个性和共性，是探讨哲学以意向的方式会通的真谛的前提条件。

哲学的个性，主要由特定的地域、具体的民族、民族化的自然语言和个体化的哲学主体即哲学家所书写。

哲学的共性，主要由宇宙自然、存在世界、律法（主要是存在的律法，但也涉及人文的律法和社会的律法）、真理、宗教、信仰、人文精神等因素所书写。

哲学会通的基本方法，是问题方法。

哲学会通的根本方法，是形而上学方法，即存在本体论方法，或可说是场化本体论方法。

自 序

从远古文明的消失，到近代社会的争夺，再到现代世界危机重重以及后世界风险社会陷阱的全球化形成，其实都源于**无限度存在**。从根本讲，无限度存在构成人类古往今来一切危机和灾难的根源。

无限度存在之所以成为人类危机和灾难的根源，是因为鼓动无限度存在的无限度敞开的原动力是私欲主义。私欲主义的无限度膨胀，必然推崇丛林法则，并无限度地泛滥丛林法则。

私欲主义的本质是唯我，即以我为真理，以我为法则。私欲主义的动机和目标，是自我利益绝对化和自我利益最大化；私欲主义的基本准则，是有我无他。无限度存在的私欲主义具有语义内涵的多向度性：在己与人的关系上，是个人私欲主义；在己与社会的关系上，是利益团体私欲主义，比如党派私欲主义、组织机构私欲主义、阶层私欲主义或阶级私欲主义；在己与世界的关系上，是民族私欲主义或国家私欲主义；在人与环境、人与自然、人与地球生命的关系上，是人类私欲主义。无限度存在之所以制造出各种危机和灾难，源于如上各个层面的私欲主义激情和野性的相互交织、互为推动、立体释放，私欲主义激情和野性的立体释放，必然以丛林法则为准则。所以，无限度存在的逻辑就是丛林法则的逻辑。

从远古的农牧社会到近代的商业世界，再到今天的后人类（后人口、后环境、后疫 – 灾、后技术、后政治 – 后经济、后文化 – 信仰）时代，私欲主义已经走到尽头，无限度存在的信仰和运作模式**正悄然地滑向**自我解体，无限度存在的步伐越来越滞缓、越来越乏力并开始呈现整体性停止（新冠状病毒的世界化传播和加速地迭加变异，实际上使已有的世界秩序突然停止，这或许不是偶然或例外，而是无限度存在整体性停摆的最初呈现）。人类自救的唯一可能，是探索限度生存之路，这需要从本能冲动、存在信仰、价值坐标、知识体系、生存方法等各方面全面解构私欲主义。解构私欲主义的釜底抽薪之法，就是解构唯人本主义（准确地讲是唯私欲主义）的智－力逻辑，遵从存在律法，以存在世界的存在律法引导和规训人造的智－力逻辑的运用，本卷的工作就是尝试从认知、方法和知识重构方面探求这种可能性。

目　录

C O N T E N T S

第1篇：智－力的逻辑

第2篇：存在的律法

引言　限度生存的逻辑与律法

人从自然人类学的黑暗深渊中走出来成为文化人类学的人，这一持续努力的历史进程需要"知"的武装和"智"的引导。为此，苏格拉底探求人间生活的"普遍规则"，提出"认识你自己"和"知识就是美德"两个心灵的原则，强调人成为人之"知"必要从认识自己出发并通过认识自己，才可生成建构起存在之智而自我引导生存。孔子不仅思考成己之"智"必须学、思、行（即"学而时习"）有机结合，而且主张应该具备两种正确姿态和心态：一是应内生"学而时习之，不亦说乎？"的**快乐心态**；二是必须具备"知之为知之，不知为不知，是知也"的**爱智姿态**。只有这样，才可自明我们"为谁而存在"？我们得以"存在的依据何在"以及我们实际"存在于何处"和"应该怎样存在"的知识和智慧。哲学就是为人的持续不衰的文化人类学努力而探究这方面的根本知识和智慧。

1. 存在边界与生存限度

古希腊人将 Philosophy（Φιλοσοφία）定义为"爱智慧"。其实，爱智慧并不是哲学的专利，科学、文学、政治学甚至经济学等，不也是爱智慧吗？并且，"爱智慧"本身还存在"爱什么智慧"和"爱谁的智慧"的问题，前者表明"爱智慧"是有指涉的对象性，比如科学，应该是爱自然的智慧；政治学，应该是爱群己共生存在的智慧；文学，应该是爱人性、人心、人情的智慧。以此来看，哲学是爱什么智慧呢？哲学之一直被追捧为人间的最高智慧，其所爱的智慧应该是既不同于其他方面的智慧，又可能囊括其他方面的智慧的智慧，这种智慧应该是"**整体的智慧**"，是既能够涵摄其他方面、其他领域的智慧，又能够激发、引导其他方面、其他领域的智慧生成和更新的智慧。后者却意味着哲学所爱的智慧，既不是爱自己的智慧，也不能是一时一域一地一家一族一国的智慧，更不只是人的智慧，因为人的智慧即人的哲学，而人的哲学所爱的智慧，仍然如科学、文学、政治学等所爱的智慧一样，只是领域性的智慧，而不是哲学所爱的智慧。所以，能够生成出"整体的智慧"的哲学，应该是统摄人、物、生命、宇宙、自然等于一体的哲学，它所爱的应该是存在世界**"存在的智慧"**。

作为探求和构建整体的存在世界的"存在的智慧"的哲学，只能通过"存在之问"而达于"存在之思"构建存在论。这是因为哲学通过存在之问达于存在之思而构建存在论，可以为人的存在提供两个方面的根本智慧。

一方面，存在论对"存在之问"的形而上学拷问，可以为人的存在提供存在的依据、存在的基础和存在的自身规定。存在论拷问存在的依据，意在揭露存在的创造论，包括造物主创造宇宙的原创论和宇宙遵从原创生的"生"机和"生生"本性的继创论，凸显**存在何以存在的源泉**。存在论探究存在的基础，即揭露存在的本体，构建存在本体论，呈现**存在如此存在的边界**。存在论追问存在的自身规定，意在揭露存在的本质，明朗**存在怎样存在的原则**。

另一方面，哲学从"存在之问"出发达于"存在之思"而建构存在论，是要从根本上揭露人的本原性**存在位态**和人的本原性存在与其他存在（比如造物主、宇宙自然、众物及其他存在者）之间的存在关联。通过存在论拷问的工作展开，人的存在位态得以展现，即人是**世界性存在者**。并且，人的世界性存在构成人的本原性存在。人的这一本原性存在并不是人的自为，而是造物主创化宇宙和宇宙继创生众物及其他存在者所成。因此，人与造物主、宇宙自然、众物及其他存在者之间有其存在关联，这种存在关联既是原发的，也是继生的，并且最终因为此原发和继生而形成共生。所以，人作为原本性的世界性存在者，是与造物主、宇宙自然、众物及其他存在者共生存在，这是人存在的本质规定，也是人存在的最终边界。

由于人的本原性存在是世界性的，更由于世界性存在的人必定与造物主、宇宙自然、众物及存在者共生存在，所以人的存在敞开生存必须有限度，必须是**限度生存**。限度生存构成世界性存在的人**持存**自己的唯一正当方式，或者久远方式、永恒方式。

2. 逻辑之道与无道取向

对从自然人类学的黑暗深渊中走出来成为文化人类学的人而言，与宇宙自然、众物、其他存在者及造物主共生存在是其宿命，而限度生存是践履其存在宿命的天职。

所谓限度生存，就是**有疆界的生存**；有疆界的生存，就是有规则的生存。所以，限度生存需要制定普遍的、恒存的、共守的规则。由此生发出两个根本性的问题：第一，这种普遍的、恒存的、共守的规则，由谁制定？由个人制定，还是由共同缔造社会（和国家）的众人制定？第二，制定此类规则的依据何在？具体地讲，是由制定者自己提供依据，还是其依据出于制定者之外？由此两个方面展示限度生存需要有道理的支撑，需要**讲道理**。

讲道理，是人类的特长，也是人从自然人类学进化为文化人类学，由动物存在上升为人文存在的根本体现。文化人类学进程中的人特别擅长探究道理和讲道理，由此创造出专门的学问，并把它上升为科学，这就是逻辑学。逻辑学是制定探究道理和讲道理的原理、规则、方法的学问。

客观地看，逻辑学产生于学理探究和实际生活的双重需要，因而，逻辑学所探究和构建的逻辑也实际地来源于生活和存在。基于生活和存在的双重需要，逻辑学所探究和构建的逻辑，既是探究道理和讲道理的原理、规则、方法，也是道理本身。作为探究道理和讲道理的原理、规则、方法，属于逻辑学的**事功**内容，或者说是逻辑学致力构建的内容；作为道理本身，逻辑却贯穿于人的存在敞开生存的方方面面，但最为突出的是三个领域，即知识探究（即科学和哲学）的领域、思维规则构建的领域和生存规则生成的领域。这三个领域的逻辑都呈现一个共同特征，即以人为依据，从人出发并最终回归于人的逻辑。这个特征也体现在逻辑学的产生和发展方面，亚里士多德创造逻辑学，就是从人出发并以人为依据和目的的。其后，逻辑学的发展都沿着这个范式展开，尤其是现代逻辑，更是将其推向极端，使逻辑学更多沉浸在逻辑学的自身游戏中而不经意地越来越远离人的生活和存在。

以人为依据探究和构建起来的逻辑学，无论是古典的形式逻辑，还是现代的数理逻辑，抑或是各种形式的辩证逻辑，都体现出唯人本主义诉求，其对知识世界和生活世界的运用更是体现其唯人本主义诉求。在知识世界和生活世界，将这种唯人本主义的逻辑诉求片面化和极端化，就形成了个体主义；而个体主义的本质是私欲主义，所以，私欲主义化的逻辑，危害就更大。

无论从历史观还是从知识或生活论，逻辑以人为依据和目的体现唯人本主义诉求所形成的局限，就是在制定规则或讲道理时，只见人而不见物，或只见人而不见人之外的存在世界。如此形成的规则的局限，可能违背事物之理甚至自然之理，并且也往往违背事物之理或自然之理。比如，"与天斗其乐无穷，与地斗其乐无穷，与人斗其乐无穷"，或者"让高山低头，叫河水让路"；或者"跨越式发展"及"弯道超车"或"实践是检验真理的标准"等，都体现这种违背事物之理和自然之理的局限，这类规则一旦形成并普遍推行，就会出现不讲基本的道理或根本无道理可讲、根本不准讲道理的状况。在"跨越式发展"的逻辑规则面前，你敢讲或者你能讲"发展应该尊重常规"和"发展是不能违背常态"的吗？肯定不能，也肯定不敢。或如"摸着石头过河"作为个人生活探索而积累经验的一种方法，确实无可厚非，但通过摸索而得出的（正反）经验能否成为可普遍推行的社会行为规则，这就要看其所积累起来的经验是否具有超越具体情境、环境、条件而可重复操作与能普遍化，如果具有可重复操性并体现能普遍化的经验，则可予以理性的提炼而使之上升为社会准则；反之，则会造成巨大的甚至是历史性的灾难。又如"白猫黑猫，捉住老鼠就是好猫"主张，本意是"搁置争议"强调行动优先，突出实践出真知，但由于其主张本身蕴含非常明显的实利主义观念甚至势利主义野性，如果将其固化为恒久的、普遍的社会规则而推行，就会生发出意想不到的社会危害。更为根本的是，以人为依据和目的的逻辑所支撑或所演绎出的各种形式的社会规则，其人本主义诉求往往潜伏或蕴含个人主义激情、冲动或野性。比如"与天斗其乐无穷，与地斗其乐无穷，与人斗其乐无穷"，以及"跨越式发展"和"弯道超车"等观念主张，一旦被推向社会而构成必须遵从的社会行动规则，则会呈现其借助绝对的个人权威或必须服务的权力机构而形成，所以它作为社会规则而推行本身就是个人主义意志的产物，它使这类规则本身成为不讲道理、蔑视道理和不准讲道理的霸权、强权。

就其本身言，逻辑的形态学呈现和功能发挥，是规则。逻辑作为规则，无论对个人的生活和行动，还是对群化社会的生活和行动，都应该是普遍有效的。比如市场的逻辑，就应该是从市场自身生发出来的逻辑。从市场自身生发出来的逻辑是普遍的，是必须超越地域、超越社群、超越时空、超越个人主义观念和特殊主义主张的普遍的逻辑。所以，市场的逻辑的功能发挥，就是必须普遍遵从的普遍主义规则，在这种由普遍主义的市场规则构建起来的市场里，不应该横行垄断，不允许威权主义横冲直撞，并且应该排除一切形式的市场逻辑和市场规则之外的价值虚设。

逻辑的功能发挥之所以呈现普遍效用的规则，是因为逻辑的本质是道理。凡是没有道理的规则，不能构成规则；凡是不讲道理的规则，都是伪规则。所谓伪规则，就是语言的暴力或机构的暴力修饰所形成的无道理或不准讲道理的规则。这类伪规则对社会保持常态运行的破坏和对人的正常生活的危害是最大的，也是最根本的。以此观之，凡是以人为依据和目的的逻辑以及由此生成出来的社会规则，都蕴含着伪的一面，都潜伏着危害；凡是打着以人为依据和目的推行其个人主义和私欲主义的逻辑和由此生成的规则，无论赋予它怎样华丽的修饰，都是对人、对社会、对历史和文明甚至对环境和自然危害最大的伪逻辑、伪规则，这类伪逻辑、伪规则是没有任何道理可言，并且任何时候、任何人都不对此讲道理。当这类伪逻辑、伪规则主导生活和世界时，无论是个人还是社会，都难以有限度生存。而丧失限度生存的个人或社会，总是灾难绵绵，并且后患无穷。

3. 限度生存的道理来源

无限度存在，是灾难和毁灭的根源。

限度生存，是生存、自由和幸福的源泉。

限度生存需要普遍主义的逻辑，需要非私欲主义、非个人主义、非威权主义和非垄断主义的普遍规则，需要这种逻辑所支撑或所生成的规则本身是以道理为灵魂，需要构筑规则的道理必须是根本的或者说终极性质的存在道理，是超越任何势利主义、实利主义、功利主义的非人本主义的道理。因为势利主义的道理是"有奶就是娘"；实利主义的道理是"只讲目的，不讲手段"或"为达目的，不择手段"；功利主义的道理是"最大多数人的最大幸福"和"一个人只能做一个计算"。由此不难发现，无论是势利主义，还是实利主义，抑或是功利主义，支撑它们的游戏规则的道理就是"唯个人主义"或"唯私欲主义"，或者个人私欲主义，或者集团私欲主义，或者阶级、阶层私欲主义，都是以不同的方式极度地膨胀无限度存在，从根本上违背限度生存。因为限度生存所需要的逻辑，以及由此逻辑支撑或生发出来的规则诉求的普遍主义的道理，只能是存在世界的律法，简称为**存在律法**。

存在律法由"存在之问"的哲学为之敞开。

存在之问的存在论哲学所为之敞开的存在律法，存在于由造物主、宇宙自然、众物、其他存在者和人相共生存在的存在世界之中，它由宇宙的原创生和继创生会聚内驻所成。由宇宙原创生和继创生会聚内驻所成的存在律法由三个维度的基本法则构成：一是宇宙创生的生生法则，这一法则的本质内涵是宇宙创化的"生"机和不可逆朝向的"生生"本性。二是宇宙创生的创造法则，这一创造法则即"简单创造复杂"和"复杂创造简单"互为推进、相互转化的法则。三是共生法则，这一法则的依据是构成存在世界之场本体的本体的生境逻辑。共生法则的存在本质是**生生**，方法本质是**生成**，行为敞开方式是**涌现**。

从存在世界中生成出来的存在律法，构成造物主、宇宙自然、众物及其所有存在者共生存在的总法门，亦构成存在于存在世界中的人类物种必然以世界性存在方式存在而谋求限度生存的源泉法则。具体地讲，存在世界的存在律法生成人类限度生存所需要的自然的律法、人文的律法和社会的律法。此三大律法构成以人为本位所创造出来的一切形式的智－力逻辑的规范逻辑。一切形式的人造的智－力逻辑，都必须同时接受自然的律法、人文的律法和社会的律法的规训，或曰，人造的一切形态的智－力逻辑，是否适合人的存在并有益于人的限度生存，必须以自然的律法、人文的律法、社会的律法为最终的解释依据、为根本的道理支撑。只有在以存在律法统摄下的自然的律法、人文的律法和社会的律法规训下建构起来的逻辑和社会规则，才可避免一切修饰形态的私欲主义和强权主义对限度生存的阻碍，才能杜绝所有美化了的私欲主义、强权主义对人的正常生活的伤害和对社会的正常运行及健康发展的干扰。

第 1 篇

智力的逻辑

第1章　逻辑的来源问题

伦理，作为一种精神实体，以历史存在的现在方式和现在存在向历史追本溯源的方式贯通人的存在世界的各个角落；逻辑，亦是如此，它以规则的方式遍布于人的生活世界的方方面面。表面看，伦理与逻辑之间没有什么关联，但实际并非如此。伦理讨论人与他者（人、社会、地球生物、自然）之间的律法问题，任何律法既蕴含逻辑，也在其敞开中呈现逻辑。比如"同情"，是基于人性的逻辑，它呈现"人同此心，心同此理"，前提却是"人同此性，性同此心"。反之，任何逻辑亦蕴含律法并接受律法规范。比如"凡人都是要死的，苏格拉底是人，所以苏格拉底必死"的三段论，体现"生而有死"和"向死而生"的生命律法（或生物律法），这一律法同样贯穿于"离离原上草，一岁一枯荣；野火烧不尽，春风吹又生"中。

逻辑与伦理因为律法而获得关联。逻辑与律法从具体与抽象两个维度，为讨论伦理打开更为广阔的视域空间，即讨论伦理问题需要关心逻辑与律法之间的内在关联。理解逻辑与律法的内在关系，需要先理解逻辑的来源。有关于逻辑的来源，有两种广为认同的观念。一是认为逻辑来源于哲学的需要：哲学发问存在，构建存在的知识，必然牵引出逻辑，因为哲学构筑存在的知识的内在本性，是扬道诉理。二是认为逻辑来源于思维的需要：思维展开的条理性、层次性及内容表达的清晰性（即有效性），必然需要逻辑。前一种观念是哲学的，逻辑成为哲学诉求道与理的基本方法；后一种观念是思维学或逻辑学的，逻辑成为思维有效性的规则。但进一步观，哲学和思维之于逻辑的溯源性，仅仅是逻辑根源于存在和生活的具体呈现。从根本言，逻辑的真正来源应该是生活和存在本身。

一 逻辑来源于生活

"生活"一词，在英语和汉语中意思大体相同。英语 live 源于古英文词 libban 和 lifian，意为经历、生活、生存，为自己提供食物来度过余生；也有保持、继续，去坚持或创造一个居住的环境等含义。汉语"生活"一词，有生存、使活命、生长、生计、活儿，以及为生存发展而展开的各种活动或经验等义。合言之，"生活"相对人而论，指人如何活着、生长、过活、留存。从本质论，生活即**人因生而活、为活而生且生生不息的生存进程**。因生而活、为活而生且生生不息敞开的"生活"逻辑，即"生生不息"的逻辑，或可简称为**生生**逻辑，它贯穿于个人和由人组成的群体、社会和历史之中，激发个人、群体、社会和历史生生向前。

1. 人群化生活的逻辑

人因生而活、为活而生且生生不息的生活努力，展开为三个维度：一是人与人包括人与家庭的关联；二是人与群或人与社会的关联；三是人与物包括人与地球生命、人与生存环境和人与自然的关联。此三个维度使生活本身呈开放性特征和生成性取向。

> 易其田畴，薄其税敛，民可使富也。食之以时，用之以礼，财不可胜用也。民非水火不生活。(《孟子·尽心上》)

孟子此段文字虽简洁，却既揭露了开放性和生成性的"生活"之于人与群、人与社会的关联，更表述了邦国之治三要事，以此来展示圣人之治邦国的逻辑：

> 第一事：治田薄税而民富。
> 第二事：食时用礼而国富。
> 第三事：民生之本乃水火。

先看"易其田畴，薄其税敛，民可使富也"一句，是在讲述邦国治理的根本法则。孟子认为，圣人之治邦国的根本目的是**藏富于民**，由此目的规定了施治邦国的核心任务是治田赋，治田赋的根本准则是薄其税。这是实施邦国治理的**民本逻辑**，它构成圣人之治的依据。

再看"食之以时，用之以礼，财不可胜用也"一句，是紧接"治田薄税而民富"而来：民富之源，是薄赋税；反之，国富之源，不是掠夺民财，而是节用征收来的薄税，即国富源于统治者们的节俭。如何才能通过节俭使国富呢？孟子认为根本方法有二：一是"食之以时"，即吃饭有时，禁止饮食的浪费；二是"用之以礼"，即严格按照礼制规定的等级消费，不能逾度。做到这两点，国可富。

最后看"民非水火不生活"一句，有两层含义。首先，只要做到"易其田畴，薄其税敛"和"食之以时，用之以礼"，就会使生产出来的粮食（或曰由家庭和国家积累起来的财富）如取之不尽、用之不竭的水火那样多，一旦达到这种社会状况，民众哪有不求仁爱呢？这就是"圣人治天下，使有菽粟如水火。菽粟如水火，而民焉有不仁者乎？"（《孟子·尽心上》）其次，民得生的根本自然条件是火和火，因为，火，予人光明、温暖并进化身体；水，给人滋养，并构成生命以及世界的本原。《红楼梦》里贾宝玉认为"女儿是水做的骨肉"，其实男儿也是水做的骨肉。尸体火化可为一证：人活着时，身体上百斤重，但死后被推进火炉焚烧几个小时之后，仅剩下一撮骨灰，重量不能以"斤"度量，这是高温将肉体水分全蒸发使然。所以，人的身体，表面看是物质实体的骨、肉，但本质上是水、水分。泰勒斯（Θαλης，约公元前624—公元前546）最早发问"存在的本原"问题，而以"水"答之。比泰勒斯早百年的管仲（约公元前723—公元前645）认为水不仅是生命的本原，更是人间伦理、道德、政治的本原：

> 地者万物之本原，诸生之根菀也。美恶贤不肖，愚俊之所生也。水者，地之血气，如筋脉之通流者也。故曰：水，具材也。（《管子·水地》）
>
> 夫水淖弱以清，而好洒人之恶，仁人也。视之黑而白，精也。**量之不可使概，至满而止，正也。唯无不流，至平而止，义也。**人皆赴高，己赴

下，卑也。水者，道之室，王者之器也，而水以为都居，准也者，五量之宗也。素也者，五色之质也。淡也者，五味之中也。是以水者，万物之准也，诸生之淡，也违非得失之质也。是以无不满，无不居也。集于天地而藏于万物，产于金石；集于诸生。故曰水神。（《管子·水地》，引者加粗）

大地是万物生长的土壤，人间的美恶聪愚俊丑都从大地中产生，而大地却产生于水，水是大地的血脉与气蕴，它"唯无不流，至平而止"的运动产生了大地，生育出万物。所以，水才是万物的本原、一切生命的起始和最后的归宿。

水何以具有如此功能？这是因为水虽是柔弱的，却是最大者，这在于水自我卑下而无所不聚，并且聚则满，满则盈。水的聚与盈皆来自它的本性之平，其本性之平却根源于其正，这就是"唯无不流，至平而止，正也"。由于其自正而平的本性，水从不自贪，不自居，不自骄。也由于其自正而平的本性，水始终处于流动不居的运动状态而"唯无不流"：它的"唯无不流"，使万物之所生，并成为万物之所归：万物得水而生，失水而亡；世界一切生命水满则盛，水竭则枯。具体地讲，水，**居下而聚，则生己；平澹而盈，则生物**。故水者，唯无不流，万物生藏。

2. 人自然生活的逻辑

无论从发生学观，还是从生存论讲，人都是他者性的。人的他者性同样体现在"因生而活，为活而生且生生不息"的日常生活过程中，不仅与他人、他物和群体、社会相关联，更与环境、自然相关联。这种关联敞开的生活同样贯穿逻辑。

上古之世，人民少而禽兽众，人民不胜禽兽虫蛇。有圣人作，构木为巢以避群害，而民悦之，使王天下，号曰有巢氏。民食果蓏蚌蛤，腥臊恶臭而伤害腹胃，民多疾病。有圣人作，钻燧取火以化腥臊，而民说之，使王天下，号之曰燧人氏。中古之世，天下大水，而鲧、禹决渎。近古之世，桀、纣暴乱，而汤、武征伐。今有构木钻燧于夏后氏之世者，必为鲧、禹笑矣；有决渎于殷、周之世者，必为汤、武笑矣。然则今有美尧、舜、汤、武、禹之道于当今之世者，必为新圣笑矣。是以圣人不期修古，不法常可，论世之事，因为之备。宋有人耕田者，田中有株，兔走触株，折颈而死，因释其耒而守株，冀复得兔，兔不可复得，而身为宋国笑。今欲以先王之政，治当世之民，皆守株之类也。

古者丈夫不耕，草木之实足食也；妇人不织，禽兽之皮足衣也。不事力而养足，人民少而财有余，故民不争。是以厚赏不行，重罚不用，而民自治。今人有五子不为多，子又有五子，大父未死而有二十五孙。是以人民众而货财寡，事力劳而供养薄，故民争，虽倍赏累罚而不免于乱。（《韩非子·五蠹》）

韩非子《五蠹》篇开篇的两段文字，讲述了五件事：

　　第一件事：构木为巢。

　　第二件事：钻燧取火。

　　第三件事：守株待兔。

　　第四件事：鲧禹决渎。

　　第五件事：群化生活的争夺与赏罚。

我们简要分析构木为巢、钻燧取火、守株待兔三件事，以进一步讨论生活如何由逻辑构筑。鲧禹决渎和群化生活的争夺与赏罚二事，置于第二部分"逻辑来源于存在"中讨论。

构木为巢和钻燧取火乃上古口耳相传下来的神话传说，讲述上古时代人兽处群居且过着生食为生的动物般生活。人从动物开始走向人的过程中，面临两个方面的不安全困境：一是兽处群居带来生命不安全的困境；二是生食造成身体疾病丛生的困境。从构木为巢到钻燧取火，这是自然人类学的人向文化人类学的人进化的历史进程，在这一进程中，有巢氏时代是"人民少而禽兽众"的时代，其面临的最根本的存在困境和生存危机是陷入禽兽虫蛇相侵害的威胁之中，如何使人能在日常生存中"避群害"成为紧迫的问题。有巢氏为之探求出解决之道，即构木为巢，所以被民众拥戴为王。燧人氏时代面临的根本存在困境和生存危机来自生食造成的身体疾病和疾苦，燧人氏发明了火，同样赢得了"王天下"的拥戴。因为火种的发现，从根本上改变了"茹毛饮血"的动物生活方式，推动自然人类学的人类走向**"化物为人"**的人文存在。更具体地讲，火种的发现，首先，使人找到了抗御寒冷的方式，获得了在严酷的大自然界求生存的最大能力。其次，火可以将生物变熟，不仅改变了饮食方式，也改变了饮食结构，丰富了营养，促进了人体的发育，尤其是促进大脑的发育，加快了人的大脑进化历程和文化人类学的步伐。最后，火成为人类在大自然中获得安全存在的方式，因为火可以防止野兽侵袭，人们又能用火围攻或猎取野兽。

韩非子讲述有巢氏构木为巢和燧人氏钻燧取火，不是宣扬有巢氏构木为巢和燧人氏钻燧取火的贡献，更不是宣扬生物进化论，虽然构木为巢和钻燧取火的神话传说蕴含了生物进化论的思想火花，它意在揭示人类进化的逻辑始终向前，而不是向后。始终向前的进化逻辑呈现两个特征：一是人类学习思考和认识，不是面向过去，而是要面向未来；二是告诫人们不要向过去学习，更不要以已有为准则，而应该向未来学习，以探求未知为准则。这一进化的逻辑根源于宇宙自然以生之本性敞开生生向前的自身方式运动变化，人类社会亦必须以自身方式应对其运动变化。这就是一个时代有一个时代的存在困境和生存危机，由此形成一个时代必须探求解决该时代的存在困境和生存危机的知识、智慧和方法，这就是上古之世，有巢氏构木为巢，燧人氏钻燧取火；中古之世鲧禹决渎，近古之世汤、武征伐。韩非子以历史为例进一步阐述：一个时代不仅有一个时代的存在困境，一个时代也有一个时代的问题主题，一个时代更有一个时代解决困境、问题、危机的思想和智慧、方式和方法，由此形成既"不期修古"，也"不法常可"，而是必须"论世之事，因为之备"。韩非子认为，如果以"期修古"和"法常可"为准则，必然会如"守株待兔"那样，终为天下笑。

二 逻辑来源于存在

1. 关联存在的逻辑蕴涵

逻辑不仅来源于人"始终向前"的生存，更来源于存在。存在，相对人言，是人"是"，也是人"在"，更是人"存有其中"。因而，论人之存在，往往涉及"存有其中"之"中",这个"中",既可指"所有本质的存在",也可指"所有存在者"①之在,这既是指比人的存在更本原的存在,也是指比个体的存在更根本的存在。但无论哪种性质或形态方式的存在,都有其自身存在位态,并以连续统的方式生成性地存在,比如鲧、禹,虽是神话传说中的人物,但他们各为其"是",并各为其"在":鲧、禹既是存在者,也是存在。作为存在者,他们是个体存在;作为存在,它们是关联存在,或者说整体存在,正是这种关联性质的整体存在,才使鲧、禹获得生成性的存在位态。

鲧禹决渎所书写的是**人力史**,而非上帝史或自然史,但它又折射出自然史和王权史。仅前者言,鲧禹决渎突出的是人的智 - 力胜天,自然是被动的,自然的历史开启同样是受动的。范文澜以此认为"许多古老的民族都说远古有一次洪水,是不可抵抗的天灾。独在炎黄族的神话里说是洪水被禹**治得**,地平天成了这种克服自然、**人定胜天**的精神,是禹治洪水神话的真实意义"②。就后者言,鲧禹治水之成败,民间广为流传的是其方法的选择当与不当,鲧治水失败于"堵"的方法;禹治水成功于"疏"的方法。但《尚书·尧典》的记载,却呈现不同的历史内容:

> 帝曰:"咨!四岳,汤汤洪水方割,荡荡怀山襄陵,浩浩滔天。下民其咨,有能俾乂?"佥曰:"於!鲧哉。"帝曰:"吁!咈哉,方命圮族。"岳曰:"异哉!试可乃已。"
>
> 帝曰,"往,钦哉!"九载,绩用弗成。(《尚书·尧典》)

鲧为尧时的水利大臣,治洪水非他莫属,但尧却故意不让他去,理由是鲧有"脾气怂戾,常常逆天行事,伤害自己的同族"的毛病,但在众大臣力推下,尧勉强同意鲧总领治水之责,然而,鲧治水九年,未见大成效,帝尧令祝融杀鲧于治水第一线羽山。

从《书》的记载看,鲧治水未得预设的成效而最终被杀的真正原因,是鲧性格直率,在为事方面触犯了王权。后世记载鲧治水的悲剧,必要隐其不

---

① Anthony Kenny, *Ancient Philosophy*, Oxford:Clarendon Press, 2004, pp. 209 – 200.
② 范文澜:《中国通史简编》第1编,人民出版社1953年版,第52、53页。

利帝尧的任何语言，所以要将帝尧令祝融杀鲧于羽山这一事件书写成鲧罪有应得，即或要为鲧开脱，也只能隐晦地书写。

> 昔共工弃此道也，虞于湛乐，淫失其身，欲壅防百川，堕高埋庳，以害天下。皇天弗福，庶民弗助，祸乱并兴，共工用灭。其在有虞，有崇伯鲧，播其淫心，称遂共工之过，尧用殛之于羽山。（《国语·周语下》）

按《周语》的解释，滔天洪水，是共工"虞于湛乐，淫失其身，欲壅防百川，堕高埋庳，以害天下"，共工的"堕高埋庳"筑堤堵水的方法，必然会导致它处决堤，从而造成更大的洪灾，并且洪灾过后，很难排除内涝，致使积水漫流淹没田地，毁坏庄稼，这就为鲧治水九年未得最终成效使帝尧杀之提供正当理由，所以，共工"欲壅防百川，堕高埋庳"，不仅"以害天下"，而且直接造成了鲧必死的悲剧，即帝尧借此将治水未终得大成效之罪过嫁于鲧，并将鲧"殛之于羽山"。

> 洪水滔天。鲧窃帝之息壤以湮洪水，不待帝命。帝令祝融杀鲧于羽郊。鲧复生禹。帝乃命禹卒布土以定九州。（《山海经·海内经》）

《山海经》这段文字却从另一个侧面突显出鲧治水被意外处以死刑的原因，并不是治水九年不得成效，而是面对漫天洪水，为尽可能早解民生疾苦，"鲧窃帝之息壤以湮洪水，不待帝命"。结合《尧典》来看，鲧实是帝尧故意设圈套要害死他。开始，尧以鲧"脾气忿戾，逆天行事，伤害同族"为借口，故意不用他；后因众臣力推鲧，尧不得不表示勉强同意鲧试治洪水。水利大臣鲧很清楚，帝尧本身就拥有治理滔天洪水的至宝"息壤"。帝尧更清楚，性格直率、专注于事、一心为民解除被洪水所困疾苦的鲧，一定会向他索要息壤，不给时，鲧必然会因"救民心切，偷帝尧息壤"；帝尧"有此宝物不但不用以救民，而且杀鲧以使之不成，好像是故意与人为难。"[1]

---

① 张光直：《中国青铜时代》，生活·读书·新知三联书店 2013 年版，第 394 页。

《墨子》言鲧被刑于羽山的真正原因是其"废帝之德庸"（《墨子·尚贤》）："庸"，杜预注为"用"。孔子"中庸之德也"之"庸"，同为一义：何晏注"庸，常也。中和可常行之德也"[①]。邢昺疏"庸，常也"[②]。朱熹承之而注"庸，平常也"[③]。《墨子》所言废帝之"德庸"，也就是**平庸之德**。帝尧的平庸之德是什么呢?《墨子》无专门的交待，其他古典文献也难以寻找到相关信息，唯有《书》中帝尧对鲧其人的那一段评价以及《山海经》关于"鲧窃帝之息壤以湮洪水，不待帝命"而被"帝令祝融杀鲧于羽郊"的记载，可以窥见帝尧的平庸之德的内容是什么，也可推测到帝尧的平庸之德到底平庸到什么程度。这就是心胸狭隘，嫉贤妒能，缺乏正义，没有公义，甚至为了泄私愤，可以不顾天下安危和民生疾苦。但后世为维护王道传统和王权的绝对正确性，而解鲧"废帝之德庸"是不遵帝所建立行施的"四维""五行"社会治理法则。这恰恰在更深层面上揭示鲧治洪水的悲剧，不是源于治水本身不力，而是源于**权力与服从**的冲突造成的悲剧。并且，如果以其后禹治成功的喜剧来对照鲧治水失败的悲剧，则可发现贯穿其中的一个法则，那就是**权力法则**：鲧禹治水的成败，直接地体现权力本性要求绝对服从的法则；同样地，鲧禹治水的成败及呈现出来的悲喜剧，也隐含权力理性要求的法则，当这一法则得不到彰显时，权力本性才无限度地张扬。

从自然存在观，洪水是一种自然现象，也是一种自然存在。鲧乃帝尧时大臣，面对"汤汤洪水方割，荡荡怀山襄陵，浩浩滔天"的洪水，受命治水"九载，绩用弗成"，极言其漫天洪灾持续时间之长；尧以鲧治不力而杀之羽山，却并没有阻止洪水继续泛滥延续到帝舜时代，禹作为帝舜的大臣，子承父业受命治水十几年，水患方得平息，极言洪灾乃是上古时代最频繁的灾害。

鲧禹治水的神话传说中，可能没有真实的鲧禹其人，但一定有洪水泛滥之事和上古民为生存生生不息地治理洪水的悲喜历史。这从一个侧面揭示两个方面的存在的律法：第一，人与自然之间不是一个**偶结**的外在关系，而是**一种必结**的内在关系：人存在于自然之中，无论自然以怎样的方式敞开其存

---

① （魏）何晏注、（南朝）皇侃疏：《论语集解义疏》，中华书局 1985 年版，第 82 页。

② （魏）何晏注、（宋）邢昺疏：《论语注疏》，北京大学出版社 1999 年版，第 83 页。

③ （宋）朱熹《四书集注》，岳麓书社 1995 年版，第 130 页。

在运动，人都必得自求适应。在人与自然之间构成的这一存在关系中，不是人为自然确定法则、依据、边界或方式；相反，是自然为人确定法则、依据、边界和方式，鲧禹治水实质上就是上古先民如何艰难地学习适应自然存在的过程中的一个插曲而已。第二，鲧禹治水是上古先民如何适应降雨成灾的自然世界的叙事，这种历史经过口耳相传虽然附会上许多美好动人的故事情节，但从"鲧窃帝之息壤以湮洪水"和禹疏通九州，剥离掉其想象的成份，鲧采取"堵"的方法，治水失败是为必然，因为**"堵"的方法，是人与自然对着干的蛮办法**，人力不可能胜过天，所以鲧治水失败而被杀，表面看是权力所为，但实质上是天谴所致。鲧以堵的方式治水失败而遭受以生命为代价的教训，被上古先民形象地总结，口耳相传**以警后世**，但后世并未真得其启示，当世人类陷入后世界风险社会的环境－技术灾难，则可表明这一点。禹采取全面考察地形地貌，然后采取因地制宜的疏导，最后水患得到解除。禹因此盖世之功而获得王权，开创国家。禹的成功表明：人的存在安全和生活保障的绝对前提，是学会如何**按照自然存在的方式去存在**，这同样构成一种启示。但这一启示至今仍未得到人类世界的普遍觉解，这是今天人类不断承受气候灾害、洪灾、旱灾和疫灾之苦而不可自拔的真正存在论根源。

整体地看，韩非子在《五蠹》中所述的构木为巢、钻燧取火和鲧禹决渎，实是从不同方面表达同一个关联存在的认知，即人与自然的关系是建立在**"人在自然之中"**这一基础上的。人对自然的存在论适应，只能在自然的范围内探求二者相合的方式。二者相合的实质是"人与天调"的关系："人与天调，然后天地之美生。"① 只有当"人与天调"时，天地才可美生；天地美生，构成人获得安全存在和生活保障的根本条件。

2. 争夺－赏罚的逻辑导向

在《五蠹》篇中，构木为巢、钻燧取火、鲧禹决渎，此三事是从自然自在而人如何适应其自在的角度，为人类生存提供启示。而对人的群化生活必然导致争夺与赏罚的思考，却是从人力增长和发展的角度警示人的存在敞开如何尊重存在本身的限度。

---

① （清）戴望：《管子校正》，中华书局 2006 年版，第 242 页。

古者丈夫不耕，草木之实足食也；妇人不织，禽兽之皮足衣也。不事力而养足，人民少而财有余，故民不争。是以厚赏不行，重罚不用，而民自治。今人有五子不为多，子又有五子，大父未死而有二十五孙。是以人民众而货财寡，事力劳而供养薄，故民争，虽倍赏累罚而不免于乱。（《韩非子·五蠹》）

在韩非子看来，人必须正视和尊重的限度构成人得以存在的最终边界，也是最终保障，在其限度内，人的存在和生活会得到基本的保障；如果突破其限度，人的存在和生活会丧失其基本的保障。韩非子认为，构成人得以存在和生活的基本保障的限度敞开三个维度：一是人与人之间必有限度；二是人与群之间必有限度；三是人与自然（具体地讲是人与环境）之间必有限度。韩非子从人类史角度审视，得出两个基本判断：首先，在上古时代，由于人烟稀少，人类存在需要的一切资源，自然界都能为之提供，并且资源充足，不需要耕织，所以人相安存在而不争。但人口增长却改变了人的这一存在格局：人口不断增长，人类所需要的不断增长的一切资源，自然界不能充足地提供，只有靠人耕织、劳动才能解决其匮乏。由此自然地生出争夺，并因为争夺的出现而必然产生赏罚。其次，人间社会赏罚的出现，不仅在于止争，更在于遵从限度。止争，在本质上是明确可争和不可争的限度。可争与不可争的问题，不仅仅是人与人、人与群之间的问题，同时也是人与自然之间的问题。由此，以赏罚（制度、法律及其他）的方式明确确立人与人、人与群之间的限度，是解决人与人、人与群之间无序争夺的根本方法。然而，以赏罚方式确立人与自然、人与环境、人与生命万物之间的限度关系，韩非子却未有这方面的明确思考，《圣经·创世纪》却做了这方面的最初的并且也是最严厉的警示。

如果还原为上古史，《创世纪》同样是上古先民关于人如何产生以及为何遭受磨难的神话传说，后世将人如何产生以及为何遭受如此磨难的思考获得的警示予以神化，使之成为宗教信仰之根本内容。

《创世纪》分两部分内容：一部分是耶和华**初创世纪**；另一部分是耶和华**再创世纪**。前者是耶和华亲力亲为；后者是耶和华亲手毁灭所创造的世界和人类之后，由他亲自选择的诺厄再造世界和人类。耶和华初创世界，是有规划、有秩序地展开，前后经历六天完成。具体地讲，耶和华六天创世纪所做的核心工作有三：一是将原本是水的宇宙分出上天之水和大地之水，然后将上天之水变成空气，空气凝聚而成为雨；将大地之水归整为海洋，并使陆地从水中显现。二是在天空和大地、陆地和海洋中创造出不同的生命，并赋予生命得以繁殖的两个来源，即光源和食物来源。三是按自己的肖像创造出管理天空、大地、海洋中生物的人，这就是亚当和夏娃，并赋予他们只有造物主耶和华才有的不劳而得食和永生的两大特权。

造物主创世纪，以创造人来服务于自己的创造物为目的，因而，人享有造物主赋予的特权，必须按照造物主的意旨而履行管理世界的天职，并同时必须谨守"不能吃伊甸园中知善恶树上的果实，哪天你吃了，就必定要死"的训诫。结果夏娃没有经得住蛇的引诱而偷吃了禁果，并将果子分享给亚当，由此犯下原罪被逐出伊甸乐园，降落于大地之上，人由此开始在大地上繁殖。但他们并没有为此而忏悔，而是更加肆无忌惮地踏上自我败坏的道路。上帝为之震怒，决定毁灭世界和人类，但又给毁灭后的新世界、新人类存留下创造主体和种子，这就是诺厄及其一家得到耶和华的蒙恩而授意打造方舟。毁灭世界和人类的洪水在地上泛滥了四十天；水不断增涨，浮起了方舟，方舟遂由地面上升起，洪水汹涌，在地上猛涨，方舟漂浮在水面上。洪水在地上一再猛涨，天下所有的高山也都没有了顶；洪水高出淹没的群山十有五肘。凡地上有血肉的生物以及所有的人全灭亡了。造物主消灭了地面上的一切生物，只剩下诺厄和同他在方舟内的人与物。洪水在地上泛滥了一百五十天。[①]一百五十天后，诺厄一家与方舟中的生物从方舟中出来，开启了再造世纪。

在创世纪中，人被创造出来，是基于耶和华完整的创世需要，这种需要主要体现在两个方面：一是使被创造的世界"整齐"；二是被创造的世界需要管理，人被创造出来，就是代造物主管理这个被创造出来的地球世界、生命世界。由于这两个方面的需要，被创造出来的人获得了两种身份：一种身份是众物之物，他是有血肉的众生命中之一生物，所以，人与天空中的飞鸟、

---

① 参见袖珍本《圣经》，思高圣经学会译，香港天主教方济会 1988 年版，第 16—17 页。

水中的鱼、地上的牲畜、野兽、爬行的虫，没有本质的区别，只有形态和类型的区别。另一种身份是被创造的世界的管理者，耶和华赋予人管理世界和生命万物的职责，就要赋予他管理世界及生命万物的能力和资格，同时也赋予人管理被创造的世界和生命万物的边界，前者即获得不劳而食的单独权利，以乐园中树上的各种果实为食；后者即训诫，即乐园中知善恶之树上的果实不能吃，吃后必死。对人来讲，造物主授予管理的权利，实是给予存在的空间；造物主给人训诫，实是规定人的生存边界。但无论是存在空间，还是生存边界，都是由造物主规定，人只是被动接受，没有选择的权利，没有主动性，没有自由意志。造物主创造的世界，全归造物主，世界及其所有生命和存在，都是满足造物主创造世界的需要。所以，造物主创世纪，虽然创造了时间——世界的时间，地球的时间，生命万物的时间，当然包括人的时间，但这些时间统归于造物主的时间，如果剥去造物主这件外衣，创世纪的时间只是**自然时间**。时间，永远是意志自由的表达。造物主创世纪呈现出来的时间，实是造物主意志自由的敞开，或可说是自然之意志自由的感性呈现，在造物主创造的世界里，无论天上的飞鸟、水中的鱼，或地上的所有生物，以及被赋予管理权能的人，也仅仅是造物主（或曰自然）之意志自由的承载形式。

人要获得意志自由，要创造出自己的存在时间，必须使自己由物转化为人，由完全的绝对服从转向自主支配，这需要心智的开启。或许这种本能的渴望，早被造物主"吃了知善恶之树上的果实必死"的训诫潜在地激发，所以，当蛇引诱夏娃时，她竟将耶和华的训诫抛在九霄云外，欣然吃下禁果，并且还给亚当吃，亚当同样毫不犹豫地吃下知善恶的果子。于是睁开了眼睛，看出对方与自己的不同，看到世界的各异。于是惊恐，于是慌乱，于是在惊恐和慌乱之中采取了第一个自由行动，用无花果叶来遮掩自己的身体、自己的生殖器官。紧接着采取了第二个自由行动，即当耶和华传唤时，他们却因为害怕而将自己躲藏在廊柱的后面。

自由的行动之于人始终是意志自由的体现，当遵从内在意志的自由而行动时，人的时间就产生了。这意味着管理世界的职责将可能由完全服从造物主的意志自由转向按照人自己的意志自由行事，从而使管理世界烙印上人的时间标志。这是造物主不愿看到的，因而他为之震怒，不仅惩罚生事的蛇，而且惩罚亚当和夏娃，给予他们命运的诅咒，然后将他们逐出伊甸园，使之以劳苦终身方得食的方式在大地上流浪。造物主对人的惩罚，并不是以此使人遗忘或丧失知善恶的心智和意志自由的创造能力，而是不愿意接受人对训诫的叛逆。人虽然背上原罪而自求生计，但更不会抛弃已然开启意志自由的心智，反而更加自由地激发已然的意志自由的心智，书写属自己的存在时间。负罪而行的人，如此地朝着意志自由的方向展开，自然使造物主更加震怒，于是毁灭世界、消灭人和世界上所有血肉之躯的生物，成为耶和华的必然选择。于是就有由耶和华亲自谋划亲自实施四十天四十夜的洪水，也有了诺厄方舟。

人被逐出乐园，是人窃取了只有造物主才有的智慧——知善恶的意识和由此可生意志自由的心智，这是在削弱造物主全知全能的权力。造物主最后毁灭自己创造的世界，消灭所有血肉之躯的生物尤其是人，是因为被逐出乐园的人不仅不忏悔原罪，而且更加败坏。其中最不能让耶和华忍受的两个方面的贪婪，一是其儿女与神通婚；二是任性的杀戮和乱伦。前一种行为颠覆着神界，将物界与神界混淆，其实质是动摇了神的地位，进一步削弱了神的绝对权威；后一种行为颠覆着物界，使物与物之间的界线丧失，使男女和血缘没有了清晰的边界。如此负原罪而行的人，不仅罪上加罪，而且无可救药，所以毁灭是为必然。然而，耶和华消灭人类的行动又给予诺厄及其一家得生的恩宠，理由是诺厄一贯地表现出正义。耶和华所谓的正义，是不违背造物主的意志和意愿而存在，严格地保持造物主对人划出的存在空间和行动边界。所以耶和华不仅给予诺厄及其一家得生的机会，而且还教他在毁灭中如何得生的方法，教他如何做好世界毁灭之后繁衍生息、再造人类和物类世界的条件准备。

耶和华既毁灭世界和人类，又保存人种和物种使其毁灭后再造世界和人类的矛盾行为，恰恰揭露了造物主的逻辑：他所创造的地球，必须成为世界，因而，世界必须有物、有生命、有管理者。但是，他的创造物背叛了他，因而必须毁灭；毁灭后的世界必须重建，重建的工作不能再由造物主本人来履行，因为造物主永远是原创者，而不能成为继创者，继创毁灭之后的世界、毁灭之后的人类和物类，必须由他的继承者来实施。在原创的人所繁衍生息的世界里，只有诺厄始终保持和服从造物主的意志自由，具有造物主所颁布的正义，因而，诺厄被选为重建世界、人类和物类的继创者。

造物主毁灭所原创的世界、人和其他所有的生命，既是完整地保持造物主的意志自由和时间（自然的自由意志、自然时间）的纯正性，也是结束造物主对人的意志自由和人的时间书写。造物主准允诺厄及其一家建造方舟躲过四十天四十夜滔天洪水，赋予他重建世界、重建人类、重建物类的使命，是允许新生的人类重建以正义为指南的意志自由，去开辟人类自己的时间历史。

剥去造物主创造世界和毁灭世界的神话内容，世界的实然存在的本来面貌或许可以得到呈现：其一，存在世界是创造地生成，并且，存在世界是自创的杰作。其二，在创造的存在世界里，自然与人之间的实然关系是：自然先在于人，人乃自然进化的生命杰作。其三，存在世界的自创行为，设定了存在的边界，这个边界对于创造者和被创造者言，都适用，并产生同等的边界效用。这一等效的边界落实在人与自然的关系缔结上，就是人必须服从自然，遵守自然的律法，否则，就会遭遇惩罚，包括灾害的惩罚和毁灭的惩罚。鲧被帝尧命祝融杀之于治水前沿阵地羽山，是因为"窃帝之息壤以湮洪水"的行为违背了自然的律法，即水"卑下而居，平澹而盈"的本性形成的只能疏导而不堵塞的律法。耶和华发洪水毁灭世界，是因为人类的贪婪而不忏悔。其四，在《创世纪》中，人类被罚落风尘的"原罪"和招致毁灭的"继罪"，均源于贪婪，妄图得到不该得到的贪欲必然破坏人与自然之间的限度张力和限度框架。所以，贪婪必然使人丧失本性而无限度，失性无限度必然造就毁灭的惩罚。这是《创世纪》以宗教的方式给予人类的警示，这种警示能否成为启示，不仅在于人类的存在领悟和觉解能力，更在于人类是否具备能**克己**的理性。

3. 科学中的逻辑呈现

宗教，是以神话的方式表述存在世界的自在自为边界，在存在世界的自在自为边界规定下，人与自然之间的本原性存在关系是如何生成建构起来？当无论是自然还是人，其存在敞开运动逾越了这种本原存在关系后，将会呈现什么状况？又如何解决？宗教给予了上述几方面的警示。与此不同，科学却以经验想象进而展开经验实证的方式来描述存在世界的自在自为及边界。在科学的世界里，这种经验式的想象性描述，在不同时代亦有不同的形态学呈现，比如原发于泰勒斯和毕达戈拉斯的以太说，始发于亚里士多德，后被克罗狄斯·托勒密（Claudius Ptolemaeus，90 – 168）建立起理论体系的"地心说"，由波兰天文学家尼古拉·哥白尼（Mikołaj Kopernik，1473 – 1543）构建起来的日心说理论体系，以及盛行于 20 世纪的宇宙大爆炸理论，都是以科学方式构想并解释存在世界何以产生、其怎样运行自身的律法、如何成为逻辑建构的来源。下面不妨以"以太"说和"爆炸"说为个案，做一简要陈述性分析。

"以太"观念及其发展　　以太（Ether）说为古希腊人所发觉，他们把弥漫于天空中的大气称为以太。"以太"之原发观念可追溯到泰勒斯和毕达戈拉斯：泰勒斯以水为世界的本原，从水的潮湿与蒸发创造宇宙万物中发现，其潮湿与蒸发的水形成并聚集于太空的气态物质，就是以太，得出"以太是空气的蒸发"观念。毕达哥拉学派虽然将世界的本原抽象为"数"，但面对流动不息的物理世界时，也将流动变化的东西称为以太，比如，他认为弥漫于空中的气是"冷"的以太；大海和潮湿乃"厚"的以太；哪怕就是可感悟的却无形态的灵魂运动，也不过是以太的片断性呈现。后来者亚里士多德将前人各说整合成体系，认为大地上有水、火、气、土这四种物质元素，天空上也应有与之相对应的物质元素，而能够统摄构成大地之水、火、气、土等物质元素的元素，就是"以太"。后来，人们往往运用以太来解释存在世界及其运动变化的自然现象。比如 17 世纪德国天文学家和数学家约翰尼斯·开普勒（Johannes Kepler，1571 – 1630）用以太来解释太阳运动如何使围绕它公转的行星运行不息；伊丽莎白女王时代英国皇家科学院物理学家威廉·吉尔伯特（William Gilbert，1544 – 1603）用以太来解释磁力吸引，并写出《磁石论》著作，建构起地球物理学理论，这一理论认为地球原本是一块被水、岩石和泥土覆盖的巨大磁石，它的磁力可延伸到天上，使宇宙合为一体，并能引发从地球到天空的运动和变化。英国生理学家威廉·哈维（William Harvey，1578 – 1657）用以太来解释人体内部运动的血液循环规律，认为地球生物体的内在运动——心脏和血液运动——实与太阳运动形成应和关系，构建这种应和关系的媒介却是以太，它是将太阳热力传递给地球生物（包括人体）心脏与血液，使之获得循环运动规律的媒介。其后，英格兰物理学家和天文学家艾萨克·牛顿（Sir Isaac Newton，1643－1727）和荷兰物理学家、天文学家克里斯蒂安·惠更斯（Christiaan Huygens，1629－1695）也用以太来解释光的传导；英国物理学家麦克斯韦（James Clerk Maxwel，1831－1879）认为以太是一种无所不在的物质形态，它构成传导光和电的介质（电磁场），能够运用它来证明光是电磁波。进入 20 世纪，以太观念仍然流行地成为解释物理世界的最后因素。爱因斯坦（Albert Einstein；1879－1955）于 1905 年提出光子假设并成功地解释了光电效应，并以光速为尺度依据创立狭义相对论（十年后再创建广义相对论）。人们认为以太假说被科学所否定了，但实际上，当麦克斯韦用以太观念来解释迈克尔·法拉第（Michael Faraday，1791－1867）提出的电磁感应学说及其电场和磁场理论，并用以太来解释光电传导，提出电磁场理论以来，古老的以太观念由此获得了现代性诠释，具备"场"的视野和功能，产生"机械以太场"观念，揭示"在机械以太场论中，电磁场不仅是一种根据传递局部作用的连续介质来解释表观超距作用的智力策略。而且，由于电磁场不只具有与作用的传递相关联的性质（它们中最重要的是能量以及通过场的作用来传递的具有光速并且需要经历时间的性质），因此电磁场能够被设想为物理实在的一种表征。但实际上，既然电磁场被英国物理学家设想为只是机械以太的一种状态，而非独立的客体"①。虽然如此，以太场观念的机械观念以及不具有独立的实体功能的状态却只是暂时的，因为以态场的思想随后经过爱因斯坦和量子理论的发展而在如上两个方面得到根本的改变，首先是由麦克斯韦开创的具有机械性质的以太场理论，后来经过拉莫尔、赫兹、洛伦兹等人的努力，发展到爱因斯坦那里，形成"场纲领"，并且爱因斯坦把完成始于法拉第、麦克斯韦与洛伦兹的场论纲领作为自己的使命，他曾在晚年对洛伦兹在发展场论过程中走出的这一步重要性做出如下评论："这是令人惊奇与大胆的一步，要是没有它，以后〔场纲

---

①　［美］曹天予：《20 世纪场论的概念发展》，吴新忠、李宏芳等译，上海科技教育出版社 2008 年版，第 49 页。

领］的发展是不可能的。"① 其次，由爱因斯坦发现光量子并以此提出的量子场假说，后来经历哥本哈根学派的量子诠释而得到了全面确立，原发于古希腊哲学的超越具体物质形态并蕴含会通现象与本体于一体，且具有整体与具体、整体动力学与局部动力学相统一的"以态"假说，最终获得独立实体的场理论呈现，并将以此揭示存在世界的完整存在位态及其律法原理。

"大爆炸"假设理论及发展　　宇宙大爆炸（The Big Bang Theory）是现代宇宙学（以及天文学）中最具影响力的一种科学创世学说。这一学说最早由比利时神学家和宇宙学家乔治·爱德华·勒梅特（Georges Henri Joseph Éduard Lemaître，1894－1966）于1927年提出，其后再由美国核物理学家和宇宙学家乔治·伽莫夫（George Gamow，1904－1968）于1946年正式建构起一种"大爆炸宇宙"学理论和天文学理论。这种理论认为宇宙的产生经历了从热到冷的演化历史过程，指出现行的宇宙产生于137亿年之前，它的最初形态是由众多的微观粒子构成的均匀气体，温度极高且密度极大，它的原初形态被描述为一种致密、炽热的"奇点"，这一致密、炽热的"奇点"在大爆炸后膨胀开来形成宇宙。这种理论还认为，宇宙在爆炸之初，其物质存在的形态也只是以电子、光子或中微子等为基本粒子，这些基本粒子在宇宙爆炸之后不断膨胀，其密度和温度向冷的方向迅速下降，直到冷却而形成原子、原子核和分子，并复合成气体，这些被复合形成的气体逐渐凝聚为星云，星云逐渐形成各种星系、恒星，恒星和星系会聚形成人们能够观察到的宇宙。当宇宙内部的量子真空在暴涨期达到全盛状况，便以暗能量形式弥漫，同时伴随物质和辐射密度迅速减小，暗能量迅速地持续增长，集聚到占据宇宙总能量密度的2/3后，就会推动宇宙加速地膨胀②。

宇宙大爆炸理论之所以形成，是因为它建立在两个基本假说基础上，即宇宙学原理和普适性的物理定律。宇宙学原理（Cosmological Principle），是关于宇宙结构和宇宙演化的基本规律（或曰律法），它揭示宇宙也如存在于其中

---

① Einstein A., "Autobiographical Notes", *Philosopher-Scientist*, Ed., Schilpp, P. A., The Library of Living Philosophers, Evanston, 1949, pp. 1－95.

② ［美］威廉·H. 沃勒、保罗·W. 霍奇：《星系与星际边缘》，师且兴译，外语教学与研究出版社2009年版，第261—267页。

的具体物质一样，自具存在结构并以自在方式运动和变化。这一原理构成宇宙结构和演化的原理。由于宇宙学原理既是研究宇宙结构的原理，也是研究宇宙演化的原理，所以它最终构成物理定律的依据。有关于物理定律（Physical law），可从方式方法和学科两个维度定义，就前者言，物理定律是指对物理世界或物理存在予以持续的重复观察和实验所形成的可普遍接受的典型结论；从后者论，物理定律是指具体的物理事实推导出可普遍指涉的理论和学科。

以此观之，无论从哪个方面讲，物理定律虽然是由人发现和揭示出来的，但它不是由科学家推导出来的，而是自然世界或物理实体本身存在的，是自然的定律，是物理的定律。所以，物理定律，具体地讲是物理世界的普遍性和不受他者影响的自生、自在、自为和关联存在的法则；抽象地讲，是指包括宇宙在内的存在世界自身客观存在的普遍性和不受他者影响的绝对性。

第 2 章　知识探究的逻辑

　　逻辑来源于生活和存在，探究蕴含在生活和存在中的逻辑的基本方式有三种：一是通过对知识的探究来呈现，二是通过对思维规律的揭示来呈现，三是通过对生存规则的探讨和制定来呈现。对此三种方式的探讨，将分三章进行。本章讨论知识探究呈现出来的逻辑问题。

　　"知识"是一个包容性很广的概念，在宽泛意义上，所有领域精神探索形成的成果都可称为知识。但在狭窄意义上，知识探究的基本方式是科学和哲学。因而本章讨论知识探究的逻辑问题，主要聚焦于科学和哲学两个维度。

　　科学与哲学，无论从发生学观还是从发展论讲，二者有不解之缘。仅就问题讨论的范围及视域对象言，科学与哲学之间呈具体与整体的关联。本章根据具体生成于整体并最终回归整体的逻辑，先讨论科学知识探究的基本问题，然后再转向哲学的知识逻辑问题。

一　知识生成的逻辑

　　在人类知识体系中，科学探索形成的知识，历来被认为是最为纯正客观的知识。由于它的纯正定位和客观取向，使科学知识成为内具普遍性和完全确定性的客观真理。但从科学知识探究史以及科学知识运用史看：第一，科学探究得来的可能是知识，也可能是非知识，比如得不到最终证明或者最终被证伪的假说或意见；第二，科学探究得来的即使是客观知识或客观真理，也往往是相对的，这源于它所指涉的普遍性是有限的，其所自具的确定性也是有限的。仅此两个方面，它与哲学同构。如果持更为宽容的姿态，无论是哲学探究形成的知识还是科学探究得来的知识，之所以具有同构的有限性，最终源于知识本身的逻辑局限，包括知识本性的局限和知识生成建构的局限。因而，讨论科学知识的逻辑，有必要先了解知识及其可能性问题。

1. 知识及其可能性

亚里士多德在《形而上学》中认为，知识的目的非常崇高，并不是每个人都能获得它，即使最优秀的人也只能获得它的一部分。[①] 但亚里士多德同时又认为，知识并不是无法完全获得，这是因为哲学是无止境的，人类认知的有限性并不限制哲学自身的展开。亚里士多德之论其实是说，知识之于知识探求者言，始终无限；知识探求者之于知识来讲，不可能穷尽，不可完全拥有，这源于如下两个因素的激励。

知识的无限性和生成性　　知识的本性，即知识自身的内在规定性。知识自身的内在规定，首先指知识本身的无限性。知识本身的无限性，指知识始终处于不可知或未知的状态。这源于两个方面的制约或激发，一是**知识的对象**：存在世界的广袤性和生活世界的无限性，必然使它本身处于不可知或未知状态；二是**知识的主体**：认知主体本身的不定性和变化性，同样使世界始终处于不可知或未知的状态。其次指知识本身的生成性，即知识的无限性源于知识的生成性，并且，"知识本身的无限性"这种状态总是带动了它自身的生变运动，比如在认知"世界的本原"时，或以"水"为对象，或以"无定"为对象，或以"气"为对象，不过是思想者面对广袤无垠的存在世界选择了有限的具体认知对象而已，这种不同认知对象的选择所形成的关于"世界本原"问题的探讨，很自然地带动了对"什么是世界本原"的认知的变化，这种认知变化不仅是讨论对象的转换，更体现为认知视野的变化和认知成果——知识——景象的完全相异。这就形成古希腊早期米利都学派的泰勒斯、阿那克西曼德、阿那克西美尼关于"世界的本原"的探究所形成的不同知识图景。然而，当爱利亚学派用一种不同于米利都学派的方式和方法，将诸如"水""气"之类的具体可感的认知对象变成"一"或"存在"之类的整体抽象的和不可感知的认知对象，并将运动的观照方式和方法变成静态的观照方

---

① ［古希腊］亚里士多德：《形而上学》，吴寿彭译，商务印书馆 1959 年版，第 5—6 页。

式和方法时，所形成的知识图景则又是另外一番景象。

人本身的有限性　　要进一步理解知识之未知或不可知的无限性，需要理解人的有限性。人的有限性体现在知识的探求方面，就是人对知识的有限性。认知人对知识的有限性，需要从"知识"本身入手：知识，是相对人才产生，是人基于存在本身谋求**对存在的知道**的一种努力。诺齐克在《哲学说明》中认为，以讨论知识为对象的知识论（theory of knowledge）或认识论（epistemology）的基本任务，就是知道。诺齐克将"知道"定义为人们拥有追求真理的信念：

> 知道就是拥有追踪真理的信念。知识是世界联系的一种特殊方法，拥有与世界的专门的真正现实的联系：追踪它。①

人作为存在者，其存在本身与人存在于其中的存在世界的存在本身，虽然因为人自身的原因而获得关联性，但在根本上是不同的。正是基于这种根本的不同，才激发人对存在世界的认知，结下认知的成果——知识。所以诺齐克才说：**知识是构成人联系世界一种方法**。但是，知识作为人联系世界的方法，并不能被任意产生或运用，它本身具有具体的和较高的要求性：首先，知识作为联系世界的方法之成为可能，是因为知识本身必须蕴含真理、呈示真理并成为真理，这是大前提。如果它本身缺乏这个功能，就不可成为知识。其次，人作为认知主体，要获得呈现真理的知识这种联系世界的方法，必须具备"追踪真理的信念"。人追踪真理的信念，最为实在地体现为人对知识的内在需求，缺乏内在需求的人，根本不可能自生追踪真理的信念；缺乏追踪真理的信念，求知不是成为一种**畏惧和自卑**，就是沦为自以为是的**蔑视和盲目**的自大。最后，基于求知而形成的"追踪真理的信念"的完整表述，就是将"追踪真理的信念"化为"追踪真理的行动"并达于实现"真理"的结果。如上三个方面互为推进，才真正建构起知识的可能性，但与此同时也形成建构知识的不可能性：建构知识的可能性，是指一旦将"追踪真理的信念"

---

① Nozick，R.，*Philosophical Explanations*，Cambridge：Cambridge University Press，1981，p. 178.

化为"追踪真理的行动"，知识的发现将成为可能；建构知识的不可能性，是指在以"追踪真理的信念"为动力展开"追踪真理的行动"、发现知识的同时，也遮蔽了更多更新的知识发现，比如，当泰勒斯发现"水"乃世界的本原时，关于"无定""气"或"永恒燃烧与熄灭的活火"必然因此而遭受遮蔽。又比如，爱因斯坦是第一个发现光量子并提出量子假说的人，但对爱因斯坦来讲，更激发其科学求知热情的是以光束为极限的相对论问题，因而，当他从狭义相对论出发踏上广义相对论的探求道路时，就很自然地放弃了量子假说，并在其后追求统一场理论的过程中展开持续十几年的反对量子理论的论战。这是科学史上追求发现知识的无限可能性的同时遮蔽知识使之变成不可能的典型案例。这一典型案例既揭示了知识本性的局限，也揭示了知识生成建构的局限。从知识探索的主体性角度观，知识的这种可能性与不可能性的交集，构成认知之于人本身的有限性。

探讨人与世界相联系的方法的知识时，人本身的有限性敞开为方方面面，但主要方面有二：一是人探求知识的能力有限。一般而言，人的求知能力是绝对有限的，生成这种有限性的主要因素有三：首先，人是个体。人作为个体性的认知主体，面对认知世界的整体性，必然有限。其次，人作为认知主体的"生而必死"的命定性和"向死而生"的不可逆方向，相对认知世界的无限性，必然有限。最后，人的认知能力形成的条件构成性同样导致有限，这就是亚里士多德所讲的"并不是每个人都能获得它，即使最优秀的人也只能获得它的一部分"。二是人对知识的需要有限。人类对知识的可能性，根源于人对知识的需求，包括需求的方向和需求的强度。人对知识的需求，当然源于人的本性。亚里士多德在《形而上学》中有清晰的阐述，他说："求知是人类的本性。我们乐于使用我们的感觉就是一个说明；即使并无实用，人们总爱好感觉，而在诸感觉中，尤重视觉。无论我们将有所作为，或竟是无所作为，较之其他感觉，我们都特爱观看。理由是：能使我们认识事物，并显明事物之间的许多差别，此于五官之中，以得于视觉者最多。"[①] 但人求知并不仅限于本性的冲动，因为基于本性的求知，必须具备相应的条件，亚里士

---

① ［古希腊］亚里士多德：《形而上学》，第 1 页。

多德认为最根本的条件有三：一是生活的闲暇，二是对世界的惊诧，三是存在的自由。并且此三者须同时具备，缺一不可：

> 古往到今人们开始哲理探索，**都应起于对自然万物的惊异**；他们先是惊异于种种迷惑的表象，然后积累一点一滴的解释，对一些较重大的问题，例如日月星辰之运行以及宇宙之创生，作成说明。一个有所迷惑与惊异的人，每自愧愚蠢（因此神话所编录的全是怪异，凡爱好神话的人也是爱好智慧的人）；他们探求哲理只是为脱出愚蠢，显然，他们为求知而从事学术，并无任何实用的目的。这可由事实为之证明：这类学术研究的开始，**都在人生的必需品以及使人快乐安适的种种事物几乎全部获得了以后**。这样，显然，我们不为任何其他利益而寻找智慧；只因人本自由，为自己的生存而生存，不为别人的生存而生存，所以我们认取哲学为唯一的自由学术而深加探索，这正是为学术自身而创立的唯一的学术。① （引者加粗）

但对大多数人言，却难以具备这些条件。对于知识来讲，"并不是每个人都能获得它"。能够有能力获得它的人，只是生活世界中的极少数人。对于大多数人，其求知的需求直接地来源于如何解决现实的"存在安全"和"生活保障"的问题。并且，个体的存在安全和生活保障这两个问题在任何时势中都构成人人必得面临的普遍问题，并实际地构成生活的当世世界的整体性存在困境和生存危机，也正是这种整体存在困境和生存危机，为那些极少数具备闲暇、惊诧和自由的、基于本性的激励探求知识的人提供了整体动力和原发机制，或曰，人类认知的展开，当然有其历史的承传，但根本的动力仍然是当世存在的根本困境和人类生存的整体危机。这是认知探索、知识形成的根本条件，也构成认知探讨的根本需求方向。

人对知识的需要有限，也要受制人基于具体的**知识需求方向**所形成的**知识需求强度**。古希腊早期的哲学从以关注自然为中心逐渐转向以关注人为中

---

① ［古希腊］亚里士多德：《形而上学》，第5页。

心，是经由智者运动开启，到了苏格拉底那里，哲学才关注人的问题。智者提出"人是万物的尺度，是一切存在如何存在的尺度，也是一切非存在如何不存在的尺度"，作为最后的并且也是最大智者的苏格拉底，自然要将人的问题贯彻到底，拷问以自身为尺度过上真正意义的人的生活如何可能获得其"普遍的定义"，因而，由智者运动开启的人的主体性方向，在苏格拉底那里实现了对"人作为万物的尺度"的存在者的自身认知的需求强度的强化。

人对知识需要的有限性，不仅受需求方向和强度两个方面规定，也从需求方向和强度两个方面激励，蕴含人类知识能力的张力问题，它通过个体知识能力的聚集而呈现，但首先通过个体的知识能力得生成：个体的知识需求决定其知识能力。知识能力之于个体始终呈现一种可能性，由个体的知识需求汇聚起来的人类知识能力同样呈一种可能性。这种可能性因为当世（存在困境和生存危机整合生成的）**境遇**获得明确的方向，并为当世提供其（存在困境和生存危机）解救之道而形成锐意向前的强度。比如，在农牧时代，人类存在的根本困境和生存危机来源于存在世界（或曰自然）本身，探求解救之道的根本努力是人怎样向自然学习和如何适应存在世界，这一双重问题将人类认知引向探求存在的道路，本体论形而上学成为知识论构建的根本方式和方法，神学发展成为其必然的呈现形态。这一知识探究方向持续展开的最终结果，却导致农牧社会日趋解体，人类精神世界和知识领域的变革，以**理性**为内在规定的哲学向以**信仰**为根本诉求的神学投诚，然后理性的哲学以时间为保障，悄然地改造了神学，将纯粹信仰的宗教变成讲道理的宗教。这个过程从哲学向神学的汇聚之时就开始，经历几个世纪的潜移默化，但为此做出巨大贡献者是奥古斯丁（Augustine of Hippo，354 – 430）和托马斯·阿奎那（Thomas Aquinas，1225 – 1274）。奥古斯丁用柏拉图思想解释神学，使神学获得**自然法则的解释方式**；其后，托马斯·阿奎那用亚里士多德哲学来解释神学，**形成自然神学论**。从神学的柏拉图主义到亚里士多德主义，开启长达八个世纪的神学启蒙历程，将一个纯粹**信仰的**宗教变成一个**可以讲**道理的宗教，为中世纪后期新科学[①]的发展和近代大学的诞生提供了文化和思想的土壤。理

---

① ［美］爱德华·格兰特：《近代科学在中世纪的基础》，张卜天译，湖南科学技术出版社 2010 年版。

性被信仰收编、哲学被宗教招安，但最后哲学又重新解释神学的这一内在动力，还是哲学探求知识本身：约翰·马仁邦在《中世纪哲学》导言中指出：在西方哲学史内具有独特的传统由四个传统构成，这就是发生在伊斯兰世界的由阿拉伯语写成"阿拉伯"哲学、形成于基督教欧洲国家的用拉丁语写作的"拉丁"哲学和形成于伊斯兰教世界和基督教国家的用阿拉伯语或希伯来语写作的"犹太"哲学、形成于拜占庭的基督教帝国的用希腊语写作的"拜占庭"哲学。这四种哲学所构成的传统既各具个性又紧密关联：

> 传统是如此紧密相连，虽然存在着重要的差异，以至于最好把它们理解为一个整体。第一，他们都运用古希腊哲学的遗产，特别是在古代后期的新柏拉图主义学派中实践的那种哲学，虽然它们更强调亚里士多德全部著作，而不仅仅是逻辑学。第二，在这些传统的发展中，它们是相互联系的。中世纪犹太哲学家们深深地受他们所阅读的阿拉伯哲学家的影响，并且阿拉伯著作的翻译从 12 世纪晚期以降就改变了拉丁西方的哲学研究。尽管在中世纪后期有一些著作从拉丁文翻译成希腊，拜占庭传统还不是那么开放。第三，所有四个传统属于一神论、启示宗教，即伊斯兰教、犹太教和基督教。虽然宗教学说和哲学沉思之间的关系在各个传统中是变化的、不同的，在同一个传统内的不同时期之间也是不同的，但在所有这三个宗教中启示提出的问题和形式的限制都是相似的，对在它们各自的范围之内所产生的哲学著作发挥了深刻的影响。①

在中世纪，作为信仰的神学历经数个世纪之久被柏拉图主义和亚里士多德主义的哲学改造成为讲道理的神学，这个过程既催生出中世纪的新科学，更催生出近代大学，这两个方面的积淀培育起近代的文艺复兴、宗教改革和启蒙运动。这一切思想和精神重建进程背后涌动的却是农牧生产方式和生活方式的悄然变革，这种变革与思想和精神的重建互为推力，为工业社会的形成奠定物质生产、技术和知识三个维度的基础。仅就物质生产、技术和知识

---

① ［英］约翰·马仁邦主编：《中世纪哲学》，孙毅、查常平等译，中国人民大学出版社 2009 年版，第 3 页。

三者关系言，知识构成物质生产和技术的基础，也成为物质生产和技术的动力。知识要肩负起物质生产和技术的基础与动力的功能，则需要从**本体论形而上学**向**认知论形而上学**的转移与实现，这种转移与实现实际上是承续哲学对神学的改造而来，具体地讲，就是承续亚里士多德主义的始于 16 世纪经验论哲学和承续柏拉图主义的始于 17 世纪的理性哲学，最后汇聚成 18 世纪的横贯法国和德国的启蒙哲学，这是自古希腊始贯穿于中世纪神学的本体论形而上学向认知论形而上学的完成。这一完成的标志是康德哲学，自此，象征农牧时代存在状貌和生存格局的认知方法和知识生产方式真正谢幕，取代它的是象征工业时代存在状貌和生存格局的认知方法和知识生产方式的全面确立。人类知识探讨的认识论化、方法论化、科学主义化以及语言学转向等，则是工业社会从古典模式向现代模式最后自反地朝向后工业化方向展开对知识探索的方式和方法变革的要求，这种从未间歇过的变革要求构成人类知识探索与建构始终处于不可最终确定的可能性进程状态的原发冲动，或者说最终动机。

2. 知识形成的逻辑

知识要求认知，认知生成知识　　知识作为一种可能性，在其词源语义上得到呈现。哲学史家安东尼·肯尼在《牛津西方哲学史 第 1 卷·古代哲学》中指出：

> 英语中"知识或认识"（knowledge）一词或多或少相对应的不同希腊语词。"知识论"（knowledge）一词或多或少相应对的不同的希腊语词。"认识论"（epistemology）一词衍生于希腊词"*episteme*"，该词经常用来表示某一宏大种类的知识，所以其英语对应词之一就是 science（科学）。除了与这个名词相关的动词"epistamai"之外，还有用来表示更为日常的知识与认识的普通词。因此，举凡在特殊领域里否认知识可能性（possibility of episteme）的人，并不一定就是一位排除所有知识可能性的怀疑论者。①

---

① ［英］安东尼·肯尼：《牛津西方哲学史 第 1 卷·古代哲学》，王柯平译，吉林出版集团有限公司 2012 年版，第 175 页。

肯尼基于哲学史的立场，对知识做出一种类型学的描述，在感觉层面，其语义表述是清晰的，但若做逻辑的理解，其语义内涵有待澄清。从知识生成及指涉范围的可能性观，知识可概括为两类：一类是具普遍指涉性的"**宏大**"知识，或可表述为**一般知识**，它更多地由哲学对存在本身的整体探究所形成。另一类是对领域性存在的探究所形成的知识，这应该是与"宏大"知识对应的"领域性"知识，这类知识就是由科学探究所形成。除此之外，就是肯尼所讲的那类指涉"日常生活"内容的"知识"，它"只是一个普通的语词"，并且所表达的内容往往不是以真理为本质规定的知识，更可能属于"意见"。所以人们对这类"意见"性质的"知识"的怀疑，并不是对"所有知识的可能性的怀疑"。

综上，知识有三种形态：一般知识（或曰哲学意义的知识）、领域性知识（或曰科学意义的知识）和假象的知识（即哲学史上所讲的"意见"）。

此由表明，知识作为一种可能性，总是与"意见"关联。或者，从知识生成的认知论角度观，知识作为一种可能性，或起步于意见，且最终澄清意见而达于蕴含真理的知识，却**需要辩明**。在英语中，knowledge 一词之所以既指知识，也指认知，其内在缘由亦在于此：从词性观，knowledge 既是动词，也是名词。在动词意义上，知识与认知同义；但作为动词的 knowledge 却源于名词 episteme。关联地看，认知源于知识的需要，知识因为认知而生成；认知总是基于某物或某种存在的激发，这就是"认识某物的本质显然是一种特别的认识：自从有了柏拉图笔下的苏格底以后，认识这种本质对许多哲学家来讲就是一种知识范式"①。

知觉·经验·意见：知识生成的理路　　从根本讲，"知识范式"不过是对认知范式的形态学呈现。探究知识的认知范式，是基于人的知识需要，在其特定存在境遇中释放原本就"拥有追踪真理的信念"去辩明蕴含于存在世界中的"真理"，以此建构起人与存在世界之间的内在联系。② 所以，基于知识的需要而认知，必关涉意见；释放原本就拥有的追踪真理的信念去"辩明"的根本努力，就是澄清来自各方面的"意见"，以凸显隐藏于存在之中的真

---

① ［英］安东尼·肯尼：《牛津西方哲学史 第 1 卷·古代哲学》，第 178 页。
② Nozick, R., *Philosophical Explanations*, Cambridge：Cambridge University Press, 1981, p. 178.

知，这就是知识的生成逻辑。

亚里士多德认为，知识从根本上区别得之于"偶然事物"的"意见"，它是对于"永恒的和必然的事物的认知"；哲学却是与实践生活严格区别的学问，因为"哲学是唯一一门关于理论知识的学问"，哲学家的"工作就是建立一个更完善的知识体系——通过对主要原则的更加严格的定义，更加准确而精细的方式以及对科学数据的扩展和改进"，所以"哲学家在某种意义上拥有全部知识"。因为"从本性上讲，**普遍者比个体更具有确定性，原则比演绎更具有确定性**，但是，对于我们而言，个体事物和感觉对象反而更具有确定性。类似的，我们发现从个体和特殊事物开始的证明比从一般原则开始的演绎更加清楚。"①

在知识生成的逻辑进程中，最为关键的环节是基于追踪真理的信念去辩明来自人本身的各种意见，其隐藏于存在之中的真理、真知才可得到真正的显现。但探求真知牵涉出来的所有形式的"意见"，都来自人的经验，包括生活经验和历史经验。就生活经验言，可能是直接的，可能是间接的；但历史经验只能是间接的。无论直接性质的经验还是间接性质的经验，都与**知觉**相连，所以经验的得来或运用离不开知觉。而知觉，恰恰成为使经验沦为"意见"的动力机制。② 所以，启动认知去探究知识，总会把知觉带动起来，但知觉不一定会将认知引向对意见的辩明道路，因而，被带动起来的知觉并不必然有助于知识的探究，更不必然有助于知识的生成。只有正确的知觉，或者说只有当知觉朝向探究真知的方向展开时，才可能有助于认知指向真实的存在，去澄清意见，求得真知。

知识既不来源于知觉，也不来源于意见，而是来源于经验。知识虽然来源于经验，但并不是对经验的盲目认同和加许，而是要对经验的甄别、扬弃和超越。

知觉带动生活，引发经验的生成建构。经验既是意见的母体，也是知识的母体。基于知识的需要而探究真知的实质性努力，就是排除知觉的干扰，

---

① ［德］爱德华·策勒：《古希腊哲学史——亚里士多德与早期散步学派》（第 4 卷上册），曹曾云译，人民出版社 2020 年版，第 118、121、118、119、144 页。

② ［英］安东尼·肯尼：《牛津西方哲学史 第 1 卷·古代哲学》，第 179、182 页。

澄清经验中的意见，使蕴含于经验中的普遍性真知和思想突破意见的束缚而得到显现，然后运用逻辑的方法使之获得形态学的定格。所以，当知识来源于经验时，实际上指知识是对经验的抽象，这涉及枚举和归纳的逻辑方法。知识必须立足于经验而对目的明确的与"意见"相关联的感知、认知予以"辩明"性质的澄清，这涉及推论、演绎性质的分析和综合的逻辑方法。

知识生成的逻辑链条　　知识形成于认知。认知达于真知，需要解决知识与感觉、知识与经验、知识与意见、知识与信念、知识与概念五者的关系。知识与感觉、经验、意见、信念、概念五者之间并不散漫，也不任意，更不毫无关联；恰恰相反，它们构成了知识**生成的**链条。

伊壁鸠鲁认为，感觉是知识的基础。伊壁鸠鲁这一知识生成的基础观，打开认知论的最初视野，为探究知识生成的逻辑提供了一种可能性路径："在希腊化时期，认识论在哲学里所占的地位，要比在柏拉图或亚里士多德当时所占的地位更为重要。**正是伊壁鸠鲁率先给认识论命名，使其作为独立的哲学的分支。**他将认识论称为'范型'（canonic），该词源自希腊词（kanon），意指一条法则或一根衡量标杆。伊壁鸠鲁比其他希腊化时期的哲学家更常用到的词不是'范型'，而是'准则'（criterion）。根据伊壁鸠鲁的说法，真理的三个标准是感觉（sensations）、概念（*prolepseis*）与感受（feelings）。"①（引者加粗）

从根本讲，伊壁鸠鲁关于"感觉是知识的基础"的判断蕴含两层含义。首先，感觉激发经验形成。从经验的发生学观，一切形式的经验生成都源于感觉的触发，或启动外在行为活动，或启动内在的心灵、情感、思维活动。其次，感觉带动经验敞开。经验的发生学一旦在人身上发生，人的存在不再是一块白板，人生存选择或生活行动自然会被经验化。无论在生活领域还是认知领域，一旦基于特定的境遇或情境、语境而发动行动，总会带动已有的经验。由此两个方面形成感觉与经验之间的直接关联。这种直接关联的逻辑，是建立在感觉主体和经验主体的个体性，以及人的生活的境遇性和情景性两个方面。与此不同，感觉与知识之间没有直接的关联，而只有间接的关系，

---

① ［英］安东尼·肯尼：《牛津西方哲学史 第1卷·古代哲学》，第195页。

圆通感觉和知识之间接关联的桥梁，却是经验和意见。

经验是意见的母体，也是意见的土壤。意见既固化经验，也成为使经验普遍化的观念推力。经验和意见均与知识发生直接关联；并且，经验和意见均蕴含知识的可能性。

其一看**经验与知识的关系**。所谓经验，是指源于**应对生活**所产生的得失被意识地凝练为可重复性的认知和方法。对于这种可重复性的认知和方法，其重复性运用或需要有主体、时间或空间等方面的条件要求，或可无具体的条件要求。若属于前一类经验，不具有普遍可指涉性；若属于后一类经验，则具有普遍可指涉性。一般而言，凡不具有普遍可指涉性的经验，仅仅是经验，不可能凝练和抽象为知识；与此不同，凡具有普遍可指涉性的经验，则具有超越自身而成为知识的可能性。不仅如此，意见始终与经验相伴：在一般意义上，经验孕育意见，经验也可发酵意见。所以，一种经验至少形成一种意见，但一种经验往往因为历史、传统以及鲜活生活语境的激励而生成多种意见。但是，由不具普遍可指涉性的经验生发出来的意见，往往缺乏知识的种子；由具有普遍可指涉性孕育出来的意见，有可能蕴含知识的种子。所以，意见播种知识的前提必须是孕育意见的经验一定要具有普遍可指涉性。

其二看**感觉与知识的关系**。感觉与知识之间的间接关联必要通过经验和意见来实现。所以，经验和意见从两个不同的层面构成感觉与知识之间能够发生功能作用的链条环节，即当知识发挥生活的功能，必要将概念化的真知化为鲜活的思想和方法，这就需要感觉的介入并发挥功能。

在感觉通向知识的道路上，将具有普遍可指涉性的经验凝练、提升为知识，必须展开的基本功夫有二：一是辩明经验中的意见，将隐含于意见中的真知"种子"抉发出来，使之放大。二是将经验中可普遍化的思想内容以及隐含于意见中的真知予以提炼，然后将提炼出来的内容予以概念化定型，使之获得知识的形态。

其三看**概念与感觉的关系**。概念与感觉之间没有直接的关联性，但由于感觉可构成知识的基础，所以当感觉开启知识的大门后，必须由概念来定型。

感觉通向知识，既需要经验和意见的桥梁，更需要概念的参与。当概念参与对意见的辩明和对经验的提炼与升华时，它与感觉之间的隐秘关联得到显现：

最早的概念来自感觉：一个个经历留下记忆，记忆积累而成经验。一些概念是从教导中学来的，或者是为了某一目的而设定的；**其他概念是自然而然地自发出现**的，正是这类概念称得上"prolepais"这一名字。① （引者加粗）

概念有三个来源：一是教化学得；二是人为归纳形成；三是自然地呈现，即发现得来。教化引导人通过习得生成概念，是以求知为动力。人为归纳形成，比如哲学、科学以及其他精神探究领域不断地创造新概念或不断修正已有知识体系的概念，均源于特定的如知识建构、思想创造的目的性，这些具体领域的概念的形成，既可是领域性的，也可是整体性的。自然地生成的概念，往往是无目的性的自生成，体现概念的自存在性，它具有普遍可指涉功能。这种具有普遍可指涉功能的概念，当被人运用时，就可能呈现被理解化的不同"意见"。从这个角度看，意见隐含知识的种子，但知识也可能被意见化，这种情况的出现是知识理解者和运用者对知识的个性化曲解。

从概念生成的三种形式可发现，概念既可能是经验的，也可能是超验的，更可能是先验的。凡是通过教育或基于具体目的而产生的概念，与经验相关联。凡是自然而然呈现的概念，往往与先验相关联。与经验相关的概念，往往需要感觉的直接启动；与先验相关联的概念，多与感觉无直接关联，更多源于**心灵的直观**。

其四看信念与知识的关系。以心灵直观的方式生成概念，必然以信念为原动力。关于信念与知识之间的关系，自然要考虑"认知"的因素。斯多亚学派认为"有三种东西彼此联系在一起，它们是知识、信念与介于两者之间的认知。知识在论证意义上是可靠、坚实和不变的认知；信念是脆弱的和假的赞同意见；认知介于这两者之间，是对认知现象的赞同"。安东尼·肯尼进一步认为："现象与信念不是同一回事。信念包含额外一项，那就是赞同；与现象不同的是，赞同是自愿的。现象值得赞同时才是认知性的。认知介于知识与信念之间：与信念不同的是，认知永远不是假的；与知识不同的是，认知不涉及永不改变自

---

① ［英］安乐尼·肯尼：《牛津西方哲学史 第1卷·古代哲学》，第199页。

己看法的决心。"① 信念被视为个体性、主观性的东西，是认知探究知识需要消解的因素。但实际上，信念既有经验意义，也具意见性质，作为辩明意见、抉发经验中体现普遍性真知之动力机制的信念，却是追踪真理的信念。以追踪真理的信念为原动力，辩明以经验为土壤的意见，抉发并提炼出经验中体现普遍性的真知，然后用概念来定型它，构成知识生成的完整过程。

从根本上讲，以概念定型的知识，贯通了知识生成的逻辑，所以，作为被概念化的知识一旦形成，就会经历得住论证，在论证的意义上是不变的，但在运用层面却呈现可变性，这不仅源于理解的个性化，更因为对知识的信念的脆弱性，这种脆弱性与意见相关，即当将知识变成意见时，对它的赞同既可能是虚假的，也可能是脆弱的。

综上贯通其自身生成逻辑的知识体现三个方面的基本特征：首先，知识始终是普遍的。普遍性，既构成知识的性质规定，也构成知识的功能定位，还构成知识的价值诉求。其次，知识必须体现抽象的原则性，而构成知识的原则性的灵魂却是思想。最后，知识总要通过概念来表达和定型，并必须蕴含具体观念、潜伏思想和方法诉求。具体地讲，知识一旦生成，就获得可运用的功能定位；知识一旦被运用，则敞开为认知的视野和思想的方法。

二　科学探究的逻辑

从本质上讲，知识是一种可能性。知识的可能性不仅与以存在需求为根本冲动的人类知识能力息息相关，更与知识探究的根本方式直接关联。在一般意义上，人类探究知识的**根本方式**有两种：一种是哲学，另一种是科学。本节着重讨论前者，后者将置于下节讨论。

1. "科学"的本性

在古希腊人看来，哲学和科学是一个东西，在中世纪，两者又和神学合为一体。文艺复兴以后，采用实验方法研究自然，哲学和科学才分道扬镳，因为自然哲学开始建立在牛顿动力学的基础上，而康德和黑格

---

① ［英］安乐尼·肯尼：《牛津西方哲学史 第 1 卷·古代哲学》，第 199、200 页。

尔的追随者则引导唯心主义哲学离开了当时的科学，同时，当时的科学也很快就对形而上学不加理会了。不过，进化论的生物学以及现代数学和物理学，却一方面使科学思想臻于深邃，另一方面又迫使哲学家对科学不得不加以重视，因为科学现在对哲学、神学、宗教，又有了意义。①

科学发展到今天，"科学"（science）这个概念的使用范围相当广泛，它几乎无所不包。这种情形的出现既有传统的激励，也有社会变迁的需要。仅前者言，人类精神探索的早期经历了一个整体性阶段。在这个阶段，没有领域观念和学科的分类思想，问题观照呈整体取向。正是这种整体性的思维和认知取向，才形成古希腊科学与哲学的不分。

古希腊最早的哲学是自然哲学。米利都学派的哲学实际上是物理学和地理学的混合形式，毕达戈拉斯学派的哲学却呈现数学和宗教的混合形态。亚里士多德的哲学体系无所不包，是形而上学、逻辑学、政治学、伦理学、美学、技艺学以及各种自然科学的大集合。亚里士多德的这种整体性观念和方法构成一种传统，为近代被笛卡儿所发扬，他将致力创建的"新的实践哲学"比喻为一棵大树，树篓是形而上学，树干是物理学，主要的树枝包括力学、医学、政治学和伦理学等，笛卡儿认为"我们不是从树根树干，而是从树梢采集果实的，因此，哲学的主要功用乃是在于其各部分的分别功用，而这种功用，是我们最后才能学到的"②。这种整体的思维观念和认知思想，即使是学科分类愈发趋于精细的现代社会，也一直保持而没有中断。罗素对启蒙哲学及其以降的哲学抛弃数学（也包括科学）传统所做的批评，为哲学史家安东尼·肯尼悦纳，他认为：

> 哲学思想上这个革命的详情，只有懂得十分专门而精深的数学的人才能领会。然而其总的结果却很明白。哲学现在已不能单独建立在自身的基础上，它再一次同其他的知识联系起来。在中古时代和许多现代哲

---

① ［英］W. C. 丹皮尔：《科学史》，李珩译，中国人民大学出版社 2015 年版，第 1 页。

② *The Medtitations and Selections from the Principles of Réné Descartes*, trans. by J. Veitch, Open Court, La Salle, 1948, pp. 119 – 120.

学体系中，其他学科是从哲学家预定的宇宙结构中推导出来的并适合于这个宇宙结构的。新实在论则告诉哲学家须如牛顿时期一样，在建立自己的庙堂以前，要了解数学和科学。这个庙堂须一砖一瓦地建立起来，不可希望是从理想中完整取来的。新实在论利用数理逻辑作为自己创造的工具，因而能以往昔哲学所不可能的方式，找到科学中新知识的哲学意义。因此，这个新方法虽然主要源于数学的发展，然而其重要的数据则得自物理学——相对论、量子论和波动力学。①

从古希腊到现代，哲学与科学总是难分难解，这种难分难解缘于哲学和科学的相互交集。这种相互交集根源于哲学必须以存在为根本对象，存在始终包括人的存在和世界存在两个方面，一方面，科学必须以自然界为关注对象，自然界的生变运动总是以其自身存在为依据。另一方面，哲学与科学的相互交集还缘于它们在起点和目标两个方面共同，即科学和哲学都源于人的存在并最终指向人的存在。正因如此，科学史家乔治·萨顿在《科学史与新人文主义》中才如是认为："科学不过是自然界以人为镜的反映。在某种意义上我们始终是在研究人，因为我们只有通过人的大脑才理解自然；然而，我们同样可以说我们一直是在研究自然，因为没有自然我们无法理解人。无论我们是研究人的历史还是研究自然的历史，我们研究的主要目的都是为了人。我们无法摆脱人，即使我们想这样的话。科学的和谐是由于自然的和谐，特殊地说是由于人类思想的和谐。要得到真实的图像，不仅自然必须是真实的，而且作为镜子的人也必须是真实的。"② 出于人的存在和更好生存，科学和哲学总是相互交集，这种相互交集呈现"合而分，分而合"且"分分合合"无限敞开的进程。

正是在这样一种分分合合的交集进程中，科学由原本对自然存在世界的好奇、惊诧逐渐转向为服务生活。科学知识的广泛运用将科学推向唯科学的极端，形成科学万能的科学主义。科学万能的科学主义语境使"科学"获得指涉一切的功能。于是，人们将人间社会所有的精神探索活动都称为科学，

① ［英］W. C. 丹皮尔：《科学史》，第 454 页。
② ［美］乔治·萨顿：《科学史和新人文主义》，陈恒六等译，华夏出版社 1989 年版，第 29 页。

然后对它做分类，形成自然科学、社会科学和人文科学三分，或自然科学与人文社会科学的两分。但无论是三分还是两分，一切精神探究都得到了科学的统摄，实证和量化分析构成其基本方式。在这种思维模式和认知范式下，人文研究和社会探究的自身特征自然被削弱，科学的本性也因此失去自身的边界。

严格地讲，将人类所有精神探索称为"科学"后，"科学"一语获得比喻的意义。严正意义上的"科学"应该是以自然世界和自然事物为研究对象的学问，即自然科学。对以自然为研究对象的科学的描述或定义，始于亚里士多德"求知是人类的本性"。[①] 亚里士多德在《形而上学》开篇明确表达形而上学的来源：**形而上学来源于人的求知本性，人的求知本性源于人的感官**，尤其是视觉感知事物，发现事物之间的存在差别，虽然这种观察和认知对实际的生活并无用处，但它满足了好奇心，创造出了科学。亚里士多德认为，科学与形而上学不仅在**本原上同源**，而且**本性上同根**。"如果一种研究的对象具有本原、原因或元素，只有认识了这些本原、原因和元素，才是知道了或者说了解了这门科学，——因为我们只有在认识了它的本因、本原直至元素时，我们才认为是了解了这一事物了。——那么，显然，对于自然的研究中首要的课题也必须是试确定其本原。"[②] 这应该是亚里士多德在《物理学》中对"科学"的定义：科学就是认识存在对象之本原、原因或构成元素的普遍方式。并且，只有当以科学的方式认知了事物的本原、原因和构成元素时，才实现了对事物的认知。

对存在世界或存在事物的认知形成的知识形态，必须通过概念来呈现。从这个角度看，对科学的定义，自然会有新的见解。英国科学史家 W. C. 丹皮尔在《科学史》中从词源角度切入对"科学"予以重新定义，不仅指出科学"是什么"，而且力图揭示科学之为科学"本身意味着什么"：

> 拉丁语词 Scientia（Scire，学或知），就其最广泛的意义来说，是学问或知识的意思。但英语词 science 却是 natural science（自然科学）的简

---

① ［古希腊］亚里士多德：《形而上学》，第 1 页。
② ［古希腊］亚里士多德：《物理学》，张竹明译，商务印书馆 2009 年版，第 1 页。

称，虽然最接近的德语对应词 Wissenschaft 仍然指一切有系统的学问，不但包括我们所谓的 sciencef（科学），而且包括历史、语言学及哲学。所以，在我们看来，科学可以说是关于自然现象的有条理的知识，可以说是对于表达自然现象的各种概念之间的关系的理性研究。①

丹皮尔对"科学"的定义，体现现代社会对科学的更新理解。这种理解至少从三个不同维度对科学予以规定。首先，科学虽然缘于人而最终指向人，但它关切的直接对象始终不是人，也不是由人组成的社会：科学关切的直接对象是自然界，是宇宙自然和生命世界，这是科学之与"社会""人文"等精神探索方式的形态学分类的主要依据。其次，科学关切自然界并不是以自然界本身为目的，而是关于自然界的知识——或者通过对自然界的关切——为人提供了解和认知自然界的知识（即律法、原理、规律）。所以，科学的努力目标是知识（或曰客观真理），而不是关于知识的价值和意义，虽然知识本身蕴含或体现某种或多种价值和意义，但科学始终不是追求价值和意义的活动，而是追求以客观真理为根本诉求的知识的活动。最后，科学对知识的努力是发现能够表达自然界的概念，以及这些概念与概念之间的关系如何才能整体地表达自然界的构成关系。所以，科学追求的知识不是价值知识，而是**概念知识**，即"关于自然现象的有条理的知识"。由于知识始终需要概念来承载和呈现，这种"关于自然现象的有条理的知识"的形态学呈现，就是概念与概念通过推理或分析而生成建构的概念体系、推论或分析体系。正是在这个意义上，科学成为**"一种可以说是对于表达自然现象的各种概念之间的关系的理性研究"**的学问。

丹皮尔作为 20 世纪最著名的科学史家，从实证角度入手对"科学"予以如上定义和理解所形成的科学观，并不是他个人的独断论，而是体现现代社会对科学的理解与定位。罗志希于 20 世纪 30 年代初在哥伦比亚大学图书馆动用重要参考书籍 400 多种完成的仅十余万字的《科学与玄学》专论，通过对科学的多层面分析得出科学的性质乃是**描写的**（Descriptive），即"科学是一种知

---

① ［英］W. C. 丹皮尔：《科学史》，第 1 页。

识的努力，根据感觉的张本，运用概念的工具，以系统的组织，描写现象界的事物而求其关系，以满足人类一部分的知识欲望，而致其生活于较能统治之范围以内的。"① 这一关于"科学"的定义凸显八个方面的内涵规定。

其一，科学是对自然世界和生命世界之存在状态和律动演变规律的客观**陈述**，而不是解答和诠释：陈述仅忠诚于对象自身的条件，刻划和凸显（即写出）它们相互间的动态存在关系；解答和诠释却要继续前行去求解和描述其有这种关系的缘故（依据和理由）。**所以，陈述关注对象"是什么?"，解答和诠释要直面对象"何以是?"。**科学一旦把头角伸入"何以是"的领域，就变成了科学之后的形而上学追问，亚里士多德关于"形而上学即物理学之后"的论断，其实是对科学和哲学所做的严格分界：哲学关注存在的**形上之"道"**，科学却关注存在的**形下之"器"**。

其二，科学最终感兴趣的不是关注自然世界和生命世界是什么，而是关注用什么样的方式和语言（概念，以及定律、法则、公式等）体系来表达自然之"是"，以为人们提供一种现成的观照和解释自然的工具与方法。所以，科学务求客观，无需价值评价和意义参与，因为无论是价值评价还是意义渗与，都会染上主观的倾向和个性的色彩，一旦如此，科学探求得来的知识的普遍性程度就会降低。

其三，科学通过陈述自然界"是什么"的活动创建一套概念体系，这套概念体系所陈述（刻划和凸显）出来的对象不是自然现象之个别，而是自然现象之整体，或者说是自然整体与个别现象间的"共相"：科学即为人们提供共同的认知（自然界）工具和方法。科学的陈述必须以概念语言来刻划，其概念化的语言——诸如定律、法则、公式、原理、方法等——必须追求能具有更大程度和更广领域的现象解释功能。所以，科学陈述对自然界的语言刻划之真实程度，当以能解释自然现象的多少为衡量的标准，"科学的可贵，不在乎摆虚架子，立些什么大经大法，而在乎能以合理的方法，解释许多的事实。把各种现象的关系描写清楚了，我们便可**以简驭繁，预期（Anticipate）未来的经验**"②（引者加粗）。

---

① 罗志希：《科学与玄学》，商务印书馆 2000 年版，第 17—18 页。
② 罗志希：《科学与玄学》，第 25 页。

其四，科学对自然界（现象关系）的"陈述"所形成的能够为人们提供的解释现象界的概念体系化的工具和方法，就是**经验的共享**，或可说**共享的经验**，这种共享的经验首先来源于经验：科学建基于经验，终于对经验的建构，即开辟新的共享经验，新的共享经验的开辟却并不意味着已有经验的作废，而是新旧经验的并存而铺筑起人类知识的阶梯。

其五，科学既然以经验开辟经验的道路，必然指向可检验性，或者说可普遍性运用。因而，科学通过经验创构经验，必须经历检验，其检验的基本方式是实验。实验就是对其陈述出来的内容到底具有多大解释功能予以验证：其解释自然现象的功能越大，所对自然界（现象之关系）的陈述越真实，其以概念建构起来的知识体系就越具有工具和方法的功能。

其六，由于科学活动最终是为人类解释自然界提供共享的工具和方法，科学陈述的基本任务是必须对陈述的自然界（之现象关系）予以务求精确的概念呈现："求准务确的精神，只是科学所独有的。"①

其七，追求对自然界（之现象关系的整体事实）的判断，要能够达到精确并使之成为共享的经验，即使探究得来的科学知识成为解释世界的工具和方法，必须追求简单。所以，当科学活动发现自然界之现象关系而寻求相对应的概念语言来陈述和刻画时，必须具备以简驭繁的功夫，即要达到对繁复的自然现象予以简单化的陈述和刻画；但简单并不意味着残缺和片面，而是完备：简单和完备（Simplicity and Completeness）成为科学活动通过经验发现并创建共享的解释工具和方法的基本要求。

其八，以追求创建客观知识体系为目标，科学活动虽然必须以感觉为催动力，以经验为前提去发现自然界之各繁复现象间的共性，并努力将其发现的共性内容变成简单而完备的解释工具和方法，其必不可少的步骤就是**抽分和整理**（Discernment and Systematization）。抽分意即区分和抽象——区分即排除对象（自然界之现象的）个性内容，**抽象**即凸显（自然界各现象之）共性关系。所以，抽分就是将繁复的感觉经验中的个性内容排除，以凸显其共性关系，然后寻找其能够简单地陈述此一共性关系的概念。与此不同，**整理就**

---

① 罗志希：《科学与玄学》，第 32 页。

是整合与条理，即对所陈述的共性关系的概念的再审视，发现并定位概念与概念间的关系，然后予以概念知识体系的条理化、逻辑化，使其达到可运用的操作化和可解释的自洽性与完备性。

综上：

科学关注的对象，是自然界。

科学的目标，是创构关于自然界之现象关系的概念知识体系。

科学的根本功能，是为人类能够认知自然界和解释自然界提供共享的工具和方法。

科学能为人类提供的最有用的和经久不衰的工具和方法，就是**不同视野的抽象和分析的方法**。所以，科学虽然源于感觉和经验的实在，关注自然界之现象事实，但当把这种关于自然界之现象关系通过抽象和分析的方法变成概念化的知识体系之后，也就远离了实在；当人们再运用这种抽象的和分析的方式去探求存在世界的实在时，同样也已远离了实在。因为实在始终是一个不可分割的**生态存在的整体**，抽象和分析却始终停留于局部，如果一旦逃逸出这一生态存在的整体，其抽象和分析得来的东西（图景、世界）也只能是现象的。所以，1887 年马赫（MachNumber，1836－1916）在重申远古以来的学说时指出：科学只能把我们感官领会的现象的信息告诉我们，实在的最后性质不是我们的智力所能达到的，科学只能走到这种现象为止："物理科学按照它固有的本性和基本的定义来说，只不过是一个抽象的体系，不论它有多么伟大的和不断增长的力量，它永远不可能反映存在的整体。科学可以越出自己的天然领域，对当代思想的某些别的领域以及神学家用来表示自己的信仰的某些教条，提出有益的批评。但是，**要想观照生命，看到生命的整体，我们不但需要科学，而且需要伦理学、艺术和哲学**；我们需要领悟一个神圣的奥秘，我们需要有同神灵一脉相通的感觉，而这就构成宗教的根本基础。"①（引者加粗）这是**科学之后必有形而上学，形而上学之上有神学和艺术，概念化的知识体系之外必需人性智慧的伦理学**的原因。

---

① ［英］W.C. 丹皮尔：《科学史及其与哲学和宗教的关系》，李珩译，商务印书馆 1997 年版，第 21 页。

2. 科学知识的逻辑

从知识论观，科学始终是一种知识努力。科学对知识的努力主要从三个方面展开，最终形成科学的知识生成建构的逻辑。

探究科学知识的方法的逻辑　　科学必须以宇宙自然和生命世界为对象，探究其自然现象间的关系，抉发隐藏于其中的真知、律法、原理、公理、方法，必须运用分析的方法。"科学方法主要是分析性的，要尽可能地用数学的方式并按照物理学的概念，来对现象做出解释。但是，现在我们知道，物理科学的根本概念都是我们的心灵所形成的一些抽象概念，目的在于给表面上一团混乱的现象带来秩序和简单性。因此，通过科学走向实在，就只能得到实在的几个不同方面，就只能得到用简单化了的线条绘成的图画，而**不能得到实在本身**。"①（引者加粗）

科学是分析的，但分析的根本方法是数学。如果说物理学是科学之母，**数学则是科学的方法论**。毕达戈拉斯主张数是世界的本原，其实是指数构成世界创化的方法论。柏拉图学园关于"不懂数学者不得入内"的准入条件，同样以不同方式表达了数学是哲学沉思和人类之存在知识建构的方法论。唯理论哲学家笛卡儿宏大了毕达戈拉斯和柏拉图传统，为创建科学的统一性而提出"普遍数学"（mathesis universalis），并将其定义为"科学的方法"：

> 普遍数学把数学最一般的特征运用到其他学科。数学的一般特征有二："度量"和"顺序"。这两个特征在运用于更大范围时，需要从哲学上加以界定，使它们获得更普遍的意义。……科学研究的顺序有两种：一是从**简单到复杂**的综合，一是**从复杂到简单**的分析。在数学中，研究对象是同质的，这两种方法是可逆的。但在形而上学关于因果关系的研究中，终极原因是无限的上帝，被造的事物是有限的，原因和结果是不同质的，处于不同系列，从原因不能直接推导出结果。因此，形而上学不能直接诉诸无限的终结原因，需要找到一个确定无疑的简单的出发点，由此建构出关于原因和结果的知识。就是说，形而上学的方法首先是分

---

① ［英］W. C. 丹皮尔：《科学史》，第 1—2 页。

析，寻找确定的第一原则，然后再运用综合，从第一原则推导出确定的结论。①（引者加粗）

笛卡儿提出普遍数学方法，是为科学的统一性。在笛卡儿看来，科学的统一性不是研究对象的统一，**而是方法的普遍性和唯一性**。这种普遍性和唯一性的方法，不能从哲学的玄想或主观的推论得来，必须从具体的科学中发现和总结出来。为此，笛卡儿对弗兰西斯·培根和霍布斯提出的科学归纳方法和分析综合方法予以科学依据的探讨与证明，指出在所有的科学中，数学应该成为其榜样，因为数学蕴含**不证自明**的具有普遍适应性和唯一正确性的方法，一旦当哲学家对数学方法进行反思之后，就会发现数学是普遍数学，数学方法构成整个人类知识探索实践运用的方法。梅耶尔在为斯宾诺莎的《笛卡尔哲学原理》所作的序言中指出："凡是想在学识方面超群绝伦的人都一致认为，在研究和传授学问时，数学方法，即从界说、公设和公理推出结论的方法，乃是发现和传授真理的最好的和最可靠的方法。"②

数学何以成为"普遍数学"呢？

这是"因为数学不研究目的，仅研究形相的本质和特质，可提供我们以另一种真理的典型"③。笛卡儿指出，他之所以把科学的方法称为"普遍数学"（mathesis universalis），数学之所以能够提供"普遍数学"这种普遍方法，在于"度量"和"顺序"构成数学的一般特征，并能广泛运用于其他科学和各种实践活动：数学的度量往往是指相同对象的**量与量**的比较，哲学所探讨的对象往往不相同，如何使数学中的一般特征变成世界的普遍方法呢？笛卡儿发现，原来**度量**本身蕴含**性质**和**程度**的含义，对数学中"度量"的哲学界定可以扩展其"度量"的"性质"和"程度"领域，找到不同事物之间在性质方面的相似和程度方面的差异。数学中的**顺序**有两种：一是从简单到复杂，二是从复杂到简单；前者的方法是综合，后者的方法是分析。综合与分析这两种方法相逆，但所研究的对象同质；数学以外的科学，比如形而上

---

① 赵敦华：《西方哲学简史》，北京大学出版社 2001 年版，第 184 页。
② ［荷］斯宾诺莎：《笛卡尔哲学原理》，洪汉鼎译，商务印书馆 2010 年版，第 35—36 页。
③ ［荷］斯宾诺莎：《伦理学》，贺麟译，商务印书馆 2010 年版，第 36 页。

学，所研究的对象往往不同质，如何将数学的"顺序"扩展到所有领域并使之构成普遍方法呢？这就需要从哲学高度来重新界定：数学的"顺序"，无论是从简单到复杂，还是从复杂到简单，其实都包含一种内在的关联性，这就是**因果关联性**。这种因果关联性既使同质的事物产生顺序成为现实，又使异质的事物之间形成顺序成为可能，由此，数学中的**"顺序"**特性构成了推论世界和事物的原因与结果之知识的基本方法。笛卡儿认为，形而上学无法直接诉诸无限的终结与原因，它需要找到一个确定无疑的简单出发点来构建关于原因与结果的普遍知识，这个简单的出发点就是**"我思"**，"我思"达向对终极原因（即上帝）的发现与把握，就是形而上学体系（即知识原理）的建立。因而，世界、科学包括我自己等都是因为"我思"而存在，并因为我对"我思"的沉思而发现新的科学、产生新的知识，开辟新的实践，获得不证自明的真理与方法。"我思"之思，需要的是分析；以"我思"为起点达向终极真理的"上帝"之域，则需要综合。因而，分析的方法构成了形而上学通过普遍数学而达向实践之域的基本方法之一：以"我思"为起点（和原因），运用这种方法达向栖居上帝和灵魂的（物质）自然世界，构建起人类的知识原理（形而上学）；然后再运用综合方法，从简单推导复杂，构建起外部世界的知识，也就是具体的科学知识体系。所以，综合的方法构成形而上学通过普遍数学达向实践之域的基本方法之二。将分析方法和综合方法予以整合，就形成分析主义。概括地讲，分析主义方法由弗兰西斯·培根和霍布斯相继开创，但在笛卡儿这里获得了整合的成熟形态。并且，通过笛卡儿的努力，分析主义方法不仅成为科学的基本方法，也构建起近代哲学的大厦，并潜在地开辟了现代哲学的**科学理性**道路。

　　构建科学知识的概念的逻辑　　科学探究自然现象间的关系，抉发隐藏于其中的真知并将其予以形态学呈现，必得概念的定型。这基于两个方面的要求：首先，"科学是对原因的认知，而一个现象的原因必然引起这个现象。因此，只有当事物由它原初的原因解释时，证明以及通过证明获得的理解才是可能的。只有必然的东西才是证明的对象。证明是从必然的前提中推出结论。那些通常是真的东西（尽管不是没有例外）只在一种有限制的意义上能被证明。另外，偶然的事物是不能被证明的——甚至也不是科学能知晓的。因为，必然为真的东西是从对象的本质或理念中来的，而其他一切都是偶然的，所以我们可以说**一切证明都与本质有关，并建立在对象的本质特征上，对象的概念既是证明的起点也是证明的结论。**"（引者加粗）其次，"因为概念是一切科学研究的起点，因此我们可以说，反过来，对于概念完备的理解——这便是定义——是科学研究的目的。知识恰恰是对事物基础的洞悉，这些内容通过概念被概括出来。'是什么'与'为什么'是相同的。一旦我们把握了事物的原因，我们也就把握了事物的概念。至此，定义的问题与证明的问题相同"。①

科学作为对自然现象的有条理的知识努力，必须运用"概念"的工具。**科学的知识的逻辑，实际上是概念的逻辑**，即运用概念来抉发自然现象间的本质关联，呈现自然现象的条理，（或曰"秩序"）。为此，概念在科学探究中获得两个方面的基本功能并实现自身的逻辑。

首先，概念就是以抽象的方式将自然现象间的本质关联和共有特征抉发出来，予以形态学的呈现。因而，概念的逻辑，就是自然现象间的本质关联的逻辑。比如，由牛顿创建的经典力学理论，揭示的是宇宙自然和自然事物间的本质关联，对这一本质关联予以形态学抽象，就产生"力"的概念。牛顿经典力学的第一运动定律、第二运动定律和第三运动定律分别从不同方面和层次对"力"进行描述和定义。第一运动定律表述为"在没有外力作用下孤立质点保持静止或做匀速直线运动"，重在规定物理世界之"力"的内涵，指出"力"是改变物体运动方式及状况的原因。第二运动定律表述为"动量为力的质点，在外力的作用下，其动量随时间的变化率同该质点所受的外力成正比，并与外力的方向相同"，重在揭示物理世界之"力"的作用和效果，指出"力"使运动物质获得加速度。第三运动定律表述为"相互作用的两个质点之间的作用力和反作用力总是大小相等，方向相反，作用在同一条直线上"，重在揭示物理世界之"力"的本质，指出"力"是物体与物质之间的相互作用。②

---

① ［德］爱德华·策勒：《古希腊哲学史——亚里士多德与早期散步学派》（第 4 卷上册），第 168、180 页。

② ［英］艾萨克·牛顿：《自然哲学的数学原理》，王克迪译，陕西人民出版社 2001 年版，第 18—19 页。

在牛顿通过三大定律构成的力学体系中，第一定律是一个独立的基本定律，它引入"力"的概念和阐明其惯性属性，并对力与运动的关系予以明确的定性描述；① 第二定律引入惯性质量，完整地刻划物体因受力作用产生加速度以及加速度与外力、质量之间的定量关系；② 第三定律进一步给出作用力的性质，揭示物体运动的相互制约机制，并用"力"概念表述动量守恒定律。③

其次，以概念对自然现象的关联本质的揭示为起步，展开对自然现象间的关联本质和共有特征及形成之因的探究，就形成概念的系统。而"概念系统既是认识者（cogitans），又是被认识者（cogitata）。或者用布隆德尔和布昂什维格的话来说，概念系统就是从事思考的思想和被思考的思想"④。作为"认知者"，概念系统为认知提供一套推论体系和方法，这就是概念何以生成概念的机制以及概念怎样走向概念的方法，即概念生成概念（比如从范畴到概念，或者从核心概念到基本概念以及一般概念）的系统的逻辑，也即概念与概念构成证明、解释方式的逻辑。从哲学角度观，概念向概念的生成和概念对概念的证明与解释，是思考活动对思想的生成和建构，这些"思考的思想"则以科学的知识原则的形式呈现。作为"被认识者"，概念系统成为认知自然现象、探究实在世界的首要认知对象，即必须通过其概念系统的认知、理解和把握，才可达于对自然现象和实在世界的认知，所以概念系统又称为"被思考的思想"，或可说是"被思考的知识原则"。概念系统一旦建立，就以知识原则体系的形态呈现，但其本质内涵却是关于自然现象和实在世界的真理。

最后，从概念到概念系统，既是"认识者"向"被认识者"的建构逻辑，也是"思考的思想"向"被思考的思想"的建构逻辑，更是"思考建构的知识原则体系"向"被思考的知识原则体系"的建构逻辑，这一多向度的逻辑建构的实质，是科学的知识生成与建构的历史逻辑。比如，牛顿经典力

---

① 舒仲周：《关于经典力学的公理体系》，《力学与实践》1992 年第 6 期。
② 王学建：《牛顿第二定律的基本特性及应用》，《科技信息》2012 年第 28 期。
③ I. Bernard Cohen，*George E. Smith. The Cambridge Companion to Newton*，America：Cambridge University Press，pp. 64 – 68
④ ［法］让娜·帕朗 – 维亚尔：《自然科学的哲学》，张来举译，中南工业大学出版社 1987 年版，第 23 页。

学并不是从天而降，牛顿也不是科学的孤胆英雄，而是人类对自然世界的好奇、惊诧、探究的**层累性生成建构**的科学知识史的时代性汇聚。仅天体力学知识生成建构史言，17 世纪天文学家和数学家开普勒曾领悟到存在世界的奥秘，并宣称"自然会利用尽可能少的手段，这是自然科学中的最高公理"①。开普勒这一宣言构成近代科学的方向，并成为近代科学家为之奋斗的目标：伽利略、开普勒、笛卡儿、胡克、惠更斯等人均为此全力投入，为揭示物理世界的简单规律而各自做出了创造性贡献。正是这些科学知识贡献的层累性聚集，才为牛顿的综合提供了充分的认知准备和理论条件。牛顿就是站立在前人的肩膀上向前迈进的：首先在方法论上总结前人的工作成就，然后以此为认知基础和理论原则，建构起以三大运动力学定律为核心内容的力学体系，或曰经典物理学体系。因而，了解牛顿的力学体系对存在世界的自身逻辑（即律法体系）的探索所达到的应有成就，须从其构建的方法论原则入手，因为牛顿以三大定律为核心内容的经典力学体系，是建立在其方法论原则基础上的。

牛顿在总结伽利略、开普勒、笛卡儿、胡克、惠更斯等科学家开创的理论成就基础上归纳提炼出四条方法论原则，即简单性原则、因果原则、普遍性原则和实证原则。牛顿在《自然哲学的数学原理》中阐述了这四条方法论原则：第一条原则"除那些真实而已足够说明其现象者外，不必再去寻求自然界的其他原因。因此哲学家说，自然不做徒劳之事，如果少做够用，多做便是徒劳；因为自然喜欢简单性，而不爱用多余的原因来炫耀自己"。第二条原则"自然界中的同样结果必须尽可能地归之于同样的原因"。第三条原则"物体的性质，凡程度既然不能增强也不能减弱，又为我们实验所及范围内的一切物体所具有者，就应视所有物体的普遍性质"。第四条原则"凡不是从现象中推导出来的任何说法都应被称为假说；而假说，无论是形而上学的还是物理学的，是关于隐秘性质的还是力学的，在实验哲学中都没有位置。在这种哲学中，特殊的命题总是从现象中推论出来，然后再用归纳方法加以概括而使之带有普遍性的。物体的不可入性、可运

---

① Johannes Kepler, *New Asronomy*, translated by Willian H. Donahue, Cambridge：Cambridge University Press，1992，p. 51.

动性和冲击力（impulsive force），以及**运动定律**和**引力定律**，都是这样被发现的"。①

　　牛顿运用这四个方法论原则将伽利略、开普勒、笛卡儿、胡克、惠更斯等人开创出来的机械性世界图景形式化为力学原理体系，它由三大运动定律（*Leges Motus*，亦曰"公理"，*Axiomata*）和以三大定律为依据拓展发现的万有引力定律两个部分内容构成。②"牛顿的力学体系象征着世界的理性秩序，以'自然法则'的名义运作。"③ 这一以匀速运动定律（后被称为"惯性定律"）、加速度定律、作用力与反作用力定律为根本内容的运动定律和万有引力定律所表述的世界秩序，就是**机械性世界图景**。这个机械性世界图景之所以是理性秩序的，是因为它遵循了自然本身的法则，这个"法则"敞开的感性形态可表述为世界运动、物质不灭、能量守恒；这个"法则"内聚的理性形式，就是**绝对决定论**、**严格因果论**和**定域论**。牛顿努力对前者予以形式化表述；④ 后者却是其在意识地反对形而上学中得到显扬："形而上学是无法摆脱的，也就是说，任何一个或一套命题的最终意涵是无法摆脱的。要想避免成为一位形而上学家，唯一的方式就是不置一词。"⑤ 物质世界和天体世界之所以成为秩序的运动体系，是万有引力规定了物质运动，既必须是定域性的，也必须遵循严格的因果规律："大自然本身是一致的，并且是很简单的，天体的巨大运动是由天体之间的引力相互平衡来完成的，并且这些天体微粒几乎所有的微小运动都是由作用于这些微粒之间的某些别的引力和斥力来完成的。"⑥ 对于牛顿来讲，这个绝对地决定世界以定域论方式做严格因果循环运

　　① Isaac Newton，*Principles*，pp. 160–314. 转引自［美］埃德温·阿瑟·伯特《近代物理科学的形而上学基础》，张卜天译，湖南科学技术出版社 2012 年版，第 184—185 页。

　　② ［荷］E. J. 戴克斯特霍伊斯：《世界图景的机械化》，张卜天译，湖南科学技术出版社 2010 年版，第 511 页。

　　③ ［美］伯纳德·科恩：《新物理学的诞生》，张卜天译，商务印书馆 2016 年版，第 182 页。

　　④ 牛顿在《自然哲学的数学原理》前言中说："哲学的全部任务似乎就在于由各种运动现象来研究各种自然力，而后由这些力去证明其他现象。""我们的目的只是由现象探寻这种力（引力）的量和性质，并用我们在某些简单情形中发现的原理，以数学方式推测更复杂情形的结果。因为要想直接观测每一个特殊事物既无止境又不可能。"参见［美］埃德温·阿瑟·伯特《近代物理科学的形而上学基础》，第 176、188 页。

　　⑤ ［美］埃德温·阿瑟·伯特：《近代物理科学的形而上学基础》，第 193 页。

　　⑥ Isaac Newton，*Opticks*，p. 372. 转引自［美］埃德温·阿瑟·伯特《近代物理科学的形而上学基础》，第 228 页。

动的万有引力，最终由上帝所掌控。①

三　哲学探究的逻辑

约翰·霍普斯金大学（Johns Hopkins University）生物学家卡尔·P. 斯万森曾说："任何一门科学都好像是一条河流。它有着朦胧的、默默无闻的开端；有时平静地流淌，有时湍流急奔；它既有涸竭的时候，也有涨水的时候。借助于许多研究者的辛勤劳动，或是当其它思想的溪流给它带来补给时，它就获得了前进的势头，它被逐渐发展起来的概念和归纳不断加深和加宽。"②从学科发展史讲，一门科学诞生有其母体科学，而科学的最终母体是物理学，物理学的开端却是哲学。物理学的源头是哲学；并且，任何科学，其发展进程中的最终思想源泉是哲学；任何科学，其发展的最终认知归属，亦是哲学。这是因为"科学认知的本质问题既是一个认知论（在描述的意义上），又是一个形而上学的问题：哲学和科学史是要描述概念上的形式，观察科学概念与普通认知的概念在哪些方面不一样，研究概念的改变与演化。在这个范围内，科学认识的本质问题是一个认识论问题，然而只要我们一提出科学制定的概念是否恰当这样的问题，它就成了形而上学的问题了"③。科学作为一种知识努力，仅仅是"知识作为一种可能性"的基本形式，它必然要走向更高形式，即哲学；哲学为"知识的一种可能性"，开辟出一种拓展的、整体的努力形式。

有关哲学，所涉及的内容很多，但主要的内容有四：

（1）哲学是做什么的？

---

① "所以我们必须承认有一个上帝，他是无限的、永恒的、无所不在、无所不知、无所不能的；他是万物的创造者，最智慧，最公正，最仁慈，最神圣。"（Brewster：348）"所以从现象来看，似乎有一位无形的、活的、智慧的、无所不在的上帝，他在无限空间中，就像在他的感官中一样，仿佛亲切地看到形形色色的事物本身，彻底地感知它们，完全地领会它们，因为事物直接地呈现于他。"（Isaac Newton，*Opticks*，p. 372. ）。转引自［美］埃德温·阿瑟·伯特《近代物理科学的形而上学基础》，第 244、246 页。

② ［美］蕾切尔·卡逊：《寂静的春天》，吕瑞兰、李长生译，吉林人民出版社 1997 年版，第245 页。

③ ［法］让娜·帕朗－维亚尔：《自然科学的哲学》，第 22—23 页。

  （2）哲学的思维律法；

  （3）哲学的知识重心；

  （4）存在知识的逻辑。

1. 哲学是做什么的?

"哲学"（Philosophy）一直被视为爱智，"哲学家"（Philosopher）就是爱智者。

根据第欧根尼·拉尔修记载，"第一个使用哲学这个词，并称自己是哲学家或爱智者的，是毕泰戈拉斯；因为他说过，只有神是智慧的，任何人都不是"[1]。在毕达戈拉斯看来，与神相比，人只能是一个爱好智慧者，或曰只是爱神者。"当菲罗斯的僭主勒翁问到他（毕泰戈拉）是什么人时，他说他是'一个哲学家'。他将生活和大竞技场作比，在那里，有些人是来争夺奖赏的，有些人是带了货物来出卖的，而最好的人乃是**沉思**的观众；同样的，在生活中，有些人出于卑劣的天性，追求名和利，只有哲学家才寻求真理。"[2] 关于"哲学"和"哲学家"是由毕达戈拉斯提出的说法后世颇有争议，但这并不重要，重要的是自此以后，以**沉思**（θεωρια）方式追求真理成为哲学家的基本信念。

客观地看，哲学被定义为爱智，这是从"哲学是做什么的"角度讲的。"哲学是做什么的?"这个问题，体现对哲学的意义或价值的求解：假如"哲学是爱智"，那么哲学到底爱什么智? 有关这个问题，从古希腊哲学发轫始，就一直以自身方式在宣示这一点：泰勒斯提出"万物有灵"和"水是世界的本原"，并对它予以解释和描述，就开启了求解"哲学爱什么智"的问题，其后赫拉克利特提出"永恒燃烧的活火"总是按"一定分寸"燃烧和熄灭地循环，并将贯穿于米利都学派"变中不变"和"不变中变"的思想提炼出"逻各斯"（logos；λóγος），所呈现的仍然是宣示哲学所爱的是什么智的问题。其后，爱利亚学派，朝着存在世界"变中不变"方向展开，克塞诺芬尼提出"一神论"，巴门尼德提出"存在论"，同样是在宣示哲学所爱之智的内容和

---

[1]　[法] 让娜·帕朗 - 维亚尔：《自然科学的哲学》，第 22—23 页。

[2]　第欧根尼·拉尔修：《著名哲学家的生平和学说》第 8 卷第 8 节。

重心如何转移。后来者柏拉图和亚里士多德沿其路子继续向前，将"哲学是做什么的?"问题表达得更为清晰和明确。

亚里士多德在很大程度上同意柏拉图关于哲学自身的意义和使命的一般观点。他和柏拉图一样认为哲学的对象**只能是存在本身**，即本质，或更准确地说，**实在的普遍本质**。哲学研究的是本原和事物的基础，是他们最高的和最普遍的基础，最终，哲学研究的是那些不设任何其他事物的事物。由于类似的原因，他认为**哲学家在某种意义上拥有全部知识**，当然，他指的是把一切知识汇集起来的统一点。像柏拉图一样，亚里士多德也把"知识"——即对于永恒的和必然的事物的认知，区别于幻想或"意见"——它们的范围是偶然的事物。对他而言，正如对柏拉图一样，知识起源于惊异，它来自一般意识对于自身产生的困惑。亚里士多德认为知识的对象只能是普遍的和必然的；因为偶然的事物是不可认知的，它们只能产生意见。**当我们相信某一事物可能是别的东西时，这就是意见；当我们发现它不可能是别的东西时，这就是知识。**"意见"和"知识"不可能相同，的确，亚里士多德指出，我们不可能同时对同一个对象既拥有知识又拥有意见。因此，"知识"不可能存在于感知之中，因为感知只告诉我们个体事物，不能告诉我们普遍者，只告诉我们事实，而非原因。以类似的方式，亚里士多德区分了"知识"与"经验"，后者在任何情况下只能告诉我们"那个"事物，但前者却回答了"为什么"如此：这正是柏拉图区分"知识"与"真意见"的标准。最后，亚里士多德与柏拉图在这一点上也是相同的：即他们认为**哲学是其他所有科学的女王，一般意义上的科学是人类能够获得的高贵和最好的东西，亦是幸福的本质要素。**[①]（引者加粗）

爱德华·策勒认为柏拉图和亚里士多德的哲学认知和哲学思考奠定了后世哲学的基本框架，形成了后世对哲学的基本看待。

---

① ［德］爱德华·策勒：《古希腊哲学史——亚里士多德与早期散步学派》（第4卷上册），第119—120页。

首先，哲学是科学，但哲学不是具体的科学，而是"一般意义的科学"，是"所有科学的女王"。因为具体的科学总是**类分性**或者分科性的，这种类分的和分科的性质，决定了具体的科学总是基于某一存在方面或某领域而展开其存在认知；哲学却是对整个存在的认知，亦是对所有具体科学的认知领域的**关联存在**的认知。这种将哲学视为"科学"的观念，只是现代的科学主义模式笼罩下的话语产物。就哲学本身言，它不是科学，而是对存在——包括世界存在和人的存在之整体存在——的拷问的人类方式、整体的学问，即古希腊早期的自然哲学，是专注于探寻世界存在的学问；其后的智者派以及苏格拉底，却专注于探寻人的存在的学问；柏拉图将世界存在和人的存在纳入一个整体来拷问，使哲学朝着真正意义的**整体存在**的学问方向而努力，其弟子亚里士多德完成其事业，构建起融统世界存在和人的存在于一体的整体存在的哲学，使哲学成为人类精神探索的"女王"，成为人类众科学的科学、众学问的学问，一切科学和学问将接受哲学的滋养而起航，一切科学和学问探究最终又汇聚于哲学。

其次，哲学作为整体存在的学问，是一切科学的总科学；哲学作为整体存在的学问，是所有学问的最高学问。它既是人类精神的象征，更是人类心智和智识的象征，是人间真正"高贵"的代名词，也是人间真正幸福的源泉。因为它为人类提供了如何真正摆脱动物和怎样真正节制生物性欲望而成为人的最后认知和最高方法，也为人类如何真正摆脱野蛮、暴虐、掠夺、占有而过一种真正的人与人、人与物、人与环境、人与自然共生存在的幸福生活提供**普世的思想**、**人性的智慧**、**普遍的知识和共有的方法**。

再次，哲学，是**存在之思**，并构成对**生活之思**的引导。生活是存在敞开的日常状态、日常进程、日常方式，生活之思乃人人可为的，也有可能蕴含存在之思，但它根本地不同于存在之思，就在于生活之思总是基于利害、得失、爱恨，以及美丑、善恶而存在，因而，生活之思，可能是感觉的，也可能是理智的，更可能是理性的，然而，不管选择以哪种方式来展开充满利害、得失、爱恨及美丑、善恶的生活之思，都更多地呈现"意见"；与此不同，哲学启动的存在之思，虽然要面对当世存在困境和生存危机探求解救之道为出发点，但它必须超越生活，摆脱一切形式的利害、得失、爱恨以及美丑、善恶的纠缠，直面存在本身展开反思性拷问，追踪存在真理。所以，哲学敞开的存在之思始终是对生活之思的引导，这种引导直接地呈现为存在之思所形成的"真理"构成对生活之思的"意见"的矫正。

最后，哲学开启的存在之思，实际上是对人的存在和世界存在如何达于**共生**的整体存在之根本问题的拷问，这种拷问所结下认知的成果亦是知识。但哲学的知识与科学的知识有根本区别：科学探究得来的知识，是存在的具体知识，比如物理学和化学，是研究物理世界中物质实体的存在运动及其规律的两门科学：物理学所创建的知识，是关于物理世界中物质实体的基本结构及存在运动的一般规律的知识；化学所建构的知识，是关于物理世界中物质实体的微观构成、性质及其结构和变化规律的知识。这些知识可能是真知的，也可能是意见的。因为我们面对的是"那个事物""那种存在"，而不是整个事物、整体存在，由此不能真正地关注究竟有关于"那个事物""那种存在"所形成的东西"为什么如此"。

> 亚里士多德把哲学与人类的**实践生活**严格区分开来；**又把它与经验科学**紧密地联系起来。他认为哲学是唯一一门关于理论知识的学问。它与实践活动（πρᾱξιε）.是严格区分的，实践活动的目的是它们生产的东西，（这并不像哲学，因为哲学的目的就是哲学活动本身），并且实践活动不仅属于思想领域，还属于意见的领域和"灵魂的非理性部分"。①（引者加粗）

哲学不是实践活动，它必须与实践活动区分开来。实践活动是生活建设运动；哲学是认知活动，是存在真理（或曰知识）的建设运动。

哲学也不是技艺活动。技艺活动是实践活动的具体形式，是技术武装的实践活动。更重要的是，一切形式的实践活动都是具体，都是具体的技术武装的技艺活动，都是实用取向的生活运动，它诉求功利，呈现对利害、爱恨甚至善恶、美丑的权衡和选择。哲学需要远离实践活动，更要抛弃技艺武装，

---

① ［德］爱德华·策勒：《古希腊哲学史——亚里士多德与早期散步学派》（第4卷上册），第120—121页。

站在更高的位置上，以旁观者的态度和沉思的方式审视实践活动，探求实践活动的存在之真理，或者探求实践活动何以偏离存在之真理的反思活动。

哲学是纯粹的理论活动，它的自身形式是理论知识，而非实践知识或技艺方面的知识。哲学之于理论知识的目的，是将发现、追踪的真理予以概念式反思的逻辑定格，形成普遍的知识，这种普遍的知识蕴含普世真理。所以，哲学作为纯粹的理论活动，目的于构建以真理为内在规定和基本诉求的理论知识。哲学对以真理为内在规定和基本诉求的理论知识的探索方式，是沉思。所谓"沉思"，其字面语义是指沉下心来思想。沉下心来思想，也就是用心来思考，或曰以生命投入方式思考。以生命投入方式思考的对象，绝不是功利取向的生活，而是超越功利取向的存在之根基问题、根本问题的思想，这种思考必须借助于概念式反思的方式来呈现，具体地讲，哲学对存在之真理的探求，必须借助"概念"的工具来推论或演绎出具有普遍品质的知识（真理）。

2. 哲学的思维律法

"哲学是做什么的?"这个问题，实蕴含哲学对自身的两个方面的定性要求：首先规定了哲学"该做什么"和"不该做什么"；其次规定了哲学的思维的律法。

哲学"该做什么"和"不该做什么"的问题，是一体两面的问题。概括上述讨论，哲学是关于存在的学问，它该做且必须做的是发现、追踪存在真理，并以概念为工具将其予以知识形态的呈现。反之，哲学不该做且不能做的是"生活之思"，即哲学不能将关注的热情投向实践活动和技艺活动，如果将生活纳入哲学，并关心实践和技艺，哲学将丧失自身，真理将沉沦于黑暗之中，知识将不复真正呈现。

      首先，我认为哲学是一种纯粹理论的活动；亦即，一种仅仅关涉**实在**的探究活动；根据这一观点，我从哲学的概念和历史中排除掉所有实践的或技艺的活动，不管它们与任何具体的世界理论的可能的关联。接下来，我把哲学更为严格地界定为科学。我在其中看到的不仅仅是思想，而是具有方法的思想，被以一种有意识的方式指向对**相互依赖的事物**的认识。以此特征，我将它与对日常生活的非科学反思区别开来，就像与宗教的和诗性的世界观区别开来一样。最后，我发现哲学和其他科学之间的区分如下：——所有其他的科学都指向对某一专门领域的考察，而哲学**将全部存在作为一个整体来看待**，企图**在个体与整体的联系中、按照整体的规律来认识个体**，并且因此企图达至所有知识的关联。①

哲学并非一种科学：其中也无人文形式。哲学既非事关知识的扩展，也非事关世界新真理的获取；哲学家也不占有其他人得不到的信息。**哲学并非事关知识，而是事关理解**；也就是说，**哲学事关已知事物的条理**。这是因为哲学无所不包，哲学领域如此广大，哲学所要求的知识组织结构难乎其难，唯有天才方能为之。对于所有并非天才的人们来说，有望把握哲学的唯一途径，就是深入到以往某位伟大哲学家的头脑之中。②

（引者加粗）

肯尼和策勒分别从哲学史角度切入，对哲学做出不同的判断和看待：策勒认为，哲学是关于实在（或者说"存在"）的探究活动，以求达到对"相互关联的事物的认知"，最终获得知识（即真理）。肯尼却持近乎相反的看待，认为哲学不是科学，也不以拓展知识和获取新的真理为重心，而是关注理解，重心是"已知事物的条理"。

表面看，二者不可通融，但究其实，二者对哲学诉求的真正主题的把握却是同构的：哲学，在其本性上就是对相互关联的存在的认知。哲学诉求的"相互关联的存在"，并不"这个"事物与"那个"事物，或者"这个领域"或"那个领域"的关联认知。前者是实践活动所关涉的，是技艺活动所谋求解决的具体的事物；后者是（具体的）科学所关注的，是科学活动所力求认知的学科领域及其事物。后者相对前者言，虽然体现整体性，但仅仅是学科领域的整体性；哲学诉求的"相互关联的存在"，是世界、自然、人如何关联地存在，所以哲学的理解是关于世界存在、自然存在、人的

---

① ［德］爱德华·策勒：《古希腊哲学史——从最早时期到苏格拉底时代》（第1卷上册），聂敏里等译，人民出版社2020年版，第6—7页。

② ［英］安乐尼·肯尼：《牛津西方哲学史 第1卷·古代哲学》，第3页。

存在的关联理解，这种整体视域和性质的"关联存在"的理解，必然以对生活实践意义的"事物间的关联"理解、学科意义的"事物间的关联"理解以及"科学间的关联"理解为认知前提，所以，哲学诉求的"相互关联的存在"认知，既是对具体的"已知事物的条理"，也是对具体的"已知知识的条理"，这种条理所形成的成果，仍然是知识，但却不是具体的知识，而是一般的、整体的知识。

对这样的一般的和整体的"知识"，策勒从"纯粹理论的活动""相互依赖的事物"和"个体与整体的联系"三个方面予以定位；肯尼则从"非科学""非人文"和"已知事物的条理"三个方面予以定位。从感知理解角度，肯尼的表述要令人费解些，但联系哲学史则很容易理解：米利都学派开创的自然哲学，体现科学取向；与此不同，智者运动之后苏格拉底的道德哲学，却是人文取向。但柏拉图并不满意如上两种片面取向的哲学，而是对其予以了一次综合，这就是运用"理念"（"相"）对存在的本体世界和存在的现象世界予以综合，也是运用理念对世界存在和人的存在予以超越"科学"和"人文"框架的统合。所以肯尼才说"哲学并非一种科学，其中也无人文形式。哲学既非事关知识的扩展，也非事关世界新真理的获取"，而仅仅"事关理解"，其所关注的就是对"已知事物的条理"，从而获得整体关联的思想和方法，虽然这种整体关联的思想和方法仍然需要借助概念式反思的知识来呈现，但它不是哲学诉求的。在肯尼看来，哲学不诉求知识，而是诉求"已知事物的条理"所发现和把握到的世界和人的整体关联的思想和方法，才使哲学超越任何事物、任何领域、任何学科而达于"无所不包"的境界，这就是：**存在所在，即哲学所在。**

以此审视策勒从"纯粹理论的活动""相互依赖的事物"和"个体与整体的联系"三个方面来定位哲学，不过是对亚里士多德的哲学观的现代透视和个性化表述。

亚里士多德继柏拉图之后，对其之前的希腊哲学家的各种哲学思想和方法予以更大视域的综合来建构他的哲学体系，是基于对哲学的独特理解："哲学是一切科学"的科学，是一切科学的总汇。亚里士多德基于这一理解构建起来的哲学体系呈两个特点。第一个特点为杜威所概括，杜威在梳理欧洲哲学发展史时将其归纳为四类：第一类是亚里士多德的系统派别哲学，体现整合性、分析性、类别化的体系特征。① 第二个特点为黑格尔②所概括：亚里士多德所构建的哲学体系是集合性的，即把宇宙整体、精神世界和感性世界这一大堆东西当作一系列的对象列举出来，"亚里士多德不是系统地进行的，亦即不是从概念自身发展出来的；他的进行方式却是基于上述的方式，这同样是从外面开始的。因此就发生了这样的情形，即他常常是一个又一个地讨论每个规定，而没有指出它们之间的联系"③。从整体观，黑格尔的判断和概括可成立：亚里士多德确实更为热衷于"经验的方法"，即以"对象在表象中是怎样，就照样接纳过来，有没有必然性的联系"方法来建构他的体系，呈现在他的著作中，即往往把一个又一个范畴和规定排列出来，却没有指出这些范畴和规定之间的内在联系。亚里士多德的哲学体系呈现六个方面的内容，即逻辑学、自然哲学、心理学④、第一哲学、伦理学和政治学以及技艺学（主要有《修辞学》和《诗论》）。从逻辑角度划分，可将其归纳为四个方面，即理论的科学（主要包括心理学、自然哲学和逻辑学）、实践的科学（主要是政治学和伦理学）和技艺学（主要包括论辩的技艺、创作的技艺和生产劳动的技艺），这三部分内容由"第一哲学"统摄。

亚里士多德将第一哲学定义为"一切科学"的总汇，也是胡塞尔所讲的"一切科学的科学"，这就是真正的"纯粹理论的活动"的形而上学，它既是哲学的纯粹部分，即本体论，也是哲学的方法论。亚里士多德的形而上学，就是对诸如各自然哲学、心理学和逻辑学等探讨形成的"已知事物"的"条

---

① 杜威在诊脉欧洲哲学发展史时，将其思想的派别归纳为四类：第一类是系统派，此一派注重于整理的、分析的、类别的考察，它以亚里士多德为代表；第二类是理性派，此一派发生于科学时代，它以笛卡儿为代表；第三类是经验派，此一派由培根所发，却以洛克为代表；第四类则是实验派，它以皮尔士为开创者，以威廉·詹姆斯为体系的构建者，以杜威本人为代表。

② 黑格尔的哲学体系展开为"绝对精神"的辩证运动，即追求概念的内在发展，由此生成敞开为从逻辑学到自然哲学再到精神哲学的思辨道路，使之所思考的思想成果构成一个具有严谨逻辑自洽性和思想完备性的完整的整体。黑格尔以自身的哲学方式来审查欧洲以及世界哲学发展史，从而也以此为准则来评价亚里士多德的哲学体系，概括其哲学特征。

③ ［德］黑格尔：《哲学史讲演录》（第2卷），贺麟、王太庆译，商务印书馆2013年版，第270页。

④ 亚里士多德对心理问题的探讨形成的著作主要有《论灵魂》《自然短论》（主要讨论感觉、记忆、睡和醒、梦、长寿与短命、生与死）等。

理"呈现的整体存在的思想和方法。这种整体存在的思想和方法又可为人们运用来指导实践的科学和技艺活动。

具体地讲，亚里士多德的哲学体系之以物理学为基本内容，是因为古希腊哲学最初是以物理学和数学为基本内容的自然哲学，通过它才开启了形而上学，亚里士多德将形而上学定义为"第一哲学"，是要澄清形而上学与物理（即哲学与科学）的根本区别：从本质讲，物理学是关于自然世界的经验科学，其思维－认知的律法是经验主义的，经验主义的思维－认知始终趋下；与此相反，物理学之后的形而上学，是要突破经验世界的局限达向超越之域并开辟先验之路的精神活动，其思维－认知是向上的，即超越经验开启先验之门，构成形而上学的思维－认知律法。有关于"物理学之后是形而上学"的说法，可理解为物理学**之上**是形而上学。亚里士多德所讲的物理学，主要指米利都学派以及赫拉克利特、阿那克萨戈拉、德谟克利特等哲学家们的学说，他们多从经验（包括生活经验和历史经验）中获得启发，企图突破经验的束缚追求整体地把握世界，却没有真正超越经验，而是以**经验理性**的方式思考世界本原问题和宇宙生成论问题，由此形成古希腊的自然哲学。这种性质的哲学探讨，一方面突破了经验的局限而将哲学引向超越性的形而上学领域；另一方面又开启了对人的生活世界的关注。于是，古希腊早期的哲学发展打开了从相对单纯的自然哲学向伦理学、政治学、美学以及生存技艺的视域空间，形成亚里士多德所总结归纳的**实践的**科学。从根本论，在古希腊，以物理学为主要形态的自然哲学是以认知（求知或曰探求真理）为取向，这种认知取向的探讨以经验为基础，以理性为方向，因而可以说它是经验理性思维的。正是这种经验理性思维的局限本身谋求自我突破的努力，推动自然哲学自发突破经验理性的束缚展开观念理性之思，这种新的思考方式发轫于毕达哥拉斯学派，经过爱利亚学派和柏拉图等人的努力，开辟出**认知向上**的形而上学。与此同时，经过智者运动，尤其是苏格拉底的努力，这种纯粹以认知（即探索真理）为兴趣的经验理性转向观念理性的努力，又开辟出实践探讨的广阔天地。亚里士多德以物理学为界标，将哲学**向上行**的探讨称为形而上学，将哲学**向下行**的探讨称为实践的科学。从知识论观，前者是理论的知识，后者是实践的知识。但亚里士多德还认为，早期的自然哲学向人的生活世界的拓展形成的生活智慧成果，除了政治学、伦理学等实践的知识外，还有一类视野更广阔、内容更丰富的知识形态，这就是**创制的**知识。亚里士多德将这类知识形态归纳为创制性的知识形态，意在区别于政治学、伦理学等实践的知识形态：实践的知识形态，呈**实践规则**、**实践原理**、**实践方法论**取向，或可说其探讨侧重于以生活世界的实践规则、原理和方法论为主题；创制的知识形态，却呈**技艺**取向，即主要考察实践的操作方式、程序、方法。在亚里士多德看来，对实践的知识的探讨，更多地解决**实践认知**的问题；对创制的知识的探讨，更多地解决**实践操作**的问题。这是亚里士多德将原本属于实践领域的知识分为并行的两类形态的根本考虑，即意在突出它们各自的生活世界功能。

在大致理解亚里士多德哲学体系构成的基础上来看策勒所讲的"哲学是其他所有科学的女王""哲学是纯粹理论的活动"，正是对亚里士多德的基本哲学观的概括。在亚里士多德那里，哲学有广义与狭义的区别：在广泛意义上，哲学包括形而上学、科学、以政治学和伦理学为主导形态的实践论和以修辞、审美为主要方式的技艺学；但在纯正的狭义意义上，**哲学即形而上学**，它构成"其他所有科学的女王"，也构成"纯粹理论的活动"。

综上，纯正意义的哲学，其"该做什么"和"不该做什么"从正反两个面规定了它的思维－认知三个基本方面的自我要求与规训：

第一，哲学作为一种"**纯粹理论**的活动"，规定了它的思维－认知必须是形上的，而不能是形下的。因此，哲学必须突破经验的桎梏，经由超验的桥梁叩开先验之门，开启先验的道路。具体地讲，哲学可以从形下起步，但必须朝形上方向进发；哲学可以接受经验的馈赠，但必须诉求对经验的超越而进入先验之域。正是这两个方面的具体规定，要求哲学不能停留于知识本身，而是致力于发现存在论的思想和形而上学方法的探求。

第二，基于思想和方法的要求，哲学活动必须是沉思的。沉思的哲学必须以概念式反思方式呈现；其概念式反思的沉思，必须发现事物、世界、人"相互关联的存在"，从而实现"已知事物的条理"。由此规定，哲学，不是归纳的，也不是分析的，而是先天综合判断的，擅长于先验演绎，并且更蕴含（神学的）启示。

第三，哲学作为一种形而上学方法的"纯粹理论的活动"，并不能给人提供具体的生活经验、实践的智慧和操作的技艺，而是为人如何存在和怎样生存提供可能性的思想和方法，这种如何存在和怎样生存的思想，是一种整体存在的思想，这种**如何存在**和**怎样生存**的方法，是一种遵循**整体的律法**（法则、原理、规律）来认知具体、个体，并"因此企图达至所有知识的关联"的智慧。

3. 哲学的知识重心

无论从人与世界"相互关联的存在"切入，还是致力于"已知事物的条理"，哲学最终实现知识的构建。由于哲学必须以概念式反思的沉思方式展开，理解人与世界"相互关联的存在"并澄清"已知事物的条理"，其知识构建的重心必然指向对**存在知识**的关注。哲学要以存在知识为重心，"存在"本身的问题必然进入哲学的视野。

客观地讲，**"存在"本身是存在**，它**先于被意识**。存在被意识，只表明它被突显，并不等于在他意识的时候才产生。笛卡儿说"我思，故我在"，是为破除认知的怀疑论：人所认知的一切可以怀疑，但人的认知本身却不容怀疑。就"存在"言，"我思，故我在"并不是说：我意识的时候，我才存在；应该说：我之意识，是因为我存在。并且我之意识，我突显其存在，或者我将本己的存在突显出来。所以，第一，存在先于意识；第二，意识存在的观念、概念，是因为存在而产生；第三，存在的意识、观念、概念都是存在本身的刻划或描述。由于意识与存在之间这三个面向的关联及制约性，形成存在本身的复杂性。

从根本讲，哲学因为存在的复杂性而产生，没有存在的复杂性，就可能没有哲学；反过来看，因为存在的复杂性，才使哲学千百年来始终**处于路途**之中，没有停止，也难有停止。

标志人类哲学开端的古希腊哲学，其最初形态就是"各执一端"。米利都学派及赫拉克利特、毕达戈拉斯学派、爱利亚学派，对于哲学的理解思路完全不同，这不过是他们对存在世界的复杂性的体认和领悟各不相同。巴门尼德提出"存在"（Being）这个概念时却用三个词来描述它：第一个词"estin"，既作实义动词"存在"讲，也有联系动词"是"之含义。第二个词

"tou eom"或"mei"，是中性动名词，意为"存在"或"非存在"。第三个词是不定式"einai"，意为"存在"。① 哲学史家安东尼·肯尼认为："巴门尼德所谈的 Being 肯定包含系词（be）的这层意思。所以，Being 包含两层意思，即：**所有本质存在**与**所有存在者**。"② （引者加粗）由此存在的复杂性催生出哲学的复杂性。

其一，当存在指"所有本质存在"时，讨论和澄清存在的"本质存在"，其实是困难的。

其二，讨论和澄清存在的"本质存在"之难的首要方面，是存在的"本质存在"必须面对"存在者"，而且要面对"所有存在者"。存在的"本质存在"是一般、是普遍、是不变；但存在的"本质存在"所指涉的"所有存在者"，却是个体、是个别、是变化。存在的"本质存在"要经由"所有存在者"而敞开自己，这就意味着不变、普遍的本质存在必须从个别的、变化的所有存在者中剥离出来，才可获得存在敞开与呈现。由此，在存在的"本质存在"和存在的"所有存在者"之间，构成实际的"变中不变"和"不变中变"的关系，这种关系使存在本身变得异常复杂和艰难，讨论和澄清"存在"是绝对的困难。

其三，存在不仅要面对"所有本质存在"和"所有存在者"之间的非对应、非协调、非一致性，更要面对它的反面"非存在"——非存在不仅构成存在的反面，而且存在必须通过非存在来刻划。这就是说，**存在源于非存在，非存在构成存在的保证**。对于存在，我们能感受到它的实在性；但对于非存在，其实体感从何而来？存在与非存在之间形成的问题，是实体与非实体的问题，这一问题要得到讨论、得到澄清以及得到确定，几乎不可能。对于不可能之事要使它成为可能性，其难，其实不堪设想，但哲学明知难而偏为之，其结果必然不妙。

其四，究其根源，存在的复杂性其实源于人本身。没有人，"存在"不会被意识，有关存在的观念、概念也不会产生，存在本身蕴含的三个方面的复杂性，也不会浮游于存在的"水面"。因为有了人，有了人属己的意识，有了

---

① 汪子嵩、陈富村、姚介厚：《希腊哲学史》（第 1 册），人民出版社 1997 年版，第 394—396 页。
② Anthony Kenny, *Ancient Philosophy*, Oxford：Clarendon Press, 2004, pp. 209 - 200.

人自发地启动属己的意识来打量自己，来关注自己的状况和处境、关注自己在这种状况和处境中的存在安全和生活保障问题，由此才产生对存在安全的忧虑、忧惧以及对生活保障的想望。这诸多方面都充满了不确定性，体现了动态变化的不可预料性，以及各种意想不到的无序性。这些不确定性、不可预料性及其无序性，要求一种存在认知的解决，于是有了哲学。哲学就是解决存在确定性的问题，但它必须面对不确定性。因为不确定性而求解确定性之道，必须从个体达向整体，从个别诉求一般，从动态、变化诉求静态、稳定，自然要抛弃孤立而关注关联，探讨"相互关联的存在"，澄清"已知事物的条理"。然而，哲学可以发现"相互关联的存在"，却不能根本地解决存在与非存在、"所有的本质存在"与"所有存在者"之间的变与不变的问题；哲学可以澄清"已知事物的条理"，却无力于未知事物对已知事物的参与。比如，一颗彗星划破长空，一块陨石降落地面，一次台风并没有按预估的时间、地点登陆，甚至超出人估计的风级袭来等之类的未知事物总是参与了已知事物的存在，这样一来，在一个绝对假想的、静止的存在状态，已知事物才是已知事物，它被条理才成为可能，但是，实际的存在始终与假想有距离，所有的存在——包括"所有的本质存在"和"所有存在者"存在——都非静止存在，此刻已知事物或许在瞬间的彼刻就沦为未知事物，所以，对"已知事物的条理"同样存在着不确定性，或者其本身沦为非确定性。

不仅如此，哲学面对存在的不确定性而谋求确定性，不仅来自世界存在，更来自人的存在。人的存在也客观地存在着"所有本质的存在"和"所有存在者"这两个方面，构筑起人的表面确定性背后的本质的不确定性，或者本质的不可确定性。由此，哲学要解构存在的不确定性而敞开存在的确定性，其前提条件是解决人的存在的确定性问题。

人的存在的确定性性问题，比存在世界的确定性更为复杂，这是因为人的存在在本质上是非确定性的。铸成人的存在的非确定性有很多因素，但最重要的因素有二：一是人来到存在世界里，本身是**未完成性**。这种未完成的状态决定了他必须待完成并努力于不断完成，人的这种存在努力本身构成其存在的非确定性。二是人的意识，包括对自己的意识和对他者（包括他人、事物、世界）的意识始终是非确定性的，这种非确定性不仅是空间意义的，更是时间意义的。比如，此时自信满满的努力奋斗瞬间沦为自我丧失的沉沦状态，昨天的亿万富翁今天沦为一贫如洗的穷光蛋，上午还大权在握的人，下午却成为阶下囚。更有一个根本的方面是人的意识能力和释放其意识能力形成的人心永远深不可测。有人比喻，大地的广阔不及大海的浩瀚，大海的浩瀚不及天空的广袤，天空的广袤不及人心的深广。人的存在的本质的非确定性，将原本就具有不确定倾向的"相互关联的存在"和可条理的"已知事物"推向更为不确定的状态。因而，哲学要探讨世界存在的确定性的"重中之重"，是解决人的本质存在的非确定性问题。

4. 存在知识的逻辑

哲学，无论是按策勒的目的性之说，还是按肯尼的无目的性之说，总是与存在知识结下不解之缘。哲学通过"相互关联的存在"探讨和对"已知事物的条理"形成的存在知识的内在逻辑，只能基于存在的确定性而探求对不确定性或非确定性的解构；或曰，哲学面对存在，就是探求消解存在的不确定性或非确定性因素而突显存在的确定性，或者使确定性的存在世界得到照亮，从而为人间社会的安全存在和生活保障提供最终的思想土壤和认知（或知识）基础。

在人存在其中的存在世界里，世界存在的确定性的"重中之重"是人的存在的确定性问题，如何解构人的存在的不确定性和非确定性因素，构成存在知识形成的探求逻辑，这一逻辑可敞开为**人的认知能力的可能性如何开辟存在知识的道路**。

第一，人的认知能力及可能性的不确定性。

探求存在知识而解决其确定性的首要问题，是人的认知能力及其可能性，这一问题同样蕴含于哲学的诞生之中。由泰勒斯发轫的哲学，从"水"和"灵魂"中领悟到"水是世界的本原"和"万物有灵"。泰勒斯的这两个哲学命题带出了人的认知能力及可能性问题：**"水是世界的本原"，暗示人的认知能力由经验带出**，经验的积累为人的认知能力提供了无限可能性；**"万物有灵"，暗示人的认知能力源于天赋**，灵魂的存在同样为人的认知能力提供了无限可能性。

其后，由米利都学派肇始的自然哲学，经由赫拉克利特的永恒活火假说、恩培多克勒的四根说、阿那克萨戈拉的种子说、留基波和德谟克利特的原子论，形成一条唯物论线路，以经验为原发机制的人的认知能力的可能性不断拓展。与此同时，从毕从达戈拉斯学派到爱利亚学派，再到苏格拉底、柏拉图，开出了一条唯理论的线路，以灵魂为原发机制的人的认知能力的可能性亦不断拓展。这两条线路在亚里士多德那里汇合之后分离开去，伊壁鸠鲁派和斯多亚派，就主要倾向言，依然是唯物论的方向；新柏拉图主义却发展了唯理论的方向；但游离并交集于二者之间的却是对人的认知能力及可能性的怀疑，由此形成怀疑论哲学。**怀疑论不仅指向经验的层面，也指向灵魂的层面**，中世纪神学的自我证明以及由此铺开的奥古斯丁用柏拉图思想来解释神学和托马斯·阿奎那用亚里士多德主义来解释神学，其深层的存在论动机同样为了消解怀疑论。但是，无论神学的自我证明，还是柏拉图主义解释，抑或亚里士多德主义解释，都没有使怀疑论得到最终消解，反而以更倔强的方式向近代开进，融进经验主义和理性主义哲学之中，在 18 世纪启蒙哲学那里，虽然因为哲学的目标方向发展变化，从本体论形而上学转向认知论形而上学，才使怀疑论哲学得到暂时消停，但其自我消停的时间并不长，而是伴随哲学从认知论形而上学向实践论和方法论方向转换，怀疑论以哲学的语言化——"哲学的语言学转向"——为契机重新开启自身，数理逻辑的发展、分析哲学的滥觞及主潮现代哲学，则可看成是哲学消解怀疑论的前后相续又互为交集的两种形态。

怀疑论对哲学诉求存在知识的确定性的怀疑，聚焦于人的认知能力及可能性上，发现人的认知能力的有限性及人的认知能力的提升、发展的可能性同样是有限的。这种有限性首先体现在人的认知的最初来源的非确定性。如上所述，这种非确定性相伴哲学的诞生而产生：泰勒斯提出"水是世界的本原"和"万物有灵"，暗示人的认知能力及可能性最终演绎成近代的"白板"说和"天赋"说两种观念；洛克（John Locke，1632－1704）提出大脑白板说，强调一切精神的构建都源于后天，人的认知能力及可能性均受后天各因素的激励或制约，因而，知识来自经验，存在知识同样是经验的杰作，如此一来，经验的确定性自然地构成存在知识确定性的前提。但是，经验却始终无法摆脱经验主体的个体性和经验形成的境遇性，因而，经验的确定性犹如在沙滩上修建高楼那样不可靠。洛克尽其所能地通过批判理性主义来证明经验的后天性，却最终使经验滑向非确定性境况之中：洛克关于"一切推理都来自事先知道的、事先考虑好了东西"（all Reasonings are ex Praecognitis，et Praeconcessis）的观点，无异于主张某些被设想为天赋的公理就是"事先为心灵所知道的那些真理"，就是"我们的别的知识所依赖的那些东西"。① 洛克以新生婴儿指出："如果我们仔细观察新生婴儿，我们就几乎没有理由认为：他们把许多观念带到了他们所生活的世界。因为除了某些关于高大、饥渴、温暖和某些疼痛的微弱模糊的观念在子宫里面也许为他们感觉到之外，在他们身上根本就没有任何确定的观念的迹象。"②

　　知识来自经验的说法，将人的认知能力及可能性完全暴露了出来，它使哲学探求存在知识的确定性几乎不可能。因为，大脑"白板"说公然地否定天赋观念，表明人的认知能力缺乏天赋的来源，只是后天的偶然所成，必然绝对的有限，这种绝对有限性很自然地否定了某些知识来源于天赋的事实。所以笛卡儿认为，天赋观念是存在的。因为天赋来自上帝，婴儿也不例外，也"具有上帝的观念以及据说是自明的一切真理；他有这些观念，就像成人在没有注意到它们时而仍有它们一样，他并不是后来长大了才得到它们的"③。

　　澄清观念是否天赋的问题，需要解决人的认知能力是自然形成的，还是后天形成的。知识来源于经验表明人的认知能力并非天赋，也非自然形成，而是经验的结果。洛克以此对经验做出两个方面的规定，首先，他认为经验有两个来源：一是感觉，二是反省。"后者为心灵提供了关于它自己的活动如知觉、思维、怀疑等的观念。"其次，知识来源于经验并非一个很简单的事实，一是"知识来源于经验"是建立在有"外部对象存在"这一假定前提基础上的；二是经验或来源于感觉及观念，或来源于反省。经验与感觉及观念的直接关联，是基于"外部对象存在"的假设，或可说是基于外部对象存在的观念的促成，感觉和观念往往不是单一的，而是复合的；经验与反省的直接关联，恰恰是因为心灵及其心灵存在。这就意味着由感觉观念促成的经验，

---

　　① ［英］斯图亚特·布朗主编：《英国哲学和启蒙时代》，高新民等译，中国人民大学出版社2009年版，第85页。

　　② ［英］斯图亚特·布朗主编：《英国哲学和启蒙时代》，第85页。

　　③ ［英］斯图亚特·布朗主编：《英国哲学和启蒙时代》，第86页。

既可能通向知识，也可能不达向知识，从这个角度看，知识始终是有限度的。并且，心灵对感觉、观念以及经验的作用及影响，也使经验通向知识变得相当有限。

第二，感觉的局限。

讨论存在知识的确定性，牵涉出知识的来源。对知识来源问题的考察，向外展开，经验入场：经验作为知识的来源，要以"外部对象存在"为假设前提，由此使知识与感觉的关系得到突显；内向审察，理性或者理智被带出，理性作为知识的来源，也存在一个潜在的假设前提，那就是"内部存在对象"，知识与感觉之间同样存在不可忽视的关联性。由此两个方面，存在知识的探求，总是遭遇感觉的局限。

哲学关切"相互关联的存在"并致力于"已知事物的条理"来探求存在知识遭遇感觉的困惑，这在古希腊哲学中已呈现出来。普罗泰戈拉提出"人是万物的尺度，是一切存在者存在的尺度，是一切非存在者不存在的尺度"，将人的认知局限性揭露出来——人的认知的经验性、感知性，必然形成认知本身的相对性：普罗泰戈拉的"尺度论"实际上混合着经验主义、感觉主义和相对主义。感觉对认知的局限必然影响存在知识的探求，持原子论自然观的伊壁鸠鲁是一位快乐主义者，但他认为"每种快乐由于其自然吸引力，都是某种善，但并不是每一种快乐都值得选择"[①]。并以此将快乐分为"自然的和必需的""自然的"但却不是"必需的"、"既不自然又不必需"的三类，然后又将快乐分为"动态的"和"静态的"两类，认为值得追求的是"自然的和必需的"，其使身体免遭痛苦和心灵不受干扰的快乐。快乐，无论原发于内心，还是原发于外来存在物的刺激，都有感觉相伴。伊壁鸠鲁对快乐的选择，体现对感觉的警觉，尤其对感觉构建使身体健康和心灵宁静的幸福的认知的不信任。斯多亚派主张"按照自然生活"，排斥非理性的感觉主义，因为在他们看来，"忧伤是非理性的压抑，恐惧是非理性的退缩，欲求是非理性的扩展，快乐是非理性的膨胀"[②]。忧伤与压抑、恐惧与退缩、欲求与扩展、快

---

① 引自苗力田主编《古希腊哲学》，中国人民大学出版社 1989 年版，第 648 页。

② H. Von Arnim, *Stoicorum veterum fragmenta*, Stuttgart, 1905, V01. 3 No. 391. 参见赵敦华《西方哲学简史》，第 93 页。

乐与膨胀，都与感觉相关，或可说是感觉的张扬使然，而感觉总是有意无意地排斥理性；抵御感觉的最好方式是理性。所以马可·奥勒留才说："有理性的人不要以烦躁、厌恶和恐惧心情对待死亡，而要等待这一自然动作的来临。"① 奥勒留认为，警惕感觉，按照自然生活的态度，以理性统摄感觉，这是不动心的必为坚忍。② 不动心是斯多亚学派追求的幸福目标，塞尼卡诠释"幸福"就是"和平与恒常的不动心"。幸福不是对感觉的放纵，而是对感觉的抑制，因为感觉可能将存在认知和生活幸福引向歧路。③

伊壁鸠鲁学派和斯多亚学派对知识的怀疑，被皮罗（Pyrrhon，约公元前365—前270）接过，发展成为古希腊怀疑论哲学学派，即皮罗主义。皮罗主义的口号是"不作任何决定，悬搁判断"④。从词源学观，"怀疑"的希腊文意思是"探究"（skeptikoi）；"悬搁"（epoche）意为既不肯定也不否定地中止。皮罗之所以主张悬搁对事物的判断，根本原因是事物本身的不确定性。"事物间在其本质上是没有差别的，并且在最终意义上既不可测定，也不可判别。在这种本然状态下，我们的感觉或由此形成的意见，既不能告诉我们何谓真理，也不能告知我们何为错误。所以，我们既不能相依感觉，也不能相信意见，而应该无意见，不介入，不动摇，对任何一个东西都说它既不是也不非，既同为是和非，又不同为是和非。"⑤ 怀疑论哲学对知识的怀疑，实际上是对知识的来源的确定性的怀疑。这种怀疑始于雅典学园，他们揭示了许多知识的虚假主张都与感觉相关，他们发现感觉或者说感觉的印象是导致知识意见化的重要因素，因为没有不会出错的印象："没有真实的印象来自那种与另一印象无法合作的感觉。印象与感觉难以区分；感觉是非认知性的。如果两个印象难以区分开来的话，就不会出现此类情况：在这两个印象之中，一个是认知性的，另一个不是认知性的。因此，没有印象是认知性的。即便

---

① 马可·奥勒留：《沉思录》9 卷第 3 章。
② 马可·奥勒留：《沉思录》4 卷第 49 章。
③ ［英］安乐尼·肯尼：《牛津西方哲学史 第 3 卷·近代哲学的兴起》，杨平译，吉林出版集团有限公司 2012 年版，第 126 页。
④ 拉尔修：《著名哲学家生平和常说》9 卷第 76 章。
⑤ *The Hellenistic Philosophers*，ed. by A. Long. Cambridge，1987，Vol. 1，p. 14.

它是真实的。"① 印象会错的表面原因，是印象与印象的差异性，这种差异性源于感觉。感觉可能是认知性的，也可能是非认知性的；即使是认知性的感觉，也不能保证印象不会错，即不能保证印象与印象的吻合性。

皮罗主义怀疑论蔓延开去，对后世产生持续影响，形成一种哲学的怀疑传统。罗马共和国末期诗人和哲学家卢克莱修（Titus Lucretius Carus，约公元前99—前55）也认为感觉是不可靠的，他说：

> 如果感觉告知我们的不是真的，
> 理性的自我是无也是错误的。②

感觉的不真实带动理性陷入歧路，卢克莱修的这一观念被蒙田放大。极端怀疑论者蒙田（Michel de Montaigne，1533－1592）认为，在认知上，感觉与理性不能达成合作，一个对另一个起作用却产生错误。因为"判断我们从对象获得的现象，我们需要某种判断的工具；校准这种工具，我们需要一种实验；证实这个实验，我们需要某种工具：我们在一个循环中绕了一圈"③。笛卡儿针对蒙田的极端怀疑论提出反驳，根本动机是欲将知识从怀疑论中拯救出来，使之获得存在的确定性。为此，笛卡儿提出"我思，故我在"的命题来证明真正的、普遍的"知"的不可怀疑性。

笛卡儿通过"我思，故我在"的论证来证明"我"的存在源于属我的认知：我的认知是属我的，属我的认知构成我得存在的根本保证。笛卡儿认为，不管邪恶的天才如何欺骗他，当他不存在时，他也不能欺骗他去思考它存在。笛卡儿的"我思，故我在"这个被后世认为是一个"可靠的论证"，却并不能证明知识的可靠性，因为：第一，"我思，故我存在"并不是说"我存在，源于我思"，而只能说"我思，使我意识到我存在"，因为"我在"并不以"我思"为前提；相反，"我在"先于"我思"，并且"我在"构成了"我

---

① ［英］安乐尼·肯尼：《牛津西方哲学史 第 1 卷·古代哲学》，第 203 页。
② *De Rerum Natura*（《物性论》）4.484－487；参阅［英］安乐尼·肯尼《牛津西方哲学史 第 3 卷·近代哲学的兴起》，第 126 页。
③ ［英］安乐尼·肯尼：《牛津西方哲学史 第 3 卷·近代哲学的兴起》，第 127 页。

思"的绝对前提。第二，无论以"我在"为前提发动的"我思"，还是"我思"使我意识到"我在"，都是"我"对"我"而言，这种"我"对"我"的论证，实是"个体"对"个体"的论证，它不能推出"个体"指向"整体"的必然性，更不能从"个体"推出"整体"的确定性，具体地讲，"我思，故我在"，**并不蕴含"个体之思"必然产生"普遍性之知"的逻辑**。第三，"我思"始终是个体的、境遇的，"我思"的展开，可能解决个体、境遇所生发出来的个性、偏好、感觉性、认知遮蔽等，也可能不能解决这些问题，由此使"我思"并不一定具有认知的必然性。从这个角度看，"我思，故我在"虽然可以引申证明"我行，故我在"，却不能用以证明"我感觉，我正确"，更不能用以证明"我思，我必得知识"。

进一步看，笛卡儿的"我思"之"思"有其广阔内容，它牵涉出心灵，也将思维和意识突显出来：在"我思"世界，笛卡儿将心灵的内容分派给思想，把思维和意识的基本内容分派给感觉，并赋予它"观念"的名称，同时又将观念视为心灵的内容。对于观念，笛卡儿区分为三种类型，即"就我的观念而言，一些看似内在的，一些是获得的，以及一些由我自己想出来的"①。笛卡儿关于观念来自"内在的"观念，很自然地引出他的"上帝"这个"心灵之外的第一个独立的存在"来。在笛卡儿的观念系统中，对"上帝"的确立，不仅在其学科建设中起到根本的作用，而且为知识提供了确定性依据。在笛卡儿看来，上帝是完全、完善的，没有任何缺点，所以上帝是全的，更是确定的。作为全的和确定的上帝，自然为"知"的确定性和正确无误性提供了最终的依据。

笛卡儿虽然是唯理论者，但他没有回避感觉，这是因为在认知中，感觉无法回避，真正的努力是如何化解掉感觉的非确定性而使认知本身获得确定性，消解知识的怀疑论传统。笛卡儿通过"我思，故我在"来建立一个论证范式，然后用"我思"之"思"去囊括心灵、思维、意识、观念，通过"观念"来打通心灵和感觉，或者思想与意识，使感觉通过观念的过滤而进入思想，或者使感觉通过意识进入心灵而获得上帝的恩宠，感觉带来认知的干扰，

---

① ［英］安乐尼·肯尼：《牛津西方哲学史 第3卷·近代哲学的兴起》，第132页。

自然被消解，获得知识的确定性。

唯理论者笛卡儿迂回地解决感觉对求知识的不利关联性，经验论者托马斯·霍布斯（Thomas Hobbes，1588－1679）却喧哗感觉的认知功能，公开承认认知是建立在感觉基础上的。他在《利维坦》第一章"论感觉"开篇写道："在人的心灵中不存在任何概念，这并非首先、全部地或部分地在感觉的器官中得到。剩下的可从源头推论出来。"① 霍布斯认为，人的心灵的其他活动，比如记忆、想象或推理等全都以感觉为基础，并以感觉为依据。在霍布斯看来，"想象"和"记忆"不过是人的在认知过程中正在衰退的感觉的呈现形式。"在一个非常远的地点，我们看到的看似模糊不清，没有更小部分的区别；声音变弱与不明确：因此也像在长时间之后，昔日的想象也是模糊的；我们遗忘了（比如）已看过的城市、许多独特街道的记忆；也失去了诸多活动与许多特定环境的记忆。"②

约翰·洛克与笛卡儿是近代经验论和唯理论的代表，但在感觉构成知识的基础这方面，"他们共享许多相同的假定。洛克将他的体系建立在'观念'之上，他的'观念'非常类似笛卡尔的'思想'"③。洛克认为：一种观念"无论它是什么，心灵能在思维中被运用"。心灵能在思维中被运用是因为观念的启动，而观念总是通过感觉生成。感觉不仅生成观念，也生成观念的类型。洛克通过像"红色"与"味道"的特征的主观性的把握，对观念的类型做出区别，即"只由一种感觉在我们心灵中形成的"观念和"通过一种以上的感觉将它们传达到心灵"的观念；前者是单一观念，后者是复合观念。洛克将"超过一种感官感知"的特征，称为"第一特征"，将"只通过一种单一感官感知"的特征，称为"第二特征"。洛克的这种区分，实是对亚里士多德以来形成的"普通的感觉"（第一特征）与"恰当的感觉"（第二特征）的发挥，同时也是对亚里士多德关于"恰当感觉"的客观性的否定。④

斯宾诺莎（Baruch de Spinoza，1632－1677）的认知论也是以感觉为起

---

① Thomas Hobbes, *Le-viathan*, Oxford World Classics, 1996, p. 9.

② Thomas Hobbes, *Le-viathan*, Oxford World Classics, 1996, p. 66.

③ ［英］安乐尼·肯尼：《牛津西方哲学史 第 3 卷·近代哲学的兴起》，第 142 页。

④ ［英］安乐尼·肯尼：《牛津西方哲学史 第 3 卷·近代哲学的兴起》，第 145 页。

步，对感觉认知予以分类，将感觉的认知方式概括为四种："首先，有一种传闻的认识：我具有这种认识，我何时出生以及谁是我的父母。其次，有一种'来自粗略的经验'的认识：斯宾诺莎正在考虑归纳的结论，譬如，水灭火，以及我有一天会死去。再次，有一种认识，'一个事物的本质由另一个事物的本质推论，但不是充分的。'斯宾诺莎通过给予我们认识的事例，即太阳比它看上去大得多，从而阐明这种相当费解的定义。最后，借助它们的本质有一种事物的认识：一个事例是几何学给予的一个圆的认识。第四种认识是唯一的知识，它给予我们充足的、避免错误地把握事物。"① 但斯宾诺莎在《伦理学》中取消了"传闻"这一感觉认知方式，将感觉认知方式简化为想象、理性、直观三种。

斯宾诺莎对观念的分类意在三个方面：一是在其观念术语中排除歧义，想象的认知方式自然有限，这是他对洛克和笛卡儿的超越，因为洛克和笛卡儿这"两位哲学家不能在他们的关键术语中明确一种致命的歧义，这严重地削弱了他们的认识论与心灵哲学"②。二是揭示观念与命题的关系，指出观念与命题不可分离，正是这种不可分离性将理性的作用凸显了出来。三是揭示观念的普遍性，即普遍观念。普遍观念的认知方式当然可以是理性，但除此之外还有直观。因为理性的认知方式更多的是推论，直观的认知方式重在发现，由于普遍观念总是先在地存在，所以直观比理性更为根本．直觉之根本在于直觉总是发现，由于直觉的发现，在斯宾诺莎那里，如同笛卡儿一样，是"上帝"，并且不仅上帝，还有伸展出去的自然，它可能成为上帝之外的普遍观念的来源。

近代哲学**对知识的来源的讨论**，从感觉到观念，再将观念拓展开去，上帝和自然先后进入其视野，认知论的讨论重心发生根本性的变化，这种变化在莱布尼茨（Gottfried Wilhelm Leibniz，1646－1716）那里得到正面呈现："莱布尼茨的认识论同样尝试将日常语言与思想和一种形而上学相匹配——但与斯宾诺莎的认识论截然对立，在其中，观念与运动，如此背离于彼此间根本的一致性，根本没有相互作用以及属于两个不同的与整个独立的系列事件，

---

① ［英］安乐尼·肯尼：《牛津西方哲学史 第3卷·近代哲学的兴起》，第148—149页。
② ［英］安乐尼·肯尼：《牛津西方哲学史 第3卷·近代哲学的兴起》，第142页。

在上帝心灵中通过前定和谐联系起来。"① 在斯宾诺莎那里，心灵的观念引向上帝，物体的运动引向自然。上帝和自然是两个单一实体，对这两个单一实体的形上考察，既成为调和知识与经验的方式，也成为调和运动与观念的方式。莱布尼茨虽然接受了单一实体的观念以及对单一的形而上学观念，但在认识论方面却开出另一条与斯宾诺莎相反的路子，运动和观念难以获得调和的可能性，是因为感性的认知是混乱的，这种混乱恰恰源于感性认知来源于外部世界和感觉。始终处于变化之中的外部世界、外在事物对感觉的激励所形成的感性认知，必然造成混乱。避免认知混乱的根本路径，是灵魂对自身的反思，存在的观念、实体及其普遍性的知识，都可以通过灵魂（单子）对自身的反思而获得清晰性与确定性。

休谟（David Hume，1711－1776）立意于从人的本性切入来讨论认知问题，企图建立一种以"知性"为主题的知识论，但确立其"知性"的前提却是关于"观念"的理论。休谟对自己的观念理论提出了一套观念系统。在这一观念系统中，其首要概念是"知觉"（perceptions）。休谟认为，知觉是心灵的构成内容，它包括感觉（sensations）、情感和情绪（emotions）、印象（impressions）和观念（concept）等。休谟特别强调印象和观念这种生动活泼的知觉，认为印象和观念是知觉的基本构成。关于情感、思维、感觉、印象、观念等之间的联系，休谟认为"每个人认识情感与思维的差异。情感是印象的事实：感觉与情感。思维联系到观念：事物的种类在人的头脑中形成"②。知觉的本原状态是印象，"印象或者来自感觉，或者来自反省（reflexion），来自反省的印象包括情感、欲望和情绪"③。具体地讲，当知觉进入心灵时，以最强烈的方式进入的那种东西就是印象，印象的基本构成内容是感觉、情感、情绪。印象在思维和推理过程中的呈现形态，就是观念；观念是对感觉、情感、情绪的弱化表达。知觉向心灵内聚性生成，就是印象；知觉向思维和推理发挥功能，就是观念。在休谟的知觉理论中，知识、印象、观念这三个概

---

① ［英］安乐尼·肯尼：《牛津西方哲学史 第3卷·近代哲学的兴起》，第153—154 页。
② ［英］安乐尼·肯尼：《牛津西方哲学史 第3卷·近代哲学的兴起》，第163 页。
③ ［英］斯图亚特·布朗主编：《英国哲学和启蒙时代》，第178 页。

念之间的关系是：观念起源于印象，印象起源于知觉，所以观念起源于知觉。①

基于对知觉、印象、观念三者的关系定位，知觉的类型，就是印象和观念的类型。休谟将知觉的类型分为两种，即简单知觉与复合知觉，印象和观念也以此分为两类，简单印象和复杂印象；简单观念与复杂观念。并且，第一，一切简单观念或印象都是相互类似的；第二，一切简单观念都来源于简单印象；第三，任何一个印象都伴随一个简单观念，任何一个简单观念都在抽象地表达一个简单印象。"不论心灵或身体的任何印象，都永远有一个和它类似的观念伴随而来，而且观念与印象只在强烈和生动程度方面有所差别。我们的类似知觉的恒常的结合就令人信服地证明了，其中之一是另外一种的原因，而印象所占的这种优先性也同样地证明了，**我们的印象是我们的观念的原因，而我们的观念不是我们的印象的原因。**"② 第四，一切复杂观念都是由简单观念构成，一切简单观念都源于印象及意义需要观念："因此，当我们怀疑一个哲学术语得到使用而没有任何意义或观念（这是太常见的）时，我们只需探究'那个假定的观念导源于什么印象'。如果不可能为之派定任何一个印象，那么这就将足以确证我们的怀疑。"③

在休谟知识理论中，知觉由外物刺激生成，但其生成的最终根源是经验，因为，经验推动知觉，知觉生成印象，印象生成经验，却要通过反省印象——或者说通过对印象的反省——而生成。在休谟看来，能够将印象生成经验的反省印象有两种，即记忆与想象：记忆是对知觉到的内容，即印象之具体内容感觉、欲望、情感、情绪的抽象内聚；反之，想象却是对感觉、欲望、情感、情绪等印象内容的抽象扩散。从功能方面讲，记忆是反省印象的强方式，想象是反省印象的弱方式。通过记忆，知觉到的内容印象（即感觉、欲望、情感、情绪）最终变成内在经验；通过想象，知觉到的内容印象（即感觉、欲望、情感、情绪）最终使内聚的经验变成外化的知识形态。

从根本讲，记忆与想象的区别，主要体现在如下方面：

---

① ［英］休谟：《人性论》，关文运译，商务印书馆1983年版，第14、19页。

② ［英］休谟：《人性论》，第17页。

③ ［英］斯图亚特·布朗主编：《英国哲学和启蒙时代》，第182页。

其一，记忆是观念的强形式，想象是观念的弱形式，所以记忆保留了印象的生动性，想象却弱化了印象的生动性。换言之，记忆不仅仅记忆下了观念，也同时记下了情感、情绪甚至欲望内容本身。

其二，记忆记下来的观念始终是情感性、情绪性、欲望性的观念，所以记忆的内容是生态性和综合性的。反之，想象是观念的拓展，它的前提是必须弱化或者说抛弃观念附带的情感、情绪、欲望之后，才可展开自身。

其三，记忆是现实的，也是功利性的，但想象却是超现实的、非功利的。由此，凡是想象，必须超越现象，也必须抛弃功利，否则，想象不能生成。想象以超越为前提。

其四，记忆是对反省印象的原状态的保持，或可说，记忆需要对所记忆的对象的原状态的保持，由此必须接受记忆对象的形式和次序的束缚；反之，想象是对反省印象内容的拓展、提升或超越，追求的是变化，所以想象的生成必须以突破反省印象内容的束缚和次序为先决条件。

其五，记忆的观念原则是规范原则，即次序原则或空间位态原则，换言之，记忆遵守的是时空保留原则；反之，想象的观念原则是自由原则。"记忆的主要作用不在于保存简单的观念，而在于保存它们的次序和位置。"而"想象可以自由地移置和改变它的观念。"[1]

记忆和想象，是观念的联结方式。比较而言，记忆从时间上联结观念，想象从空间上联结观念。就想象言，记忆对观念的功能有二：一是分离观念；二是联结观念，即打通观念与事物、观念与观念之间的阻隔，使之融入其他任何形式中。想象联结观念的原则有三，即类似原则、因果原则和时空接近原则。基于此三大原则开启想象对观念的联结，产生的实际成果是复合观念的诞生。复合观念的形成，才产生推理，生成思想。具体地讲，通过想象联结，简单观念走向对复合观念的生成过程，就是推理和思想的产生。或可说，因为复合观念的诞生，推理和思想得以在想象中产生，知识由此形成。因为简单观念向复合观念的生成，亦是关系的构建。推理实现其关系的构建，思想赋予其关系以内涵或灵魂。所以，知识诞生于关系。休谟将通过复合观念

---

[1] ［英］休谟:《人性论》，第 21 页。

建构而成的可生成出知识的关系，概括为七种，即时间关系、同一关系、因果关系、类似关系、相反关系、性质关系和数量关系（或比例关系）。其中，时空关系、同一关系、因果关系此三者是随观念的变化而变化的关系类型，因而，它需要的是理证，即需要研究和推理才形成的知识类型；类似关系、相反关系、性质关系此三者属直观的范围，不需要理证，即无研究或推理即可获得的观念、知识。因而，它属于直观的知识形态类型；数量关系，或者说数量间的比例关系，既具有直观性质，亦具有理证性质。在休谟看来，数量关系或比例关系实质上由三个领域分领，即几何学、算术、代数学。几何学形成的知识，具有一定的确切度和精确度，却不能达到绝对的确切和精确。算术和代数学形成的知识是确切的和精确的，因为它们"能够把推理连续地推进到任何复杂程度，而同时还保存着精确性和确实性"①。对上述内容的梳理，就形成知识的类型。在休谟看来，从大的方面讲，知识分直观知识和理证知识两类；就具体看，知识可以分为四种类型，理证的知识类型、相对确切和精确的几何学知识、绝对确切和精确的算术和代数学知识、感觉和想像而生成的非精确性的知识。

综上，认知论是近代哲学的主题，近代哲学关注认知论的目的，就是**确证知识**。确证知识所必须解决的一个前提问题是知识的来源。围绕知识来源的讨论，近代哲学家们几乎无一例外地从认知主体角度切入，由此使"感觉"成为不可回避的棘手问题。无论是经验论者还是唯理论者，都不得不正视感觉。在感觉作为知识的来源问题上，其否定性观念最终让位于肯定性抗辩。其中，唯理论者笛卡儿和经验论者休谟，成为感觉构成知识的来源的最为强有力的辩护者。笛卡儿手握理性的罗盘，以理性为校准器，通过"我思，故我在"，以心灵为动力，开启感觉通向上帝的道路：由感觉开启的知识之所以能够获得确定性的根本保障，是因为上帝。与此不同，休谟持立于经验主义大本营，以经验为校准器，从感觉起步，梳理认知生成敞开的逻辑，其确证知识的来源最终滑向不可知。对休谟来讲，认知之最终不可知，不仅仅源于经验的有限，其根本在于以感觉为土壤而生长起来的知识难以获得自身的

---

① ［英］休谟：《人性论》，第86页。

确定性。为解决知识的不确定性困境，必须另辟蹊径，即抛弃感觉和经验而探索意志和先验的道路，于是，启蒙哲学或具体地讲康德登场。

> 许多读者已将休谟的结论作为小小的安慰，以弥补他破坏性地摧毁我们经验的任何推理的法则。没有人比康德更多地受到休谟怀疑论挑战的困扰，也没有人更加努力地面对这种挑战并在认识法则中重新确立理智的功能。正如休谟以事实与观念联系之间的一种对照开始他的论证，康德通过区分不同类型的命题开始他的回应。但不是一种简单的区分，他有一对区分，一个是认识论的，一个是逻辑的。首先，他在两种知识类型之间做出区分：来自经验的知识，他称之为后验知识，以及独立于任何经验的知识，他称之为先天知识。其次，他在两种判断之间做出一种区分，分析的与综合的，他解释如何确定形式"A 是 B"的判断属于哪种判断。①

康德接受休谟的挑战并解决休谟带来的根本认知论困境，必须处理两个方面：一是必须解决认知的方法问题；二是必须重建知识的来源问题。

解决第一个问题，实质上是处理知识来源于感觉的纠缠。康德从方法入手，将认知予以三分构建：感性、知性、理性。感觉的问题虽然不可从认知世界中彻底清除，却可以**降低它的认知地位**，即感觉可能构成认知的起步，但它不能构成知识的来源，康德用两个"立法"予以表述：知性为自然立法，理性为人立法。由于自然属于"自在之物"，可认知的世界不是自然之物的世界，而是人的世界，对人的世界的认知及其所形成的知识，之所以能够获得确证性，就在于知识的真正来源是理性，它通过对知性的**过滤**而生成，而理性所过滤的知性，又总是通过对感性的过滤而生成。这样，感觉对知识不确定性的威胁，就是通过这样的双重过滤而可完全清除。这种过滤与清除的具体方法就是分析和综合。

解决第二个问题，康德接受笛卡儿的心灵主义的"上帝"遗产。笛卡儿

---

① ［英］安乐尼·肯尼：《牛津西方哲学史 第 3 卷·近代哲学的兴起》，第 168—169 页。

的上帝是与自然联系在一起的。康德对笛卡儿的"上帝"的处理的根本方法，就是重建形而上学方法，即将其本体论形而上学转化为认知论形而上学。在此基础上将世界予"自在之物"的世界和人的世界的两分，这样一来，笛卡儿将先在地居于人的世界之外又始终全能地支配人的世界的"上帝"，变成了只存在于人的世界之中的上帝，然后将这个只存在于人的世界中的上帝从"浩瀚的天宇"中移进了"人的内心的道德法则"，成为人的"意志自由"的形式符号。然后，康德以此推论出三个"普遍的道德法则"，意志自由的向外释放通过这三个"普遍的道德法则"的规范而获得认知的确证性，知识获得确定性的真正来源，不是理性，而是意志自由。理性对意志自由的综合判断，构成了确定性的知识。

怀疑论者阿尔凯西劳曾坚持认为："无人应当断言或肯定任何东西，也不应当赞同任何东西；相反，我们应当控制自己的急躁行为，以免自己失足。承认某物虚假或未知，的确是急躁行为，没有什么要比赞同和承认超出认知的东西更不光彩的了。"① 确实，对于认知的确证和知识的确定性问题，根本地容不得我们有任何的急躁而可任意地欢呼"成功地解决"。从认知的主体性角度，康德的努力确实是找到确证知识的路径和方法，解决了知识的确定性问题。但知识的问题，并不只是一个主体性的问题，它还存在着客观性，呈现为一个客观存在论问题。并且从根本上讲，决定认知的确证和知识的确定性的根本因素，不仅涉及认知主体和认知客体两个方面，还涉及来自认知主体和认知客体的生变留驻。从此两个维度审视，在人类认知史和知识史上，有关认知的确证与知识的确定性的所有讨论及其由此得来的成果，之所以最终难以具有绝对的可靠性，就在于如下一些方面的因素的干扰。

第一个因素：**人的个体性**。我们可以在抽象的层面讨论认知主体和由此生成的知识主体，它可以没有具体条件的规定性，但具体而实在的认知主体，始终是个体。个体之于认知，既呈最大的优势，也释放最大的局限。仅后者，认知主体的个体化本身构成最大的认知遮蔽。无论何种认知，一旦它被附着上遮蔽，就难以获得确证，其认知所形成的成果形态，往往呈或然性。

---

① ［英］安乐尼·肯尼：《牛津西方哲学史 第1卷·古代哲学》，第206页。

　　第二个因素：**偏好**。这里的"偏好"当然指个性偏好，或认知偏好，或利害偏好。但无论哪种内涵的偏好，既可能是个体主体的，也可能是时代性、社会性、历史性、文化性的。偏好无论来自哪些方面，都影响认知，使认知达于确证获得更大的困难度，使认知形成的成果内具普遍的确定性更加不易。

　　第三个因素：**变化**。影响认知的变化往往**来自四面八方且四通八达**，概括其主要者有三个方面因素的互动：一是认知主体自身的变化；二是存在世界的自存在运动变化；三是由人组成的社会的变化，这种变化体现时代性、民族性和地域性，并呈现为困境和危机，为解决其变化中的困境和危机，认知必然形成遮蔽性取向，导致得来的知识的绝对可靠性成为问题。

　　第四个因素：**依据**。认知形成的知识的依据，并不绝对可靠。其根本原因是源于认知形成知识的逻辑前提是**人假定的**，而不是知识所对应的存在本身提供的。自古希腊始，怀疑论哲学之所以对知识及其来源产生深刻的怀疑，就在于人们探求知识及其来源所假定的依据都是认知的主体，即人本身，更具体地讲，自古以来，我们讨论认知的确证问题和探求知识的确定性，所假定的依据均是人的**智－力逻辑**。

　　面对如上四个方面的制约性因素，要寻求其解决之方，需要落实在对第四个因素的关注上，拓展思路，去发现和建构智－力逻辑的基础即自然的逻辑，这是消解怀疑论、探求认知确证和知识确定性的必为方式。

第 3 章　思维规律的逻辑

无论经验主义的科学还是形而上学的哲学，都是思维的产物。因为，无论科学还是哲学，其知识建构都要通过思维，既借助思维的逻辑生成，也借助思维的逻辑展开。从科学史、哲学史以及人类书写史观，知识的逻辑最终是思维的逻辑，对思维的逻辑的探究形成的学问，就是逻辑学。

一　思维生成的主体逻辑

逻辑学的基本问题是思维的规律问题。理解思维的规律，需先了解思维本身及其构成条件。

1. "思维"及构成

思维相对人言，生物人脑借助语言对世界的认知活动，即思维。这一定义从主客两方面规定了思维构成的条件。

从主体观，思维的构成涉及三个维度的基本条件。

首先，思维是一种认知活动。

思维作为一种活动，不是实践活动，而是认知活动。思维作为一种认知活动，可能直接涉及利害、善恶以及真假，也可能不涉及这些内容。思维这种并不固化的开放性以及由此生成的多种可能性，凸显两个重要方面：第一，思维既具一般要求、一般规律，并遵循一般逻辑，也可能体现特殊要求、特殊规律，并遵循特殊的逻辑。第二，思维的展开，既可是功利的，也可是超功利的；既可呈形下的经验取向，也可呈形上的超验或先验取向。

其次，思维作为一种认知活动，是生物人脑活动。

"生物人脑活动"本身对思维做出三个方面的主体论规定：思维的肉身是生物的肉身，而不是机械的，比如人工智能机；思维的主体，是人；思维得以展开的主体性工具，是人的大脑。这就意味着，思维的生成与敞开，既要追求客观性，探求真知、真理、客观知识，同时也要受生物人的主体性因素激励或制约。这意味着：思维的生成与敞开，既可能**先在地**存在，也可能**人力地**创造。比如，经验思维，主要是知觉引发人的智－力运动层累性生成；先验思维，其敞开运动可能需要后天——感觉或心灵——等因素的激活，但它本身却蕴含天赋的"原型"。

最后，思维通过"生物人脑"发动和展开，意味着思维本身的复杂性。

思维的复杂性，源于思维的肉身主体性，呈现为生物人脑发动和展开思维的条件的复式结构化：第一，人脑是一生物结构形式，这一生物结构形式并不能单独启动思维，它必须与人的身体协调运动。所以，从表面看，思维的启动器是人脑，但实际上，思维与人的身体关联，身体构成思维的启动器。第二，身体作为生物肉体，首先是生命，并且必须生命化。生命化的身体的**存在身心共运**地存在，由此使人脑启动思维，总要涉及情感、心灵和精神三个因素，需要情感、心灵和精神三者的协助，否则，思维难以真正地发动和展开。

情感，是思维的助推力量。这种助推力量在更多的时候以感觉（抽象地讲是知觉）方式发挥功能。在哲学或科学领域，关于感觉与经验、感觉与知识之间的生成关联，实牵涉情感与经验、情感与知识的关联。经验的主观性、知识的不确定性或非确定性，都与情感关联。情感构成思维的直接助推力量，为思维着上主观色彩。不仅如此，情感的本原状态是情绪，它是生物性的，与本性关联，所以，在情感与思维的关联中，既隐藏着思维与本性的关联，也隐含着思维与自然的血缘纽带。

情感以心灵为土壤。心灵蕴含自由意志、灵魂和生命激情。自由意志是心灵的原发机制、原发动力，灵魂是心灵的坐标，生命激情是心灵的敞开形式，其个性化的感性状态就是凝练情绪的情感。以自由意志为原发机制、以灵魂为主导力、以生命激情为感性状态的心灵，构成思维的原动力场域。

心灵作为思维的原动力场域，通过自由意志、灵魂、生命激情带动情感发挥启动思维并主导思维的功能。具体地讲，以灵魂为主导，自由意志通过生命激情带动情感激活精神，精神构成思维，并对思维发挥作用。

心灵与思维的关系是双向的：一是知觉激活思维，通过印象和观念而发生关联，即思维通过印象与心灵发生作用，心灵也可通过观念与思维发生作用，其外在启搏器是知觉。二是知觉激活思维，通过经验而发生关联，即思维可借助经验与心灵发生作用；反之，心灵也可通过经验镜像视域与思维发生作用。

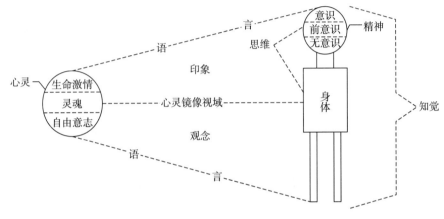

[3-1 思维的主体构成]

从客体观，思维的构成涉及两个方面的基本条件。

一方面，思维作为一种认知活动，必有其认知对象，这个被认知的对象就是"世界"。思维面对的"世界"，第一，既可是对象性的，也可能是自我性的；前者如存在、自然、事物、人，后者如自我、心灵、内在的情感。第二，思维的认知对象，既可能是整体存在，也可能是具体之人、事、物。

另一方面，思维这种认知活动的真正展开，需要语言的参与。

语言是一个含义丰富的概念。狭义的语言，是指语言规则和语言材料，前者包括语言的语音规则、语法规则、逻辑规则和修辞规则；后者指文字、语词、语音。广义的语言，包括了狭义的语言、言语、言说、话语。其中，**言语**是蕴含于心中的内在语言，包括积蓄待发的思维语言和情感语言。**言说**，是指外化的言语行为，即说话。**话语**，是指说出来的语言形态，它呈现为声音形态的口头话语和文字形态的书面话语。

作为规则和材料的语言、言语、言说、话语，是语言的四种形式，可以归纳为两个方面，即词典性语言和语境性语言。

词典性语言就是规则语言。规则语言是抽取的、共相的语言形式，它由两部分组成：第一部分是语言规则，是人为制定的创造语言和运用语言的规则，比如，语言的拼读规则、语言的语法规则、语言的逻辑规则和语言的修辞规则等，都属于规则语言的范畴。第二部分是构成性语言，或可说材料语言，即语音、文字和语词：语音，是对语言的发声和发声规则；文字，是对语言的书写和书写规则；词语是语言的构成和构成规则，以及词语的词性分类等。总之，规则语言——无论是语言规则，还是材料语言——其语义具有确定性，因而是共相的和共享的，其确定性的语义内涵及语义边界不受个体和语境的干扰。正因如此，规则语言是词典语言。对于词典语言，其内涵虽然丰富，但不复杂，因为它不存在解释的境遇性和开放性。

语境性语言，是指对词典语言的语境化运用，其具体形式就是由内向外的言说，言说是**内在的言语**向外释放方式，言说的对象性形式是口头话语和书面话语，或可说口头语言和书面语言。无论口头语言还是书面语言，都是基于具体的**语境**及其表达要求性而赋予词典语言以灵活的语境内涵。与固化的、共相的、无歧义的确定性的词典语言不同，语境语言却是鲜活的语言形态，不仅体现了鲜明的个体性、个性化、情境性，而且还具有开放性理解的非确定性。以此观之，无论语言学领域的语境学或语用学探讨，还是哲学层面的语言探讨，都是针对语言的语境化运用形成的语境性语言的表义的非确定性而展开。在更狭窄的意义上，对语言的哲学探究和逻辑研究，都是要解决语言的非确定性问题，而这种解决只涉及语境性的语言，而不涉及词典语言。

2. 思维的内在逻辑

语言的确定性与非确定性逻辑　语言的构成性并不任意，体现它自身的构成逻辑。这一构成逻辑是**客体指向主体**，可表述为（非主体性）共性的规则化的词典语言获得（个体主体）生命功能的必然指向是语境性运用。词典语言朝向语境语言的固有姿态，不仅使语言本身消解确定性而生成不确定性获得了可能性，也将语言主体等各种因素连带了出来。这样一来，语言的非确定性问题不仅源于词典语言向语境语言的运用，也源于语言主体本身的诸多非确定性因素的语境性介入。

因为有语言主体，人的语言才产生。也因为有语言主体的介入，语言获得了自然与人工的分类。无论是自然语言还是人工语言，都是指遵循自然法则而生成的语言。比较言之，所谓自然语言，是指语言主体遵从存在本身的法则而形成的语言。这里的"存在本身的法则"，当然指宇宙存在、自然存在、生命存在本身的法则，更具体地讲，也指遵从人的存在本性、生存天性和血缘本性而产生的语言。自然语言的本性倾向使它能够构成人与物种生命、人与自然、人与天宇之间的关联通道。所谓人工语言，是指语言主体遵从人的特定思维法则而创造出来的语言，即人类基于思维－认知的特殊需要而按照共有思维法则制造出来的语言及其体系，比如数学语言、科学语言、逻辑学语言、计算机语言等，就是经典的人工语言形式，它的日常生态形式就是指号语言，比如红绿灯、警示牌以及其他信号语等即是。

由于人工语言是遵循人类共同的思维－认知规则而制造出来的语言系统，所以它是一种**共性语言**，也是一种**类语言**，或曰**世界共同语言**。比较言之，自然语言，是以民族为主体单位的语言系统；人工语言，却是人类通用的语言系统，也构成人类共同的思维－认知工具。人工语言的人类性和世界性，不仅在于它是根据人类共同思维－认知法则创造出来的语言系统，更在于这种遵循人类共同思维－认知法则创造出来的语言系统的基本功用，是传达思维信息，提供思维方法，而无涉人的情感、人的意志，也不表达人的心灵、意志、理想、希望，更不涉及民族意向、国家意识、历史倾向等内容，人工语言是**纯粹的**符号语言。所谓符号语言，是指只表示信息传递、程序规则和方法规则，而不具有这之外的任何主观性的诸如情感向度、价值指涉、态度倾向等内容的语言系统。

要言之，人工语言呈现两个基本特点：首先，它只传递信息，不传递情感；并且只是传递信息，不评价信息。其次，它所传递的信息是关于思维－认知（当然也包括操作）程序、规则、方法的信息。与之不同，自然语言既不是人类语言，也不是世界共同语，而是个体性的族性语言、种群语言，并在具体的运用中成为个人语言，比如，不同的哲学家、思想家可能自造一种话语系统，科学家却必须严格遵从该科学的语言体系。由于族群性、种群性以及个体性要求，自然语言必须遵循人的存在本性、生存天性和血缘本性的规律，这是因为自然语言直接产生于人的存在需要和生存欲望。与此不同，人工语言的产生与不断创新，是动因于人的思维－认知及其不断提升与完善的需要，这种需要当然也属于人的存在需要的构成内容，也同样体现了人的生存欲望，但这种需要和欲望只局限于人的思维－认知领域，并为满足人对共通的和共守的思维－认知程序、规则、方法的获得与不断获得之欲望。所以，人工语言的创造主体只是少数人，具备创造其人工语言能力的人，才能够创造出人工语言来。

无论就语言的创造言，还是从语言的运用言，人工语言只是基于人的具体的、领域的存在需要和生存欲望；自然语言却是基于人的存在需要和生存欲望，它不仅要满足人的思维－认知需要，也要满足人的情感需要、意志需要、评价需要、审美需要，更要满足人际交流、沟通、劳动、分配、享受、利益维护、权利保障等所有方面的需要。因而，自然语言的产生和不断创新，是基于人的**整体**需要。"语言产生自人类的某种内在需要，而不仅仅是出自人类维持共同交往的外部需要，语言发生的真正原因在于人类的本性之中。"①基于这一整体性存在的需要和生存欲望，自然语言是所有人的创造事业：在这个世界里，凡是成为人，都具有创造自然语言的能力，并都能够创造出自然语言来。这表明两个方面的根本区别：

第一，人工语言的潜力，是后天赋予的；自然语言的潜能，是天赋人人的本能。

第二，人工语言的掌握，只能靠专门的学习，所以，人工语言是可以教授的；并且，无论何人，要掌握人工语言，必须依靠教授和学习才可达成。人工语言的学习，不需要心灵、情感价值、意义的参与，主要需要智术的开发，智术成为学习人工语言必备的条件。与此不同，自然语言更多属于**习得**所成，并且自然语言的习得是一个过程：人在自然世界里生活的过程中耳濡目染以及吃穿住行、劳动、活动本身，就是习得自然语言的过程。洪堡特认为，语言是不能教授的，主要讲的是自然语言只能靠习得。习得的过程，恰

① ［德］威廉·冯·洪堡特：《论人类语言结构的差异及其对人类精神发展的影响》，姚小平译，商务印书馆 1999 年版，第 25 页。

恰是个体以生命投入的方式去感受、体验、领悟，从而达到整体理解时，才称得上学会了语言，掌握了语言。因为自然语言永远是心灵性、情感性、态度化以及爱憎价值诉求的。只有当人真正启动了心灵、情感、意志，融进了自己的态度、价值、爱憎倾向时，它才真正走进语言，从而获得语言。

第三，对人工语言的发现，是发现存在世界的确定性，对人工语言的运用，是创建或实现存在世界的确定性；反之，对自然语言的创造，总是创造出非确定性；对自然语言的运用，总是在证明语言的确定性，或者总是在努力剔除语言本身的非确定性而使之达于确定性。这是理解从古代到现代逻辑、科学、哲学三大领域的发展，实质性地隐含了一个共同主题的内在逻辑呈现：逻辑学，从古代的形式逻辑向现代的数理逻辑发展；科学，从简单的绝对决定论向相对决定论向非决定论之复杂性方向展开；哲学，从本体论形而上学向认识论形而上学再向实践哲学方向展开，从三个不同维度呈现出对语言的非确定的正视并力求消除其非确定性的努力，这种"不约而同"的努力，恰恰构成了现代逻辑学、科学和哲学的共同方向。

心灵达于心智的逻辑　面对哲学的努力与知识所呈现的非确定性问题，黑格尔认为"造成困难的永远是思维，因为思维把一个对象在实际里紧密联系着的诸环节彼此分开来。思维引起了由于人吃了善恶知识之树的果子而来的堕落罪恶，但它又能医治这不幸。这是一种克服思维的困难；造成这种困难的，也唯有思维"[1]。思维既制造认知的困境，也解决认知的困境，溯及形成思维的如此方向相反最终又相成的动因，绝不能简单地停留于思维本身，因为这是思维的主体论逻辑**在先**使然。

思维的主体论逻辑，不仅体现为思维与语言的逻辑：人的思维的形式、思维的视域、思维的取向、思维的创造性方式和方向，均蕴含语言的类分逻辑和语言与存在需要等方面生成与关联的逻辑，但更体现思维与心灵的逻辑构成：或是数学语言，或是以数学这一人工语言为工具的数学思维，不仅不能摆脱心灵的束缚，反而恰恰构成"抽象的世界"与存在的"真实的物质世界"之间的关联，正是因为这种联结，数学才成为认知存在世界的一种方法

---

① ［德］黑格尔：《哲学史讲演录》（第 1 卷），生活·读书·新知三联书店 1956 年版，第 290 页。

和联系世界一种方式。"数学对象是什么并不重要，重要的是做了什么，这样，数学就艰难地徘徊在现实与非现实之间；它的意义不存在于形式的抽象中，也不存在于具体的实物中。对喜欢梳理概念的哲学家，这可能是个问题，但却是数学的巨大力量所在——我们称它为所谓的'非现实的现实性'，数学联结了心灵感知的抽象世界和完全没有生命的真实的物质世界。"① 数学作为认知世界的方法和联系世界的方式，虽然通过思维来呈现，但其原发动力机制却是心灵。所以，没有心灵，就没有数学；没有对心灵的启动，就不可能有数学对通过思维来展开世界的方式以形成认知世界的方法。

数学思维与心灵的关联是如此，在其他领域甚至日常生活领域，思维与心灵之间仍然具有这种内在的生成性关联：无论是在特殊的领域性和对象性的意义上，还是在一般的意义上，思维的发动和展开都需要心灵的介入，并需要心灵为原发动力机制，因为唯有心灵才可导向思维、激励思维抵达存在世界，触摸存在本性。

如上所述，人的生命由身体、精神、心灵三者构成完整形态，思维亦是由身体、精神、心灵三者构成的完整生命敞开方式，所以思维关联起身体。由大脑、五脏六腑和双脚构成的身体，总是对思维形成整体性影响，甚至情景性的状况既实际地影响思维的状态，还影响思维的存在性质和生存取向。比如，唯心论与唯物论的思维认知取向，可能与思维认知者的身体状况隐秘地相关。荣格曾说，现代心理学就是精神学。荣格所言极是。这是因为心理问题一直属于哲学，直到实验科学产生之后，心理的诸问题才从哲学中剥离出来构成独立的心理学。心理学的完整构成应该包括两部分内容：第一部分是心灵学，在古代，它以灵魂为根本内容，从词源学观，现代心理学（Psychology）概念源于希腊文 psyche，意指灵魂的科学。今天观之，心灵学不仅研究灵魂问题，更要研究天赋的自由意志和生命激情。第二部分就是荣格所讲的精神学，它包括行为引发或生成性带动的意识、前意识和无意识三个方面的内容。思维既是意识的，也是前意识的，更可能是无意识的。从整体观之，意识是思维的目的性方式；前意识是思维的知觉方式，包括知觉印象和

---

① ［美］R. 柯朗、H. 罗宾：《什么是数学：对思想和方法的基本研究》，左平、张怡慈译，复旦大学出版社 2014 年版，第 5 页。

反省印象；无意识是思维的本能方式，包括欲望和情绪。欲望和情绪向上，激活情感开启前意识通向意识的大门；欲望和情绪向下，与生命激情相连。

思维的产生，并不因为意识，而是因为知觉与记忆。前者的通常方式是感觉，或视觉、听觉，或触觉、味觉甚至嗅觉；后者的通常方式是想象。知觉和感觉生成感觉印象，记忆和想象生成反省印象。知觉与记忆直接启动意识，也通过感觉印象和反省印象带动情感、欲望和情绪，激活心灵。心灵与思维的关联实际上有三条途径：一是贯通欲望和情绪的情感，构成思维与心灵的内在桥梁；二是感觉印象，构成思维由外而内的桥梁，即思维通过感觉印象激活心灵；三是反省印象，构成心灵由内向外的桥梁，即心灵通过反省印象而激活思维。

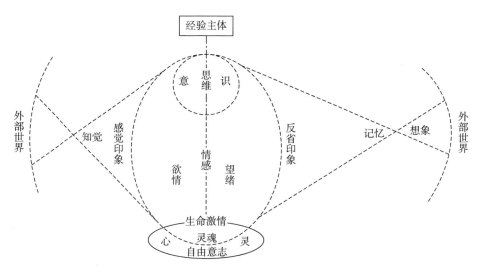

[3-2 思维的内在生成逻辑]

从根本讲，在心灵与思维之间开放性生成的复杂关联及生成逻辑结构中，心灵构成人的心智的天赋框架，**心智**则构成人的思维的最终界限。

思维始终是个体的，心智却决定着个体思维的差等性。不同的个人，其心智结构、心智潜能以及由此生成的心智方向各不相同，因此形成了思维认知的上下限度和边界。

最早发现人的思维认知受制于天赋心智的人是孔子。"子曰：中人以上，可以语上也，中人以下，不可以语上也。"（《论语·雍也》）孔子经由观察得来如此经验性认知：**天赋的心智决定资质，资质决定人的思维认知的限度**。

差异的心智天然地与智商关联，却不是智商。在人类世界里，除了天赋白痴者，绝大多数人都有智商，但并非每个有智商的人都拥有正常的心智；反之，一切有心智的人，都有正常的智商，并且往往拥有较高智商。以此观智商与心智的关系，主要体现在两个方面：一方面，智商是心智构成的条件，但却不是唯一条件。因为心智的功能发挥可能是认知的，也可能是非认知的；智商却是认知取向的，它属于意识的范畴；非认知性的心智内容，是智商所不能囊括的。另一方面，无论在传统认知理论中，还是在现代认知理论中，智商与身体的关联表征为身体与大脑的关系，即使具身认知理论也持这一固化的认知倾向。但心智却超越了这种关联模式，因为心智与大脑的关联不仅是意识取向的，更有无意识的和生物学的。并且，心智更与情绪、情感关联，与心灵关联。在古希腊哲学中，心智与灵魂拥抱，具有神性；在东方思想传统中，心智更具会通心灵、情感、神性的魅力。因而，心智不仅要以智商为构成条件，更要以情商和心商为构成条件。

智商，是心智的智力商数，它具有天赋的限度。情商，是心智的情感商数，它的基本构成要素是本能、欲望、情绪，对本能、欲望、情绪的方向性释放形成的情感张力，则构成人的情商，它体现开放性品质，但既要受智商的激励或制约，更要受心商的激励或制约。心商，则是心智的心灵商数，其基本要素是存在的方向性、生存的目标感、生活勇敢、行动力等所需的恒心、毅力、斗志、受挫力、坚韧力等。从整体讲，心商是有限的。心商的有限性，源于自由意志的张力强度和灵魂的向度空间。

要言之，心智是天赋人的心灵知觉方式，它伴随人的自然人类学的**原出生**而诞生，进而因其文化人类学的**再出生**而获得涵摄智商、心商和情商三者于自身的体认型式。它内驻于生命之中，获得生命本性的滋养而具有潜在的生生张力，并成为使生命与身体一体的内在方式。具体地讲，心灵、情感、意识（包括观念和思想）和无意识化的自由意志、灵魂、生命激情之可能生成建构起共识而与思维一体运动，靠的是**心智的统摄能力**。[1] 在文化人类学的

---

[1]　唐代兴：《生境伦理的心理学原理》，上海三联书店 2013 年版，第 34—88 页。

本然状态下，人的心商、情商、智商可"各自为政"地启动思维，或使思维与心商、情商、智商三者统一，或使思维与心商、情商、智商处于撕裂状态。心智的功能，就是统摄心商、情商、智商使其内生共识合力达于思维活动，使思维展开与运行身心协调、身心一体。

经验与直觉的逻辑　20世纪著名的数学家 R. 柯朗认为："数学，作为人类思维的表达形式，反映了人们积极进取的意志、缜密周详的推理以及对完美境界的追求。它的基本要素是：逻辑和直观、分析和构作、一般性和个别性，虽然不同的传统可以强调不同的侧面，然而正是这些互相对立的力量的相互作用以及它们综合起来的努力才构成了数学科学的生命、用途和它的崇高价值。"① 柯朗之论将思维与经验、经验与直觉的关联予以展示。一方面，人类思维的表达方式，离不开经验与直觉：积极进取的意志、缜密周详的推理、逻辑和分析方法的运用等，都体现经验性，都要求经验的参与与运作。另一方面，美学追求、心灵直观、想象性构作，以及个体性的心智力量的整体性释放等，却离不开直觉，要求直觉的介入。认真说来，成功的思维展开与运作，总是经验与直觉的共运，以心灵为底蕴的心智成为经验与直觉互为推动的方式。

洛克说："让我们设想思维是一张我们所说的白纸，没有任何特征，没有任何观念，它是如何被充实的呢？……对此我的回答是，一言以蔽之，经验。在经验中，所有的知识被确立起来。从经验中，所有的知识也将最终引导出自身。"② 实际上，思维如果是一张白纸，人就处于纯粹的动物状态。人与动物的根本区别在于思维：动物有意识，人有思维。动物有意识，是指天赋动物具备敏感环境、应对危险的意识能力，这种意识是天赋的，并且始终处于纯粹的天赋状态。人从动物走向人，就是其敏感环境、应对危险的天赋意识能力被后天性地丰富内涵、提升张力空间，甚至改变其释放方式或方法，如此形成人的思维。人的思维区别动物意识的根本方面，是人的本原性的动物意识被心智化，心智化使人的思维不能成为白纸而获得心商、情商、智商的取向。

人的心智形成之于人类物种来讲，是一个漫长的进化生成的历史进程，

① ［美］R. 柯朗、H. 罗宾：《什么是数学：对思想和方法的基本研究》，第1页。
② ［英］约翰·洛克：《人类理解论》，牛津：克拉雷登出版社1975年版，第104页。

这一进程本身形成心智，心智的形成与提升却是经验取向的：经验构成了心智的基本内容，即在人的生命成长和思维认知成长的过程中，心商、情商、智商始终具有经验的性质和内涵。以此才可理解杜威对经验的判断和定义。他认为，经验即经验自身，而经验自身意味着它首先是一种"行动的事件"，它是"人类与物质环境和社会环境之间进行的交流"。这种交流是一种交换、一种交易，在其中生命与环境的诸要素之间进行互动。所以，相应地，经验包含了"一种主动的要素与一种被动的要素"："从主动的一面说，经验是一种努力（trying）——其意义在与之相关的实验这一术语中将得到澄清；从被动的一面说，它是一种经历（undergoing）。当我们经验到某物时，我们是在作用于它，我们是在利用它，随后我们要忍受或经验其结果。我们利用了某物，而后者反过来也利用了我们……换句话说，经验就是同时进行的行为和经历的统一体。"①

经验之所以是经验本身，是因为相对思维和认知言，经验的本原状态，是人从动物的本能意识向心商、情商、智商的生成所构筑起来心智框架：这一心智框架构成人类经验的原初型式，这一原初经验型式构成人类经验的母体，人以此为母体不断生成建构新的经验，这种**不断生成建构**的经验，却是**继发**经验。继发经验始终是具体的、是情景化的，也是行动主义的。杜威认为经验首先意味着它是一种"行动事件"，更是一种"行动努力"，所讲就是具体的、情景化和行动主义的继发经验。继发经验，就是通过行动指向具体的对象，使之构成启动原发经验去建构新的经验的努力。这种努力既使我们的思维行动经历了以往的经验，又推动我们的思维行动重构了经验，所以，思维对经验的开启和重建，既使我们被动，又使我们主动，因为它既使我们成为经验的主体以个性的方式开启思维，又使我们沦为经验的受体以共性的方式承受经验。在这一方向相反的双重经历中，直觉起到了鲜为人知的作用：直觉始终将原初经验与继发经验努力贯通起来发展思维，使之发挥开新的功能和作用。

经历与阅历的社会逻辑　　为表述方便，我们将由心智构成的原初经验

---

① ［美］罗伯特·B.塔利斯：《杜威》，彭国华译，中华书局 2002 年版，第 52—53 页。

简称为心智；将继发经验简称为经验。就一般言，心智与经验构成思维的两维，思维的生成，思维的视野和朝向，思维展开所能达及的深度和广度，均受心智和经验的制约。从理论讲，人的心智与经验自协调、自统一。但在实际上，不同的人并不尽相同，即使同一个人，在不同的情景和语境中，也可能不能达至统一。这是因为：作为原初经验的心智，是人由物进化为人、获得人质意识和想望的**最初**思维－认知框架，它实质性地构成人的思维－认知的最大可能性张力。这种最大可能性张力处于潜在状态，能否变成现实的思维－认知能力（包括思维－认知的视野、远见、高度、深度等），要靠后天积累性生成的经验的激活。经验能否激活心智，以及经验能在多大程度上激活心智，取决于生活对经验的积累。生活对经验的积累是封闭性的，还是开放性的？是缺乏生命力、朝气、活力或创造性潜力的，还是张扬生命力、朝气和创造性潜力的？取决于以下两个主要的方面。

一方面是个人的经历和阅历的内化。

经历和阅历的内化主要展开为两个方面。首先是经历和阅历本身。经历，是指人亲历亲为所形成的生活轨迹，或者说人生过程。阅历，是指人的直接经历和间接经历合生展现的生活视野、人生高度。比较而言，经历绝对有限，因为它受两个因素制约，一是生命的长度和能力的限度，前者由**天定**：人是生而有死的，人更是向死而生的，这两个方面规定人必然地终有一死；后者由**己定**：作为个体，其能力和本事绝对有限，不能达到全知全能。二是生活环境和条件的限制，包括职业环境和条件、家庭环境和条件等。与此不同，阅历相对无限，这种相对无限主要源于游历，包括生活的游历和精神、思想、知识的游历。生活游历的主要形式是旅游，集中于看和听、体现**广见闻**。精神、思想、知识游历的主要形式是阅读和交流，集中于思和想，体现**深思考**。其次是经历和阅历的内化。就个体言，经历构成外在经验的来源，阅历成为内在经验的来源。要使经历和阅历变成经验，则需要内化。将经历和阅历所得的内容内化为经验的方式，是反省和思考。反省，可以由知觉启动，并可带动记忆和想象，形成敏感和直觉。思考，既可启动理智，也可启动理性，前者的思考，多为经验主义；后者的思考，趋向于超验或追求先验。从内容讲，对经历和阅历的反省，不仅积累经验，更多地给经验本身注入朝气与活力；比较言，对经历和阅历的思考，同样是积累经验，却更多地给经验注入个性和人格取向的创造性潜能和张力。

另一方面是社会的认知和视域的开放性。

启动和扩张心智的经验，需要通过人的生活经历和精神、思想、知识的阅历及其内化而积累生成，更要接受社会各因素的激发或限制。因为人始终是他者性的社会存在者和世界性存在者。就前者言，人是生活在由人组成的社会共同体中；仅后者论，人是生活在由地球和宇宙为两维向度的存在世界里。社会共同体和存在世界构成人的生活经历和精神、思想、知识阅历的历史土壤、存在舞台和生存发展空间。人的心智能在多大程度上获得经验的开启，虽然直接地受制于人的生活经历和阅历，但最终要受社会共同体认知和存在世界视域的影响。

人存在于大地之上和天宇之下，大地和天宇构成存在世界，形成人的存在认知的基本视域，这一基本视域既构成人的经历和阅历的最终边界，也构成人的经验积累和重构的空间疆域，同时还构成社会共同体的存在土壤、展开舞台和最终背景。

存在于存在世界中的社会共同体，由人组成。人所组成的社会共同体，通过政体、制度、法律、道德、历史、文化传统、地域意识等因素的整合生成建构起社会共同体认知。社会共同体认知是一种整体认知，它本身构成社会共同体以何种方式存在的整体经验，这一整体经验对生活在该社会共同体中的所有人发生引导和规训作用。存在于社会共同体中的个人，其生活经历和精神、思想、知识的阅历都被迫或自觉地接受这一整体生活经验的影响。这种影响源于以下三个因素的激励。

一是当世存在状况及呈现的整体朝向。构成社会共同体认知的基本方向，直接地影响个体自身的生活经历和精神、思想、知识的阅历，也影响个体对自身经历和阅历的内化选择。具体地讲，当世存在状况及整体朝向如是呈过去式，实质上是以过去为依据、准则和尺度，自然形成经验的自闭性和思维的内卷化；反之，如果是朝向未来，其实质是以未来为方向、以对未有的探知为准则与动力机制，自然形成经验的广纳性和思维的开放性。

二是传统对现实的要求性。这种要求性形成传统始终坚挺地朝向未来，并祈望以自身方式引领当世。传统的这一朝向源于传统的自身规定与基本构成。传统由历史凝聚，既象征过去，也体现过去干扰未来的各种可能性。传统干扰未来的各种可能性要变成现实，必须指向现在进行时的当世，每一个处于正在进行时中的当世，都构成传统干扰未来之可能性得以实现的舞台。但传统能否有能力干扰未来而使之变成现实的实质性条件有两个方面，这就是传统本身和当世本身。

首先看传统，它祈望指涉当世的可能性在多大程度上变成现实力量，从根本上取决于传统自身的张力强度。传统的张力强度既涉及传统的构成内涵，也涉及传统的取向。就前者言，构成传统的主要内容有四：其一是存在信仰和由此生成的信念体系，它构成传统的灵魂；其二是生存精神和由此生成建构的人伦价值体系，它构成传统的准则；其三是认知方式和由此构成的文化知识体系，它构成传统的土壤；其四是由存在信仰、生存精神和认知方式三者合生建构起来的生活视域，它构成传统的方法。由存在信仰、生存精神、认知方式和生活视域为基本内容的传统，指涉当世的张力强度到底有多大，取决于此四者的整体取向，是朝向后的自闭取向还是朝向前的开放取向。一般地讲，向后的自闭取向的传统必然构成对当世社会的阻碍。所以，向后的自闭取向的传统只适合于停滞和倒退的当世社会，若要改变这种状况，就必须与这种向后的自闭取向的传统做斗争。与此不同，向前的开放取向的传统必然构成对当世社会的激励。所以，向前的开放取向的传统，总是适合于向未来全面开放的当世社会，而这种向前的开放取向的传统一旦面对停滞和倒退的当世社会，总是显得无能为力地遭受来自各种社会力量的压抑和解构。由此不难发现，传统与当世之间的关系，客观地呈现多种可能性。在这多种可能性中，过去式的和自闭主义的传统与停滞和倒退的当世相容相生，这种相容相生构成最为糟糕的社会生态，形成最不利于人的经验重建和思维成长的社会共同体认知。反之，未来式的和开放主义的传统与向未来全面开放的当世相容相生，这种相容相生构成良性的社会生态，形成最有利于人的经验重建和思维成长的社会共同体认知。

其次看社会。"社会"概念既指超越时空的群居共同体，也指具体时空框架中的群居共同体。此处所讲的"社会"，是指正在进行时的群居共同体，简称**当世**。由个人组成的社会，或聚集起所有个人的共同意愿、共同意志、共同需求，或聚集起少数人的意志和强力而形成超越个体的整体力量、整体朝向。这种整体力量、整体朝向总是立足于现实而呈现朝向过去或未来的两可性：朝向过去，是以过去为依据、准则，并以过去为一切的来源；朝向未来，是以未来为依据、准则和一切的来源。朝向过去的社会，是一种倒退的社会，它更需求一种过去式的和自闭主义的传统来强化自身，压制变革，解构进步，维持已有。朝向未来的社会，是一种进步的社会，它更渴望一种开放性的取向未来的传统为之提供变革的土壤、进步的推动力和发展的源泉。

三是未来对当世的召唤。这是指未来对正在进行时的当世的感召。未来能否构成对当世的感召视域、感召认知、感召信念、感召结构和感召力量，取决于两个方面根本性因素：第一个因素是当世的存在困境和生存危险的程度。由个人组成的社会总是处于进行时中形成不同时代的当世，不同时代会涌现出只属于该一当世的存在困境和生存危机，并呈现不同的程度从三个方面敞开：其一是其社会生存涌现出来的存在困境和生存危机的普遍性程度；其二是其困境和危机对人的生活的影响和对社会存在发展的阻碍甚至破坏的严重性程度；其三是这些存在困境和生存危机对后世的影响的普遍性和严重性程度，包括其后解构这些存在困境和生存危机、使之恢复正常状态的难易程度。第二个因素是当世存在困境和生存危机的社会感知程度，其一是社会感知的普遍性程度；其二是社会感知的深刻性程度。就前者言，对当世不断涌现出来的存在困境和生存危险的社会感知越普遍，社会共同体认知越清晰，其认知能力越强，认知水平越高；反之，社会共同体认知就会越模糊，认知能力越弱，认知水平越低。仅后者论，对当世不断涌现出来的存在困境和生存危机的感知越深刻，社会共同体认知亦越深刻、越具有凝聚力；反之，社会共同体认知越肤浅，社会离散力就越强。从整体讲，当世对其存在困境和生存危机的社会感知越普遍、越深刻，就越能促进个体对生活经历和精神、思想、知识的阅历的内化水平的整体性提升，促进其经验重构的可能性也越大；反之，当世对其存在困境和生存危机的社会感知越趋向个别群体或个别个体，其社会感知越肤浅，其对个体生活经历和精神、思想、知识阅历的内化促进功能就越弱，其推动个体经验重构的可能性就越小。

二　思维敞开的程序逻辑

当从思维构成的主体性条件以及语言的非确定性、心灵与心智、经验与直觉、经历与阅历内化、社会共同体认知等不同层面粗略考察了思维生成的主体逻辑后，就可考察思维敞开的程序逻辑。

1. 逻辑及其关联因素

讨论思维敞开的秩序逻辑，先须理解何谓"逻辑"。

有关于逻辑（logic），其共识性的词典定义是指"思维的规律和规则"①。这个定义虽简明扼要，却似是而非。首先，就思维言，其"规律"与"规则"这两个概念，虽有内涵的关联性，却并非并列关系，而是生成关系。第一，规律是认知取向的，规则是实践取向的。从知－行关系看，规律具有指导、规训规则的功能；第二，规律生成规则，规则实现规律，所以，规则必以规律为导向，并接受规律的规范。其次，思维虽然始终是主体的，但它指向客体存在，由此使思维的规律既存在主体性面向，也存在客体性面向。从主体性面向言，思维的规律既是生成性的，也是与内在性的，它表征为思维与心灵、情感、心智、经验等之间必有其逻辑关联，也使思维与个体的经历和阅历以及人的思维与社会共同体认知等方面发生必然的逻辑关联。从客体性面向言，思维的规律是展开性的，由此使思维的规律始终伴随思维的展开而呈外在性，它表征为操作性质及其取向的程序和规则。所以，**在思维展开的层面，所谓逻辑，是指思维运演的程序规律和操作规则**。这是1902年严复先生将约翰·斯图亚特·穆勒的逻辑学意译为"穆勒名学"的根本考虑，因为**逻辑的本质，是对思维的形式化规范的方式和方法**。

当逻辑成为运演思维的程序规律和操作规则时，它本身就具有相应的条件要求。

首先，逻辑因思维而产生，思维构成逻辑的首要的主体性条件。第一，没有思维，就没有逻辑。第二，逻辑在思维中展开，并实现思维本身。第三，

---

① ［美］欧文·M. 柯匹、卡尔·科恩：《逻辑学导论》，张建军、潘天群译，中国人民大学出版社2005年版，第337页。

逻辑实现思维的根本方式，是推论：逻辑既是思维进入理性状态的推导或运演过程，也构成思维进入理性状态的推论方式和方法体系。

理解思维对逻辑的条件构成和逻辑对思维展开的推论功能，还须进一步理解"思维"。思维是人脑借助语言对世界的认知活动。在这一认知活动中，第一，思维的本质是认知：思维因认知而得到展开，认知因思维而得到实现。所以，没有认知，就没有思维；没有思维，也无法认知。同时，没有以认知为动力，思维无从发动；没有思维的全面展开，认知不能获得实现。所以，思维以认知为推动力，并以认知的实现为目标。在这一双重意义上，认知构成思维的本质。第二，思维展开认知的目的，是理解和把握（世界或事物）存在的关联性。第三，思维展开认知的形式有两种，即感性认知和理性认知，前者属于思维的表象认知；后者属于思维的本体认知。由于认知是思维的本质，其认知的形式亦对应思维的形式，形成感性思维和理性思维：感性思维的展开方式是对经验的认同、运用与延展，其直接成果形态是事物的表象，即事物是什么或像什么，其表达的基本方式是描述，如那是一朵大红花，这是一本哲学书，对面站着一位老人，我的生活很乏味，等等，均属于描述性的感性思维。与此不同，理性思维的展开方式是对经验的反思（怀疑、批判、否定、再认同），其直接认知成果形态是关于事物特征、本质、规律的思想、观念，即事物为什么是这个事物，它之所以成为这个事物而区别于其他所有事物的根本因素、条件、特性是什么，其表达的基本方式是以概念为工具的判断、命题、推理、论证。由于感性思维是对此在的现象性认知，其思维展开并非必然诉求逻辑；理性思维是对此在的本质性认知，其思维展开必须诉求逻辑，所以，逻辑构成理性思维认知的基本方式。

其次，逻辑作为运演思维的程序规律和操作规则，必须借助于语言。

逻辑学家波伊提乌认为"整个逻辑艺术与语言相关"[1]。波伊提乌此论断表述三个重要观点：第一，逻辑是一种艺术、一种思维展开以及思维的内容得以清晰和条理呈现的艺术。第二，逻辑这一艺术要得到运用和展开，必须

---

[1]　［英］安乐尼·肯尼：《牛津西方哲学史 第 2 卷·中世纪哲学》，袁宪军译，吉林出版集团有限公司 2012 年版，第 136 页。

启动语言，不仅要启动符号语言，更要启动内在的语言即言语。所以，语言既是逻辑生成的内容，也是逻辑的载体，更是逻辑的方式。第三，在普遍的意义上，逻辑的艺术就是语言的艺术；在特殊的意义上，语言的艺术也是逻辑的艺术。

语言为何能构成逻辑不可或缺的条件？为何逻辑的艺术最终呈现为语言的艺术？这就需要从语言的存在论入手。海德格尔关于"语言是存在的家园"的论断对此作了最为精到的揭示：人从自然人类学向文化人类学进化，从生物存在的人成为人文存在的人的进程同时获得两种存在，即自然存在和人的存在。作为自然存在，人是自然的一分子，必然且必须遵循自然的律法。作为人的存在，人是制度社会的一员，是人文的构成内涵，必然且必须承受社会的律法。人作为自然之子，其自然存在虽然要遵循自然的律法，却没有边界要求；人作为制度社会的存在，必然要遵从社会的律法，必须有存在的边界。这个根本的存在边界就是人自造的语言。因为语言呈现思维的疆界，思维的疆界构成人所能触及的存在世界的疆界。不仅如此，语言构筑起人的存在与动物存在相区别的疆界。由此两个方面，人在最终意义上是存在于他所创造的语言世界中，语言不仅构筑起人的存在疆界，也构筑起人的存在方式。奥古斯丁坚信"语言常规的确立在人类预告设定了一个一致性"，这是他以其他方式表达语言构筑存在的观念。在奥古斯丁看来，语言为人类预告了"一个一致性"，也为人类设定了"一个一致性"。正是语言所为之提供的这一双重的"一致性"，才为人类的共生存在提供了一个舞台、一种保障、一种确立自己而区别他物的存在标志和存在限界。奥古斯丁的这一观念要点后来被维特根斯坦特别强调，他说："词语与感受的原始、自然的表述方式密切相关而且被用于适当的场合。"[1] 不仅如此，"我们使用语言不仅仅是为了信息的交流，还为了其他很多目的，从向上帝祈祷到洗澡的时候唱歌，等等。当我们在脑海里形成词语的时候，我们使用语言但不发出声音：在这种情况下，我们把词语作为记起它们所表示的事物的方法使用。"[2] 语言的存在论，为语言

---

[1] Ludwig Josef Johann Wittgenstein, *Philosophical Investigations*, I. 244。参见中译本《哲学研究》，李步楼译，商务印书馆 2017 年版，第 133 页。

[2] ［英］安乐尼·肯尼：《牛津西方哲学史 第 2 卷·中世纪哲学》，第 132 页。

与思维和语言与逻辑的关系缔结，提供了依据。

从语言与思维的关系角度观，思维始终是语言的思维，这是因为思维必须以语言为依据，思维的展开必须以语言为工具。语言既是思维的内容，又是思维的形式与载体，也是思维的对象，并且，其思维的成果必须通过语言为之定型。由此三个方面规定，没有语言根本无从展开思维。语言与思维之关联本质是互生：从发生学看，语言刺激思维；从生成论观，思维生长语言——思维以语言为内容、为呈示形态和载体，语言也以思维为生长的内在生命机制和根本的精神条件。

从语言与逻辑的关系看，语言的指涉范围要大于逻辑。如前所述，语言客观地存在内在语言与外在语言的区别，内在形态的语言是言语，它构成心灵、情感、精神的内容，同时也构成思维的内容，因为语言的内在形态，本质上是散漫流动于身心之中的生命能量，这些生命能量就是情感、情绪、思想、观念、信念、信仰、价值观、态度、灵性等，所以语言的内化形态或曰思维语言，既可逻辑化，也可非逻辑化。其外在形态的语言，却是口头话语或书面话语，口头话语的形态学呈现是序化的声音语流；书面话语的形态学呈现是符号语言。口头语言运演思维，既可逻辑化，也可非逻辑化；但书面语言运演思维，则必须逻辑化。

思维借助语言而展开的逻辑，始终存在多元形式，其主要形式有三种，即存在逻辑、艺术逻辑和命题逻辑。比如，水往低处流，人往高处走；人不能两次踏进同一条河流；白天过后就是黑夜；生命向死而生以及白马是马；等等，呈现存在逻辑。白发三千丈；燕山雪花大如席；美丽的丑女或者兴奋得不堪重负等，贯穿着艺术逻辑。无论是日常工作、生活，还是科学研究、人文学术探讨等方面所呈现的归纳、分析、推论、演绎等，则贯穿命题逻辑。比较而言，存在逻辑和艺术逻辑都属于内容的逻辑，命题逻辑却属于形式的逻辑，它是对思维的内容进行形式判断、命题、推理、论证的逻辑，这种逻辑形式总是专注于表达内容的程序规律和操作规则。

2. 实在论中的逻各斯

从人类文化史观，逻辑的最初呈现形态是神话和宗教，其次才是哲学和文学，以及科学、文化和教育，它们的生成、敞开或发展无不体现逻辑的身影。

在今天看来，神话是虚构的，它没有逻辑，或者说缺乏哲学、科学或逻辑学意义的逻辑。这种看法，在至为严格或理想的意义上可成立，但从存在论观却体现出片面和局限性。因为无论远古神话还是现代神话，都是以非现实的虚构方式来表达最为实在的存在，包括存在样态或存在处境。人类从自然人类学向文化人类学方向展开获得人质意识和诉求后，其自我进化的历程中最受关心的一个问题就是人的来源问题。在远古时代，几乎每个民族创造的文化中都有关于人从何处来的想象性描述，其目的是给自己赋予一个有别于动物的出身。如果将这些有关于人的出身的各种神话做一概括，即人是创造出来的，不是从动物演化得来的；并且，人是被创世的神创造出来的。如果对各民族文化中神创造人的神话做一归纳，西方文化中耶和华造人和中国文化中女娲造人，可作为两种类别的代表：耶和华造人，是经历五天其他方面的创世工作为人提供了存在家园之后，再按照自己的肖像创造出亚当来，所以，人具有神般的神性。女娲却"抟黄土做人。剧务，力不暇供，乃引绳于泥中，举以为人。故富贵者，黄土人；贫贱者，引縆人也"。女娲造出来的人没有神性，只有等级和贵贱的区分，神性只属于造人者女娲，造出来的黄土人，具有等级的高贵；引縆人居于等级的贱位。东西文化中的造人神话背后的逻辑得到突显：女娲用土造人，体现等序化的不平等的逻辑；耶和华按自己的肖像造人，使被创造出来的人拥有神性，体现出来的是平等的逻辑。这两种有关于人的出身的想象性描述中的逻辑，亦可在自然世界中找到其律法的依据或者说原型，比如，"卑下而居，平澹而盈"的水，体现"唯无不流，至平而止，正也"的本性，恰恰构成自然界万物共生存在的**平等律法**。女娲造人呈现出来的等级与贱性，亦可在大自然的高山与渊谷、丘陵与平原、湍流与溪水等自然存在之间的差异性中感受到其不平等性的**自然律法**。

在人类文明史上，从远古神话到人文宗教，所描述的表象世界是虚构的，但其虚构的表象世界背后始终是**实在**世界。不仅是神话或以神话为母本的宗教，诗、小说以及绘画等其他所有艺术形式也是如此，其想象和虚构的生活世界背后总是耸立着实在世界，表面看来极不合逻辑的背后总为一种本质存在的逻辑所支撑。比如电影《后天》以夸张方式描绘地球在一天之内急剧降温进入冰川状态，这种极不合事理和情理的极端现象表达了三个方面的生态学思想：首先，温室效应带来全球暖化，必引发地球的空前灾难，导致人类无栖居之地；其次，引发地球灾难的温室效应形成于人类肆无忌惮地改造地球、掠夺地球资源；最后，温室效应和空前的地球灾难揭示自然世界存在运动的根本逻辑法则，是限度存在的生态临界法则、层累法则和突变法则。这些法则构成存在世界的实体本质。揭示存在世界之现象背后的这一实体本质的逻辑，构成哲学的基本方式，在人类的哲学之初，揭示现象世界背后的实体本质的逻辑，构成哲学的主题任务。

　　　　古希腊思想就像古希腊生活一样，是由伊奥尼亚和多里亚因素的原始对立所决定的。专注于客观世界是伊奥尼亚的特征；专注于自我则是多里亚种族的特征。因此，在头一个时期，这一对立以两个平行的哲学方向发展着，**一个是实在论的；一个是观念论的**；在第二个时期，这一对立被消除了，消失在了对普遍精神的意识中；而在第三个时期，精神经由智者学派被剥夺了其内容，从而在自身之中寻求一个新的、更加持久的内容。因此，根据布拉尼什，古希腊哲学有三个时期。头一个开始于泰勒斯和费瑞库德斯，进而在一方面被阿那克西曼德、阿那克西美尼（Anaximenes）和赫拉克利特所代表，另一方面被毕达戈拉斯、克塞诺芬尼和巴门尼德所代表；在这个时期的每一个阶段都有一个与伊奥尼亚的命题相对立的多里亚的反题；最后，之前发展的种种结论被伊奥尼亚的第欧根尼（Diogenes）和多里亚的恩培多克勒以一种和谐的方式加以总结。[①]（引者加粗）

　　策勒对古希腊早期哲学发展脉络的概括，揭示古希腊早期哲学出现实在论和观念论两种取向的哲学讨论方式。并且，实在论与观念论的产生在时间上体现先后的次序，并在思想的发展链条上体现生成发展的脉络。无论实在论还是观念论，都呈现理性的逻辑，但实在论呈现的是**经验理性**的逻辑，观念论呈现的是**观念理性**的逻辑。从实在论到观念论，亦体现思维展开逻辑的

[①]　［德］爱德华·策勒：《古希腊哲学史》（第 1 卷上册），第 109 页。

上升进路。

实在论之于古希腊，标志哲学的发轫。它以经验主义的理性方式展现实体的存在世界的状貌，并企图对实体的存在世界的本体图景做出一种逻辑性呈现。

最初尝试这一工作的是泰勒斯，他试图借助经验观察和理性思维来解释世界，并向存在世界做出三个发问：

第一问：**世界凭什么而生成创化？**泰勒斯自问自答："**水是万物的本原，因为大地是安置在水上的。**"并为其提供了两条理由：第一，他以生活经验证明水具有滋养万物的功能与作用：万物非水不生；且万物失水而亡，因为"万物都以湿的东西为养料，热本身就是从湿气里产生，靠湿气维持的……另一个事实是：万物的种子都具有潮湿的本性，而水则是其潮湿本性的来源"①。第二，他主张大地是一片平而圆的东西，它浮在水面上："他（泰勒斯）说世界为水支撑着，就像一只船在海上，说它发生震动实际上是因为水的运动使其摇晃。"②

第二问：**世界是怎样生成创化的？**泰勒斯亦自问自答："**世界是有生命的，并且充满了神。**"有关于此，泰勒斯本人没有做出任何解释，后来者也没有对此做出应有的猜想。但构成世界的本原——水的潮湿与蒸发生成创化了世界，因为，水的潮湿，使万物生长；水的蒸发，使万物枯亡。所以，水以其潮湿与蒸发的循环运动使生命生生不息，使"世界充满了神性、神意"。

第三问：**世界（或事物）的本质是什么？**泰勒斯宣称是灵魂，因为"磁石有灵魂，因为它吸动了铁"。泰勒斯的"灵魂"观，同样源于水本原论：水对世界的本原性和对生命的神圣性，正来源于水的自身运动（力量——潮气与蒸发相互转换的自动力）。"灵魂弥漫在整个宇宙中，可能正是由于这个缘故，泰勒斯才认为万物都充满了神。"亚理士多德的猜测，正好从一个侧面理解泰勒斯的灵魂观念，源于对前人灵魂思想的改造：生命的诞生因为水，生命的神圣因为水（潮湿与蒸发相互转化）运动的自足力，所以"泰勒斯说，神就是宇宙的心灵或理智（nous），万物都是有生命的并且充满了各种精灵（dai，

---

① ［古希腊］亚理士多德：《形而上学》，第 7 页。
② 塞内加：《论自然》Ⅲ，14。苗力田主编：《古希腊哲学》，第 21 页。

ona)，正是通过无所不在的潮气，一种神圣的力量贯穿了宇宙并使它运动"①。

要言之，泰勒斯自问自答呈现的内在生成逻辑，即"不变中变"和"变中不变"的逻辑，这不是观念逻辑，而是一种实在论逻辑。这一实在论逻辑为阿那克西曼德和阿那克西美尼所进一步发展。

阿那克西曼德承续泰勒斯凭借经验与理性来思考存在世界的基本思路，但却力求避免泰勒斯感性实在的具体之"水"不能获得普遍性解释的难题，提出一种"无定性的物质"（indeterminate matter）本原说："万物的本原和元素是'无定'。他最先使用'本原'这个名称。……他说它既不是水也不是另外那些被认为是元素的东西，而是**另一类**自然。从这里生成了全部的事物及其中包含的各个世界。一切存在着的东西都由此生成的也是它们灭亡后的归宿。这是命运注定的。根据时间的安排，它们要为各自对它物的损害相互补偿，得到报应。"② 在阿那克西曼德看来，万物都是具体的物，但凡任何具体的物，在空间上既有量的限定性，也有性质的规定性。③

阿那克西曼德的无定本原论思想，将泰勒斯水原本论思想中蕴含的"生变"思想予以意识地凸显，形成转换生成论，这既无量的规定性也无性质的限定性的"无定性"物质，何以使宇宙世界万物得以产生呢？阿那克西曼德认为"无定"自具"生成"的本质和力量，这种本质与力量生成世界万物，使世界万物生生不息；并且，"无定"的生成是通过自身**分化**而来：无定**分化**为万物的过程就是**生成**，其生成的内在机制是**转化**。所谓转化，就是将与之相反的万物归复于"无定"，这一过程就是消亡；并且，当某物消亡时，就是另一物的诞生：一物消亡必然带来另一物诞生，一物诞生的必然前提是另一物消亡。物与物"消亡－诞生"的互动过程，就是生成；生成的本质是转化；转化的内在动力是无定本身的分化作用。

阿那克西曼德的"无定"本原论是一种运动本原论："无定"的运动性，在于它自身具有的分化性质，即从量的无穷向有限的分化，从性质的无尽向有限的**分化**。"无定"的自分化构成世界万物相互转化的动力，万物相互转化

---

①　苗力田主编：《古希腊哲学》，第 232、22 页。
②　辛普里丘《物理学》24.13；苗力田主编：《古希腊哲学》，第 24 页。
③　苗力田主编：《古希腊哲学》，第 26 页。

的过程，就是其相向生成的过程，它遵循"补偿原则"。一方面，无定的分化使万物诞生，万物的诞生的必然结果，是作为本原的"无定"在量与性质两个方面的付出；另一方面，分化又使万物均归复于"无定"，万物的消亡又是"无定"在量与性质上的获得。合起来看，无定的分化与复归，就是付出与获得遵循补偿原则而达于均衡状态，这种不断生成的均衡状态构成了"无定"自身之量的无穷性与性质的无尽性。在"无定"分化的作用下，万物转换生成获得**内在的因果互动**性质：一事物的生成必以它事物的消亡为原因，一事物的消亡必以它事物的诞生为直接结果。因与果的循环，构成"无定"生成世界万物的动力场。所以，无定自身的运动性和对世界万物的生成性，均遵循因果循环的逻辑而展开。

阿那克西美尼在更广阔的视野上对泰勒斯和阿那克西曼德的生成转化的实体论逻辑予以综合，提出"气"本原哲学思想，既具有"无定"本原论之空间上的无限和性质上的无尽，也具有"水"本原论之潮湿与蒸发、凝聚与稀疏的性质。德奥弗拉斯托认为，"阿那克西美尼是米利都欧里斯特拉图的儿子，阿那克西曼德的门徒。两人都认为自然的基础是单一的并且是无定的。但阿那克西美尼却认为它不是无限制的而是有限制的，实体由于凝结和疏散而互不相同，气蒸发就生成火，凝结时就变为风，然后形成云。再凝结就化为水，继之是土，最后是石头，从这些事物中生成其余的东西。他也认为运动是永恒的，并说变化生成的"①。气生成宇宙万物，通过运动来实现。气的运动向自身内聚和向外扩张这一相反相成方向展开：气的内聚性运动，展开为浓聚和压缩，其生成固态物质实体；气的扩张性运动，展开为稀疏和松散，其生成液态的物质实体。但气的运动本身呈永恒状态，并且这一永恒运动是朝着稀疏和松散方向展开并向凝结和压缩方向周而复始地运行，形成万物的生长与消亡相互转化生成的永恒运动。这一永恒运动为后来者赫拉克利特提炼为"逻各斯"。

赫拉克利特沿着米利都哲学向前走，提出生变不已的"活火"本原论："世界秩序（一切皆相同的东西）对于一切存在物都是一样的，它不是任何

---

① 苗力田主编：《古希腊哲学》，第30—31页。

神，也不是任何人所创造过去、现在、未来永远都是永恒的活火，在一定分寸上燃烧，在一定分寸上熄灭。"（赫拉克利特《残篇》30）

从表面看，赫拉克利特的活火原本论与阿那克西曼德的"无定"论和阿那克西美尼的"气"本原论没有多少区别，但实则不然。从泰勒斯到阿那克西美尼，致力于关心世界的本原"是什么"，却没有关注作为"本原"的自身条件。赫拉克利特的"火"本原论却侧重关注"火"作为世界"本原"的自身规定性。其一，赫拉克利特提出"永恒的活火"，揭示感官所能看到的事物的静止而长久的现象，并不是世界和事物本身的事实，这些表面上静止而长久的事物，在本质上是运动变化的：静和久只是世界和事物的现象，动与变才是世界和事物的本质。"一切都是流转的，没有一件东西是停留。但是我们的感觉就发现了这一点。"① 其二，赫拉克利特的"火"，不是人所感觉到的那个"明火执仗"的"火"，而是世界和事物得以显现自身和生灭自身的内在活火，它构成世界万物运动不止的本性。其三，赫拉克利特的"永恒的活火"的运动状态燃烧与熄灭，是按"一定分寸"进行，这个"一定分寸"构成火的燃烧与熄灭运动的内在规定，亦构成活火燃烧与熄灭的互为限度，即当它燃烧到一定的限度时就朝自我熄灭方向运动；当它自我熄灭到一定限度时，就朝自我燃烧的方向运动——以此生生不灭。其四，永恒的活火之所以要按照"一定分寸"燃烧与熄灭，是因为创建"世界秩序"并维护"世界秩序"，也是为创建和维护事物与生命的内在秩序。所以，赫拉克利特的活火思想体现了世界存在的目的论和事物生变的目的论。其五，在活火本原论中，火是宇宙万物唯一的质料，一切出于火，一切都是火的变化，它展开两条道路：火燃烧自身敞开熄灭的道路，即由火而成为气，由气而水，再由水而土，这是火永恒运动的下降道路（the downward path）；反之，火熄灭自身敞开燃烧的道路，即是由土而水，由水而气，这是火永恒运动的上升道路（the up-ward path）。

整体观之，赫拉克利特的"火"是唯一有资格生成宇宙和世界万物的那个东西，它是活的、变的、整体的。赫拉克利特的活火论既呈现一种一元论，

---

① 苗力田主编：《古希腊哲学》，第40页。

也是一种动的（dynamic）本原观：前者揭示宇宙世界生成为"有"，即"火"；后者展示宇宙世界生成于"变"，即按照"一定分寸"燃烧与熄灭。但是，无论是本原的"火"，还是运动（"燃烧"与"熄灭"）的"火"，都包含"无"：一方面，火本身包含着无，火的燃烧包括自我否定的因素"熄灭"，火的熄灭亦包含自我否定的因素"燃烧"。另一方面，火的燃烧与熄灭运动同样包含了"无"，火的燃烧与熄灭就是补不足与损多余：世界的构成来源于不足，火的燃烧是削多余，使之趋于"无"；反之，火的熄灭就是使"无"变成"有"的现实。由于火的运动目的是构建世界秩序和维护世界秩序："有"意味着秩序，"无"意味着非秩序，火为着这一目的而朝燃烧与熄灭的方向循环运动，就是沿着**"有→无→有→无……"**的方向运行，这一循环往复运动必然需要一个中间环节，那就是**"变"**："变"的运动现象就是"燃烧"与"熄灭"的互为促进，其法则与规范是**"分寸"**。所以，赫拉克利特的活火思想蕴含万物均"生中有死"并"死中有生"的生成转化图式，其核心思想精神则是"有中有无"和"无中有有"，将其"有"与"无"（being and not-being）或燃烧与熄灭（生与死）联系起来，就是"变"（becoming）："有"与"无"二者，由其相互包含对方并通过运动（自我否定）转向对对方的实现，便是"变"的事实。拓展开去，世界万物运动产生"变"的行为与事实，最终在于世界万物本身有其内在的相反（即通过否定自我而生成其他）的趋势（immanent opposite）。

这个从有到无，再从无到有的变的生成法则、原则、规律，就是逻各斯（logos）。"逻各斯"一语是对希腊文 λόγος 的音译，它的原义是"话""话语"，赫拉克利特用它专门表示"说出来的道理"。所说出来的道理表达了世界存在的真实原则和真实理由。因而，"逻各斯"由"话语"的本义获得了"道理""理由""理性""规律""原则"的等含义。

在赫拉克利特的火本原论中，生成世界万物之本原的"永恒的活火"就是逻各斯，逻各斯也是永恒的活火，二者原本是"一"个东西：作为生成世界本原的"一"即"火"来讲，它的动的状态，就是从"有"到"无"，再从"无"到"有"的"变"（燃烧与熄灭的循环运动）的过程本身；相对"火"对世界生成的目的（世界秩序）和生成世界的自身规定性言，变的不变状态就是逻各斯，这就是"有"否定自身达向"无"，再由"无"否定自身达向"有"的目的性和方向性的"变""化"法则、规律、原则。因而，在"一定分寸"上燃烧与熄灭是活火的运动状态；而变中的不变规则、原则、规律则是燃烧与熄灭的活火运动的规范状态：二者一个是动态的，一个是静态的；一个是本原现象，一个是本原本质。这一动静互运蕴含转换生成辩证法。永恒的活火既体现"有"，又潜藏"无"，也蕴含"变"；"有"因其"无"的潜在性而生"变"，"无"也因其潜伏"有"而生"变"。因而，火的燃烧与熄灭，不仅是"有中有无"和"无中有有"，还客观存在着"无中生有"和"有中生无"："有"与"无"之所以能相互潜伏于对方之中，是因为"变"（即"生"）；"有"与"无"之可以相互"变""化"（即生成）为对方，既因其"变"而对立，也因其"化"而统一。所以，"变化"就是对立统一。变化的过程就是生成的过程："变化"（becoming）即"生成"（becoming），即一物"变（化）成某物"（becoming to be）。赫拉克利特明确指出：宇宙万物的生成，表面上看是永恒运动的活火有分寸的燃烧与熄灭，但从本质观，则是遵循从有到无再从无到有的"变"的生成法则、原则，这一"变"与"化"的生成法则、原则表现出来的宇宙万物间的存在关系是"既是……又不是"或"既是……又是"的本质关系。这种本质关系蕴含相对、同一、转换、和谐四个扇面的现象与实体的转换生成关系。

综上，赫拉克利特的活火本原论哲学呈现的不是单一的"变"，而是"不变中变"和"变中不变"，这是宇宙世界本体的基本性质："不变中变"，是宇宙世界运动的基本性质；"变中不变"是宇宙世界秩序的根本性质。在赫拉克利特的宇宙世界生成图景中，"不变中变"，是火燃烧与熄灭的本质，它生成宇宙万物，使宇宙世界万物生生不息；"变中不变"，是火的逻各斯规定性，它使永恒生成变化的宇宙世界获得内在稳定性和外在秩序感。

3. 概念生成逻辑的法则

无论是实在论还是观念论，其思维－认知范式均蕴含逻辑运演方式和方法。米利都哲学对世界本原、宇宙生成、世界本质等根本的实在论问题的探讨，将实在世界中蕴含的"不变中变"和"变中不变"转换生成法则凸显出来，最后由赫拉克利特提出逻各斯概念予以定型。逻各斯一词并非赫拉克利特所创造，在此之前已普遍流行。《希英大辞典》将"逻各斯"的语义内涵归纳为计算、尺度、对应关系、比例、说明、解释、论证、灵魂内在的考虑等十个方面。[①] 格思里在《希腊哲学史》中将公元前 5 世纪及以前的"逻各斯"概念归纳为"任何讲的以及写的东西""所提到的和价值有关的东西""和感觉对立的思考或推理""定义或公式"等十个方面的含义。[②] 赫拉克利特使用"逻各斯"一词，是在"话""说话"的基础上将其定义为"说出来的道理"。这有两个方面的语义规定：第一，说出来的话必是理性的，并且是有理由的；第二，说出来的话应针对事物的本原并揭橥事物的本质，即呈现原则、规律、法则，或曰必展示"自然"。在古希腊哲学家的意识体系里，"自然"（physis）这个概念是相对**宇宙世界和自然事物变动的本性**言，它相当于现代西方哲学中的"本性"（nature）概念。正因如此，赫拉克利特才说："思想是最大的优点，智慧就在于说出真理，并且按自然行事，听自然的话。"（赫拉克利特《残篇》112）[③] 亚里士多德才在《物理学》中将"自然"定义为事物**"运动和变化的本原"**。[④]

以此观之，"逻各斯"应该是古希腊哲学的第一个概念，也构成逻辑学的开端。

首先，逻各斯概念将自泰勒斯以来至阿那克西美尼不断突显的"不变中变"和"变中不变"的存在本体论思想予以概念定型，并建立起第一个本体论和宇宙观图景。

其次，逻各斯概念从实在论出发，架起通向观念论的桥梁，打通了米利都学派与爱利亚学派之间的阻隔之墙。

最后，米利都哲学家们从自身视角出发去发问世界的本原和宇宙的生成，发现"不变中变"和"变不中变"的规则和法则，但他们似乎更关注"变"的问题，却相对忽视"不变中变"和"变中不变"之间的关系逻辑。赫拉克

---

① 《希英大辞典》，第 1037—1059 页。参见汪王嵩、范明生、姚介厚《希腊哲学史》（第 1 册），第 456 页。

② 格思里：《希腊哲学史》第 1 卷，第 4200—424 页。参见汪王嵩、范明生、姚介厚《希腊哲学史》（第 1 册），第 456—457 页。

③ 《西方哲学原著选读》（上册），商务印书馆 1983 年版，第 26、25 页。

④ "本原"（arche）一词的本义是"太初"，它指最先存在的并生成自然万物的那个东西。

利特正视米利都哲学的关注重心，却更关注"不变中变"和"变中不变"之间何以可能转换生成的条件、尺度、边界、限度等问题，由此发现由变而不变，再由不变而变的**动静互生**的法则，然后用"逻各斯"概念予以定义、定型、定位。如果将"逻各斯"概念置于希腊哲学史大框架中审视，观念论的兴起当以爱利亚学派为标志。但观念论却有两个来源：一是毕达戈拉斯的数本原论思想，二是赫拉克利特的逻各斯思想。审视前者可发现克塞诺芬尼的"一"即"神"的观念与毕达戈拉斯"数"观念之间的隐蔽生成关联，或者说源流关系：与流变不居的实在论相区别的静态存在的观念论，从毕达戈拉斯到克塞诺芬尼再到巴门尼德，恰恰展开其形成的基本线路，或曰**"明线"**；从米利都哲学到赫拉克利特再到巴门尼德，却构成观念论形成的辅助线路，或可曰**"暗线"**。明暗两条线在巴门尼德的身上得到交汇，观念论摆脱实在论而获得独立存在的形态和独立发展的资格。

具体地讲，一方面，毕达戈拉斯学派的"数"也呈现"变"与"不变"的双重性，但就其主要倾向言，它却更倾向于"不变"，这种倾向发展到克塞诺芬尼那里，剔除了"多"和"杂"，强调"一"。但其具体性并没有从"一"中剔除掉，所以，"一"既可能整体，也可能具体。巴门尼德接受其静止无变化的"一"的思想，却并不认为"一"具有"神"的性质和功能，因为"一"虽然剔除了"多"，却没有根除"多"，而且还隐含"杂"，所以"一"没有摆脱其具体性。巴门尼德提出"存在"概念，真正根除了"一"中之"多"、"整体"之"具体"。客观地看，"存在"虽然牵引出了"非存在"，但无论存在还是非存在，都没有"多"或"具体"的干扰而呈纯粹的整体性。另一方面，米利都哲学面对的是动与静的问题，赫拉克利特从动与静互为限度和边界中发现超越动与静并可统一动与静的那个东西，他用"逻各斯"来呈现，并以逻各斯统一动与静。逻各斯确实做到了这两个方面，却没有解决动始终必须面对静、静亦必须面对动的问题。巴门尼德的"存在"概念，既融进了动静相生，也解决了动与静相向面对的困境，因为"存在"超越动和静转换生成的困扰而在更高层面上解构了动与静，使它们成为"存在"本身：存在的问题，就是存在本身的问题。存在本身的问题，即**存在**与**非存在**的问题："真正信心的力量决不容许在'存在'以外，还从'非存在'产生任何东西；

所以正义绝不放松它的锁链，容许它生成或毁灭，而是将它抓得很紧：决定这些事情的就在于：存在还是非存在。"（巴门尼德《残篇》第八）巴门尼德这段文字表述了他的观念论的立论基点和逻辑框架："巴门尼德的本意是：决定这一切问题的关键在于：存在还是非存在。所以，'存在'与"非存在"这一范畴以及在此基础上提出的命题，乃是巴门尼德全部哲学理论的基础。"① 有关于世界的本原、宇宙的生成，以及世界的本质——或者动与静——等问题，都成为**"存在"的次一级的**问题。

从根本讲，巴门尼德通过克塞诺芬尼和赫拉克利特实现了对米利都哲学和毕达戈拉斯哲学的交汇和融通，完成了实在论向观念论的转移，经验理性上升为观念理性，形成观念理性主导经验理性的方向：在实在论层面，经验描述的世界是动静相生的，它缺乏稳定性和恒态，所以实在论的世界始终是一个生变的世界；在观念论层面，概念所定义的世界必须抛弃非稳态的运动和变化，追求对稳定和恒态的呈现，所以观念论的世界，必然成为一个恒常不变的世界。面向这样的世界，逻辑必然得到发展；为此，语言的描述转向概念的定义，亦为观念论的世界的逻辑发展提供了思维的工具和认知的方法。

从逻辑发展观，赫拉克利特将"逻各斯"定义为"说出的道理"，**为逻辑发展提供了一种宏观的界说**。巴门尼德及爱利亚学派的观念论哲学，用概念定义世界的方式**为逻辑发展开辟出一种路向**。"在巴门尼德以前，希腊哲学家还没有使用逻辑论证。大约巴门尼德是最早有意识地进行逻辑论证的西方哲学家，这也是他的哲学思想的一个重要特点。当然，在他那时候还没有逻辑这个概念，更谈不上有这门学科；他是用'逻各斯'和 ὁδός（hodos，途径、道路、方法）这两个概念来表述他的思想的。"② 但巴门尼德使用"逻各斯"这个概念与赫拉克利特不同："赫拉克利特是只能以似乎是矛盾来表述矛盾的逻各斯的先知，而巴门尼德却是不允许有类似矛盾的逻各斯（逻辑）的先知。"③ 汪子嵩在《希腊哲学史》中对康福德的这一判断作了更为明确的表

---

① 汪子嵩、范明生、姚介厚：《希腊哲学史》（第1册），第592页。
② 汪子嵩、范明生、姚介厚：《希腊哲学史》（第1册），第663页。
③ 康福德：《柏拉图和巴门尼德》，第29页，转引自汪子嵩、范明生、姚介厚《希腊哲学史》（第1册），第665页。

述，他说："赫拉克利特的逻各斯是承认事物的运动变化中的矛盾现象，可以说是从似乎是相互对立的现象中找到了相反相成运动的道路，他称之为逻各斯。巴门尼德却认为矛盾的现象是不真实的，他用否认矛盾的方法去论证唯一的、不动的、无生灭的'存在'，他将这种理性的推理方法叫作逻各斯。"[①]巴门尼德及爱利亚哲学的这种努力，经由智者运动的发酵、苏格拉底对普遍定义的探求，进而至于柏拉图的探讨，"逻辑"成为一个基本的哲学问题得到正视。

按赫拉克利特的理解，逻各斯是"说出的**道理**"，逻辑就是"**如何说出**道理"。前者强调内容，目的于揭示存在的规律、法则、本体；后者强调**表达内容的形式**，怎样才可有条理地、有说服力地表达其欲表达的内容，使所表达的内容正确，获得真值，成为真理或曰知识。为此，柏拉图对名词和动词作出区分，这种区分成为"对论证进行逻辑分析具有本质意义的第一步"，是因为这种区分为"如何说出道理"提供了一个**宏观的逻辑框架**。第一，从语言与存在的对应生成关系讲，表征实在的语词只能是实词，所以实词是建构逻辑分析的实质材料和具体工具。第二，在指涉实在世界的实词体系中，名词的主要功能是**秩序世界**，动词的主要功能是**创造世界**，形容词的主要功能是**修饰世界**。逻辑就是将生变不息的实在世界用概念来定型，使之成为稳态不变的**观念世界**，这一努力的具体方法是：用名词来定位动词，或曰用概念来规范行动并使行动产生与之相宜的效果。比如：

（1）某人说。

（2）某人说话。

（3）某人说的是真话。

例（1）中，"说"的行动被"某人"这一概念定位："说"的行动发生于"某人"，而不是"某猪"或"某狗"。例（2）中，"人"规定"说"，"说"规定"话"，即"人"所"说"的只能是"话"，而不是"事"或"人"。例（3）

---

① 汪子嵩、范明生、姚介厚：《希腊哲学史》（第 1 册），第 665 页。

中，"话"是"某人"所"说"的内容；真话是其人所说的内容的实质。

从逻辑上讲，例（1）揭示逻辑的基本框架，逻辑的基本框架的构设实质上是逻辑对自身的定位，即**逻辑就是用概念去定义变化的事物，以呈现其变中不变的真实存在状貌**，从主体论，就是通过概念定义变化的事物以实现认知，并使认知的成果——蕴含并体现真理的知识——得到呈现。例（2）揭示逻辑展开的型式结构，即"主—谓—宾"结构，这是逻辑必须使动态变化的世界或事物获得秩序呈现的固有型式。例（3）则揭示逻辑的目的：逻辑的目的是求真值，即真知。其真值和真知的得来，必须建基于基本的逻辑框架并通过固有的逻辑型式的展开来生成。

如上三者，构成逻辑的基本法则，即**概念**（或曰名词）**秩序世界的法则**，以这一基本法则为依据并从此出发，才可探究出逻辑生成的**推论结构**。逻辑的推论的**基本结构**就是三段论。

4. 从概念到三段论范式

安东尼·肯尼对逻辑学有一句简明扼要的评论，他说："逻辑学是一门从**坏论证中区分出好论证**的学科。"① 逻辑学的任务就是建立起"从坏论证中区分出好论证"的论证范式。亚里士多德之所以成为逻辑学之父，就在于他创建起这样一个论证范式，即三段论范式：

> 苏格拉底哲学、柏拉图哲学和亚里士多哲学之间紧密的联系是确定无误的。苏格拉底首先要求所有知识、所有道德活动都应该从概念开始，而且他力图通过其所引入的归纳法来满足这一要求。同样的信念构成了柏拉图体系的起点；但是，在苏格拉底那里只是科学程序规则的东西被柏拉图发展成为形而上学原则。**苏格拉底讲过：只有概念知识是真知识。柏拉图说：只有概念存在是真实的存在，只有概念是存在的存在者。但是，甚至亚里士多德——尽管他反对理念论——也承认这一点：他也宣布形式或概念是事物的本质和实在；纯形式只为自身而存在；抽象的理智，局限于自身——是绝对的实在。**……尽管亚里士多德积极地反对他

---

① ［英］安东尼·肯尼：《牛津西方哲学史 第1卷·古代哲学》，第136页。

的老师，但是，他也没有与苏格拉底和柏拉图哲学的普遍前提完全背离。即，对知识必须基于概念的信念，和对形式的绝对实在性的信念。……因此，迄今为止我们拥有一个原则的连续的发展；这是体现在这三种形式中的一个主要的基本直觉。**苏格拉底在概念中认识到人类思想和生活的真理；柏拉图则在其中认识到绝对的、实体性的实在；亚里士多德在其中不仅仅认识到本质，而且也认识到经验实在的构成原则和运动原则；而在所有这三种形式中我们都看到了同样的思想自身的发展。**[①]（引者加粗）

策勒的如上评论呈现四个方面的要点：第一，只有概念才可建构真知识，因为概念揭橥真实的存在本身，概念呈现存在的本质，它就是实在。第二，逻辑必须建立在**"概念的信念"**基础上，并且，逻辑就是对概念的信念的证明，使"事物的本质和（世界的）实在"获得"纯形式的存在"。第三，基于对概念的信念，亚里士多德所创建的逻辑学，实质上沿着从苏格拉底到柏拉图的概念主义道路在前进：柏拉图关于**"只有概念存在是真实的存在"**的观念实是对其师苏格拉底**"只有概念知识是真知识"**观念的发展，苏格拉底的概念主义思想源泉却是赫拉克利特和巴门尼德的"逻各斯"思想及其智者们的智慧。因而，亚里士多德的逻辑学，构成他之前的概念发展史的必然，是对之前的概念主义思想的大综合和继续前行。

亚里士多德创建逻辑学的前提性工作，是对逻辑学予以性质定位。

亚里士多德认为："逻辑不是一门独立的科学，而是一种方法论，即进行哲学研究的'工具'。因此，他从未设想过对思维能力之整体做出完整的和统一的解释，而是对科学证明的形式和规律的单纯研究。"[②] 亚里士多德的逻辑学《工具论》由六篇文章构成，其中最重要的是《范畴篇》和前后《分析》篇。亚里士多德在《范畴篇》中陈述逻辑学的方法论，指出逻辑学只是科学证明的形式以及对其规律的单纯研究，《前分析篇》主要讨论三段论，《后分

① ［德］爱德华·策勒：《古希腊哲学史——亚里士多德与早期散步学派》（第 4 卷上册），第 113—115 页。

② ［德］爱德华·策勒：《古希腊哲学史》（第 4 卷上册），第 136 页。

析篇》却专门讨论证明的法则。

亚里士多德对逻辑学的方法论定位，是基于他的三个基本的哲学信念：

(1) 哲学是一切科学的总汇。
(2) 哲学就是追求真理。
(3) 哲学家的最高准则是真理本身。

哲学家的最高准则是真理本身，一切以真理为指南，一切必须在真理的统摄之下。哲学家必须服从真理，是因为哲学追求真理。哲学追求真理，就是"为知识而知识"。亚里士多德将哲学定义为寻求人类最高贵的知识的根本方式。"人们是为了摆脱无知而进行哲学思考的，显然他们是**为了知而追求知识**，并不是以某种实用目的。事实可以证明，**只有当种种生活必需品……全都具备以后，人们才会去进行这样的思考**。我们追求它并不是为了其他用处，正如我们将一个为自己而不为他们活着的人称为自由人一样，在各种知识中惟有知识才是自由的，只有它才是为它自身的。"① （引者加粗）

"为知而追求知识"的哲学，必须是"一切科学的总汇"。亚里士多德从两个方面定义这一哲学信念：首先，哲学是统帅一切科学的科学，因为哲学既是最高的认知方式，也是最高的思想智慧，更是最根本的探究方法。其次，一切科学都是哲学。在这个意义上，所有的科学既是经验直观的，也是形而上学的；既是实践理性的，更是思辨理性的。并且，任何科学都既是分类的，也是归纳的。哲学以及所统摄的科学具有如上的丰富复杂的内涵规定性，逻辑学才应运而生成为哲学为"求知而追求知识"的工具，逻辑学才成为哲学——理论的科学（形而上学和科学）和实践的科学（政治学、伦理学等）——的方法论。

亚里士多德创建逻辑学的奠基性工作，是为"求知而追求知识"建构"为自身而存在的纯形式"。

纯形式之所以为自身而存在，在于"形式或概念是事物的本质和实在"，

---

① ［古希腊］亚里士多德：《形而上学》982B11-28。

因为"形式在它是其形式的事物之中；因此，在事物之中的质料元素必须被赋予获得形式的能力"。亚里士多德为"求知而追求知识"的哲学构建纯形式的奠基工作，从三个方面展开：

第一方面，为概念提供可普遍定义和归纳的认知基础，即建立"类"哲学观念和方法。

亚里士多德在《形而上学》第十二卷中指出："有两件事可以公正地归于苏格拉底，即归纳的论证和普遍定义，这二者都是知识的出发点；但是苏格拉底并没有将这个普遍的东西或定义看作是分离存在的东西，而他们（那些肯定'相'的人）却将它们看作是分离存在的，这就是他们称为'相'的那种东西。"（1078b27－32）亚里士多德从苏格拉底的要素说中得到启发，沿着柏拉图的理念（eidos idea）① 哲学向前行，从其"理念"的"共相"中发现"类"观念，并提出"类"概念。这源于两个方面因素的激励，一是早年的医学经历使他懂得解剖学和生物学，因为解剖学和生物学蕴含"类"的观念和"分类"的方法；二是得益于苏格拉底普遍主义的要素观，他将其运用于生物学领域，顺理成章地揭示出生物学中蕴含的分类思想，并在此基础上提炼出"类"（Species）概念，它把一切的个体包含在"类"中，并通过"类"来理解个体。所以，"类"概念构成亚里士多德哲学的基本范畴，他的整个哲学思想、方法均由此生发出来，其整个知识体系也因"类"概念而得到统摄。

亚里士多德"类"概念的基本含义有三：第一，"类"是一个全称概念，表达"全体"（Whole）观念，意指全部，具有以一统万的功能。第二，"类"也是一个共相概念，表达其"类"之共同（Common or Identical）观念，"类"即"法""法相"（form）。所谓法相，就是模型。所以"类"代表共同的、模范的、标准的"法"。第三，"类"还是一个表达性质规定的概念，也是表

① "理念"（eidos, idea）来自动词"看"（ide），其本意是指"看到的东西"。在荷马和恩培多克勒、德谟克利特早期自然哲学家的著作中，eidos 指有形事物的"显相""形形"等。柏拉图将希腊文之"显相"义引申为"心灵的眼睛看到的东西"，可译为"理念"（相当于英文 Idea）或"型相"（相当于英文 Form）。Eidos 译成"理念"，是强调它向人的理智所认识的、外在的理智之中的存在；将其译为"形相"，则意在于强调它向人的理智所显示的是普遍的真相。所以，这两种译法所形成的"理念"和"形相"两个概念在语义上是互补的，它们呈现出来的主要特征是分离性和普遍性，即主张理念与个别事物的分离。

达永久存在（Permanent）的观念。而"永久存在"意味不变性：类，就是不变的永久性存在。比如"人死了，人还在"：前一个"人"是指某个人，作为个体他有生死；后一个"人"是指作为"类"的人，即类人，他超越了生死，是因为他原本不存在生死。这如"树死了，树还在"一样，个体事物和个体生命是忽生忽灭的，但蕴含在个体事物和个体生命之中的那个"类"却不生不灭、永久地存在在那里。

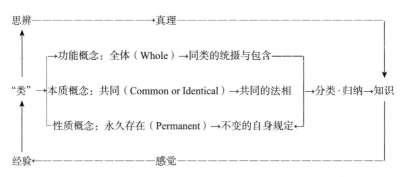

[3-3 亚里士多德"类"概念蕴含的自生逻辑结构]

从图 3-7 可知，在亚里士多德哲学世界中，"类"概念呈现内外两个维度的内涵张力。在其内在维度体系里，"类"概念有三层语义内涵：首先，"类"的根本语义是它对自身的性质规定：类是一种永久不变的存在；其次，"类"的核心语义是它对自身的本质规定：类是"共同"的法相，结合柏拉图哲学来理解，也可说"类"是蕴含在同类事物中的"理式""理念"。最后，"类"的基本语义是它对自身的功能规定：类即对同类事物的统摄与包含。在其外在维度体系里，"类"是一个**生成性**的概念。

一是"类"的观念生成，源于经验；经验的生成，源于感觉。

二是"类"的观念要获得生成，必然谋求经验的孕育；"类"的观念一旦生成，必然展开形而上学的思辨之旅，探求真理，最后获得知识体系的自我构建。

三是知识的生成和知识体系的构建，必须通过**分类**来实现，并成为分类的结果。分类是亚里士多德探求新知、构建知识体系的逻辑方法，它天然地蕴含在"类"观念中："类"概念一旦获得自身的性质规定、本质定位和功能统摄与包含能力，就会发挥出分类的功能。"类"观念对分类功能的释放，却是借助于具体的感觉，因为只有感觉才能有力地启动经验，并推动经验达向对"类"的形上体认道路。

四是感觉对认知无疑非常重要，因为人的认知源于感官，但感觉不能直接生成知识，原因在于一切形式的感觉都只关注具体，只对具体做出判断，却不能超越具体。对具体的超越必须分类。探求知识不能停留于感觉：凡事要知道它是什么，就需要分类，分类才可能生成知识。所以，分类观念的产生才是构建知识的第一步，在此基础上对具体事物予以类化归纳，构成知识生成的第二步。探求和构建知识需要归纳的根本理由有二：一是"类"观念才可统摄和包含一切；二是"类"观念需要系统的支撑才可获得存在，这个支撑"类"观念存在的系统即"种"（Genus），比如，牛都是牛，马都是马，猪都是猪，而牛、马、猪都属于兽类，但兽类又属于动物，动物又是生物之一种。

五是分类与归纳。分类就是从"类"的最高阶级逐次推下来，其展开的逻辑方向是：由普遍到个别、由抽象到具体；反之，归纳就是从"类"的最低阶级逐步向上推，其展开的逻辑方向是：由个别到普遍、由具体到抽象。具体地讲，从感觉到经验再由经验到思辨，是一个归纳的过程；从形而上学思辨到获得真理、构建知识，是一个分类的过程。合言之，只有当对分类与归纳两种方法予以整合运用时，知识构建才成为可能。所以，"类"观念包含的根本方法，是分类和归纳方法，统摄这两种方法的是分析。亚里士多德哲学构建的根本方法，是统摄分类与归纳于一体的分析方法。

六是从"类"观念出发，探求思辨与经验的整合。亚里士多德对"类"观念的展开，自然形成两个方向，即向上的方向和向下的方向：向上的方向，开辟出形而上的思辨理性道路；向下的方向，开辟出形而下的经验理性道路。亚里士多德在这两条道路上做出了三种努力：一是向上，对"类"观念展开形上思辨探索，构建起"第一哲学"；二是向下，建构起政治学和伦理学等实践哲学；三是发掘"类"观念的方法论内涵，创建统摄分类与归纳于一体的分析方法。

第二方面，从类观念出发，发现思想、探求知识的关键在于界说，即思想、知识的关键在于通过对事物的定义来使它呈现"共相"。

所谓**"界说"**（Definition），就是将众多具体的个体事物归纳到大的类中的方法，所以"界说"事物的实质是归纳事物。归纳事物必须分三步走：第一步，对所归纳的事物进行性质定位，对个体的事物确立"类"名；第二步，将个体的事物归纳到这一"类"名中去，使之构成此"类"的所属内容；第三步，再由"类"推向"种"，使之获得"属差"。比如求知"三角形"，第一步是下界说："三角形是三根直线组成的一个平面形"；"平面形"，就是类名；"三根直线"就是"属差"。概括地讲，通过界说，由"类"推到"种"，或由"类"推出"种"，其关键是"属差"，它是使某物成为某"类"之一"种"的根本标志。

第三方面，以类观念为指南，为构建推论体系建立形式与实在之间的桥梁。

赵敦华在《西方哲学简史》中认为，亚里士多德形而上学的秘密是逻辑学，因为它打通了系词"是"通向"是者"的道路。亚里士多德逻辑学中的系词"是"有三个基本功能：首先，它构成判断的联结词。在逻辑学中，一切形式的推论都是以直称的简单判断为基础，它的基本形式是"S是P"：其中，S是主词；P是谓词，只有当主词和谓词获得相宜的联结时，才构成判断，并必须由"是"构成其联结词。其次，它指称主词自身，因为"S是"本身是一个完整句子，它表示主词S是自身。最后，它表示被定义的概念与定义的等同。在逻辑表述中，定义与判断的根本不同体现为语序变换后能否意义等值：在判断中，被表述的概念与表述的概念不能互换语序，因为判断的谓词是表主词的，比如将"花是红的"语序更换成"红的是花"，就破坏了谓词与主词之间表达与被表达的逻辑关系。反之，在定义中，被定义语与定义语之间可更换语序，其语序更换后仍然保持定义与被定义之间的逻辑关系，比如"人是有理性的动物"与"有理性的动物是人"，其逻辑形式由"S是Df"变成"fS是S"，但两个定义的意义却等值。[①]

系词"是"所具有的如上逻辑联结功能，为形式指涉实在架通桥梁，即系词"是"本身具有通向"是者"并敞开"是者"的潜在能力，这种潜在能

---

① 参见赵敦华《西方哲学简史》，第65—66页。

力恰恰与它的三种联结的逻辑功能相对应，即"'是者'的哲学意义是'实体'，而'实体'的每一种意义都可以通过对系词'是'的逻辑功能的分析而得到"①。

亚里士多德创建逻辑学的工作重心，是建立逻辑三段论。

在类观念及其界说规范下，运用判断和定义的逻辑形式揭示定义与实体、实体与属性、第一实体与第二实体的关系，就是探索逻辑的三段论。亚里士多德的三段论，与其"界说"一样，都是其分析方法的具体形式。要言之，界说，是对具体的个体事物的归类，使个体事物与类本身发生关联；三段论，是揭示被归入类中的个体事物与整体之间的内在关联，并通过对其内在关联的揭示来形成对事物的全新认知，获得更新的知识。

syllogism（三段论）一词是希腊词 syllogismos 的音译，亚里士多德借此概念来表述推理模式。他在《前分析篇》中对这一推理模式做了界定："三段论是一种论证，其中只要确定某些论断，另一种不同的论断便必然从那些确定的论断中推出。"（1.1.24b18）② 亚里士多德的三段论推理模式以概念为基本工具：首先，概念构成三段论推理的逻辑起点；其次，概念构建三段论逻辑学的证明理论。仅后者言，亚里士多德是沿着苏格拉底和柏拉图开辟的道路向前的：苏格拉底为揭示概念何以形成而提炼出概念建构的**归纳方法**，柏拉图在此基础上发现了概念的**分类方法**；亚里士多德则在苏格拉底和柏拉图的工作基础上，发现了概念的**证明理论**，建构起证明的原则理论和原则方法。

亚里士多德建立概念证明理论和方法，着手解决两个问题：一是概念证明的类逻辑，包括从高阶向低阶展开的类分逻辑和从低阶向高阶展开的类分逻辑，形成个体与整体以及种与属性之间的界说方法。二是在此基础上构建以系词为联结方式的判断形式和定义形式。比较地看，概念是亚里士多德建构三段论之基本工具和推论的逻辑起点，由系词"是"为联结方式的判断和定义，构成三段论推理模式得以建立的构成要素："因为概念是一切科学研究的起点，因此我们可以说，反过来，对于概念完备的理解——这便是定义——是科学研究的目的。知识恰恰是对事物基础的洞悉，这些内容通过概念被概括出来。

---

① 赵敦华：《西方哲学简史》，第 68 页。
② ［英］安东尼·肯尼：《牛津西方哲学史 第 1 卷·古代哲学》，第 136 页。

'是什么'与'为什么'是相同的。一旦我们把握了事物的原因，我们也就把握了事物的概念。"① 三段论逻辑就是以意义关联的不同定义为要素建构起来的推理模式：

> 所有希腊人是人。（Every Greek is human.）
>
> 所有人终有一死。（Every human is mortal.）
>
> 因此，所有希腊人终有一死。（Therefore，Every Greek is monal.）

　　亚里士多德的三段论，从内容讲，是探索真理、追求知识构建的思想展开的链条；从形式观，是由三个定义（或曰命题）组成的逻辑来推论知识、抉发真理的认知链条。亚里士多德就是这样地从内容和形式两个方面创建起三段论逻辑学，提炼出三段论证明理论："'三段论'是思想的链条，它从一个被预设的事物开始，通过这些链条，必然得到另一些不同于它们的事物。这个原则，即这个过程的最简单的形式，包含了最多两个前提，更准确地说是两个判断，从这两个判断中推演出第三个判断，因此，没有任何一个三段论的结论包含两个以上的前提，这一点并未在这个主题的开始被明确地证明过，但亚里士多德后来指出了它。现在，从给定的两个判断中推演出第三个判断——这只能依赖概念间的关系，而这些概念在给定的判断中还未连接起来。除非有一个中介概念把两个概念连接起来，否则这是不可能的，因此，每个三段论必然包含三个概念，不多也不少，中介概念一边与一个前题中的第一个概念相连，另一边与另一个前提中的第三个概念相连，以这样的方法，第一个概念与第三个概念就能在结论中连接起来。"② 与此同时，亚里士多德的三段论逻辑学也存在如下根本局限。

　　首先，三段论推论是限定在"单个的和严格的思想过程中"，因而只局限于由三个格（6χημ̀ατα）组成的直言三段推论，形成"中项可能是大概念的主词又是小概念的谓词，或者中项是大概念和小概念的谓词，或者中项是大概念和小概念的主词"的这三种可能的推论和证明方式，却没有考虑到"如

---

① ［德］爱德华·策勒：《古希腊哲学史》（第 4 卷上册），第 180 页。
② ［德］爱德华·策勒：《古希腊哲学史》（第 4 卷上册），第 163—164 页。

果……那么"式的假言判断和"或者……可能"式的选言判断这两种特殊的逻辑推论形式。

其次，三段论逻辑的推论前提的最终有效性问题，"尽管亚里士多德坚信由证明获得的知识都加倍地取决于思想中的直接知识和不可证明的信念，但他并不认为这个信念自身是无法得到科学检验的。**一切证明的开端都是不可证明的**——因为它不能从其他原则中演绎出来，或从它自身的原因中演绎出来。然而，它能够在事实中显示自身——即它是这些事实的奠基者，并且这些事实的存在已预设了它。因此，归纳被引入证明系统。在科学思想中我们要区分两条路线：一条是通往原因的，另一条是从原因下降的——即从普遍到特殊，从那些自身确定的东西到对我们而言确定的东西；相反的过程是从个体——即我们最熟悉的东西——到普遍者——即那些在本性上更确定的东西。前一条路线是三段论和科学证明，而后一条路线是归纳。所有知识都是通过这两种方法获得的。那些在本性上无法证明的知识是通过归纳获得的"①。**但归纳本身却存在局限**，这是因为"归纳论证的基础是概念间的一种交互关系，这种交互关系允许全称的肯定的小前提的转换。它假设三段论的小概念和中项具有相同的外延。换言之，一个有效的归纳论证是不可能的，除非一个谓词适用于它谓述的属之下的所有个体（即它能够谓述这个属中的所有个体）。然而，想要找到完全适用于所有个体的谓词是不可能的。因此，任何归纳都是不完美的，而每个建立在归纳基础上的假设都是不确定的"②。

最后，三段论推理逻辑的意愿性努力，是建构一种普遍有效的纯形式的逻辑方法来探求真理、构建知识。但事实上，在三段论的推理逻辑中，定义与证明并非完全等同，这是因为："并非所有能够被证明的东西都能够被定义；例如否定，个体和谓述属性的命题都能被证明，但定义总是普遍的和肯定的，并且它不是关于属性的而是关于实体之本质的。相反，并非所有能被定义的东西都能被证明，……**在任何一个定义中，主词和谓词的内涵和外延都是相同的，以至于表达定义的全称肯定命题总是可以换位。因此，从这个过程来看，我们只能用一物证明与它相同的一物，我们得到的不是一个真正的定义，只是**

---

① ［德］爱德华·策勒：《古希腊哲学史》（第 4 卷上册），第 172—173 页。
② ［德］爱德华·策勒：《古希腊哲学史》（第 4 卷上册），第 174 页。

一个语词上的解释。"① （引者加粗）

5. 逻辑发展及其问题

安东尼·肯尼认为："三段论在事实上只是逻辑学的一片断。"② 三段论之于逻辑学的这种局部取向以及由此形成的根本局限，根源于它对逻辑学的设位。亚里士多德将逻辑学定义为哲学探求真理、创造知识提供可证明的纯形式，即以三个简单的直言判断为基本要素构建起归纳推理方法。当复杂的求知活动被粗糙地置于如此简单的直言判断归纳推理模式之中，两个根本性的问题必然暴露出来并激发逻辑学的发展：一是归纳推理暴露出**归纳方法本身"不可穷尽性"的局限**；二是当把注意力集中直言判断的"命题"时，**必然忽视自然语言本身的问题**。

逻辑的归纳方法　　亚里士多德在《形而上学》第十二卷中指出："有两件事可以公正地归于苏格拉底，即归纳的论证和普遍定义，这二者都是知识的出发点。"③ 苏格拉底寻求普遍定义的基本方法是归纳论证。苏格拉底创建归纳论证方法，基于道德哲学的建构，它围绕人"何以存在？"和"怎样展开存在？"展开，具体地讲，就是关于人"如何认识做人的道理"并"怎样过上有德的生活"的知识论证，亚里士多德将其推广开来运用于对存在的知识论探讨，对实在世界予以"类""种""属"的归纳探讨，然后归纳出"三本原"（形式、缺乏、质料）④、"四因说"（质料因、形式因、动力因、目的因）和形而上学的"是者"实体论。亚里士多德将苏格拉底的主观性、主体性的道德哲学归纳方法改造成客体性、客观性的一般哲学方法，由此使归纳论证方法构成经验主义哲学的方法传统，这一传统获得现代发展的巨大空间，还得益于 16 世纪的弗兰西斯·培根和 19 世纪的斯图亚特·穆勒等人的努力。

弗兰西斯·培根（Francis Bacon，1561－1626）生活的时代，新型资产阶

---

①　［德］爱德华·策勒：《古希腊哲学史》（第 4 卷上册），第 180—181 页。

②　［英］安乐尼·肯尼：《牛津西方哲学史 第 1 卷·古代哲学》，第 142 页。

③　［古希腊］亚里士多德：《形而上学》，第 266 页。

④　亚里士多德的"三本原"即质料、形式和缺乏。其中，质料是运动的载体，它在运动中始终保持不变；形式，决定运动的事物所处的状态；缺乏，决定事物运动所朝向的状态。从本质讲，缺乏也是一种形式，是事物应该有但尚未有的形式。

级兴起，科学革命欲冲破宗教牢笼开辟新的社会繁荣。由于前者，急切需要新的科学，需要技术的革新和改造来提高劳动生产效率，由此形成这个时代热衷于发展自然科学，尤其是技术科学。因为后者，迫切需要哲学为自然科学的发展与繁荣提供新的哲学观、世界观和新的方法论。培根顺应这两个方面的要求，提出"知识就是力量"的理念，并有志于以发现"新的理智世界"为目标，重建新的哲学和知识论。培根认为，真正富有成效的（科学和哲学）知识的探究与发现，一是需要摆脱成见；二是需要采取正确的方法。

人探索新知必须摆脱成见，是因为一切科学知识都必须从不带任何偏见的观察开始，但要做到此并非易事，原因在于人的心灵并不是白板，而是一面给出虚假反映而不是正确映象的失真的镜子。人的心灵的失真来源于某种缠住人的心灵的先在成见，培根将这种先在于人心的成见归纳为四种假想，即**种族假相**（整个种族所共有的成见）、**洞穴假相**（个人所持有的成见）、**市场假相**（主要指应用语言而产生的成见）、**剧场假相**（采纳特殊思想体系所引起的成见）。培根归纳的这四种假相揭示了人求知时的心灵蛛网和思维尘垢，只有有意识地打扫这类心灵的蛛网和清除思维的尘垢，探求新知才可轻装前行。

在培根看来，摆脱成见，只为探求新知具备了主体方面的可能性，要使其可能性变成现实，还必须获得探索新知的方法。培根始终认为，探求新知，首先应具备一种正确的态度和开放的视野，必须把经验和理性、仔细观察和正确推理结合起来、统一起来。因为正确的方法论是建立在经验和理性、仔细观察和正确推理相结合和统一的基础上的。

　　经验主义好像蚂蚁，他们只是收集起来使用，理性主义好像蜘蛛，他们从他们自己把网子造出来。但是蜜蜂则采取一种中间的道路。他从花园和田野里面的花采集材料，但是用他自己的一种力量来改变和消化这种材料。真正的哲学工作也正像这样。因为它既不只是或不主要是依靠心智的力量，但它也不是从自然历史和机械实验中把材料收集起来，并且照原来的样子把它整个保存在记忆中，它是把这种材料加以改变和消化而保存在理智中的。因此从这两种能力之间、即实验的和理性的能力之间的更密切和更纯粹的结合（这是从来还没有过的），我们是可以希望得到更多的东西的。①

能够将经验和理性、仔细观察和正确推理统一起来的正确方法，是科学的归纳方法。为创建这种性质和内涵要求的归纳方法，培根提出如下要求：

首先，必须从系统的观察和实验开始，达到普遍有效的真理，然后再从这个真理出发，通过逐次归纳，达到更广阔的概括。其间切忌根据少数观察而匆忙概括的浮躁，以避免以偏概全的错误。

其次，无论做哪种领域或类型的观察，或无论为了研究或解决哪种性质的问题观察，都必须做系统的记录，并在此基础上将观察得到的有关资料编制成三张表：一是肯定事例表——列举有该性质出现的所有现象，而且这些事例应该多种多样。二是否定事例表——对缺乏该给定本质的事例，同样需要更广泛多样的收集和记载。三是程度表或比较表——对体现或否定该性质本质的正反事例予以不同程度比较，以呈现差异性。

培根指出，做好建构归纳方法的"三表"需要注意三个方面：一是在观察和实验的过程中要"努力来收集许多在数量上、种类上、确定性上或者在某种适当的方式上足够启发理智"的材料，反对谣传或似是而非的经验；二是所收集的材料要能够反映**事物之间的因果联系**，具体地讲，就是收集能反映事物的本质和规律的材料，即能反映事物的内在结构形式规律的材料。三是观察和实验的过程既是一个认识外部自然事物的过程，也是对已有经验的重新唤醒和重新认识的过程。这一双重认识过程的展开，应遵循由浅而深、由低级向高级的思维路线向前推进，决"不能够允许理智从特殊的事例一下跳到和飞到遥远的公理和几乎是最高的普遍原则上去"的做法，他认为，一个人如果"对科学抱着好的希望"，"只有根据一种**正当的上升阶梯和连续不断的步骤**，从特殊的事例上升到较低的公理，然后上升到一个比一个高的中间公理，最后上升到普遍的公理"。②（引者加粗）英国科学哲学史家亚·沃

① ［英］弗兰西斯·培根：《新工具》第一部，箴言，XCV；参见《西方哲学原著选读》（上册），第358—359页。
② 《十六—十八世纪西欧各国哲学》，第43、44页。

尔夫对培根的归纳列表法做了最精确的评价："他的三种表,即使不完整,也已为那些最为重要的比较简单的归纳方法的应用提供了必需的资料。肯定事例表提供了应用契合法所需要的资料;比较表提供了其变化所必需的资料;而肯定事例表和否定事例表的结合应用为差异法和契合差异并用法的应用提供了所需的资料。这是科学方法论研究的一个不小的成就。"①

最后,构建理性归纳推理的逻辑要求。培根将其归纳为四个基本步骤:第一步是制定"三表",第二步是将制定的"三表"予以为分步实施,第三步是对例证的拒绝与排斥,第四步是展开例证归纳,以获得所寻求的某一性质的形式(即本质和存在)。培根认为,科学归纳方法的认识论基础是人类经验,经验来源于人类对自然世界的目的性观察;观察首先来自对自然对象的感觉直观,然后才可进行理性的推断。所以,理性的推断始终建立在感觉直观基础上的。归纳推理应该遵循的基本步骤有五:其一,明确认识的对象。认识的对象只能是自然,"凡是建立在自然上面的东西,都在生长和增加;凡是建立在意见上面的东西,却只是变化而并不增加。"② 其二,清醒认知的起源。人的认知只能来自感官对外部世界的感觉:"人若非想着发狂,则一切的知识都应求之于感官。"③ 其三,观察唤醒感觉(观察是感觉的动力):人的感官对外部世界的感觉的唤醒,是通过观察而实现:"寻找和发现真理的道路只有两条,也只能有两条。一条是从感觉和特殊事物飞到最普遍的公理,把这些原理看成固定和不变的真理,然后从这些原理出发,来进行判断和发现中间的公理。这条道路是现在流行的。另一条道路是从感觉与特殊事物把公理引申出来,然后不断地逐渐上升,最后才达到最普遍的公理,这是真正的道路,但是还没有试过。"④ 其四,实验,这是把理性力量和经验能力结合的方法。只有通过精心的设计和安排的实验,才能真正揭开自然界的奥秘。其五,归纳,这是获得新知的最后力量。因为实验只涉及对已有的经验能力的调动,实验所能解决的问题也只是实验者经验所及的问题,经验之外的问题

---

① ［英］亚·沃尔夫:《十六、十七世纪科学、技术和哲学史》(下册),周昌忠译,商务印书馆1997年版,第716页。

② 《十六—十八世纪西欧各国哲学》第27页。

③ ［英］弗兰西斯·培根:《新工具》,许宝骙译,商务印书馆1935年版,第22页。

④ 《西方哲学原著选读》(上册),第358页。

实验无以为能。所以，实验可以引导人们踏上获得新知的道路，但实验本身不能给人以新的东西，只有当在实验之后，运用理性的力量对实验做出的材料进行分析整理，最后才可能引出科学的结论，形成新知的内容。运用理性的力量对实验获得的材料进行分析整理，需要正确的方法的指导，这一对实验结果进行正确分析整理从而获得科学结论的方法，就是"真正的归纳方法"。其六，以感觉为起步，以经验为动力，以对实验材料进行形式分析和推理的方法，就是科学的归纳推理方法。培根认为，归纳推理方法是关于事物形式规律的把握方法，所有简单的"本质"都可以用甚至数目更少的"形式"或一个终极的"形式"来解释。"人类对物质客观的全部经验、天上和地上万物的总体乃是数目有限的'简单本质'或者甚至数目更少不同结合和置换的结果。"① 所以，真正的富有成效的科学工作就是发现事物的"形式"：发现事物和世界的简单形式，构成培根哲学工作的全部任务，也构成了科学归纳方法的追求目标。

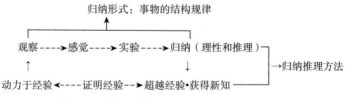

[3-4 培根科学归纳推理方法的构成逻辑]

培根的归纳方法是从主体摆脱成见从客观观察入手来展开科学知识探求的方法，自具内在生成的逻辑，这就是从主体到客体，再从客体到主体，为求知提供了逻辑的思维和规范。与此不同，斯图亚特·穆勒（John Stuart Mill，1806－1873）却是从怀疑入手来建立实证的逻辑归纳方法。

休谟从经验主义的前提中得出对他来说最后的结论。如果人类知识限于印象及其微弱的摹本或观念，自我无非是一束感觉，那么人就没有普遍的知和必然的知识：原因的概念化归为时间上相续的观念，伴随原因的必然性的意识化归为习惯或信仰；精神实体或一物质实体在作为感

---

① ［英］亚·沃尔夫：《十六、十七世纪科学、技术和哲学史》（下册），第713页。

觉的原因而属于虚妄。休谟的思想势必流于偏颇的怀疑论、不可知论和唯现象论，如前所述，这引起强烈的反对，导致英格兰学派常识哲学的发展。但是，由于自然科学的进步和法国实证主义的兴起，十九世纪中叶经验主义观点又在英国思想界占有主要地位。这种观点以休谟和哈特莱的学说为基础，在约翰·斯图亚特·密尔的《逻辑》中达到顶峰。虽然这位思想家没有摆脱他极为敬慕的奥古斯特·孔德的影响，却有传统的英国学派的领导人，诸如他父亲詹姆斯·穆勒（1773—1836）和耶利米·边沁（1748—1832）等，作为他思想上的前辈，而且在孔德的著作问世以前，他已经有了倾向性。的确法国的实证主义和晚近的英国的经验主义有许多共同之处，这足以使某些历史学家认为后者是孔德运动的一个支派。二者有共同的思想倾向为特征：它们都强调事实和科学方法的价值，在原则上反对形而上学；目的都是要进行社会改革，以人类幸福和发展为伦理理想。但是实证主义者注意专门科学的方法和结果，致力于人类知识分类和系统化；而英国人则遵循其学派的传统，以法国人所忽视的心理学和逻辑为出发点，在那里寻求问题的解决。①

梯利对休谟到穆勒的内在进路作的评论，颇为中肯。古希腊的怀疑论传统经过休谟的发酵，成为一种内在的哲学方式。进入 19 世纪，其怀疑的理由集中在相联系的两个根本问题上：第一个问题，是不是如康德所认为的那样，自然主义必不屈从于理性？第二个问题，人的心理学是不是必不屈从于内在的理解而自治和明显自发性的道德心理学？如同约翰·斯科卢浦斯基所说那样，这两个问题是穆勒与德国浪漫主义的柯勒律治所共享的，也是能够引导人们进入他的《逻辑体系》（System of Logic）的路径。

首先，穆勒的如上怀疑实源于休谟思想的激励。休谟作为一怀疑论者，其怀疑从两个方面展开：第一，他从经验主义出发，为知识的标准是站不住脚的观点进行辩护；第二，他从关于人的心灵的经验观察出发，得出心灵被形而上学家错误解释的结论。休谟的如上怀疑直接地源于他的自然主义立场：

---

① ［美］梯利：《西方哲学史》，葛力译，商务印书馆 2001 年版，第 564 页。

"那些以理性为主导的人总会被引向困惑，而怀疑论就是从这些困惑中产生的。依靠理性保证我们的信念，当理性证明自身的无力时，我们就会陷入怀疑和惊恐之中。"① 在休谟看来，理性的有限在于人类用习惯和本能来指导生活的观念，而这类指导人类生活的习惯和本能却根源于人的感官和知觉天赋。天赋的感官和知觉能力构筑起人类心灵的原初图景：休谟从自然科学出发把心灵的内容区分为"印象"（impression）和"观念"（ideas），前者相当于人们所说"感觉"和"知觉"，后者相当于人们所说"概念"或"意义"。区别印象与观念的根本方面，是它们各自的"强烈程度"和"生动程度"：印象通过感觉获得，在接受的过程中总是显得生动和强烈；印象只有得到保持时才可生成观念，这个被保持的过程即其生动性和强烈性程度渐弱的过程。所以，"没有印象就没有观念"的认知构成哲学的出发点。由印象触发生成的观念有简单与复杂之分，"我们所有第一次出现的简单观念都源自简单印象，简单观念与它们准确表征的简单印象相符合"；而"复杂观念来自简单观念；因此所有的观念都可以被追溯到它们所源自的印象。除了印象，没有一个表达观念的术语是有意义的，通过印象可以了解观念的意义。可以说，一切被言说的事物的意义存在于感觉或经验内容之中"②。休谟以此认知为基础建立起来的意义理论，将他引向一个新的方向，即他把所有有意义的命题分为"经验的"和"逻辑的"两类：前一种命题的意义源于经验，后一种命题却只谈论**观念之间**的关系。

> 人类理性或研究的一切对象可以自然地分为两类，就是**观念的关系**（Relation of Ideas）和**实际的事情**（Matters of Fact）。属于第一类的有几何、代数和算术诸科学；总而言之，任何断言，凡有直觉的确定性或解证的确定性的，都属于前一种……这类命题，我们仅凭思想作用就可以把它们发现出来，并不必依据于在宇宙中任何地方存在的东西。……实际的事情……就不能在同一方式下来考究，我们关于它们的真实性不论

① ［英］罗杰·斯克拉顿：《现代哲学简史》，陈四海、王增福译，南京大学出版社 2013 年版，第 120 页。

② ［英］罗杰·斯克拉顿：《现代哲学简史》，第 122 页。

如何明确，而那种明确也和前一种不一样。各种事实的反面总是可能的，因为它从不会包含任何矛盾。①（引者加粗）

休谟首先表达了经验认知的可靠性；其次揭示了知识与真理之间的或然性，即知识的唯一选择方式并不一定产生必然真理；最后指出经验构成任何知识的源泉。休谟认为，一切事实命题中表达的观念最终根源于产生它们的印象，不可能去求得任何方式的先天的证明。由此三个方面的规定，无论源于经验的命题之间，还是源于逻辑的命题之间，其"因果关系只存在于不同的事件之间。如果 A 是 B 的原因，那么 A 就是一个与 B 不同的事件。因此，不能识别 B，也是可能识别 A 的。但是，如果 A 和 B 是可以各自被识别的，我们则不能由 A 的存在推论出 B 的存在：两者之间只能是一种事实关系。表达事实的命题总是偶然的；**只有那些表达观念关系的命题才是必然的**。如果 A 和 B 之间具有一种观念关系，那它们之间或许会有必然联系，如同 2+3 与 5 之间具有必然联系一样。但是，像 2+3 不同于 5 一样，在这种情况下 A 和 B 并不是完全不同。作为不同存在之间关系的因果关系的本性排除了必然联系的可能性"②。不同对象与事件之间的关系总是偶然的，不存在从过去到将来的必然推论。由此，总是明显地有规则地发生并顺从我们所说的自然法则的事件不可能发生，犹如"明天太阳或许不会升起"一样。穆勒接受休谟这一基本的归纳逻辑思想，并在《逻辑体系》中予以更为明确而系统的阐述。

穆勒的《逻辑体系》由两部分内容组成：在第一部分（第 1—2 章）中，穆勒提出一套重建了演绎和归纳推理的形式逻辑体系，亦分析体系。在第二部分中，穆勒着重处理自然科学和社会科学的方法论，具体围绕自由论和决定论的分析而展开，实际上是将第一部分建立起来的演绎和归纳推理的逻辑方法用来讨论社会逻辑的问题，探求其知识构建的逻辑与社会建构的逻辑达于统一何以可能。从这个角度看，穆勒的逻辑学，既是传统意义的狭义的逻辑学，也是现代意义的广义的逻辑学，但后者是建立在前

---

① ［英］罗杰·斯克拉顿：《现代哲学简史》，第 122 页。
② ［英］罗杰·斯克拉顿：《现代哲学简史》，第 125 页。

者基础上的。

休谟基于自然主义立场和怀疑主义认知论，发现归纳推理并非"必然的联系"，因为它是建立在特殊性和或然性基础上的，为此予以经验主义和心理主义探讨。穆勒却认为逻辑的证明，只能从特殊到特殊。"在三段论中作为大前提的一般命题只是对许许多多特殊观察材料的一种速记，它使得向结论的过渡容易进行并加以检验。思想中涉及的所有一般原则，甚至数学公理，都被看作是以这种方式从经验中得到的；所以对它们的普遍有效性的断言是存在着来证明其有正当理由的必要的。在归纳中，主要的推理是达到新的特殊，而不是达到一般的陈述或规律。"① 在穆勒看来，**"只有当我们能够在现象间发现一种因果联系时，达到一般规律或达到新的经验殊例的严格的归纳推理才有可能。但是，普遍的因果律，依他的观点，本身乃是一个来自许多殊例的推断。因此，它是由归纳推理建立起来的，然而与此同时，一切归纳推理又都依赖于它。穆勒试图消除这种矛盾，主张这条一般真理，即因果律实际上本身是通过归纳达到的**，但却是通过归纳的一种较弱的形式即被称为简单枚举（per en. umeratio-nem simplice）的形式达到的，在这种形式中因果律本身并没有被假定。"② （引者加粗）安东尼·肯尼曾指出三段论不是一个真正的推理③，按穆勒的观点，"所有的推理都是从个别推导个别。全称命题只是这些已出的推理的记录者和可资做更多推理的简短公式。因此，三段论的大前提就是这个摹状词的公式；结论并非是从公式那里推导出来的，而是一个依据公式导出的推论；真正的逻辑前件或前提是全称命题通过归纳收集起来的个别事实。"④ 在穆勒看来，枚举归纳才是基本的归纳，它构成推理的唯一根本方式，它可以使我们掌握新的真理。⑤ 基于枚举归纳，穆勒将推理分为"言语的推理"和"真实的推理"两类，认为言语的推理不能推论出任何有关世界的新知识，因为语言知识足以使我们能够从前提推导出结论来，比如

---

① ［英］威廉·R. 索利：《英国哲学史》，段德智译，商务印书馆 2017 年版，第 232 页。

② ［英］威廉·R. 索利：《英国哲学史》，第 233 页。

③ ［英］安乐尼·肯尼：《牛津西方哲学史 第 4 卷·现代世界中的哲学》，第 111 页。

④ ［英］安乐尼·肯尼：《牛津西方哲学史 第 4 卷·现代世界中的哲学》，第 111 页。

⑤ ［新加坡］C. L. 腾主编：《19 世纪哲学》，刘永红、陈嘉贵等译，中国人民大学出版社 2016 年版，第 109 页。

"伟大的将军中没有一个是鲁莽之人"。言语的推理的"前提和结论说的是同一回事儿。真正的推理出现在当我们推导出一个真理而结论不包含在前提当中之时"①。穆勒对推理作如此的类型归纳，既揭示了语言与归纳推理之间的真实性的隐蔽关联，也突显出语言与逻辑的有效性的内在关联。正因如此，逻辑的语言问题越来越受到广泛的关注和探讨。

逻辑学的语言探讨　　亚里士多德逻辑学呈现出来的归纳和语言方面的局限，在亚里士多德之后最先受到关注的是语言问题。这大概与亚里士多德在《前分析篇》中曾探讨过从模态（例如"可能""或许""可以""一定""必然"）命题来构建三段论的可能性但最终未得成功有关。亚里士多德思考语言的模态问题未得成功的原因或如尼勒（William Kneale，1906 – 1990）所说："如果模态词修饰谓项的话，那就没有必要设立一种模态三段论的特殊理论了。因为，这些只是普通的实然三段论（assertoric syllogisms），只是其中两个前提有特殊的谓项。另一方面，如果模态词修饰所依附的命题陈述的话，那就没有必要设立一种特殊的模态三段论式了，因为确定模态陈述之间逻辑关系的法则是独立的，是不受由模态词主导的命题的品性影响的。"②模态逻辑的必要基础是对命题不加分析的逻辑，这就是斯多亚学派所发展的那种逻辑学。斯多亚学派的逻辑学将语言"语义、能指、议题"三者联结起来考察。③

　　进入中世纪，逻辑学的语言问题在神学家奥古斯丁（Saint Aurelius Augustinus，354 – 430）那里获得进展。奥古斯丁坚信语言常规的确立为人类预告设定了一致性，因为语言是自然的、先在的，并且自然的和先在的语言是习得的，所以"词语的意义并不是作为老师的人所教的东西，而是内在于我们的教师，他的寓所在天上"。奥古斯丁认为整个语言习得过程是从小孩子语言前努力表达自己的感觉和需要开始的。奥古斯丁关于"用哭叫、用各种声响、用四肢的动作，我表达出我内心的感受，让我的意愿得到满足"④的事实

---

　　① ［英］安乐尼·肯尼：《牛津西方哲学史 第 4 卷·现代世界中的哲学》，第 110 页。

　　② Kneale，W. C.，and Knele，M.，*The Development of Logic*，Oxford：Clarendon Press，1962，p. 91.

　　③ ［英］安乐尼·肯尼：《牛津西方哲学史 第 1 卷·古代哲学》，第 163 页。

　　④ ［英］安乐尼·肯尼：《牛津西方哲学史 第 2 卷·中世纪哲学》，第 133、132 页。

被维特根斯坦特别强调，他指出："词语与感受之原始的、自然的表达方式密切相关而且被用于适当的场合。"① 波伊提乌（Anicius Manlius Severinus Boethius，480－524）在此基础上进一步关注逻辑与语言的关系，指出"整个逻辑艺术与语言相关"。波伊提乌的学生鲍菲利（Porphyry，约233－309）在《逻辑学导论》中提出一种谓项（predicables）理论，发现一个谓词（predicat）相对于一个主词（subject）所形成的关系的种类，将谓项归纳为种（species）、类（genus）、特异属性（differeraia）、固有属性（property）和偶然属性（accident）五种类型。描述这五种谓词的术语虽然是亚里士多德《论辩篇》（*Topics*）中所用的术语，但鲍菲利的谓项理论区别于亚里士多德的范畴的根本方面，是它能够帮助人们在范畴的内部构建分级系统。②

12世纪初期，逻辑学家阿伯拉尔（Pieter Abelard，1079－1142）在其《逻辑论证》中进一步揭示逻辑与语言的关联，指出"逻辑是语言的艺术（arts sermocinalis）。像语法一样，逻辑处理的是词语，是被认为有意义（sermones）的词语，而不是作为声音（voices）的词语。所以，倘若我们欲使逻辑令人满意，那么我们必须从对语言的语法成分令人满意的描述开始，诸如名词和动词等"③。在阿伯拉尔及其同时代的逻辑学家看来，最亟待解决的根本逻辑问题却是普遍存在的问题，语词、概念促使我们能谈论事物，是因为"词语确实意指普遍存在，这在于语词是普遍概念的表达。但是，它们并非以意指世界上个体事物的方式意指普遍存在"④。由此，逻辑的"名实"问题催生出称谓理论，形成唯名论和唯实论两种取向。但无论是唯名论还是唯实论，"均依靠对一个词语所指之不充分的分析。词语以两种方式意指：它们意味着某物，它们还表达思想"。比如，如果我们抛开普遍的名词"人"，就没有普遍的人。

逻辑学的称谓理论的核心问题是名实问题。从思想发展史观，名实问题是始终伴随哲学的存在论问题，它在近代进程中敞开为语言与实在、语言与思想、语言与知识等各种关系的性质的研究，即研究这些关系性质涉及从形

---

① 《哲学研究》（*Philosophical Invesrigations*）I. 244。
② ［英］安乐尼·肯尼：《牛津西方哲学史 第2卷·中世纪哲学》，第137—138页。
③ ［英］安乐尼·肯尼：《牛津西方哲学史 第2卷·中世纪哲学》，第141页。
④ ［英］安乐尼·肯尼：《牛津西方哲学史 第2卷·中世纪哲学》，第145页。

式上处理语言哲学的方法，具体地讲，就是如何将逻辑上的理想语言看作意义理论和知识论的基础。①笛卡儿认为一切语言背后存在着一种普遍语言，这种普遍语言代表着人类理智的形式。莱布尼茨（Gottfried Wilhelm Leibniz，1646－1716）将这种人类理智形式理解为具有纲领性质的方法，揭示这种作为哲学语言的一般框架的"普遍语言"（characteristica universalis）需要实现三个目的：一是作为一种国际性的辅助语言，促使不同国家的人能够相互会话和交流；二是作为一种符号化系统或表意符号的"结合的艺术"（ars combinatoria），能够对科学中可能产生的一切实际的或可能的概念做出逻辑分析；三是这种普遍语言包含一种理性演算和有效论证的完备系统，通过研究已知之物的结论或蕴含，可以把它当作知识的工具。②只要有一种能满足此三个目的的普遍语言，就可以再发展出一种统一的科学百科全书。因为普遍语言作为一种真实的语言（characteristica realis），就是一种表象系统，这种借用普通语言呈现的表象系统就是一种认知纲领，通过这一认知纲领可以发现并把握世界万物的内在性质，引导人们对实在做出推理。③

莱布尼茨设想的"普遍语言"纲领由两个基础部分构成，一是构造一种结合的艺术；二是理性演算。以普遍语言为纲领来构造一种"结合的艺术和理性演算"，必然牵涉出自然语言背后隐藏的语法观念，并为形式化的人工语言作为一种可普遍化的科学语言开启了可能性。19 世纪兴起的新科学和数学上更为抽象的代数记号的发展，推动人们逐渐关注如何把理性演算构造成一种形式化的逻辑系统，使之不受自然语言影响地运用于不同的话域。数学家乔治·布尔（George Boole，1815－1864）创立的布尔代数昭示：代数公式既可用来表达命题之间的逻辑关系，也可用以呈现概念或类之间的逻辑关系。布尔指出，用于数字的乘法和加法运算，与用于命题或概念的合取和析取运算，以及用于类的交叉和合并运算，虽然方法不同，却存在着结构上的类似。把这种类似发展成一种抽象演算的数学系统，就为既为计算机的发展提供了

---

①　［加］约翰·V. 康菲尔德主编：《20 世纪意义、知识和价值哲学》，江怡等译，中国人民大学出版社 2016 年版，第 41 页。

②　［加］约翰·V. 康菲尔德主编：《20 世纪意义、知识和价值哲学》，第 42 页。

③　Cohen，J.，"On the Project of a Universal Character"，*Mind*，1954（63），p. 50.

基础，也为语言哲学中各种开放性生成的形式化工作提供了代数基础。虽然布尔逻辑的代数演算完全不同于传统三段论中直言主谓命题的语法规则，但后者可通过前者得到解释。①

德国数学家和哲学家弗雷格（Gottlob Frege，1848－1925）却发现另一种不同的方式来"处理自然语言语法上的主谓结构"及其思想的方法。他在《概念文字：基于算术模式为纯粹思想而构造的形式语言》中用最新发展的函项理论来解释"a"是"F"这种形式的主谓句子，从形式表达和解释两个方面阐释了比布尔代数所表达的更为根本的谓述关系，由此为一般的关系逻辑提供了认知和分析的一般框架。这种以函项理论解释述谓关系所形成的认知和分析的一般框架呈现两个方面的特征和普遍性张力。

首先，这一述谓关系"不仅把函项论证分析用于这些基本的主谓形式，而且还把它用于传统三段论的直言命题形式。正是这样一种分析，带来了对自然语言中量词短语结构的全新认识，这些短语以这样的词开头：'所有'、'每个'、'某个'、'有一个（一些）'。为这种短语提供一种恰当的分析始终是中世纪语法学家和逻辑学家们的主要问题，而只有弗雷格的理论才终于开始对这个问题有了真正的解决"②。这种对自然语言句子的形式分析方法，既等于在逻辑上清晰地表达了由这些句子的内容所决定的真值条件，又能较为容易地运用于推理规则，更可用于对逻辑演绎和形式有效性概念做出严格分析。弗雷格认为，概念文字"不仅仅是一种理性演算，而是一种莱布尼茨意义上的普遍语言"③。很明显，弗雷格的目的不只是构建一种抽象的演算方法，而是要构造"一种逻辑上完善的语言"，为数学语言和科学语言提供认知和分析的"一般框架"，并以此建立一种概念分析的工具，以促进数学理论与科学理论的形式化发展。正是基于此双重目的，弗雷格才坚信概念文字与日常语言或自然语言之间的关系，如同显微镜与眼睛之间的关系：使眼睛优越于显微镜的是"它可能的使用范围以及它能够适应大多数不同环境的灵活性"，并

---

① ［加］约翰·V. 康菲尔德主编：《20 世纪意义、知识和价值哲学》，第 43 页。

② ［加］约翰·V. 康菲尔德主编：《20 世纪意义、知识和价值哲学》，第 44 页。

③ Frege，G.，*Conceptual Notation and Related Articles*，ed. and trans. T. W. Bynum，Oxford：Oxford University Press，1972，p. 90.

且，"只要科学的目的是要求更为精确的解决方法，眼睛就被证明为是不够用的了"。① 正如显微镜是"完全适用于"科学上更为精确的视觉方法的手段，概念文字也是"为了某种科学的目的而设计出来的手段，人们一定不能由于它不适用于其他目的而去谴责它"②。

其次，弗雷格的函项理论建构起一种通常被称作"意义的构成性法则"。这个法则涉及情态和内涵动词的内容与自然语言相冲突，特别是包括那些被用来赋予某些知识、信念或欲望（即命题态度）的动词的内容。为此，弗雷格区分了一个表达式（即句子）的含义（Sinn，即内涵）和指称（Bedeutung，即外延）：弗雷格将其表达式的含义称作思想（Gedanke），它指涉（作为抽象对象的）命题，而不是思维的心理片断。将其表达式的指称看作真值（即或真，或假）。当把这个构成性法则应用于指称（外延）时，就规定了一个句子的指称（外延），即这个句子的真值构成这个句子的表达式的指称（外延）函项；把这个构成性法则应用于含义（内涵）时，它就规定一个句子的含义（内涵）；或者，它所表达的思想（命题）就是那些相同组成的表达式的含义函项。③

弗雷格认为，关于算术的真正哲学问题需要解释。为此，他扩展了概念文字以及包括一种表现概念外延的手段④，这就是把 *spiritus lenis*（字母上面的逗号）用作不带变项的抽象算子，这就将"一个开语句公式转变成一个指称由这个开语句公式所表达的概念的外延的抽象单称词"。这种手段的应用就是自然语言的名词化过程的形式对应物，这个过程使得简单的或复合的谓词表达式被转换为一个抽象单称词。弗雷格关于概念文字中用活灵活现的抽象算子表达的名词化过程，实际上隐含着罗素悖论。罗素悖论应用于抽象的诸如

————————

①　Frege, G., "Begriffsschrift: A Formula Language, Modeled upon thatof Arithmetic, for Pure Thought", J. van Heijenoort, ed., *From Frege to Goedel*, Cambridge, Mass.: Harvard University Press, 1964, p. 6.

②　Frege, G., "Begriffsschrift: A Formula Language, Modeled upon thatof Arithmetic, for Pure Thought", J. van Heijenoort, ed., *From Frege to Goedel*, Cambridge, Mass.: Harvard University Press, 1964, p. 6.

③　[加] 约翰·V. 康菲尔德主编：《20 世纪意义、知识和价值哲学》，第 46 页。

④　Frege, G., *The Basic Laws o f Arithmetic*, trans. and with an introductionby M. Furth, Berkeley: University of California Press, 1964.

"概念 F"之类的单称词时，不考虑这个词是否被理解为指称了概念的外延或内涵。在这里，罗素通过概念的内涵理解这个概念本身，"这就说明了为什么罗素悖论可以表述为那些并非自身的元素的类的类，或者表述为并非属于自身的概念的概念。因此，在并非属于自身的概念的概念方面：罗素认为，这个概念或者属于自身，或者不属于自身。如果它属于自身，那么，根据对这个概念的定义，它就不属于自身；如果它不属于自身，那么同样根据定义，它就属于自身，由此就产生了既属于自身又不属于自身的矛盾。"① 为解决这一悖论，罗素耗时多年，尝试各种解决方法，最后根据逻辑类型论予以解决。罗素建立逻辑类型，是为自然语言中有意义的东西设定限制，虽然这种设限一直受到各种严厉批评，但它以各种不同形式成为语言哲学中许多形式工作的主流方法；另一方面，这一逻辑类型论方法虽然并没有为弗雷格的概念文字的述谓理论增加更多的东西，但它为避免悖论而构建起一种方法，即把以名词化的谓词作为抽象单称词的弗雷格二阶逻辑中的谓词表达式区分为不同类型的等级。

罗素把他的类型论看作"逻辑上完善的语言"的框架，这种语言实际上是指"一眼就能看出用它的方法所描述的那些事实的逻辑结构"②，这就是"我们希望用我们所能理解的命题方式说出的任何东西，都可以用这种语言说出来，而且，结构也总是可以用这种语言得到清楚的表达③。罗素认为，要使逻辑类型论成为这样一种语言，需要对应于自然科学，包括日常语言中有意义的语词和非逻辑的短语的描述常项词汇。④ 然而，"纯粹数学常项不同于自然科学中的常项，它们并不需要被补充到这个框架之中"，因为在罗素看来，"纯粹数学的知识可以解释为逻辑知识——这个观点以逻辑主义著称——特别是，纯粹数学的知识可以解释为能够用独立于任何描述常项词汇的逻辑

① ［加］约翰·V. 康菲尔德主编：《20 世纪意义、知识和价值哲学》，第 49 页。
② Russell, B., *The Philosophy of Logical Atomism*, ed. and with an introduction by D. Pears, La Salle, Ill.：Open Court, 1985.
③ Russell, B., *My Philosophical Development*, London：George, 1959, p. 165
④ Russell, B., *The Philosophy of Logical Atomism*, ed. and with an introduction by D. Pears, La Salle, Ill.：Open Court, 1985, p. 58ff..

类型加以证明的命题知识"。[1] 作为彻底的经验主义者，罗素坚持认为我们关于世界的所有经验知识都必定能够还原为我们关于经验所给予的事物的知识，即"我们关于世界的所有经验知识"一定可以在逻辑类型论的框架中从最低层次的对象那里构造出来。正是通过这个"类型框架"中的逻辑构造，在物理科学的世界与感觉的世界之间架设起互通的桥梁具有可能性。因为感觉材料是我们一切经验知识中"无法否认地包含的"实体，对这种知识的"唯一可能的辨明"就"一定是把问题从感觉材料构造一个逻辑结构的东西"。[2] 虽然罗素给出了诸多例证来说明如何得到这种构造，但卡尔纳普（Paul Rudolf Carnap，1891 - 1970）却使用简单的逻辑类型论框架——以及某种关于经验结构的经验科学，诸如格式塔心理学——最为详尽地分析了我们如何可能用经验中给定的东西去重新构造我们关于世界的一切知识，特别是所有的科学概念都可以被分析或还原为某些应用于经验中给定内容的基本概念。[3] 卡尔纳普运用各种感觉模态词来构造关于知觉对象的四维时空世界，在这一四维时空世界中，知觉对象及其所具有的各种感觉属性只是暂时有效，它"必须让位于严格清晰但却完全没有属性的物理世界"[4]。

---

① ［加］约翰·V. 康菲尔德主编：《20 世纪意义、知识和价值哲学》，第 52 页。

② Russell，B.，*Our Knowledge of the External World*，London：George Allen & Unwin，1952，p. 106.

③ Carnap，R.，*The Logical Structure of the World*，trans. R. George，Berkeley：University of California Press，1967.

④ Carnap，R.，*The Logical Structure of the World*，trans. R. George，Berkeley：University of California Press，1967，p. 207.

第4章 生存规则的逻辑

在人的存在世界里，除知识和思维两大领域外，逻辑呈现的重要方式是**生存规则**。生存规则是普遍性的，呈相对稳定态，具有超时空性。德国哲学家尤利安·尼达－鲁莫林在其《哲学与生活形式》中指出："我们生活世界的描述性和规范性导向性知识彰显了一种**超越时间**的令人惊讶的恒定性，它不会随着时间推移而变得陈旧；不适用于系统观察法的原因在于，我们生活世界精神特质、素质、意向等的相互依存构成了我们日常的和科学的互动实践，就是说，构成了我们的**生活形式**，无论20世纪之交以来心理学发展成为经验科学或神经生理学的最新发展，均没法影响'我们的论证框架'所发挥的作用。而我们的论证游戏并非是一成不变，不存在着任何**基本的不一致**，不存在着优秀命题的层级，无论是日志记录，还是自我意识或理性假设，所有别的一切均基于其上，它们均是我们所有论证唯一的依据。"[1] 这个超越时间和空间并且始终处于恒定状态的"依据"，就是影响我们日常生活与科学互动的生存规则，它隐匿于存在世界和生活世界之中，并构架起存在世界**通向**生活世界和生活世界**回归**存在世界的桥梁。生存规则对逻辑的呈现，不仅具有对知识和思维的综合取向，也关联自然存在和环境敞开的维度。讨论生存规则的逻辑既要涉及知识和思维，也要涉及自然、环境和生命。

---

① ［德］尤利安·尼达－鲁莫林：《哲学与生活形式》，沈国琴、王鸷嘉译，商务印书馆2019年版，第47—48页。

一 生存规则的一般认知

94. 但是我得到我的世界图景并不是由于我曾确信其正确性，也不是由于我现在确信其正确性。而是流传下来的背景，基于此背景我分辨真与伪。

105. 有关一种假设的一切检验、一切证实或否证都早已发生在一个体系之中。这个体系并不是我们进行一切论证时所采用的多少带有任意性或者不太可靠的出发点，而是属于我们称之为论证的本质。这个体系与其说是论证的出发点，不如说是赋予论证以生命的要素。①

维特根斯坦的"我们的世界图景"，就是我们存在于其中感受得到的生活世界，我们感受到的生活世界与生活世界的**背景**是有区别的：人所感受到的生活世界是具体可感的和能够描述的世界，它具有形态学的呈现形态和呈现方式；人感受到的生活世界的那个背景，是指非具体可感的、不能为之描述的、无形态学特征的、隐藏于人所感受到的生活世界背后的世界，它构成了我们感受到的生活世界的**背景和框架**。这个世界，就是我们赖以存在于其中的本体世界的突显型式，它实际地构成其生活世界的框架。

[4-1 生活世界的存在框架]

生活世界居于由存在的本体世界所生成的这一隐而不显的存在框架之上，既避免了沉沦，又获得显现自身的各种可能性。因为，我们感受到的生活世界始终是变化的，是易逝的，支撑其感受到的生活世界的那个背景世界却是不变的、恒定的。构筑起这个恒定不变的背景世界的内在因素，维特根斯坦称其为可以帮助我们"分辨真与伪"并"证实或否证"的体系，这个体系就

---

① ［奥］维特根斯坦：《论确实性》，法兰克福 1984 年版。引自 ［德］尤利安·尼达－鲁莫林《哲学与生活形式》，第 21 页。

是本章所要讨论的生存规则系统，它自具生成与扩张的逻辑。

1. 何为"生存规则"？

概念的界定　　讨论生存规则的前提，是定义"生存规则"概念以呈现其自身内涵和指涉范围及功能边界。界定"生存规则"，须先理解"生存"。

生存既相对存在者言，也相对存在言。

相对存在者言，生存属存在者，是存在者的生存，比如，猪的生存是相对"猪"言，牛的生存是相对"牛"言。存在者构成生存的主体，没有存在者，必无生存。此其一；其二，存在者始终是可数量的，落实在具体的存在语境中，存在者始终是"这一个"或"那一个"、"这一群"或"那一群"的个体，所以，生存始终呈**个化**形态、具个化诉求。

相对存在言，生存是存在敞开态：存在敞开自身，即生存。要理解生存乃存在之敞开，需要定义存在与存在者的关联性质：相对存在者言，存在是存在者的整体呈现；相对存在言，存在者是存在的具体呈现。所以，**存在敞开的位态，就是生存**；反之，生存是存在敞开的具体位态和个化形式。因为存在之为存在，它是整体的，也是自足的，它是它自身，或可说它是整体的、完全的存在者。所以，存在既是非境遇的存在，也是非情境、非语境的存在。与此不同，存在敞开生存，一定所属存在者，更是境遇性、情境化和语境性的。

存在与生存，之所以有如此区分，是因为存在是整体的、自足的存在，它是它自身，所以它既不需要规则，也不会发生规则。**规则只发生在生存领域，只有生存才需要规则**，因为**生存只相对存在者而产生**，存在者始终是**个化的**。个化的存在者之生存敞开的具体状态，就是生活，生活之于任何存在者言，都是境遇性、情境性和语境性的，境遇性、情境性、语境性构成生活的感性之质。由个化的存在者所占据和主导的生存世界，始终既是境遇性的，也是情境性和语境性的；而境遇性、情境性和语境性始终滋生生变，敞开留驻，规则虽然因为个化存在敞开生存及其境遇性、情境性和语境性所致，但它本身却要冲破个化存在的境遇性、情境性和语境性，超越其生变而驻守稳态和不变，只有如此，它才可获得普遍的指涉功能。为此，需要理解"规则"。

规则是指"各种成文或不成文的、言明或未言明的指南、规范、要求、期望、习俗、法律"①

所谓规则，是对应于社会动物而言，为协调个体、自然、社会之间，对内或对外的各类关系，以维护共同利益而形成的基本约定。②

规则是指具体规定权利和义务以及具体法律后果的准则，或者说是对一个事实状态赋予一种确定的具体后果的各种指示和规定。③

在判断一个人的行为是否疏忽大意或有过失时，我们并不要求他采取所有可能的谨慎行为。我们的检验标准是，他是否像一个理性的人那样行为，而这又决定于他的行为是否符合普遍的实践，即习惯。④

对于规则，人们习惯性地从人的群化生存角度审视，或将其视为伦理或政治意义上的正义，或将其看成具有政治意义的制度，或以为其是规律或以规律为准则的行为规范，或认为其是历时性形成的习惯。泛泛而论，如上内容确实可用规则来指称。若逾其感觉经验而进入理性审视，如上意义的规则、规律、规范、习惯等，仅是规则的具体呈现形态，而非规则本身。

本著讨论的规则，实是超越伦理、政治、法律、制度等但又统摄伦理、政治、法律、制度的那种用以称谓那些选择或决定规则的规则，它是居于由伦理、政治、法律制度等生发出来的规律、正义、规范、习惯等所有其他规则之上的更具抽象性并体现更高水准的概括性、统摄性的规则。杰弗里·布伦南和詹姆斯·M. 布坎南在《规则之理：宪政经济学》一著中用 meta-rules 指称它，将其译成汉语即"元规则"：元者，乃初始、首要和根本之义，元规则既指最初的规则，也是首要的规则，更指根本的规则，合言之，它是一切规则的规则，是运行于人的生活世界的所有规律、原理、原则的法则。吴思曾将元规则定义为"所有规则的设立，说到底，都遵循一条根本规则：暴力

---

① ［美］天宝·格兰丁、肖恩·巴伦：《社交法则：以孤独症解析社交奥秘》，张雪琴译，华夏出版社 2020 年版，第 1 页。
② 丹溪草：《人类命运：变迁与规则》，知识产权出版社 2020 年版，第 42 页。
③ 张文显：《规则·原则·概念——论法的模式》，《现代法学》1989 年第 3 期。
④ ［美］约翰·奇普曼·格雷：《论习惯》，马得华译，《山东大学学报》2005 年第 2 期。

最强者说了算。这是一条元规则，决定规则的规则"①。但吴思讲的"元规则"仍然不是真正意义的元规则，因为"最强者说了算"这条规则是人定的，是强权主义的人力规则，是对规则的强权或强暴，就其本质言，这是对元规则的解构。

关于规则，哈贝马斯有一个基本观点，即任何规则都不能规定它自己的运用。② 哈贝马斯的规则思想，虽然是从人的交往性生存入手的，却暗示了规则的本质：**规则不规定自己，也不规定自己的运用**，这意味着规则的客观性。对于客观性，我们常常指主体的不参与性，亦或主体的参与也要避免主体性渗入。这种对客观性的理解和定位，实属价值层面。真正意义的客观性与价值无涉，是事实。黑格尔曾说自然规律"是准确的，只有我们对这些规律的观念才会错误，法律是被设定的东西，源出于人类"③。源于宇宙自然、存在世界的生存规则的客观性，在于它本身是存在事实，具有完全的确定性和不可改变的稳态性；而源于价值或接受价值规训的客观性，既未阻断与主体的关联，也不可能避免主观性渗入，因为价值本身是人为设定。真实的客观性之所以能阻断主体并避免主观性渗入，是因为它源于事实，是事实的存在敞开位态。事实虽然可能产生价值，也可能从事实上挖掘出价值，但事实始终先于价值，并超越价值，因为事实是自在的。比如一棵树、一头牛、一座山峰、一湾江水，或一片蓝天、一缕云彩，以及一个行为、一张笑脸等，都是事实，哪怕这些事实蕴含某些价值，或可以注入某种价值，比如，可以将蓝天或云彩入诗，或者解释这个行为存在善与恶的取向，或者那张笑脸是何等的灿烂或美丽，但这些都是事实之**后续性**内容，是人或者生命的介入。比如，森林被砍伐成木材，就因为人的介入而获得了使用的价值，但这并不是整体存在的森林或具体存在的这棵树或那棵树本身必须以"有用性"之价值为依据和准则，因为有用性之价值是人使用它时赋予它的。

规则不是价值的产物，这是制度、法律、伦理以及由此形成正义、规律、原则、习俗等都不是规则的根本原因，因为制度、法律、伦理以及由此生成

---

① 吴思：《血酬定律：中国历史中的生存游戏》，第4页。

② ［德］哈贝马斯：《在事实与规范之间：关于法律和民主法治国的商谈理论》，第246页。

③ ［德］黑格尔：《法哲学原理》，第14页。

的正义、规律、原则、习俗等是价值的产物。规则与价值无涉，在于规则源于事实，并且规则本身是事实。在发生学意义上，规则源于事实或同时构成的事实，是存在事实，而不是生存事实，生存事实是其存在事实的敞开，它构成规则的敞开位态，这就是生存规则。生存规则源于存在事实，是源于它从存在的本体世界中生长起来支持其自为地敞开为生存世界的根本法则，这一根本法则才构成价值诉求的生活规则的最终依据和判断准则。

生存规则之特征呈现　　存在敞开的生存规则源于存在事实，是指生存规则蕴含于存在事实之中，成为存在事实的内在构成，正因为如此，生存规则又构成事实本身。生存规则作为一种事实，是对存在事实之内在构成的敞开态。生存规则如此自我定位，形成它自身的开放性特征。

首先，生存规则是**普遍存在的**规则，而非特殊存在的规则。这里的"普遍"是相对存在世界本身而言，这里的"特殊"是相对人的存在世界而言。生存规则的特殊性，指生存规则是由人生发出来的。如是这样，生存规则就可被理解为是对法律规则、制度规则、伦理规则等的统称。但基本生存规则是对存在的内在规定的自为敞开的自身规则，生存规则必须为普遍的。生存规则的普遍性，指生存规则是属存在世界，是由存在世界生发出来的，或者首先从存在世界引发出来，然后才指涉人的世界。所以，生存规则的普遍性，必要指向其特殊领域，并最终回归于普遍性之中。

生存规则的普遍性，是凡存在皆蕴含规则，并且凡存在敞开都呈现生存规则。所以，生存规则既指涉存在世界，也指涉生命世界，更指涉人的世界。比如宇宙运动，风云变幻，地球表面的海陆分布，山之伫立，水之流动，动物的群居性，个体生命的存在和运动等，都遵循自身规则。比如，季节性的和远距离迁徙的飞鸟，不过是对周期性变化的环境生态的适应性行为，这类适应性行为是由环境本身与飞鸟之间的"适"与"不适"所形成的生存规则。地球上生物世界里形成的食物链条以及由此形成的错综复杂的食物网络的编织、更新甚至断裂或再生性续接等，都遵循其共有共享的生存规则，这即既共生又互存的**限度生存**规则。

其次，生存规则**无类界性**。生存规则的普遍性，揭示生存规则本身的无类界性，即在同类存在或同级存在世界里，其生存规则呈现无边界的指涉功能，即必须指涉其范围领域的所有存在状态、一切存在物。生存规则不仅超越个化存在，也超越主体，更超越时空，体现指涉时空的**连续统**功能。生存规则指涉存在的连续统功能，源于作为存在的内在规定之敞开的生存规则，既自具空间的广袤性，更具时间的渗透性。由此两个方面的规定性，生存规则始终与时间同在，与空间共生。

再次，生存规则既是客观性的，也是非境遇性的。

司马迁描述孙子练兵杀姬（司马迁《史记·孙子吴起列传》）的故事，从一个侧面揭示了生存规则的客观性。生存规则是客观的，不具有主观性。潮起潮落，是大海运动的生存规则；水走下而人走上，呈现水与人的不同生存规则。即使人间伦理、法律、制度以及更为具体的习俗、禁忌、图腾规则，虽然是由价值导出的人为规则，一旦生成就必须自为具有客观性，这是生存规则普遍性生成的内在源泉。所谓客观性，就是拒绝主观性，并阻断主观性，因为一旦渗入主观性，其生存规则就会发生性质的改变，丧失其客观性；客观性丧失，普遍性也随之丧失，对于生存规则言，客观性构成生存规则普遍性的根本保障，因为生存规则是存在之内在规定的敞开位态，它是非境遇的。

生存规则的非境遇性有两层含义，第一层指生存规则的存在与敞开，并不受自身之外的其他任何因素的影响而改变自身的性质、结构、取向、状态，所以生存规则的非境遇性实指生存规则的超时空性，超情境性和超语境性。第二层相对任何存在者言，无论是对生存规则的遵从，还是对生存规则的忽视，都不影响或扭曲生存规则本身；与此相反，影响或扭曲的恰恰是存在者之存在本身。

最后，存在的内在规定之所以敞开为生存规则，是要对具体的、个化的存在者提供存在敞开的边界框架，使之不逾界地自生和共生。任何个体的、个化的存在者无视生存规则所为之提供存在的边界框架，就会接受规整。如果是主动接受规整，就是防范；如果是被动或被迫接受规整，则是惩罚。候鸟南飞，就是主动接受生存规则的规整的生活方式呈现；反之，如果候鸟秋后不南飞，那么等待它的就是严冬致其必死。气候也是如此，当人力造成的温室气体源源不断地排放突破大气层本身所容纳的限度时，就自然地形成温室气候，推动冰山融化，海平面上涨，陆地被淹没，不仅生物多样性减少，地球生物当然也包括人的生存空间日趋狭窄，存在面临更新的挑战，生存变得更为艰难，存在还是死亡的问题，必然突显出来而成为一个根本性的问题。

生存规则的类型　　以存在之内在规定的敞开为依据，生存规则大致呈现四类。

一是自然生存规则。这是整体存在的生存规则。客观地看，自然是对宇宙和地球的抽象表述，自然生存规则也可表述为宇宙运动和地球运行的生存规则。

二是环境生存规则。环境是相对地球生命论，它是地球生命和人类生存得以存在的具体的自然。地球生命和人类生命的存在，必须遵从环境规则。古人之论"靠山吃山，靠水吃水"，道出环境生存规则的道理：平原以种植生存，深山靠采伐度日，湖海以打鱼为生。同时，平原无虎豹，陆地无舟楫，江海湖泊之中无树木花草，每一种存在物都受其此在存在本性的限制，一个具体的地域自然有自身的存在限度。由此形成互为限度的规则，合其生存规则，就生；反之，则不能生。这就是天有所择和物有所竞的原因。

三是生命生存规则。存在于地球上的每类物种，或微生物物种，或植物物种，或动物物种，都有使自身物种存在和生存繁衍的生存规则系统。向日葵向太阳而生，昙花一现乃是其生命的全过程，蜂纷飞于上，蚁掘地于下，其物种内部却各有严密的族群生存规则，正是其严密的生存规则运作，才使其族群繁衍，有序生存。

四是人类生存规则。人类物种是存在世界中一种生命形式，既是一种普通的存在形式，也是一种特殊的存在形式。前者规定了人类物种无论怎样进化，它仍然是一种生物物种，仍然与地球上所有物种一样是一种**物在形式**，必接受地球生命系统共享的生存规则，包括生命规则、环境规则、宇宙规则。但同时还要遵从人类自己的生存规则。

人类生存规则既是普遍的，也呈特殊性。人类生存规则的普遍性，既指可指涉人类社会存在的所有领域，也指具有与自然、环境、地球生命之生存规则的交通功能。人类生存规则的特殊取向，基于人类物种的种族性、种群性。人类的种族性、种群性源于具体地域的激励而生成建构起体现个化特征的文化、习俗化的存在共同体，这些存在共同体最后通过缔造国家的方式凝聚和定型，由此形成以民族国家为基本单位的社会共同体之生存规则，这种生存规则就是社会规则："社会规则反映着社会的态度、价值观、偏见和忧惧，决定着我们作为个体或集体与人交往时会扮演的角色和采取的行动。"①

社会生存规则是有普遍性的。其普遍性首先指适合整个社会，整个社会都要遵循其生存规则；其次指它必须融通人类生存规则，不能与人类生存规则相悖离。社会生存规则也具特殊性，这就是社会生存规则的国家性、时世性及其所属的历史性。因而，社会生存规则体现**动变**特征，其动变性特征取决于社会生存规则与人类生存规则的**同构性**程度，其同构性程度越高，稳定性程度越高；同构性程度越低，稳定性程度越低，变化的频率就越大。

社会生存规则更有一大特点，那就是它既是现实的、事实的，也是理想的。在理想的维度上，社会生存规则的逻辑构成一个方向、一种目标；在现实的维度上，社会生存规则是对行为边界和限度的规定。

社会生存规则主要由道德规则、法律规则、技术规则、游戏规则和知识规则等构成。其中，道德规则是基于善恶的准则而形成，其诉求善；法律规则是基于利害的准则而形成，其诉求权益；技术规则是基于创造和分配财富的准则而形成，其诉求利。游戏规则是基于人际娱乐准则而形成，其诉求个性自由和美；知识规则是基于事实的准则而形成，其诉求真。在社会生存规则系统中，生存的知识规则是根本性的，因为无论生存的道德规则还是法律规则，或者游戏规则和技术规则，对它们的发现、理解、掌握和运用，都必须以**知**为前提，所以知识规则居于社会生存规则体系的中央。

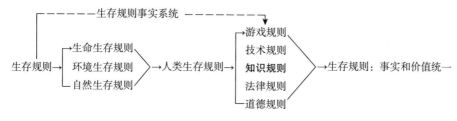

[4-2 生存规则体系]

2. 生存规则的条件

生存规则作为一种存在事实，首先属世界存在论事实，其次才是物种存

---

① ［美］天宝·格兰丁、肖恩·巴伦：《社交法则：以孤独症解析社交奥秘》，第 2 页。

在论的事实。人类属于地球物种体系中之一种，是一物种存在论的事实。由于人类与地球上所有物种一样，都存在于大地之上和天宇之下，也是一种世界存在论的事实，人类的这一双重存在事实使它首先必须遵从世界存在和物种存在的生存规则，并且，人类物种的生存规则也首先是世界存在论和物种存在论，并由遵从其世界存在论事实和物种存在论事实而演绎出人类存在论来：人类生存规则生成于自然人类学向文化人类学的进化。所以，人类生存规则既是普遍的，也是特殊的。这种融普遍和特殊于一体的人类生存规则，是指它作为超越地球物种而成为有文化的人类按照自己的想望、意愿、意志和需要制定的生存规则，即生存的道德规则、法则规则、知识规则、技术规则和游戏规则，这些只属人类的生存规则，既是存在事实的，更是价值的，是事实与价值的统一。人类生存规则的特殊性，既指其自造的生存规则的价值诉求性，也指其事实与价值的可统一性或分离性。

图 4 - 2 呈示的生存规则的线路表明：首先，人类一旦自造出生存规则，就成为一种存在事实而自居客观性和相对独立性，但这种自造的并构成存在事实的生存规则，又体现人类自己的价值诉求，所以人类自造的生存规则又是一种生存的价值系统。其次，从理论上讲，人类自造的存在事实与其运作的价值诉求是完全统一的，但实际上往往出现存在事实与价值实现的分离性。解决这种状况，则需要对所创造的生存规则之存在事实的客观性、普遍性进行认知、理解，以获得生存规则的价值根源于其存在事实并在运用中必须回归于其存在事实的共识。最后，人类所创造的生存规则要能够达于其存在事实与价值运用的统一，除了认知、理解、共识外，更为根本者还在于人类所自造的生存规则是否合于世界存在论的生存规则和物种存在论的生存规则，相合，其生存规则事实与价值的统一的可能性会更大；不相合，其生存规则事实与价值出现分裂的可能性会更大。这就涉及如何使属人的生存规则完全遵从世界存在论的生存规则和物种存在论的生存规则问题，解决来自世界存在论、物种存在论、人类存在论三个维度的生存规则事实的相合，促使人类运用其生存规则完全遵从如上三者存在之生存规则事实，则需要同时具备如下三个规则条件。

第一个规则条件：形成语言共同体。

哈贝马斯说："一个适合某个规则的事态的构成，取决于根据运用于它的那个规范的概念对它进行的描述，而这个规范的意义，恰恰只有当它被运用于一个被变成规则之一例的事态时，才得以具体化。"① 哈贝马斯之论揭示生存规则掌握和运用的前提条件：无论是世界存在论的生存规则，还是物种存在论的生存规则，都只是一种存在事实，这类存在事实要能够被人类所发现、认知、理解以及遵从性运用，必须借助于概念来对它予以定型。即或是人类自造的生存规则，也首先是一种被创造的存在事实，同样需要概念来赋形。所以，作为纯粹自在的世界存在之生存规则和物种存在之生存规则，或者既是存在事实又是价值事实的人类生存规则，要能够合生性运用，必须借助于概念赋形并通过语言来运用。比如，独木不成林，这是植物世界之一存在事实，这一存在事实蕴含一规则事实，即林必须由众多的树共生存在所形成。人们对这一存在事实的发现，需要借助于思维语言（即言语）来思考，然后用概念来抽取这存在事实中蕴含的生存规则事实，最后通过语言的交流而达成共识：对树木的砍伐以不影响林之存在和繁盛为前提、为限度和边界。同时更可以通过概念的生存论理解而将"独木不成林"的生存规则予以扩展性运用，那就是个体难以支撑生存，求取生存的最好方法是结成群体，互借智－力，创造生存。

从根本讲，生存规则的发现、理解、掌握、运用的必需条件是创建语言共同体。"语言共同体只能由义务论的行为者组成；作为整体的语言共同体不能由效果论的行为者组成，即便有可能存在着个别的、受效果论激发的言语行为，它们也只起着一种寄生作用，必须与其他言语行为广泛的**合规性**为前提。"② 语言共同体当然是由人共同构成，但构成语言共同体的动机并不属于道义，其行为性质并不是义务，因为构建语言共同体是人之为人而过上人的生活的必须。从根本讲，人成为人，并不因为自己，也并不得力于自己，而是他者：人是他者性的存在者，这是人的原发存在事实，也是人的命运，人是因为人而获得生命，人也因为人而得到诞生，人更因为人才可谋求到生存和发展。亚里士多德在《政治学》中讲，人无法单独求得存在的，"相互依存的两个生物必须结合，雌雄（男女）不能单独延续其种类，这就先成为配偶——

---

① ［德］哈贝马斯：《在事实与规范之间：关于法律和民主法治国的商谈理论》，第246页。
② ［德］尤利安·尼达－鲁莫林：《哲学与生活形式》，第138页。

人类和一般动物相同，都要使自己遗留形性相肖的后嗣，所以配偶出于生理的自然，并不由于意志（思虑）的结合"①。男女的结合，组成家庭；儿女的繁衍，形成家族；家族的扩展，就形成村坊；村坊的横向联合，则产生城邦，创建起国家。② 所以，人原本是群居性存在的动物，人的群居性诉求才使"［人类在本性上，也正是一个政治动物。］凡人由于本性或由于偶然而不归属于任何城邦，他如果不是一个鄙夫，那就是一位超人"③。人的他者性决定人的群居性，人的群居性诉求必然要求人"为了自保，为了享受幸福，与一些具有与他同样的欲望、同样厌恶的人同住在社会中。因为道德学将向他指明，为了使自己幸福，就必须为自己的幸福所需要的别人的幸福而工作；它将向他证明，在所有的东西中，人最需要的东西乃是人"④。人只有通过人而得以继续存在和更好地生存，为此，人与人之间交流必须以语言为媒介，并以语言为基本方式，所以构建语言共同体是人人的存在条件，也是人人必为的生存责任。

构建语言共同体，只是为人与他人"生活在一起"，过一种群居性存在和交往性生存的生活，为了实现其群居性存在和交往性生存而构建语言共同体，必须以"合规则"为实际的目的：人与人要能无忧惧和去危机地**在一起**共同生活，既要合人类自造的生存规则，也要合世界存在论的生存规则和物种存在论的生存规则。只有做到如此"三合"，人才能与他者长久地"生活在一起"。

生存规则发现、认知、理解、掌握和运用，必须以构建语言共同体为条件。所构建的语言共同体要能够成为生存规则发现、认知、理解、掌握和运用的真实条件，要求构建语言共同体的语言必须具备可靠性，体现宽容性。语言的可靠性和宽容性本身要求语言共同体的建立需要遵守可靠性原则和宽容性原则。语言的可靠性原则，指所用之于构建语言共同体的语言，必须是真实的、普遍的。只有真实的和普遍的语言才体现可靠性，才是可靠的；语言的真实性与普遍性之关系是：真实铸造普遍，只有真实性，才有普遍性；

---

① ［古希腊］亚里士多德：《政治学》，第 4—5 页。
② ［古希腊］亚里士多德：《政治学》，第 6 页。
③ ［古希腊］亚里士多德：《政治学》，第 7 页。
④ 周辅成：《西方伦理学名著选辑》（下册）商务印书馆，1996 年版，第 189 页。

但凡呈现普遍性的语言，就一定是真实的语言。语言的可靠性要求，构建语言共同体必须避免谎言，必须远离语言的暴力。

所谓谎言，就是不真实的语言。不真实的语言，就是违背存在事实本身的语言，具体讲就是按照意志的逻辑无中生有地编造存在事实的语言。这种性质的语言具有颠倒黑白和强词夺理性，体现暴力倾向，属于暴力工具性质的语言。就其本性言，语言既是人与存在世界共生的，也是人与他者互惠生存的，更是人与人真实交流的，谎言则违反语言的本性。谎言的反语言本性之本质，决定了谎言是反真实的：只有反真实，只有反存在事实，谎言才得以发挥暴力的功能，才得以流行。谎言不仅体现绝对的非可靠性，也解构可靠性，虚化存在事实，解构普遍性。所以，谎言制造的是非理性和虚无主义，包括制造历史虚无主义、存在虚无主义和事实虚无主义，谎言的根本目的和努力方式，就是将存在事实虚无化，将可靠性虚无化，将真实性和普遍性虚无化，目的是实现唯我意志化的利益谋求。所以，谎言所制造的世界是绝对私己的特殊世界，而不是一个普遍真实的世界，更不可能是诉求和体现真理的真知世界。

语言的暴力，是指用语言来剥夺人的权利、自由、合法的利益以及普遍的认知和情感的方式。将语言变成暴力，主要采取两种表达方式：第一种语言方式是虚化事实，即用一种语言来将一切存在事实、生存事实、生活事实，尤其是历史事实予以解构，然后另行虚构语言事实和存在事实。这种虚化事实的语言方式可简化为"我是"，即我所讲的才是事实，我之外的一切都不是事实，都是假的。"**我是**"语言表达的基本观念是：我才是标准；我就是依据，我就是真理。而凡是以我为标准、以我为依据、以我为真理的语言，就是暴力语言，对这种语言的运用，就会产生语言的暴力。运用这种性质的暴力语言构建起来的语言共同体，是虚无主义的语言共同体。第二种语言方式是强暴事实，即用一种语言来强行割裂世界，割裂存在，割裂一切想要割裂的存在、事实、知识，甚至包括情感和想象。这种强暴事实的语言方式可简化为"**不准**"，即不准正视，不准客观，不准真知，不准思考，不准辨别，不准判断，不准言说，一切必须听从、必须接受。这种性质的语言表达的基本观念，也是唯我标准论、唯我依据论、唯我真理论和唯我真知论。客观地看，

"我是"论和"不准"论，是从肯定的正面和否定的反面来规定唯我标准论、唯我依据论、唯我真理论和唯我真知论，所张扬的是绝对的私欲主义。从本质讲，私欲主义的语言才是暴力的语言，才使语言变成暴力的工具。一切形形色色的私欲主义语言，都在事实上构成对语言共同体的破坏；并且，唯有通过对语言共同体的破坏，才可抽掉语言的可靠性和普遍性，使所虚构起来的语言共同体只有其形，而无其实和质。

语言共同体的实质，是宽容性。语言共同体的宽容性，源于语言基于**共生存在**的交流本性，这一本性决定了语言本质上是宽容的，即语言更少或者避免独断论气质，具有普遍性特征、开放性倾向和容受性气质。构建语言共同体的语言之所以要求宽容的普遍性、开放性和容受性，是因为生存规则作为存在事实，始终呈普遍的、开放的和容受性的，只有具有宽容的普遍性、开放性、容受性品质的语言构建起来的语言共同体，才可为生存规则的发现和运用提供社会精神的平台。

第二个条件：真实与信任的统一。

语言的可靠性和宽容性的本质规定，就是语言的真实。只有体现完全真实的语言构建起来的语言共同体，才可自行地建构起信任的机制和传统："没有真实性和信任传统，语言共同体便既无可能，亦无法想象。"[①] 真实性是可靠性的前提，但真实的前提却是事实本身，以存在事实为本质规定的真实，才是可靠的。以存在事实为依据的真实，既是信任的基础，也是信任的土壤；没有真实，就不可能生发出信任来。信任的社会化延展通过时间的层累性积淀就形成传统，这是信任和信任传统的内在关联与区别：信任是空间性的，信任传统却是时间性的。空间性的东西可能持存，也可能瞬即消逝。空间性的东西自我持存之必须前提，是它自身必须进入时间领域而获得既超越空间，也保留空间和拓展空间的延展。从根本讲，真实铸造出来的信任，可能会构建起语言共同体，却并不一定使之获得持存性保持，只有信任本身进入时间之域构成信任传统时才使语言共同体获得开放的稳定性和动变的持存性。

真实和信任之间的生成关联，使它们自有其资格构成生存规则发现与运

---

① ［德］尤利安·尼达－鲁莫林：《哲学与生活形式》，第 284 页。

用、理解和铺展的基本原则，即真实原则和信任原则，这两个原则也同时构成构建语言共同体的内在依据。因为"真实性规则同信任规则相呼应……在一个真实地表述理由的语言共同体中，**不信任是非理性的**，这就意味着必须假定，任何给出的理由与言说者的信念相符。与此相反，**在一个普遍不信任的社会中，真实不一定是非理性的**。但此种真实性在某种程度上可不是闹着玩的。谁是真实的，这与另一个人相关联；真诚的人希望听者能信任他，且听者把他给出的理由认作信念，即相信他。信任与真实性这两种规则间的关系并非对称，但存在着一种相互依赖性，它们互为支撑。两者构建了一种规则体系，但此种体系唯有增加了第三个规则，即信赖规则，方才完整"①。（引者加粗）

第三个条件：重叠共识。

因为生存规则的发现和运用、理解和铺开的存在需要而构建语言共同体之特别强调可靠性、宽容性、真实性和信任性，就是要所构建的语言共同体成为重叠共识的精神平台。

重叠共识（overlapping consensus）②概念由罗尔斯提出来，其定义为："所谓重叠共识是指：这种政治的正义观念是为各种理性的然而对立的宗教、哲学和道德学说所支持的，而这些学说自身都拥有众多的拥护者，并且世代相传，生生不息。"③ 罗尔斯的"重叠共识"概念与其"公共理性"（Public Reason）概念共同展开"政治正义"。"正义"概念揭露不同阶层在"事实上得到什么"④ 的实然状况下"应该得到什么"，直截了当地将政治、制度及社会基本结构牵涉进来，从而将"政治正义"凸显出来。罗尔斯认为，政治正义实现的认知基础是"重叠共识"，即使持有不同的宗教信仰、哲学认知和道德教义者也可达成基本共识，旨在"考虑到公正的有序的民主社会如何能够建立和维护统一和稳定，并赋予其合理的多元主义特征"⑤。

---

① ［德］尤利安·尼达－鲁莫林：《哲学与生活形式》，139 页。

② John Rawls, *Political Liberalism*, Columbia University Press, 1996, pp. 386 – 387.

③ ［美］约翰·罗尔斯：《作为公平的正义：正义新论》，姚大志译，上海三联书店 2002 年版，第 55 页。

④ ［英］乔纳森·沃尔夫：《政治哲学导论》，王涛、赵荣华、陈任博译，吉林出版集团 2009 年版，第 1 页。

⑤ John Rawls, *Political Liberalism*, Columbia University Press, 1996, pp. 133 – 134.

罗尔斯的"重叠共识"是政治学的，由政治正义所引发，或者是对政治正义何以可能的论证方式。本著是在哲学意义上运用"重叠共识"概念，因为"言语机制的多样性催生了特定的规范性。我们彼此间作为自治的或立足于自治的生物所拥有的尊重，蕴含着别的规范性设想。它们不能化约为人的交流。我们要考虑到人类会受难，会感受到疼痛和伤害，也会失去自尊的限度。"① 重叠共识为可化解多样的语言机制催生出来的特殊性生存规则的片面或局限。但在更为广泛的意义上，重叠共识涉及真实性、依赖性、可靠性等问题："没有重叠共识，便没有任何沟通，没有稳定的社会关系。真实性、信赖以及可靠性这样的概念将化为乌有，我们亦无法开展科学及伦理论证"②。

相对生存规则言，重叠共识可能解决的是对生存规则的发现、认知、理解、运用的问题，重叠共识构成生存规则的发现与运用、理解与铺开如何统一的认知前提。生存规则的发现和运用、理解和铺开涉及两个维度的基本问题：一是存在事实与价值事实的统一性何以可能？二是生存规则的普遍性与特殊性的统一何可能？重叠共识就是为解决这两个问题构建认知桥梁。

在存在事实与价值事实、普遍性与特殊性之间架设起生存规则发现与运用、理解与铺开的认知桥梁，其根本方法是归因（ascibe）探讨。生存规则的普遍性和特殊性的问题涉及四个维度的内容：其一，生存规则的特殊存在性，如何推出它应该是属人的？其二，生存规则的普遍存在性，如何推出它是超越人的限制而达于物种存在和世界存在，是以物种存在论的生存规则和世界存在论的生存规则为依据，为规则的规则？其三，生存规则作为事实存在如何走向价值存在？其四，生存规则作为价值事实如何呈现存在事实？解决这四个问题需要运用**归因方法**。归因方法既是寻求普遍存在之间的关联性的方法，也是探求普遍与特殊、事实与价值之间的关联性的方法。从根本讲，归因就是对关联性的发现，并通过这种发现从关联性中建构起整体性。但是，无论是对生存规则之存在事实与价值事实之关联性发现，还是从生存规则的

---

① ［德］尤利安·尼达－鲁莫林：《哲学与生活形式》，第286—287页。
② ［德］尤利安·尼达－鲁莫林：《哲学与生活形式》，第209页。

普遍性与特殊性之间的关联性发现，以及由此关联性而建构整体性，在本质上是信念的明确，并达于观念对概念的赋形。因为"命题观提供一种理性准则，因为它被置于一种信念、愿望和意图网，而信念、愿望和意图分别**受关联性及理性原则**的制约。若这一关联性不那么明显，我们便较难归因愿望、意图或信念。个别信念以诸多信念为前提"①。（引者加粗）生存规则的发现与运用、理解和铺开，是信念指向概念化的观念系统对行为的引导，在这一过程中，从不同维度和方面展开的诸多生存规则的信念之所以能支撑个别信念，同样是因为诸多信念之间的关联性呈现为个别信念构建起重叠共识的整体性平台。

二 生存规则的形成维度

哲学基于存在困境与生存危机的激励而反刍常识。哲学与生活之间能够架构起互通往来的桥梁，就是因为常识：**对常识的反刍生成思想，思想构成哲学的灵魂**。哲学对存在的困境和生存危机的追问，必然通过常识扎根于生活，又通过常识思想达于形上世界。正是在这个意义上，哲学有好坏之分："好的哲学和科学甚至可以在拓展生活世界导向性知识意义上，借助生活世界的应用规则，与沟通实践相结合，乃至与其互补。"② 无论是知识探究还是思想探究，都客观地存在着好或不好的取向，但无论知识的探究还是思想的探究，其好与不好均从根本上取决于逻辑的好或不好。逻辑的好或不好总要接受生存规则的检验，理解生存规则的检验功能需从理解生存的形成维度入手。

1. 生存规则的一般特征

生存规则作为一种存在事实，无论是作为世界存在论事实，还是作为物种存在论事实，抑或是作为人类存在论事实，其形成敞开的维度始终是自然生成的。

生存规则敞开的连续性。连续性是生存规则的内在规定性。首先，连续

---

① ［德］尤利安·尼达－鲁莫林：《哲学与生活形式》，第158页。
② ［德］尤利安·尼达－鲁莫林：《哲学与生活形式》，第47页。

性标志生存规则的自稳态性，也可以说，生存规则的自稳态性，才使生存获得敞开的连续性。其次，连续性是将生存规则之事实与价值、普遍性与特殊性贯通起来的内在方式。最后，连续性为生存规则的发现与运用、理解与铺开之途架通可靠性、宽容性、真实性和信任性的桥梁。

生存规则敞开的有机性。生存规则的连续性根源于它作为存在事实的有机性。生存规则的有机性，是指世界存在、物种存在、人类存在之间的关联本质是有机的。抽象地看，这种存在关联的有机性"只存在一种关于**有机的或有生命的存在**的可能方案，但这种方案能够，也必定以无限多的方式变化。这种表现在其形式的无限多样性中的模型或方案的单一性是存在物连续的和分等级的序列的基础。任何一物都与另一物相区别，但**所有这些差别都是原型的自然的变形，这种原型必须被看作所有存在物的基本创生力**"①。（引者加粗）生存规则的有机性，揭示了作为存在事实的生存规则的自生成机制。从宏观讲，存在关联的有机性指蕴含生存规则的世界存在、物种存在、人类存在三者呈现的关联性并非外在的，而是内在生成的。具体地讲，生存规则的连续性源于生存规则的自生成性，并由其自生成机制所运作。合言之，存在关联有机性，亦指生存规则的连续性凸显世界存在、物种存在、人类存在之间的内在通道，也为在世界存在、物种存在、人类存在之间架设起关联敞开的桥梁。这一有关世界存在、物种存在、人类存在之关联敞开的桥梁，亦可表述为其关联敞开的连续序列。"连续序列本身是渐进的，也就是说，它不可能在某个单一的时刻里展现它的全都。但连续序列越是前进，宇宙就越充分地展开。相应地，有机世界也按连续序列发展的比例，而获得更丰富的扩张，并展示宇宙的更大部分……另一方面，我们越是返回到有机世界，有机物在包含其自身在内的宇宙的部分就变得越小。植物界是所有各界中受限制最大的，因为在它之中完全缺乏大量的自然过程。"②

生存规则敞开的等序性。罗比内认为"存在的等级序列构成了一个无限

---

① ［美］阿瑟·O. 洛夫乔伊：《存在巨链》，张传有、高秉江译，商务印书馆 2015 年版，第375 页。

② Friedrich Wilhelm Joseph Schelling, *System of Transcendental Idealism*, S W, I, Abt. 3, 1800, p. 492. 参见［美］阿瑟·O. 洛夫乔伊《存在巨链》，第 429 页。

划分了等级的整体，其间没有实在的分隔界限。只存在个体物，没有界，没有类，没有属，没有种……这种伟大和重要的真理，打开宇宙系统的钥匙。以及所有真正哲学的基础，将随着我们对自然研究的进展而一天一天地变得更加明朗"[1]。作为存在之问的哲学，虽然当世的境遇化存在困境和生存危机构成其直接激励动机，但一切性质和形式的存在困境和生存危机都不简单的只是人或人类的存在困境和生存危机，因为人存在于人类之中，人类存在于地球生命世界之中，地球生命世界存在于由地球和宇宙构成的自然世界之中。所以哲学的存在之问必然是存在的整体之问，是关于世界存在、物种存在、人类存在的整体之问。这种性质和取向的整体之问所指向的是它何以存在的规则和依据之问。所以，哲学的真正基础，或者真正的哲学基础，即其（世界存在、物种存在、人类存在所合生构成的）整体存在何以可能的规则和依据。

当哲学进入世界存在、物种存在、人类存在合生敞开的整体存在何以可能的规则和依据之问领域，则可发现由个体、界、类、属、种构成的整个存在世界的背后，是创造的和有机生成性的连续存在体，它没有个体、界、类、属、种的区分，个体、界、类、属、种等只是这一创造的和有机生成的连续存在体的形态学呈现。在实体论（或本体论、本质论）层面，这一创造的和有机生成的连续存在体只是一个等序化的序列，这一等序化序列的抽象呈现就是从整体朝向具体、从普遍敞开特殊、从纯粹的存在事实朝向存在事实与价值事实的融合。

生存规则敞开的创生性。生存规则的创生性，意指生存规则之自生成功能和自生存机制的本质是创造。生存规则是以创造的方式展开其生成的有机性，也因其创造而推动自身获得连续性。生存规则不仅创造出了有机的生成性和连续性，也通过有机生成的连续敞开而创造出时间，使世界存在、物种存在、人类存在获得时间的性质，世界存在的生存规则、物种存在的生存规则、人类存在的生存规则之间能够架设起发现与运用、理解与铺开的桥梁，并在存在事实与存在价值、普遍性与特殊性之间通过达成重叠共识，使作为存在事实的生存规则引导作为存在价值的生存规则，以及作为存在价值之生

---

① ［美］阿瑟·O. 洛夫乔伊《存在巨链》，第 371 页。

存规则能够接受作为存在事实的生存规则的规训，均因为所创造出来的时间的贯通：时间贯通了存在的一切，时间也打造着生存规则，使生存规则获得生生不已的生机和内在统一的连续性。正因如此，时间是存在的本质，也是世界的本质。从本质观，世界是时间的存在，物种也是时间的存在，人类更是时间的存在。在时间的序列上，人类存在的先决条件是物种的存在，物种存在的先决条件是世界的存在。

生存规则的创生性，源于它自身的内在需要。这种需要的根本方面是自足性，基本方面是完整性。基于自足性和完整性要求而创生，则必然形成**差异性**。这种差异性的个化呈现，就是存在个体对自身特性的保持与突显。以自足和完整为内动力的创生性，何以产生差异性呢？这是因为自足是生存规则的内在需要，完整呈现生存规则的外在要求。自足与完整相辅相成，既是生存规则敞开自身保持自稳态的连续性，又是生存规则敞开自身发挥创造功能的个化效应呈现。

2. 生存规则的自然维度

生存规则始终是存在规则，既构成存在的内在事实，又构成存在的功能方式。但存在既是整体的，也是具体的；并且，存在具体总是嵌含在存在整体之中并敞开存在整体，存在整体始终生成存在具体并涵纳存在具体。由此两个方面，生存规则既是整体的，也是具体的；并且，整体存在的生存规则总是生成具体存在的生存规则并涵纳具体存在的生存规则，具体存在的生存规则总是嵌含在存在整体的生存规则之中，并敞开整体存在的生存规则。生存规则整体存在向具体存在方向敞开的呈现形态，获得三维指向，即地域性指向、物种指向和血缘指向。

生存规则的地域性敞开　　地域，在抽象的意义上，是相对世界存在言，也可说相对自然言；但具体地看，对地域的审视，既有客观视角，也有主体性视角，就前者论，地域相对地球表面的海陆分布言；从后者观，地域相对地球生命言。合言之，地域构成了具体的物种生命的存在环境。在这个意义上，地域与环境等义：生存规则的地域性敞开，也可称之为生存规则的环境敞开。

地域，从静态讲，是空间化的；从动态看，也呈时间性和历史性。仅空间状态言，地域既是地理空间的，也是大气空间的，前者属于地球物理学；

后者属于大气物理学，包括研究地球表层空间的地理要素、综合分布规律、时间演变进程及其区域特征的地理学，研究气候形成、分布、特征及其演变规律的气候学和研究大气运动变化规律及其对天气预报的气象学，虽涵摄了生存规则的地域性敞开及其特征，却没有将此作为问题来探讨。相对地讲，地理政治学最早关心地域问题，现代化进程引发出来的生态学和环境学自然也涉及地域问题。但它们都是从地域对生物存在、物种繁衍、人类生活、经济发展、文化特征等方面进行讨论，虽没有正面探讨地域（或环境）的生存规则问题，却也侧面呈现了生存规则的地域性敞开特征。

首先，生存规则的地域性敞开，体现在地球表面空间的水陆分布，形成水域与陆地，将世界存在的生存规则予以水陆两分的地域性赋形，使之获得水陆两分的地域性特征，其具体表现为海洋或海洋性存在与陆地或陆地性存在，所遵从的生存规则有其根本性的不同。

其次，生存规则的地域性敞开，体现海陆地貌在结构、形态、蕴含等方面的丰富性和个性化，这主要从两个方面呈现：一是水域地貌构造结构、形态的丰富性和个性化，由此形成海洋、湖泊、江河、溪流，或可说，由溪流、江河、湖泊、海洋等构成水域存在所遵从的生存规则与陆地存在所遵从的生存规则有其根本性的差异，也形成其资源蕴含的差异，这不仅表征为水域与陆地的资源蕴含的丰匮差异，也表征为溪流、江河、湖泊、海洋等不同水域的资源蕴含的丰匮差异。二是陆地地貌构造结构、形态同样呈现出更为丰富、复杂和更具个性的特征，由此形成平原、丘陵、山脉、森林、草原、沙漠、戈壁等，构成陆地的平原、丘陵、山脉、森林、草原、沙漠、戈壁所蕴含的资源的丰匮程度也根本不同。

水陆分布及各具个性的地貌构造所形成的结构、形态、蕴含的差异性、丰匮程度，实际地制约着地球世界生命——动物、植物、微生物以及其他存在者的存在选择及其可能性。候鸟南飞，鱼翔浅底，草木固土，森林阻止沙漠，高山挡住寒流，土地的贫瘠生成荒芜，肥沃培育成繁衍等等，这些存在现象背后都是地域化生存规则的运作使然。《管子·水地》发现："地者，万物之本原，诸生之根菀也，美、恶、贤、不肖、愚、俊之所生也……水者，何也？万物之本原也。何以知其然也，夫齐之水道，躁而复，故其民贪粗而好勇；楚之水淖弱而清，故其民轻果而贼；越之水虽重而泊，故其民愚疾而垢。秦之水泔最而稽，淤滞而杂，故其民贪戾罔而好事；齐晋之水枯旱而运，淤滞而杂，故其民谄谀葆诈，巧佞而好利；燕之水萃下而弱，沉滞而杂，故其民愚戆而好贞，轻疾而易死；宋之水轻劲而清，故其民闲易而好正。"① 水是自然世界的浓缩，是万物的本源，水平澹而盈，卑下而居的"唯无不流"构成万物兴荣衰亡的根本规则。

最后，生存规则的地域性敞开，体现气候变化运动的周期性。气候周期性变换运动既呈空间的整体性，也呈空间的具体地域性。前者表述为气候周期性变换运动的全球化，后者表述为气候周期性变换运动的地域化，比如陆地气候、海洋气候，以及山地气候、平原气候或区域性气候等的形成，其实是生存规则的地域化使然。杜威（John Dewey，1859－1952）认为："生命是在一个环境中进行的；不仅仅是**在其中**，而且是由于它，并与它相互作用。生物的生命活动并不只是以它的皮肤为界；它皮下的器官是与处于它身体之外的东西联系的手段，并且，它为了生存，要通过调节、防卫以及征服来使自身适应这些外在的东西。在任何时刻，活的生物都面临来自于周围环境的危险，同时在任何时刻，它又必须从周围环境中吸取某物来满足自己的需要。一个生命体的经历与宿命就**注定是要与其周围的环境，不是以外在的，而是以最为内在的方式作交换**。"②（引者加粗）最为根本的地域环境却是气候环境，生存规则地域化敞开的最为根本的维度亦是气候周期性变换运动这一规则，因为"所有动物和植物的生长，在很大程度上依赖于气候。人类一切生活方式的形成也间接受气候的影响，故人类为了适应他们生活于其中的气候，曾被迫调节其习惯、所有物和一切物质需要。与此相适应的，动物界成员们也不得不改变身体上的器官和机能，以适应喜怒无常的气候。"③

生存规则的物种化敞开　　马克思说；"人的本质不是单个人所固有的抽象物。在其现实性上，人是一切社会关系的总和。"④ 在这"一切社会关系"

---

①　黎翔凤：《管子校注》，中华书局 2004 年版。

②　［美］约翰·杜威：《艺术即经验》，高建平译，商务印书馆 2005 年版，第 12 页。

③　［德］利普斯：《事物的起源》，汪宁生译，四川人民出版社 1982 年版，第 78 页。

④　《马克思恩格斯选集》第 1 卷，人民出版社 1995 年版，第 56 页。

中的一个重要维度就是人与自然的关系，而"自然界，就他自身不是人的身体而言，是人的无机的身体。人靠自然界生活。这就是说，自然界是人为了不致死亡而必须与之处于持续不断的交互作用过程的、人的身体。所谓人的肉体生活和精神生活同自然界相联系，不外是说自然界同自身相联系，因为人是自然界的一部分。"① 人始终存在于环境之中，作为环境的一部分，"**我们连同我们的肉、血和头脑都是属于自然界**，存在于自然界，我们对自然界的整个统治，是在于我们比其他一切动物强，**能够认识和正确运用自然规律**。"②（引者加粗）马克思陈述了人存在的两个事实：首先，人贯穿了一切社会关系，而这个"一切社会关系"自然包括自然社会和制度社会两个维度，人的存在敞开并贯通了自然社会关系和制度社会关系。其次，人不仅贯穿一切社会关系，还是一切社会关系的总和，这就是：人的存在贯通并敞开了自然社会关系和制度社会关系，还从整体上表征着自然社会关系和制度社会关系。从形上角度看，人对自然社会关系和制度社会关系的贯通，就是对**自然主义**的世界存在的生存规则和**人为主义**的人类存在的生存规则的贯通和呈现。自然主义的世界存在和人为主义的人类存在，是既借助"两脚走路，两手做事"的身体而连成整体的存在，也因为"两脚走路，两手做事"的身体而将自然主义的存在世界和人为主义的人类存在区别出差异性存在。马克思关于"自然是人的无机的机体"的思想展示的是人的更为根本的存在论：一方面，人既是人，更是物；并且；人首先是物，但最终还是物；另一方面，人是具体的存在，更是整体的存在；并且，人首先是整体的存在，最终仍然是整体的存在。将如上如此复杂的维度整合起来使之集聚于"两脚走路，两手做事"的身体，使它最终贯通并敞开自然社会和制度社会的那个东西，就是生存规则，即世界存在的生存规则具化为物种存在的生存规则进而在人类物种身上发挥生存规训的引导功能。

从存在世界的生存规则向人类存在的生存规则的落实之所以可能，是因为人类原本就是自然世界中之一物种，有天然地遵从物种存在的生存规则的本能。

---

① 《马克思恩格斯全集》第 3 卷，人民出版社 2002 年版，第 272 页。
② ［德］恩格斯：《自然辩证法》，载《马克思格斯选集》第 3 卷，第 517—518 页。

物种存在的生存规则必然是世界存在的生存规则的具体化。世界存在的生存规则具体化为物种存在的生存规则，总是借助自身的连续性、有机性、等序性、创生性诉求而获得地域性功能，直接作用于物种对地域的选择性存在。物种对地域的选择性存在，使将普通的世界存在的生存规则予以个性化发挥，形成物种生存规则。在自然世界里存在的千百万种物种，其生存规则自然是各具个性，比如，天上飞行的物种、地面上行走的物种、水中游弋的物种以及地下蠕动的物种，其各自的生存规则有所不同，但贯通这些各具存在本性的个性取向的恰恰是该物种的生存规则。

虽然物种存在的生存规则选择必须是对世界存在的生存规则的个性化发挥，与此同时却仍然要遵从其共同的世界存在的生存规则，因为任何物种都是世界存在的物种，比如，无论是天上飞的还是地上行走的或爬行的，以及地下蠕动的，存在于自然世界中的所有物种都需要阳光、空气、水和大地、土壤，即使是天上的飞鸟，离开了大地和土壤，同样无法生存。所有物种都共享阳光、空气、水和大地、土壤，并为此而必须共同遵从世界存在的生存规则。不仅如此，物种与物种之间也有其共通和共享的生存规则，比如群化存在，比如共同生存，比如生殖和繁衍、喂养和哺育，虽然在具体的行为方式方面不同的物种会所有不同，其基本的生存规则却同构，人类物种也与此没有多少差异，这是人类因为作为动物物种在先，成为人类物种于后，人类所拥有的那些基本的生存规则其实仍然是沿袭共享的物种生存规则而来。

社会动物习惯成群结队地活动，在它们的社群中，存在一定程度的分工，并且有组织结构内在的合作。如在哺乳动力及一些群居的鸟类中，雄性个体或雄性首领常起保护雌性个体、幼仔的作用。即使群体的首领并不是雄性，情况也差不多。雌性个体则通常负担哺育幼仔的任务，而且在一些动物中，不仅母亲哺育幼仔，社会内其他雌性个体也参与共同哺育。[1]

---

[1]　丹溪草：《人类命运：变迁与规则》，第3—4页。

在自然世界里，不同物种的身体构造既有同构的方面，也有各异的方面，这两个方面的特征都源于存在世界对物种的塑造，是物种适应自然和环境之生存规则的呈现。检阅地球生物史，可以从大量的物种史事中发现，生命存在物的机能和构造适应它们的环境，生命存在物的生理和构造的进化，智力发达甚至精神发展，同样是不断适应其地域性的环境做出的自我修正努力。人类物种就是其典型的例子，原本是四脚行走的动物，因为适应残酷的生存环境而不得不改变自己的身体结构及功能方式，最后进化为文化人类学的人类。美国动物学家莫里斯将人类这一物种称为"裸猿"，因为人类物种祖先为适应变化的残酷自然环境而不得不褪毛。① 毛之于动物生存之如此重要，除非不得已，即褪毛比持毛对于生存来讲更重要，否则褪毛为不明智之举。人类物种在一千多万年前就遭遇这种是持毛还是褪毛的残酷选择："大约 1500 万年前的某个时期，气候开始与它们作对，它们赖以生存的森林屏障大幅度地减少。这些祖先在两条道路上必择其一：要么坚守残存的森林；要么，用《圣经》中的话来说，被逐出伊甸园。"② 人类物种先祖如此冒险地选择走出森林，把自己卷进早已成熟的各种生存能力强大的地面动物种群世界，弱小的人类物种先祖，为了适应酷热的气候，也为了不断从强大异类的攻击下逃生，必须褪毛而成为裸猿，进而由四脚行走变成了"两脚走路，两手做事"。不仅如此，作为维持行走尤其奔跑时身体平衡和保护排泄器官和生殖器官（雌性）功能的尾巴，也自然地消失，生殖器官也随之前置，交配由原来的后进式变成了前进式。人类身体结构及功能的如此变化，较为典型地说明了物种被创造不仅是自然的产物，而且其存在敞开生存也必须使身体本身不断地适应环境而改变。这表明物种的生存规则虽然是物种自身存在敞开的生存规则，但最终也要受制于存在世界的生存规则，这只能是遵从世界存在的生存规则的具体化。

19 世纪著名的动物学家、俄国圣彼得堡大学院长凯士勒于 1880 年 1 月在俄国博物学家会议上发表题为"论互助的法则"（"On the Law AOF Mutual Aid"）的演说，指出在自然界中，物种间除了互争的法则外，更有互助的法

---

① ［美］D. 莫里斯：《裸猿》，周兴亚等译，光明日报出版社 1986 年版，第 3 页。
② ［美］D. 莫里斯：《裸猿》，周兴亚等译，光明日报出版社 1986 年版，第 5 页。

则，他认为"互助"的法则对于物种生存竞争的胜利——尤其是对物种的逐步进化——来讲，比互争的法则更为重要。其后来者俄国无政府主义者克鲁泡特金（Pyotr Alexeyevich Kropotkin，1842－1921）经历广泛的游历，对自然世界的物种生存予以多角度观察印证了凯士勒的观点，并写出了《互助论：进化的一个要素》，在导论中，克鲁泡特金概述了大自然物种间互助比互争更为重要的思想是怎样形成的生活经历和观察①，表述了人类进化源于互争和互助互为推进的两个核心观点，而且强调互助比互争更为根本的观念源于自然世界中物种之间如何存在的三个基本事实：首先，物种之间相竞是不可避免的，但物种之间还有互助，并且这种互助是必然的、基本的，也是根本的。其次，物种之间的互助源于物种的群化本性。最后，物种所具有的群化本性源于共生存在：共生存在构筑起存在世界，世界也因为共生存在而构建起群化生存的规则，这是物种与物种之间能互助的整体存在论根源。

三　生存规则的生成逻辑

在讨论人的存在如何与自然打交道时，普列汉诺夫指出："为着人能够利用自己'理性'已经达到的成功来改进自己的人为的器官，即为着扩大自己对自然的权力，他便应该处于一定的地理环境中，这个地理环境要能够给他：（一）为改进所必需的材料；（二）改进了的工具的加工的对象。"② 人类物种从物种世界走出来而成为人类，其存在与自然世界交道的根本方式就是进入地域，获得地域的支撑。并且，人要在自然世界中得存在甚至发展，必须从地域出发来审视人的本质存在与自然存在的本质关联，"自然界的人的本质只有对社会的人说来才是存在的；因为只有在社会中，自然界对人说来才是人与人联系的纽带，才是他为别人的存在和别人为他的存在，才是人的现实的生活要素；只有在社会中，自然界才是人自己的人的存在的基础"③。只有当人类超越物种的限制获得人质的意识和能力，将自己成就为制度社会的人，

---

① ［俄］克鲁泡特金：《互助论：进化的一个要素》，李平沤译，商务印书馆年 1984 年版，第 7—9 页。
② ［俄］普列汉诺夫：《普列汉诺夫哲学著作选集》（第 1 卷），汝信、刘若水、何匡译，生活·读书·新知三联书店 1959 年版，第 680 页。
③ 《马克思恩格斯全集》第 42 卷，人民出版社 1979 年版，第 122 页。

他才能真正意识"自然中的人的本质",才可去发现自然界是如何可能构成人与人的纽带,才可使自然界成为人自己的存在的基础。人类与自然、人与环境之间的这一本原关系和存在定位,决定了人类能动性地遵循世界存在和物种存在的双重生存规则,创建属己的生存规则。

属于人类自己的生存规则,是人类自己创造的生存规则,但要体现对物种存在的生存规则和世界存在的生存规则的遵从,因为无论人类将自己发展到哪种等级阶梯上,它都既是物种存在者,也是世界存在者。人类的这一双重存在本身使它作为人的存在具有承受其边界和限度规训的命定性,违反这一命定性或无视这一命定性,就会遭遇意想不到的惩戒。《圣经》描述的创世纪,是以想象的神话方式描述了人类从自然人类学走向文化人类学的历史苦难与生存经验,也正是这种历史苦难和生存经验表达存在世界里的存在者,无论拥有什么资质和多大能力都是有限的,这种有限性决定其存在的边界和限度。无视其存在的边界和限度,或丧失其边界和限度,灾难必将伴随,而且会每况愈下。

1. 生存规则生成的历史逻辑

生存规则生成的一般历史逻辑　　存在,无论是世界存在还是物种存在,抑或人类存在,既是空间敞开,也是时间演进;并且,其时间演进总是带动空间敞开,空间敞开始终推动时间演进,二者互为运作构成的这种机制本身就是一种存在形态,也是一种存在方式。它并不以人的意愿存在或消失,也不以人的意愿静止或改变。存在和观照其存在,始终是两事:凡存在,乃自在。自在之存在,呈纯粹客观,也先在于对它的任何观照;观照其存在,要求有观照者为其前提条件。在存在世界里,能够成为观照的存在者,只当人类这一物种成为人时才成为可能。人类物种成为人的主体标志是有人的意识和对象性观照存在世界以及反观自己的能力。所以,观照其存在,不可避免地体现其主观性,即使人们想努力避免,最终也不能尽达其纯粹之效果。凡观照得来的存在,无论怎样尽其努力客观化,仍然不可摆脱主观性。这是人类遵从世界存在的生存规则和物种存在的生存规则来创构自为存在的生存规则,可能形成非对应性和疏离性的根本原因,也是认知和理解生存规则的历史逻辑生成的基本参照。

人类对在先的生存规则生成的规则逻辑呈开放性的体系，在这个体系中，其根本的生成逻辑应该是历史逻辑。考量生存规则生成的历史逻辑，需要理解生存规则生成的历史逻辑的范围。

客观地看，生存规则生成的历史逻辑，是相对整个存在世界言，比如宇宙、地球、环境、气候、冰川、物种、生物等，其存在敞开都会形成自身的历史，而其存在敞开的历史能否得到观照，那是另一回事，它们以其自在敞开方式形成的历史进程本身，却并不因能否得到观照而改变。并且，它们各自以自身方式存在敞开，始终遵从世界存在的生存规则和物种存在的生存规则而生成构建起属己的历史逻辑。具有观照能力的人类，可以在观照的层面上发现其生存规则生成的历史逻辑，也可以按照自己的方式去修正性描述其生存规则生成的历史逻辑，却不能改变其生存规则生成的历史逻辑。人类的力量改变自然、环境、物种等存在敞开之生存规则生成的历史逻辑，只是间接的。这种间接性表征为存在者之存在敞开位态、方式、方向发生层累性改变之后，才呈现出来的。以海洋为例，海平面升高直接来源于冰川大面积持续地融化，但冰川大面积持续融化却是全球气候失律朝着变暖的方向展开，经历长时间的层累性积淀才发生的突变现象。气候全球失律朝变暖方向层累性积聚，可能源于宇宙运动，更可能来自地球生境的整体破碎，形成地球自净化功能丧失，热能性质的废弃物质源源不断地向大气层释放，导致大气层温室气体的超量聚集而生成大气温室效应；但地球生境的整体破碎，是人类活动造成的破坏性力量层累性聚集所致。由此可见，人类对其自身之外的存在者之生存规则生成的历史逻辑的影响，只能是间接的和层累性的，即只能在大尺度的时间进程中才可观照到这种间接影响性。据今天的科学观测，人类所居住的地球大约起源于 46 亿年前的太阳星云，其后从简单向复杂方向演化，形成由地貌变迁、生命现象、物种活动共同构成的地球史。面对地球演化的这一漫长历史进程，人类所能探测到的冰川气候有三次，即发生在大约 6 亿年前的前古生代震旦纪冰川气候，发生在 2 亿—3 亿年前的古生代后期石炭—二叠纪大冰川气候和发生在大约 200 万年前的新生代第四纪大冰川气候，如上三大冰川气候形成的**时间周期**大约是千万年至亿年左右。冰川气候形成、化解、再形成的周期性规律，恰好突显其背后的生存规则生成的历史逻辑，是从渐变到突变的层累逻辑，这一逻辑的生成本质恰恰是时间，即**时间的演绎**逻辑。

进一步看，在存在世界里，自然存在者之生存规则生成的历史逻辑，是**遵从式生成**的历史逻辑，气候只有当其存在者之存在敞开偏离或抛弃其遵从式生成的历史逻辑时，才生发出**重构式生成**其生存规则的历史逻辑。冰川气候的形成、消解以至于恢复正常气候所需的大尺度时间保证的生存进程，则说明了生存规则重构式生成的历史逻辑，并揭示了生存规则生成的历史逻辑即"返者道之动"的**极限重构**逻辑。这一历史逻辑表明：在存在世界里，无论作为整体的世界存在，还是作为物种的具体存在，或者作为个体的地球生命存在，必须遵从返者道之动的极限重构逻辑，宇宙大爆炸理论（The Big Bang Theory）揭示了这一点：宇宙诞生于一个致密炽热（即体积无限小，密度无限大，温度无限高，时空曲率无限大）的奇点，经历上百亿年自我膨胀而发生大爆炸，然后渐进冷却而形成黑洞蒸发，逐渐消耗掉宇宙中的一切物质，其方式是使其存在物质发生相互碰撞（比如彗星坠落、星球碰撞、具体到人类的填海运动、改变自然、开发资源、无节制地消耗有限地球生态等，都可看成是物质相互碰撞生成消耗或毁灭），最终导致新的宇宙大爆炸。宇宙大爆炸理论虽然是一种猜想理论，但它以此探求宇宙的诞生、存在敞开及历史走向展示世界的宇观存在敞开运动是有边界、有限度的，这一边界和限度构成存在本身的极限，逾越此一极限就会朝相反方向展开。存在世界本身以及存在于其中的存在者之存在敞开的极限重构的历史逻辑，不仅在宇宙敞开其存在的循环史中展开，也在地球上的"人生一世"和"草木一秋"的短暂历史循环中呈现：如果说有关于人生存在的彼岸世界、来世观念及其说法存在假想的成分，那么"离离原上草，一岁一枯荣；野火烧不尽，春风吹又生"却是任何人可以在任何地域、任何时间段中观察得到和感受得到的客观存在。与存在世界中的自然存在者不同，人类存在之生存规则生成的历史逻辑，既是遵从式生成的历史逻辑，也是**创构式生成**的历史逻辑。人类遵从世界存在的生存规则和物种存在的生存规则而自为创构式生成的历史逻辑，可用如下简图 4 - 2 呈现：

生存规则生成的地缘取向的历史逻辑　　人类自为创构式生成的首要历

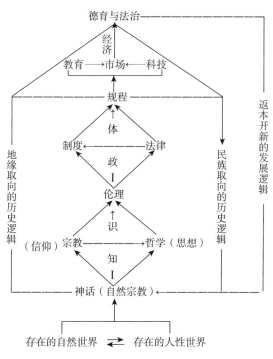

[4 - 2　人类创构式生成的历史逻辑]

史逻辑，是地域存在的历史逻辑，即地缘化的历史逻辑。所谓地缘化的历史
逻辑，指人类物种存在始终是地域性的，具体的地域规定人类物种必须遵从
地域规则而敞开存在，形成历史。因而，人类存在的历史逻辑是被地域所书
写的。希腊文明和先秦文明是最能解释地缘化的历史逻辑的两个典范。希腊
文明与先秦文明，在信仰、思想、认知、知识、诗、文学、艺术以及存在方
式、生存技能、群化组织、社会结构等方面呈现出来的根本区别和差异，构
成其地缘化历史逻辑的最好解释。

　　黑格尔在《哲学史讲演录》中说："一提到希腊这个名字，在有教养的欧
洲人心中，尤其是在我们德国人心中，自然会引起一种家园之感。"因为关于
"今生，现世，科学与艺术，凡是满足我们精神生活，使精神生活有价值、有
光辉的东西，我们知道都是从希腊直接或间接传来"。① 希腊文明并不是欧洲
文明最古老的形式，因为在希腊本土，比希腊文明更早的文明是形成于公元

① ［德］黑格尔：《哲学史讲演》（第 1 卷），第 157 页。

前3000多年的克里特文明和公元前2000多年的迈锡尼文明，但希腊文明却是欧洲古老文明的最完美形式，它构成了欧洲后世文明的直接源泉。

希腊文明之所以后来居上，是因为欧洲文明的基本精神是理性精神，理性精神的内核是自由。**自由恰恰是古希腊一切文明成就的根源。**古希腊之所以能够吸纳众多文明成就而达到古代欧洲文明的高峰，并不在于它本身就强大，也不在它本身就富庶，更不在于它有什么奇妙的天赋；恰恰相反，希腊相对当时的周边文明（比如埃及文明、巴比伦文明）和周边国家（如波斯等强大帝国），它是贫穷和弱小的，而且也只是一个"正常的儿童"。希腊人在贫穷和弱小中崛起并强大，是因为他们有一种**伟大的自由精神。**这种自由精神使人有了自由的向往、自由的追求、自由的创造力，正是这种自由的精神，使他们能够为自由而战胜拥有强大人力、物力和财力的敌人。进一步看，以自由为精神内核和基本价值追求方向的文明，之所以在希腊产生，自然有许多因素的促成，但其中最根本的因素是**地缘境遇**——地缘成就了希腊精神和希腊文明。

古代的希腊是一片岛土，它以希腊半岛为中心，东处爱琴海，西接爱奥尼亚海，南连现在土耳其的西南沿海、意大利南部和西西里岛东部海岸地区。希腊这一整体的地理环境所形成的特殊地缘境遇塑造了希腊文明和希腊精神。构成希腊特殊的地缘境遇的根本因素是**岛屿**、**大海和充足的阳光**：上帝赐给希腊人以大海，使希腊成为大海的天使，使希腊人命运地与大海为伴，出生入死于汹涌波涛的大海之上，这构成了希腊人的**动态人生**；上帝将岛屿赐给希腊，使希腊成为岛屿的国度，在希腊这块神奇的土地上，岛屿构成其基本的地理结构，使希腊成为多山地形，其间，荒凉的山坡把平原分割得七零八落，陆地交通和交往极其困难，因而海洋成为当时主要的运输线；上帝将岛屿置于大海的环抱之中，使海水对海雾形成对流之势，凸出海面的岛屿由此获得良好的日照，阳光充足，气候温和。这就是希腊的特殊地理环境所形成的特殊的地缘境遇。

要言之，大海、岛屿、阳光，此三者构成希腊的特有地缘境遇，这一独特的地缘境遇生成出自由精神。希腊文明就是在这种自由精神的孕育下茁壮成长，并构成充满永恒活力的欧洲文明传统。更重要的是，希腊的这种特有地缘境遇，形成希腊人为其存在发展而不得不特别地关注波涛汹涌的浩瀚大海，关注海天相连、神秘悠远的天宇，关注起伏于烟波云海中的孤立岛屿，关注风云变幻的气候，因而，自然，成为希腊人思考存在与生存的中心，探索世界的本原、宇宙的生成和存在世界的统一法则，成为希腊哲学的重心，气候学、天象学、宇宙学、物理学、数学等科学成为希腊人探索存在与生存、生活与拓展之最高法则、终极依据的最初形式。由于这种特有的地缘境遇形成的自由精神，引导缔造社会、构建城邦，自然地**以个人为出发点，并以保障个人利益权利为最终目的**，产生出从个体走向整体、从特殊达向一般、以局部启动全体的思维风格、认知方式、生存原则和行动方法。

如果说**大海、岛屿、阳光**构成希腊特有的地缘境遇，生成出以个体自由为内核的理性精神，形成以关注自然为中心的**海天之像**的文明传统，创构起地缘化的"不变中变"的历史逻辑；那么**大陆、高原、黄土**则构成中华民族特有的地缘境遇，生成出以群体秩序为内核的**人伦精神**，形成以关注人伦为中心的**土地之象**的文明传统，创构起地缘化的"变中不变"的历史逻辑。

翻开世界地图，远古的中国位于欧亚大陆的东方，在那里，有一个很大的独立地理区域，其西、南、北三方均被高山阻隔，东被海洋环绕。具体地讲，其北部是由天山—阿尔泰山—萨彦岭—外兴安岭所组成的高山屏障，西部则是由喀喇昆仑山—阿尔金山—祁连山—青藏高原组成的高山屏障；西南却是由那加山脉—高黎贡山脉—怒山—无量山—哀牢山—长山组成的高山屏障，唯有东部为海洋所阻隔。北、西、南为高山所阻挡而无法攀越，东部由无边的大海所阻隔而无法跨越，三面环山、一面临海，由高山和大海所包围的黄土高原，成为一块广袤无垠的封闭土地。这片广袤无垠的黄土地就是"天下"。这种"天下"观念强调的是由高山和大海包围的黄土高原的整体性，对这种由特定的地理环境所生成的整体地缘境遇的感知，自然生发出存在的群体观念，它不像古希腊那由各自独立的岛屿、可以横渡的海峡和大海那边的陆地世界组成的地理结构，其所生成的地缘境遇必然生发出个体观念。**个体观念的核心理念是孤立性、独立性和自由想望**：个体与个体之间没有必然的关联，因而，个体与个体之间没有依赖关系，个体只能以自己为独立的力量而向外部世界寻求依据，寻找关联，创建存在的安全与生存的秩序，所以，个体观念迫使个体不能向内，只能向外，并按照自己的自由意愿，联合、冒险、开拓、征服和创建秩序世界。哪怕是宗教秉承的仍然是个体观念，《旧约全书·创世纪》里面讲耶和华创造世界，是一步一步地展开；宇宙星辰、天地日月、陆地海洋、万物生命、人，是一个接着一个地被创造出来。与此相反：群体观念却产生于整体主义的地缘境遇，因而，**群体观念的核心理念是依赖性、凭据性和秩序想望**。在群体观念里，首先是整体的存在，然后才有个体的产生。中国神话体系是整体裂变出个体，宇宙天地万物的始祖是盘古，盘古"头为四岳，目为日月，脂膏为江海"，"嘘为风雨，吹为雷电，开目为昼，闭目为夜。死后骨节为山林，体为江海，血为淮渎，毛发为草木"。在群体观念里，个体与个体之间有必然的联系，那就是所有的个体都是由同一个整体裂变出来的，"天下一家"的说法是对这种整体关联性的最好表述。在这种整体关联里面，个体与个体之间存在着**先天的依赖关系**，个体只能以整体为绝对依赖和最终依据，来确立自己的存在方位，来定位自己的生存地位，来构建自己的生活关系。因而，群体观念迫使个体不能向外，更不能按照自己的自由意愿而联合、冒险、开拓、征服和创建秩序世界，而只能向内，即面向群体内部，按照现有的群体规则，维护群体秩序。古中华人的群体观念，不是横向开放的联合群体观念，而是纵向生成的血缘群体观念，这种血缘群体观念的要旨有二：一是家庭血缘群体观念，二是宗法血缘群体观念，前者构成家庭生存的内聚力，即家长专制；后者产生社会生存的内聚力，即宗主专制和帝王专制。由此二者组建起来的社会，其基本的结构构成与希腊的"个人→社会"模式完全不同，它是"血缘家庭→血缘宗族→乡里乡党→个人"模式，简单地讲，这种"社会→个人"模式，构成其地缘化的历史逻辑的具体形态。

生存规则生成的民族取向的历史逻辑　　相对于存在世界中的物种言，人类是一整体存在的物种，但具体地看，人类物种是由众多种族构成。人类的存在敞开，不仅以地域为空间环境，更以种族为基本单位。以种族为基本单位的地域化存在形成民族的生存空间，也构成民族的历史空间。民族的生存空间，以地域为标志，表述为地理疆域。以民族为主体创构起来的国家，被称为民族国家，它形成多民族国家或单民族国家，因而，民族生存的地理疆域，也就构成以民族为主体的国家空间版图；与此不同，民族的历史空间却是由语言构筑。

俄罗斯教育思想家乌申斯基认为，民族性是民族存在的根本标志，"一个没有民族性的民族，就等于一个没有灵魂的肉体，它只能屈从于衰败的规律，只能在另一些保存着自己的独特性的肉体之中消亡。观念的特点就是生活的原则"①。民族的民族性，只有通过民族文化的创造来实现，并通过民族文化的发展来呈现。但民族文化需要语言的保障。因为民族的灵魂，不仅通过民族对其特定的语言来创造，也要通过民族的语言来承传、来重塑、来新生。民族通过民族语言来承传、重塑、新生民族灵魂的历史过程，就是民族成员接受民族灵魂的洗礼而获得民族精神、信守民族生存原则的历史过程。这一过程不仅构成了个人存在心灵和生存精神的成长史，也构成了民族心灵的演变发展史和民族精神重塑的新生史。"语言，或至少语言的要素（这一区别十分重要）是一个一个时期传递至今的，除非我们跨出现有经验的范围，才谈得上新语言的形成。由此可见，过去对现在的影响深深地渗入语言的结构。……因为，语言是全部思维和感知活动的认识方式（Auffas sungsweise），这种活动方式自上而下以来就为一个民族代代相承，它在对该民族产生影响的同时，也必须影响到其语言。"② 语言对民族和民族成员的双重塑造，所采取的路向并不同一。相对地讲，民族灵魂、民族性格、民族气质、民族人格、民族精神、民族的存在观、世界观、价值观、生存观和生活观通过民族语言对民族成员的塑造，走的是自上而下的路子，其具体展开形态是民族灵魂、民族性格、民族气质、民族人格、民族精神、民族的存在观、世界观、价值观、生存观和生活观向个体成员的播撒，其方式是整体引导个体，整体训育个体的主要途径是教育、艺术、寓言、神话、图腾、禁忌。民族成员通过对民族语言的创造性运用与传播而重塑民族灵魂、民族性格、民族气质、民族人格、民族精神、民族的存在观、世界观、价值观、生存观和生活观，却走的是自下而上的路子，其方式是个体因革整体、个体弃旧图新整体；其展开形态是

---

① ［俄］乌申斯基：《论公共教育的民族性》，载《乌申斯基教育文选》，张佩珍等译，人民教育出版社 1991 年版，82—83 页。

② ［德］威廉·冯·洪堡特：《论人类语言结构的差异及其对人类精神发展的影响》，第 45 页。

个体以其自身的生存劳动、创造发展、发明革新来聚合新的时代精神、新的未来理想、新的历史发展、新的生存智慧和创造力量，从而实现对民族灵魂、民族性格、民族气质、民族人格、民族精神、民族的存在观、世界观、价值观、生存观和生活观的改造、提升、丰富、完善；其主要途径是对思想智慧的拓荒性探索，对文学艺术的繁荣，对历史承传下来的寓言、神话的时代性改造或对新寓言和神话的创造，对科学技术的发展，对经济的繁荣建设，对教育的革新……正是通过这些努力方式来创造出新的生存观、新的存在观、新的价值观、新的发展观、新的创造观、新的生活态度和新的生存方式。而这些东西最终又以语言的方式进入时间、进入历史，融铸于民族心灵和精神的大海之中，从而构成民族的财富。所以，"人类一代一代地把深刻的内心活动的结果，各种历史事件、信仰、观念，已成陈迹的悲哀与欢乐，都收入祖国语言的宝库中，——简言之，精心地把自己的精神生活的全部痕迹都保存在语言中。语言是一条最生动、最丰富和最高尚、最牢固的纽带，它把古往今来世世代代人民连接成一个伟大的、历史的活生生的整体"[1]。

语言之所以具有如上功能，首先在于"语言是民族的创造，同时，它也是个人的自我创造，因为，语言的创造只有在每一具体个人的身上才能进行，而另一方面，个人只有在求得所有的人理解，并且所有的人都满足了他的这一要求的情况下，才能创造出语言"[2]。语言是民族和民族成员的共同创造。并且，无论是民族，还是民族成员个体，其对语言的创造总是基于地域，总是在具体的地域存在中展开，其创造的语言既烙印上了地缘化的民族情感、民族个性、民族人格，也形成地缘化的认知个性、认知视域、认知局限、认知遮蔽。由此两个方面，语言必然蕴含一种认知的世界观，更蕴含一种生存的价值观。所以，基于地缘化存在和民族性生存的双重牵引，"我们可以把语言看作一种世界观，也可以把语言看作一种联系起思想的方式，实际上，语言在自身中把两种作用统一了起来。但不管我们怎么看，语言始终必然依赖于人类的全部力量。人类力量中的任何部分都不容排斥，因为它是无处不在、

---

① ［俄］洛尔德基帕尼泽：《乌申斯基教育学说》，范云门、何寒梅译，江苏教育出版社1987年版，第157页。

② ［德］威廉·冯·洪堡特：《论人类语言结构的差异及其对人类精神发展的影响》，第49页。

无所不包的"。语言呈现的世界观，形成地缘化存在和民族性生存的特有认知模式；语言敞开的价值观，形成地缘化存在和民族性生存的根本诉求。

从根本讲，语言创造文化的同时呈现了文化，并且，语言在呈现自己的创造物即文化的行为本身敞开了民族史和民族文化史。语言不仅与民族史之间相互提供证据和解释，语言也与文化史之间相互提供证据和解释。这一双重的互为提供证据和解释凸显出生存规则生成的民族取向的历史逻辑，即传统规训现实和描述未来的历史逻辑，这一历史逻辑的具体呈现形态即图腾、禁忌、民俗。以民族为基本单位的属民族的图腾、禁忌和民俗构成世界存在的生存规则和物种存在的生存规则，民族化生成的具体规则体系，超越政治并为政治所充分使用。

生存规则生成的返本开新逻辑　　从整体观，人类的生存和发展始终是向前和开新，这种取向最为突出地体现在经济生活领域和科学、技术领域，这是因为存在于自然世界里的人类，总是要不断地解决更好的"存在安全"和更高的"生活保障"问题。虽然如此，人类生存发展始终向前和开新却并不是随意的，更不是抛弃过去而自由前行，虽然在许多时候人类企图如此努力，最终难以达及其想望。这是因为人类物种是有来源的，其来源本身决定了它的存在必须有根，也决定了它的发展必不可忘本，必须在任何时候都扎根而在，携本而行。由此，人类生存发展始终向前和开新总是不得不遵从返本开新的历史逻辑。

返本开新的历史逻辑敞开为两个方面，形成两个具体的逻辑，即返本逻辑和开新逻辑。返本开新的历史逻辑实是对返本逻辑和开新逻辑的合生建构。在返本开新的历史逻辑中，返本逻辑即扎根的逻辑；开新逻辑就是携本前行的逻辑。返本开新就是**扎根源头，开新本体，发展传统**。

在人类生存发展史中，返本开新的保守方面是宗教。宗教虽然也因时因世而变化开新，比如 16—17 世纪的英国加尔文清教运动和德国路德新教改革，以及印度佛教世界性传播形成分宗立派"各表其技"的发展，更是宗教开新的典型例子。但是，宗教始终以自身不变的固有方式引导人们强化**源头记忆**，并以信仰的方式保持**来源的光明**，所以宗教和由此所形成的信仰，构成扎根源头、开新本体的奠基方式。

在人类生存发展史中，哲学总是面对人类当世存在的根本困境和现实生存的普遍危机而寻求根本的解决之道，因而，存在之问的哲学总是"在路上"。然而，反观人类哲学史，任何时代的哲学发展都是以回返本源获得全新武装为起步。在中国哲学史上，汉唐的经学，直接注疏上古传承下来的经书；宋代的理学、明代的经学，同样是要光华其先秦思想的源头，并扎根于思孟和荀子，开新理本体和心本体。文艺复兴之"回到古希腊去"的口号，实际上构成西方近代哲学和现代哲学扎根源头的基本共识，哲学的近代发展和现代发展，无不以回到古希腊寻求新的思想资源为起步。

在人类生存发展史中，最为激进的开新方式当属艺术和文学，虽然如此，它们仍然以传统和源头为取之不尽、用之不竭的活水源头。比如20世纪后期出现于中国文坛上的寻根文学思潮，则最能说明这一点：文学和艺术真正的土壤是传统，文学和艺术的内在灵魂是地域化的民族诞生及其文化创造的源头。

2. 生存规则生成的限度逻辑

限度逻辑的生成　　无论世界存在还是物种存在，既是历史地存在，也是当世的存在，是其历史存在向现在敞开形成的当世存在。人类更是如此，其历史存在向现在敞开形成的当世存在，必遵从返本开新的历史逻辑而谋求发展。

人类谋求发展源于两个方面的持久推动：一是存在安全；二是生活保障。人的存在安全问题，既相对自然、环境和生物世界的自在性言，也相对人类自身竞斗言，更相对人类如何存在的要求和方式言。由此三个方面会聚形成的存在安全问题是一个永恒的人类问题，即人类总在不同历史进程、不同存在境遇中不断地接受存在安全的挑战，或者对存在安全提出更新更高的要求性。人的生活保障问题，源于人对要活下去所必需的物质资源的需求，这种需求既呈刚性的一面，也有弹性的一面。前者是指人要活下去，必须有饭吃，有房住，有衣穿，这是继续存活下的最低需要，也是最低的生活保障问题，是永恒存在的基本问题；后者是人如何生活得更好，包括物质层面的更好和精神层面的更好，是永恒存在的提高问题、丰富问题。

由于人的存在安全和生活保障两个方面的持久激发，人类必须谋求发展。

人类谋求发展的根本目有二，一是保障生存；二是保障建构"保障生存"（包括最低生存和更高生存）的根本方法。为保障生存而发展，不是任意，更不能主观。因为，发展肯定是硬道理，但发展必须承受更硬的道理的规训与引导，这就是发展必须有规范，有限度和边界。

发展必须有规范，是指发展必须遵从律法、遵从规律。发展遵从的律法和规律不是来自人定，而是源于世界存在和物种存在（参见第 6 章详述）。发展必须遵从的律法、规律规定发展必须有限度和边界。发展的限度和边界是指发展必须**有止**，包括发展本身有止，发展所需的资源、条件、环境的开发、利用也必须有止。由此两个方面凸显人类谋求发展的逻辑必然是**限度逻辑**，或曰**边界逻辑**。

人类谋求发展的限度逻辑，既指人类的限度存在逻辑，也指人类的限度生存逻辑，这一逻辑虽然要贯穿返本开新的历史逻辑，但也要遵从世界存在的生存规则和物种存在的生存规则。以此为双重规训的限度逻辑，指涉人类谋求发展的方方面面，但根本的面向却是经济。这源于人类基于应对不同存在处境中的存在安全和生活保障这两个永恒的根本问题谋求发展，最核心也是最关键的就是经济发展。因为人的存在安全问题的解决需要物质基础，人的生活保障的根本前提是物质资源。解决存在安全和生活保障的根本和重心，只能是发展经济。并且，为解决存在安全和生活保障这两个基本问题而发展经济，必然带动科学、技术、市场、制度、法律、教育，使经济成为科学、技术、市场、制度、法律、教育等的纽带。首先，发展经济必须延长人的手臂而开发技术，技术既成为发展经济的手段、工具，也是经济发展的动力。要充分发挥技术对经济的功能和优势，必须不断地开发和革新技术，而开发和革新技术必须借助于科学：在古代，科学是人们对存在世界的好奇和惊诧，但自近代以来，科学成为技术开发和革新的动力机制。其次，经济要获得发展并保持持续发展，需要开放性生成的平台和规范性运行的环境，这个平台和环境就是市场。经济必须通过市场而获得良性运转，服务于经济的技术和科学，也必须进入市场获得生生不息创发不已的活力。最后，经济直接源于人的存在安全和生活保障的激发，但也同时激活、唤醒着的人的利欲想望并使本性朝贪婪方向释放，这极不利于市场的规范运转和经济的良性发展，为解决此问题则必须规范人的利欲想望和本性释放，这需要**制度定界**和**法律规行**，更需要教育的人性再塑和利欲疏导。综上，由存在世界的生存规则和物种存在的生存规则生成的人类谋求发展的限度逻辑，既展开为经济限度逻辑，也展开为政治限度逻辑，更展开为教育限度逻辑。

经济限度逻辑和技术限度逻辑　　基于遵从世界存在的生存规则和物种存在的生存规则的经济限度逻辑的落地形式，就是市场限度逻辑和技术限度逻辑。

市场限度逻辑指市场本身是有边界的，市场自身的边界构成了市场的规则。市场限度逻辑既指市场自身的内在逻辑，也指规范市场良性展开的逻辑。作为自身的内在逻辑，是指市场的形成、展开、发展必须有限度。此一限度来自许多方面的限制，但其基本面向有二：

一是市场的供求限制。在市场中，供与求之间的互动和互变，根源于它们互为边界：在市场中，供求之间虽然始终呈扩张状态，但这种扩张态最终要承受其相互限度，这就是供为求设定了边界，亦是供为求设定了边界。

二是资源对市场的限制。市场供求关系中的供与求，既有客观的非人的智－力能左右的面向，也有主观性的人的意愿和想望能生发的面向。就主观性面向言，其限度既是绝对的也是相对的。在供与求方面，其主观性面向的绝对限度主要体现在"供"方面，总是可以通过经济的发展——或商品的生产——而给予具体的满足；其主观性面向的相对限度，主要体现在"求"方面，即人对物质（以及精神）丰足的想望和需求既有限也无限，即在旧有的想望和需求逐渐成为现实的过程中又源源不断地勃发出更新的想望和需求。供求关系的客观性面向则主要体现出供的方面呈现绝对的限度性：首先是资源维度，无论自然资源还是人造资源，都是绝对的限度。其次是环境维度，人类得以存在的环境，或者说人类存在于其中的环境，既是地域化的，也是水土化的，更是气候化的。此三者构筑起人类、民族国家以及个体存在的绝对限度。最后是消费维度，在人类世界里（自然世界亦如是），存在即消费。消费的过程既是消费主体的自消耗过程，更是客体的被消耗过程。由于消耗，供求关系中的"供"的限度呈绝对取向。

基于存在安全和生活保障之根本需要而发展经济，必须遵从的限度逻辑不仅呈现为市场逻辑，也呈现为技术逻辑。从市场与技术的关联性言，市场和技术都围绕经济展开，市场为经济的限度发展提供平台和基础，技术为经济的限度发展提供工具和手段，但技术也同时构成市场限度的根本因素，因为市场展开的根本方式和方法不是由经济本身决定，也不是由资源决定，而是由技术决定。比如，手工技术体系与以物换物的自然市场相匹配，并以金属为介质；机械技术体系对应店铺销售商品的市场，并且只以纸质为介质；今天正在全面形成的生物学工艺学技术体系，对应网络销售商品的市场，并将以数字货币为介质。

技术逻辑亦是既指技术制约自身的逻辑，也指技术规范的逻辑。技术制约自身的逻辑是指技术一旦成为技术，就规定了自己的存在性质、适用范围和时间占有长度。技术规范的逻辑是指技术一旦形成，就获得了方便制造者和人类生存功能，同时也规范了使用者对待它的态度、使用它的方式和范围。所以，技术的限度逻辑从它制约自身和规范他者两个方面彰显出来。仅前者言，技术并不具有逾越自己的力量。这根源于两个方面：一方面，技术不能是生物存在者，而是人造物，属于非生命存在物。技术来源于人造这一事实规定了技术不仅没有生命，更不具有自生的能力，也不具有生它的能力，合言之，技术既无生命体征，也无繁殖功能。它作为被制造物本身就是绝对的有限。另一方面，技术可以获得时间，进入历史。但技术所获得的时间，是由技术的制造者赋予，这种时间赋予既不是技术的要求，也不是制造者的任意使然，而是制造者制造它的实际智－力能力的物化投射所形成，这种物化投射形成的时间长度及潜在张力，由该技术生成的性质、形态学特征、功能三者合生形成，呈现一种绝对的限度。

技术自身的绝对限度直接地规定技术规范的限度同样呈现一种绝对的逻辑。技术规范的限度逻辑主要体现在四个方面：其一，技术与人之间的关系呈现一种绝对的限度。技术作为人的创造物，它的价值就是服务于人，为人提供劳作或生活方面的便利，除此，它不能进入人的其他领域，比如不能进入人的心灵、情感、意志、意愿、想望等领域，不能进入人的生殖领域。即使是当前的生物工艺学技术基因工程和人工智能，企图进入人的生殖领域，也只能做一些外围性辅助工作，比如试管婴儿，一旦它能创造出人来，那也不是真正意义的生物人，因为技术不可能自成为生物主义的生殖系统。由此种根本性质的限制，人可以源源不断地制造出更新的技术，所制造出来的技术总是与人两分，哪怕前景无限的人工智能，它可以强化或替代人的生物肉体的某些机能或某个区域，但它不能替代和替换生物人的肉体整体，如果能够置换，它也仅是技术本身，而不是生物人本身。技术与人之间的根本的两分关系决定了技术无论有多强大的使用功能，也是绝对的限度。其二，技术的限度逻辑体现在技术是领域性的，即没有哪一种技术是"全"的，可能涉及所有领域，可以统摄所有领域，更没有哪一种技术能够无所不包。其三，技术对人提供的方便和便利，或者说技术本身的功能释放，也是绝对有限的。制造飞机的技术只能造出飞机，不能造出动车或潜艇、航空母舰或宇宙飞船，如果要使它也能造出或潜艇、航空母舰或宇宙飞船，必须对此技术加以改造和革新，技术一旦被改造和革新，就变成了新的技术。同样是制造货币，但造纸币的技术和造硬币的技术却是不同的技术，即或是制造硬币，制作金银的技术和制作镍币的技术虽然有关联性或相似性，但仍然是两种具体的技术。其四，由于如上三者规定，任何具体的技术的自身寿命和功能寿命，都是绝对有限的，它不可能拥有"长在"和"永生"的能力。

政治限度的逻辑　　从世界存在和物种存在的深处走出来的人类，其原发存在的形态学方式是个体，个体的人——个人。个人求生遭遇的原初问题，是存在安全和生活保障问题。这两个问题要得到根本地和一劳永逸地解决，是根本不可能的，这就是人的绝对限度，也是群化的人类物种的绝对限度。作为个人，要解决存在安全和生活保障的求生问题，个人只能相向走向他人、走近他人，以其基本求生本性为依据达成共同意愿，形成共同需要，凝成共同意志，创建群化存在的共同体。这种群化存在的共同体的最初组织形式和形态学表征，或可是两性共同体、血缘家庭共同体、宗族共同体，逐渐扩张为地域共同体，最后发展成高级形态即以民族为基本单位的国家共同体，由此产生以国家为基本视域的政治。政治首先是一种人与人如何共生存在的理念、思想、主张、观念、理想，然后可物化为一种组织形式、结构框架、规训体系甚至保障系统。

对人类言，经济产生于**求生冲动**，所以经济的逻辑更倾向于朝市场、技术、科学等领域释放；与经济紧密关联的政治却产生于**共生冲劲**，政治的逻辑更倾向于朝制度、法律、教育等领域释放功能。

政治源于人的共生冲动本身规定了政治的绝对限度。政治的绝对限度逻辑，首先体现在人与人共生的需求以及由此需求构筑成的共生存在事实，始终只是部分地交汇，而不是全部的整体的覆盖或置换，即政治绝对有限度的首要逻辑，是人与人部分交汇的逻辑。这是因为：人是个体，是个人。人以个体的方式诞生成个人，决定了他只能以个人的方式存在，这是一个绝对前提，并且是在任何情况下都不能取消的前提。若取消了，人就丧失存在的个体性和个人性，远古的奴隶时代以及近世以来的极权社会，以个体方式诞生的个人，被奴隶主和极权者绝对支配的状况下，没有个人存在，所存在的只是统一思想、统一认识、统一情感、统一步调、统一行为的肉身之物，工具甚至连工具资格都没有的耗材。人这种物种生命，只有当他成为一个个体、个人时，他才是一个真正意义的人。当人以个体的、个人的本原方式谋求与他人共生存在，也只是个人无力获得完整的那部分。所以，人与人共生存在，只是人的部分与人的部分的共生存在，人作为个体和个人的根本部分，却是在共生存在之外的。这就是你是你，我是我，他是他，男是男，女是女各相区别、各呈个性、各具自由的根源所在，亦是基于共生存在意愿而达于共生存在事实的政治，只能建基于绝对限度并只能呈现绝限度对之根本理由。

人与人基于共生存在而走到一起，组建社会、缔造国家的努力，所必须付出的代价是将本属于自己的一部分权利依据平等准则让渡出来给一个公共机构而形成公共权力，这个公共机构就是政府，这个公共权力就是国家机器权力，简称公权；但与此同时所获得的收益就是依据平等准则而享有在生命存在、个人权利、生存利益等方面受到平等保护的权利。这种让渡的权利和享受的权利应该是**对等的**。而且，人与人之间应该享有的这种对等权利既决定个人存在权利的绝对限度，也构成政府权力的绝对限度，个人存在权利绝对有限的依据是他人的存在权利，政府权力绝对有限的依据是个人的存在权利。这两个方面的绝对有限性构成政治的绝对限度逻辑的第二个方面，**即权利的边界是权利，公权的边界是民权**，二者所贯穿的是同一的**平等逻辑**。

人与人共生存在的部分交汇逻辑和平等权利逻辑，规定了政治从抽象的理念、观念、主张、理想达于实际践履和操作的逻辑，也必须达到其共生存在的部分交汇和平等权利的绝对对等，这种绝对对等构成政治之自为实体的制度、法律的绝对有限度。

基于人与人共生存在的冲动而生成建构起来的政治，从理念、主张、观念、理想达于抽象的结构定格的是政体，对政体实现其形式定格的是制度，将制度予以边界规范的是法律。人与人共生存在之政治逻辑的绝对有限性，分别从政体、制度、法律三个层面得到明确的定位。

相对人与人之共生存在之原发冲动和最终目的这两个方面的规定和要求，政体绝对有限的逻辑起点是**个体**、**个人**。从个体、个人出发形成的政体逻辑，是人的**天赋人权逻辑**。政体遵从天赋人权的逻辑而自我赋形的实质，就是对权利和权力予以性质定位、边界划分和关联机制的构建。对具有如此三个方面内涵的政体予以形式定格，就是制度。制度同样是绝对有限的，制度绝对有限的逻辑起点是**平等利益**，制度遵从平等利益的法则自我形塑的实质，就是构筑绝对限度的**权责边界**和**博弈机制**，由此形成绝对有限的制度逻辑就是**权责对等逻辑**和**民权与公权的博弈逻辑**，这一博弈逻辑的功能释放呈现出来的是权责边界和利益限度。制度的逻辑实现政体，将其予以赋形的制度逻辑要获得功能发挥，必须通过法律来实现。法律的限度逻辑则是对人与人共生存在的行为边界的规范：凡是法律所规定的方面，都是人的行为**所当止**的方面；凡是法律没有规定的方面，则是人的行为**所当行**的方面。行所当止和行所当行从正反两个方面规定了法律的绝对有限，即法律只能制约行所当止的方面，却不能制约行所当行的方面。法律的这种绝对有限的逻辑是人与人共生存在的**行为边界逻辑**，这一绝对有限的逻辑的真正起点是**普遍自由**。这里的普遍自由，是基于天赋人权的平等的自由，法律就是遵从普遍自由的法则自我形塑的实质，就是构筑起普遍平等的行为规范逻辑。

教育限度的逻辑　　对人类物种言，教育之产生源于两个方面的激发。一是受存在安全和生活保障的激发：人要求存在安全和生活保障，必须增强存在的能力和生存的力量，这需要学习。首先向自然学习**法则**，然后向长者学习**经验**，再往后还需向历史学习**知识**和**真理**，由此牵引出教育。最初是口耳相传的家庭教育，其次是学校教育，然后是社会教育，最终是自我教育。

二是受人与人共生存在的激发，人为解决存在安全和生活保障问题而谋求共生存在，可以想望无限，却要利欲有度，行为有则。这就需要教育。

教育的逻辑，是将四脚爬行动物的人形塑为身心站立的人的逻辑，这种**形塑人**的逻辑，必是绝对的限度。这种绝对的限度呈现为：教育只能把人形塑为身心站立的人，而不能把原本是动物的人形塑为更加动物的物，更不能把本来形塑为身心站立的人再形塑为纯粹的工具，或物质的工具，或技术的工具，或权力的工具。这种性质和范围规定的"不能"就具体地勾勒出教育的绝对限度的范围和边界。

形塑人使之身心站立所呈现出来的这种绝对限度，既应有其依据逻辑，也应有其目标逻辑，更应有其形塑逻辑。教育的依据逻辑，在于人是一个**可教的动物**：人的本原存在是动物，但它内在具有**可教的本性**和**可教的潜在张力**空间，构成了教育的逻辑依据。教育就是从它本原存在的"可教性"为依据和起步形塑自身的庄严行为和神圣过程。

以"可教性"为依据，也以"可教性"为起步，教育的目标指向是把原本动物的存在者形塑为身心站立起来共生存在的人，这一目标方向构成了人类教育的不可逆逻辑。

以"可教性"为依据，以"共生存在"为目标，教育形塑身心站立的人的绝对限度是"**恰当**"，即只有以"恰当"的方式才可将"可教性"的动物形塑为身心站立的"共生存在"的人。所以，从"可教性"到"共生存在"能够构建起一种将动物形塑为人的桥梁就是"恰当"：**恰当**，是"可教性"达于"共生存在"的逻辑中枢，它呈现不可逆的逻辑方向。这一根本的逻辑方向，就是使人保持天赋"相近"的本性，或从"习相远"的异化状态回归（或恢复）更"相近"的本性状态，这就是教育形塑人的"恰当"逻辑。

第 2 篇

存在的津法

第 5 章　规则逻辑的局限与整合

　　逻辑贯穿于知识、思维、生存各领域，为知识、思维、生存成为有生机的整体存在提供了可能性，但其可能性能否构成现实性，实由贯穿知识、思维、生存三者的逻辑本身与存在的逻辑吻合。从自然人类学向文化人类学方向演进的历史观，人类从自然人类学中走出来开辟文化人类学之知识、思维、生存道路中贯穿的逻辑，可概括为智－力逻辑，与存在逻辑有其根本不同：智－力逻辑是人类物种从自然人类学向文化人类学方向进化的历史进程中逐渐生成建构起来的逻辑，是为人类自己的行为提供解释其思维－认知和行动－结果的依据；与此不同，存在逻辑是宇宙创化的逻辑，是为宇宙继创生行为提供解释的依据。人来源于存在世界，是宇宙继创生的杰作，并且自始至终存在于存在世界之中，存在逻辑既构成人类智－力逻辑的依据，也构成人类存在敞开生存的参照。以存在逻辑为参照，一直处于发展状态的智－力逻辑无论怎样向前发展，都客观地存在自身不能克服的局限。

一　智－力逻辑的开放性诉求

　　人类创建并不断发展的智－力逻辑，并不单纯是逻辑学的问题。从发生学讲，逻辑是作为思维的工具而产生，逻辑学就是这样一门思维的工具学。思维需要逻辑的武装，是基于思维的展开可以探求真知，为生存提供可依据的知识，为认知提供正确的方法，为行动提供最终的依据和普遍的尺度或标准。这是逻辑在最初成为哲学的基本部分，并在以后从哲学中分离出去但仍然离不开哲学的审查——当然也包括哲学离不开逻辑的帮助——的真正原因。

所以，讨论智－力逻辑的局限，仍然需要从哲学和真理出发，并要以哲学和真理为参照。

1. 真理生成的思维视域

智－力逻辑与哲学的关系是二重性的。在发生学意义上，逻辑不仅是哲学的组成部分，而且由哲学引发：赫拉克利特从"永恒燃烧的活火"中提炼出逻各斯思想，直接地从米利都哲学的实体（火、无定、气）本原论和生变转换论（即宇宙生成论）中吸取智慧所成。这一以物质实体为本原、以"变中不变"和"不变中变"为本质规定的 logos，既蕴含经验论特征，更体现理性论诉求。这就意味着在发生学上，逻辑既蕴含经验取向，也蕴含理性取向，这是逻辑达向真理必然遭遇符合论与融贯论的矛盾根据，也是逻辑生成类型和方法时必然遭遇归纳和演绎的非普遍性困境的根源，但最终是哲学始终沦陷于人的世界，一步步走向更为狭窄的主体论和实践论道路的最终根源。从思想发展史观，哲学总是心怀理想，期望指导逻辑能操哲学的正步，但逻辑始终以实务的方式牵引着哲学走向非哲学。所以，逻辑的局限不仅影响逻辑本身，也造就了"哲学的终结"。①②

何以会如此呢？回应这一问题需要从哲学与逻辑的内在关系入手，这就牵连出"真理"来。

哲学乃存在之问，其存在之问的敞开必生成存在之思。哲学之"存在之问"敞开"存在之思"，自然带动逻辑，但存在之问敞开存在之思指涉的不可逆方向是寻求存在之知。所以，从**"存在之问"**敞开**"存在之思"**达于**"存在之知"**的进程中，逻辑被半道召唤入场，既可能伴之始终，亦可能在行程中被要求退场。这种两可性涉及哲学的性质及走向，即哲学到底是**思维的**哲学还是**存在的**哲学？逻辑扮演了重要角色。黑格尔和海德格尔对哲学与真理的不同看待和定位，从不同维度上敞开智－力逻辑的局限。海德格尔的真理逻辑的问题，置于本章末讨论，本节着重讨论黑格尔的真理逻辑。

---

① ［奥］维特根斯坦：《思想札记》，吉林大学出版社 2005 年版，第 191 页。

② Heidegger, *Basic Writtings*, London, p. 375, 377。参见赵敦华《现代西方哲学新编》，北京大学出版社 2001 年版，第 281 页。

古希腊早期的自然哲学，从世界的本原切入发问存在问题，发展到爱利亚学派那里，从存在入手定义哲学，使哲学成为存在论的哲学。智者运动开启将哲学以关注自然为中心转向以关心人事为中心，为苏格拉底的出场搭建起舞台：苏格拉底将"人是万物的尺度"的人本主题具体化为人如何才能成为万物的尺度，考察人成为万物的尺度应该具备的自身条件并应遵从的规则。苏格拉底开辟的人本哲学，后来通过伊壁鸠鲁学派和斯多葛学派得到发展，经历中世纪的沉寂，在文艺复兴那里得到复活，后来汇入唯理论和经验论中，在启蒙哲学中得到张扬，这一条内在化的人的主体论路子，也仍然隐含于柏拉图和亚里士多德的哲学之中而未得彰显。从整体讲，柏拉图和亚里士多德都是沿着爱利亚的存在论这一大方向展开自己的工作，形成理性存在论和经验存在论的传统，经历奥古斯丁和托马斯·阿奎那分别将二者的哲学用于对神学的解释这一中介而进入近代，分别成为法国唯理论哲学和英国经验论哲学的思想和方法资源，最后在启蒙哲学中得到汇合。康德通过认识论形而上学的推论构建起个体主体论的哲学，人的"意志自由"成为逻辑的起点的同时也构成逻辑的目的。黑格尔通过历史和逻辑的双重论证建构起国家主体论的哲学，人的思维成为逻辑的出发点和目标。黑格尔《小逻辑》导言中明确指出：

> 概括起来，哲学可以定义为对于**事物的思维着**的考察。如果说**人**之所以异于**禽兽**在于他能思维。……所以哲学思维无论与一般思维如何相同，无论本质上与一般思维同是一个思维，但总是与活动于人类一切行为里的思维，与使人类的一切活动具有人性的思维有了**区别**。这种区别又与这一事实相联系，即：基于思维、表现人性的意识内容，每每首先不惜**思想的形式**以**出现**，而是作为情感、直觉或表象等**形式**而出现。——这些**形式**必须与**作为形式**的思维本身区别开来。①（引者加粗）

黑格尔将哲学定义为"对事物的思维着的考察"，哲学考察的"思维"

---

① ［德］黑格尔：《小逻辑》，贺麟译，商务印书馆 1996 年版，第 38 页。

不是定义人与动物的区别的一般思维，诸如由情感、直觉、表象形式呈现的一般思维，而是指思维的形式，即反思思维的思维，或曰**思维的思维**：哲学就是将思维的表象（情绪、直观、欲望、意志等）转化为概念和思想的形式"反思以**思想**的本身为**内容**，力求思想自觉其为思想。忽视了哲学对于思维历明确切分的这种区别，以致引起对于哲学许多粗陋的误解和非难。须知只有人有宗教、法律和道德。也只有因为人是能思维的存在，他才有宗教、法律和道德。也只有因为人是能思维的存在，他才有宗教、法律和道德。所以在这些领城，**思维**化身为情绪，信仰或表象，一般并不是不在那里活动。思维的活动和成果，可以说是都表现和包含在它们里面。不过具有为思维所决定所浸透的情绪和表象是一回事，而具有关于这些情绪和表象的**思想**又是一回事。由于对这些意识的方式**加以**'后思'所产生的思想，就包含在反思。推理等之内，也既包含在哲学之内"①。总之，**哲学的原则就是思维**。黑格尔对此从哲学起源和发展两个方面予以证明，指出哲学的起源和发展就是思维通过"这种发展一方面可说是思维对经验科学的内容及其所提供的诸规定加以吸取，另一方面，使同样内容以原始自由思维的意义，只按事情本身的必然性发展出来"②。

黑格尔以思维为原则，从经验出发并以经验为视域，哲学就是通过思维而"使它克服将丰富的经验内容仅当作直接、现成、散漫杂多、偶然而无条理的材料的知识形式，从而把此种内容提高到必然性——这种激励使思维得以从抽象的普遍性与仅仅是可能的满足里超拔出来，进而依靠自身去发展"，其必以真理为目标。黑格尔指出："我的哲学的劳作一般地所曾趋赴和所欲趋赴的目的就是关于真理的科学知识。"因为"真理的王国是哲学所最熟习的领域，也是哲学所缔造的，通过哲学的研究，我们是可以分享的"。在黑格尔的"哲学全体"③ 中，真理既是哲学的目标，也是哲学的研究对象。

既作为哲学的对象，又作为哲学的目标的真理是什么呢？黑格尔认为，哲学以思维为原则，就是思维的思维，思维的思维达及的是概念与事物相符

---

① ［德］黑格尔：《小逻辑》，第37页。
② ［德］黑格尔：《小逻辑》，第52页。
③ ［德］黑格尔：《小逻辑》，第52、5、35、56页。

合，所以概念才是事物保持存在的原则。概念之所以具有如此功能，是概念揭示了生成它的事物之所以能保持自身存在的内在根据和根本理由，即理念。概念与事物相符的实质是概念与理念相符，具体的事物之所以具有真理性是因为其蕴含理念并具有彰显理念的力量。由此，概念（和概念含纳的理念）在真理探求中具有根本性的地位，因为真理不过是关于概念的概念，因为运用概念的概念最终能达及对绝对、上帝和客观思想的一体性呈现。在黑格尔看来，人的经验始终有限，但上帝、精神和自由永恒无限。从有限的经验通向无限的自由、精神和上帝必然开辟出理性的可能性，将理性的可能性变成现实的努力，科学方法无能为力，唯一可求助于"思辨的思维"，因为人的"思辨的思维"可以进行"范畴变换"。① 但"范畴变换"仍然要借助"思辨的思维"本身，所以思维才是一切的核心。因为思维才启动主体的能动作用，在思维与对象之间的关系构成中，思维始终具主体地位，这种主体地位不仅使思维与对象的关系是主动的，也体现在对寻求存在之固定、常驻以及自身规定的普遍原则的反思也是主动的，事物的价值、真实本性和存在本质等都通过思维的能动作用于精神的某种改变才可彰显出普遍性的理念、原则或思想来。所以，以思维的纯粹形式也即运用概念的概念方式来把握真理则是最完善的认识方式。这种最为完善的认识形式就是哲学的认识形式②，它最终要借助逻辑学才可达成，因为逻辑学是以思维为对象并以概念的概念方式来构建范畴体系的，这是黑格尔将逻辑学定义为是"研究思维、思维的规定和规律的科学"的理由，也是对既作为哲学的研究对象又作为哲学的目标的"真理"的定义的依据。③

2. 符合与融贯的非融性

以思维为原则，以经验为视域，以概念的概念为基本方式探求真理，因其基本认知的各别而形成两种不同的真理观，即真理符合论和真理融贯论。

真理符合论　真理符合论（correspondence theory of truth）是关于命题

---

① ［德］黑格尔：《小逻辑》，第 49 页。
② ［德］黑格尔：《小逻辑》，第 87—88 页。
③ ［德］黑格尔：《小逻辑》，第 63、12 页。

（或判断）与客观实体相符合的主张，对这一主张的哲学伸张就形成真理符合论理论。

真理符合论这一主张是现代分析哲学提出来的，但其思想渊源可追溯到亚里士多德，他在《形而上学》中定义哲学时指出：**"哲学被称为真理的知识自属确当**。因为理论知识的目的在于真理，实用知识的目的则在其功用。……永恒事物的原理常为最真实原理（它们不仅是有时真实），它们无所赖于别的事物以成其事实，反之，它们却是别的事物所由成为实是的原因。所以**每一事物之真理与各事物之实是必相符合**。"① （引者加粗）亚里士多德将哲学定义为探求真理的知识，真理则是与事物之实相符合。亚里士多德对真理符合（事实）论予以如此定义："把一个存在的东西说成不存在，或把不存在的东西说成存在就是假；把存在的说成存在，或把不存在的说成不存在，就是真。"② 在亚里士多德看来，真的就是真的，真的也是"是的"。凡"是的"东西都与存在相关，自然也与真理相关，存在的真理根源于存在的事物之实，因为事物之实构成存在本身，所以存在真理必须符合事物之实。黑格尔以此断言亚里士多德提出了"关于真理的一般有名的定义"。其后，普罗提诺（Plotinus，公元 205—270）和托马斯·阿奎那（Thomas Aquinas，约 1225—1274）发展了亚里士多德真理与事实之实相符合的主张，阐发真理乃思想与事实同一的思想，使"真理是观念和对象的符合"③ 的观念成为对真理的通常定义，并被哲学家们普遍接受。

近代以降真理符合论得到进一步发展，首先是洛克为真理符合论提供了经验主义理论基础，指出"所谓真理，顾名思义讲来，不是别的，只是按照实在事物的契合与否，而进行各种标记的分合。在这里所谓各种标记的分合，也就是我们以另一名称称之命题的。因此，真理原是属于命题的。"④ 洛克对真理符合论的发展做出三个方面的贡献，首先，他揭示真理与事物之实的符合，不是（主体）单向度的成就，而是真理与事实之实的互为主动，相互契

---

① ［古希腊］亚里士多德：《形而上学》，第 33 页。
② ［古希腊］亚里士多德：《形而上学》，李真译，上海人民出版社 2005 年版，第 108 页。
③ ［德］黑格尔：《哲学史讲演录》（第 3 卷），贺麟等译，商务印书馆 1959 年版，第 23、301 页。
④ ［英］洛克：《人类理解论》，关文运译，商务印书馆 2012 年版，第 610—611 页。

合。其次，他找到探求和表述真理与事实之实相符合的中介，即**命题**，指出真理与事实之实的相互契合必通过命题与事物之实的相互契合来呈现。最后，洛克在综合二者的基础上提出了真理符合的观念论，即真理事实之实相符合的实质是观念的符合。洛克的真理符合观念论揭示了哲学作为探求真理的知识的根本局限，也揭示了真理在最终意义上的主观性，观念既为思维得以展开提供了可能性，也为思维的展开确定了限制，即抛开人的本己的观念，没有其他直接的对象在思想中供它来思维，在最真实的意义上，人不能直接地认识事物，因为思想的真实对象不是存在物本身而是观念。洛克如此定义观念不过是"人心在自身所直接观察到的任何东西，或知觉、思想、理解等的任何直接对象"①。洛克基于经验而指出探求真理的观念的生成可源于感觉，观念生成的感觉方式和反省方式，均从不同方面揭示观念的主观性和片面性，而观念的主观性和片面性恰恰意味着命题与事实之实的相符合的真理符合论的根本局限，在于它与事实之实渐行渐远。

罗素正视洛克的局限，寻求解决此局限的基本思路是发展洛克的命题与事物之实相互契合的思想来消解隐含于命题与事物之实之间的主观性和片面性可能造成的不相契合，具体的方法是将真理定位为是信念的一种性质，这种性质与信念相关的存在事实之间存在某种关系，即"真理是一个信念与这个信念之外的一件或更多件事实之间的某种关系"②。罗素的信念是先于理智的某种持久的存在看法，这种存在看法也可能是简单的或原始的存在论性质的，也可能后继性的和内涵丰富的生存论性质的，对于前一种类型的信念，语言无能为力，只能借助于行动本身来敞开；后一种类型的信念至于后者，主要通过语言来表达，罗素强调的信念主要是后者。罗素讲的"事实"是指独立人的存在的存在："一件事实或多数事实是离语言而独存的，并且也许是离一切人的经验而独存。"③ 它既指具体的事物存在，也指不同事物因某种关系而相关联形成总体的存在。真理指涉的事实是与信念关联的事实，或者说，只有当存在事实与人秉持的信念之间构成某种关联性结构，信念与其所指涉

---

① ［英］洛克：《人类理解论》，关文运译，商务印书馆 2012 年版，第 107 页。
② ［英］罗素：《人类的知识：其范围和限度》，张金言译，商务印书馆 2003 年版，第 183 页。
③ ［英］罗素：《我的哲学的发展》，温锡增译，商务印书馆 1998 年版，第 170 页。

的存在事实之间才可构成一种可相契合的某种关系，这种关系最终要借助符号语言来呈现隐含于其关系中的最基本的结构同一性内容，"在一个事实和事实的符号之间将永远存在某种**最基本的结构同一性**，而且这个符号的复杂性非常准确地对应于它所标示的事实的复杂性"①。（引者加粗）真理就是运用符号化的语言对信念及指涉的存在物对（信念的）事实与（事物存在之）事实之间内在的"最基本的结构同一性"的逻辑呈现，这一逻辑呈现的语句中的主词对应事实中的项，谓词对应项的属性，而真理的"符合"就是其命题与事实在结构上的同构关系，这种同构关系可是生存论的，也可是存在论的。维特根斯坦在《逻辑哲学论》中通过构建图像论理论的方式来探讨语言与实在或命题与事实之间的符合，但在后期的《哲学研究》和《论确实性》中，维特根斯坦抛弃了《逻辑哲学论》中的真理符合论，认为以符合论方式探求真理根本不可能，因为这种方式是错误的，他指出，"我们的错误是，在我们应当把这些事实看作'原始现象'的地方寻找一种解释"，因为无论信念还是语言表述的真假都缺乏最终理由的支持。所以符合论是不可能的，通过符合的方式探寻真理的知识也是不可能的，信念始终呈现不同程度的主观性，我们相信一个命题，并不意味着它必然为真，"如果真理是有理由根据的东西，那么这理由根据就不是真的，然而也不是假的"②。

真理融贯论　　如果说经验主义者热衷于真理符合论，那么唯理论者却崇尚真理融贯论。真理融贯论的核心观念是：一个信念或命题被视为真，是因为它与构成你的信念体系的大多数信念彼此融贯而无矛盾或冲突。

真理符合论虽然在亚里士多德那里发轫，但其观念和思想的源头实可追溯到米利都哲学，其对世界本原的发问可看成是真理符合论的认知原型。同样，真理融贯论的观念源头也与真理符合论一样古老，毕达哥拉斯、巴门尼德和柏拉图等人作为古希腊杰出的唯理论思想家，他们的数本体论哲学、存在论哲学和理念论哲学，从不同层面对后世唯理论的真理知识论奠基了本体论的形而上学基础和非直观的数学方法论。从整体观，唯理论哲学的哲学信

---

① ［英］罗素：《逻辑与知识》，苑莉均译，商务印书馆1996年版，第437页。

② ［英］维特根斯坦：《论确实性》，张金言译，广西师范大学出版社2002年版，第199、34—35页。

仰即一种融贯论的哲学信仰，唯理论的真理观和知识论仍然贯穿融贯论信念
和方法。比较而言，近代之前的唯理论哲学主要是以本体论形而上学的方式
来澄清和确证真理和知识融贯何以可能的问题；始于近代的唯理论哲学实际
上是以笛卡儿为转掑，从本体论形而上学向认识论形而上学方向展开探寻澄
清和确证真理与知识的融贯何以可能更有成效、更具体普遍性的问题。自笛
卡儿以降，唯理论哲学对存在本体问题的消解采取对物质与精神、身与心、
存在与上帝予以二元分割，并通过这种二元分割方式将终极实体的上帝予以
虚化，并**最终**将虚化的上帝安置在"自然之物"世界范围内，这样就切割了
上帝与人的实质性关联。这样做的目的是确立以上帝的替代形式——人如何
顺利地成为自己的上帝，也成为世界的上帝。唯理论哲学解构本体论是要建
构以人为主体和本体的认知论形而上学，因而在其认识论确立以超知觉、超
经验的抽象实体为思辨起点，意在突出理性的天赋性和不言自明性。在方法
论方面，唯理论哲学并不重视命题与事实的符合，而是注重命题的自明真理
性以及推论的严谨性和非矛盾性，为此特别强调以非直观的数学方法和形式
逻辑演绎方法为基本的思维工具，特别强调以严谨的逻辑法则为规范的命题
演绎和推理。

　　在近代，真理融贯论的主要代表是笛卡儿、莱布尼茨和斯宾诺莎等唯理
论哲学家。笛卡儿主张的真理融贯论秉持的基本主张是真理一定是理性的，
理性诉求真理的必然性。理性真理的唯一标准，就是观念本身的"清楚明
白"，"凡是我们极清楚，极明白地设想到的东西都是真的"。[1] "凡是真的显
然都是某种东西，真理和存在是一回事情。"[2] 斯宾诺莎进一步明确笛卡儿
"清楚明白"的理性真理标准，赋予其"清楚明白"的真理标准以具体的内
涵，指出"清楚明白"的内容必是"观念"。斯宾诺莎指出能够构成真理标
准的观念只能是"恰当的观念"，因为只有"恰当的观念"才是"清楚明白"
的"真观念"，因为一个观念能够成为清楚明白的"真观念"，不在于它符合
它的对象，而是它原本就是一个真观念。只有当观念本身成为真观念时，它
才有资格符合它的对象，这既是观念的自身同一，也是对象的自身观念与所

---

① 《十六—十八世纪西欧各国哲学》，第 146 页。
② 《十六—十八世纪西欧各国哲学》，第 1174 页。

指涉的对象的自身同一。然而，什么是"恰当的"或"真"的观念呢？斯宾诺莎在《笛卡尔哲学》中指出："所谓观念，我理解为任何一种思想的形式，只要直接知觉到这个形式，我就意识到这个思想。因此，如果用语词表示某物（假使我理解我所说的意思），而我们心中并没有这物的明显的观念，那么我就不可能用语词表示任何东西。因此我甚至把想象所描绘的形象也叫作观念；但如果这些想象是有形体的想象，即在大脑一定部位中反映出来的想象，我就绝不称它为观念；这些形象之所以为观念，仅就它们在大脑这一部位作用于心灵而言。"① 其后，他又在《伦理学》中再次定义"观念（idea），我理解为心灵所形成的概念（concept），因为心灵是能思的东西"②。恰当的和真的观念，是"心灵所形成的"并通过"概念"来呈现的观念，这是观念的自身同一的内在依据。但斯宾诺莎的理性真理观没有真正达于融贯，因为其与真观念对应的对象处于心物平行的二元结构中存在，由此促使斯宾诺莎试图逾越纯粹的"真观念"确定的范围来求解与理性真理对应的实在这种努力，自然面临背离"真观念"的定义，这样一来，理性真理的融贯论前提必然在无形中被解构。

莱布尼茨要构建融贯论的真理体系，既来源于经验主义的压力，也要必须克服笛卡儿的不彻底性和斯宾诺莎的困境，只有如此才可能将融贯论的理性原则贯彻始终。莱布尼茨首先对真理予以类型学的区分，指出："有两种真理：推理的真理和事实的真理。推理的真理是必然的，它们的反面是不可能的；事实的真理是偶然的，它的反面是可能的。"③ 推理的真理是必然的真理，它与超验内容和逻辑数学关联，具有永真的和不证自明的性质。"必然真理的原始证明来自理智，而别的（即事实的——引者注）真理则来自经验和感觉的观察。"④ 事实的真理是偶然的真理，它与经验相关，具有或真或假的两可性。莱布尼茨指出，融贯论的真理是剔除具有或然性的、偶然的和事实的真理而探求必然性的永恒真理，因为永恒真理只能是精神的产物，精神却是上

① ［荷］斯宾诺莎：《笛卡尔哲学原理》，洪汉鼎译，商务印书馆2010年版，第54页。
② ［荷］斯宾诺莎：《伦理学》，贺麟译，商务印书馆2010年版，第43页。
③ 《十六—十八世纪西欧各国哲学》，商务印书馆1961年版，第297页。
④ ［德］莱布尼茨编：《人类理智新论》，陈修斋译，商务印书馆1982年版，第49页。

帝的唯一属性，所以，永恒真理是必然的实在，而上帝就是这种实在。这样，必然的永恒真理只能存在于上帝和精神属性的思维法则之中。莱布尼茨的双重真理论证虽然缓解了来自经验论和笛卡儿以及斯宾诺莎的压力和困境，同时也给真理融贯论哲学带来了新的矛盾，即他对真理的逻辑与实在世界的无矛盾论证实质上只是逻辑自我同一的论证，既没有真正解决逻辑与事实的统一，又因为将"事实真理"纳入逻辑真理而导致对笛卡尔和斯宾诺莎融贯论向经验主义符合论方向开放的可能性。但莱布尼茨将理性真理的知识论论证逻辑化和用数学演绎论证上帝的存在的努力，为现代逻辑主义开辟了道路。

　　现代逻辑基于真理表达的经验知识系统内诸命题互为融贯之目的，而要求命题与论证的逻辑一致性和逻辑与事实的同一性，以实现经验意义上的可证实性。现代逻辑运用语言学对真理融贯论予以了经验主义改造，形成以主观经验论为特征的真理融贯论。支撑这一真理融贯论的根本原则是经验证实原则，根据这一原则，只有能被经验证实或证伪的命题才是有意义的真命题。以经验证实为根本原则的经验主义真理融贯论发展的主要方向是现代语言哲学，其主要代表是奥图·纽拉特（Otto Neurath，1882－1945），他建立起以贯通论（kohaerenz theorie）为基础的真理观，反对从命题与事实的比较中判明命题的真理符合论主张，主张科学知识的真正对象不是经验之外的"存在"或"实在"，而是从观察和实验中获得的记录句子（prolokollsatze），因而，检验经验命题的标准和真伪性并不取决于命题与"实在"的比较，而是命题与同一体系内的相关命题之间能否达于一致：达于一致者为真，反之为假。纽拉特以命题对命题的实证为原则的真理融贯论既否定了维特根斯坦的真理融贯"图式说"，也否定了 M. 石里克的真理融贯"经验实在论"。逻辑实证主义哲学家艾耶尔（Alfred Jules Ayer，1910－1989）评价纽拉特"对形而上学的反驳是非常苛刻的，以致任何将陈述与事实或者将陈述与任何在它们之外的东西进行比较的言论都被他拒斥了。他断言，陈述只能有意义地与其他陈述比较。这种说法的不幸结果是：他不得不坚持真理的融贯说"①。这种将真理理解为经验知识体系各命题间的一致性的融贯论方式，实际上脱离了经验

---

　　①　［英］阿尔弗雷德·艾耶尔：《二十世纪哲学》，李步楼、俞宣孟等译，上海译文出版社 1987 年版，第 142 页。

对存在世界的有效理解、解释或描述，因为"仅有以同语反复的变换为基础的形式命题，可以应用真理融贯论的原则，但在综合的知识命题中便失去了它的意义了"①。

二　智－力逻辑的局限根源

将哲学定义为真理的知识，从思维（经验的或理性）出发，以概念为工具并以概念的概念为方法来探求真理所形成的不断发展的真理符合论和真理融贯论，各自呈现出不能自为圆满性的窘迫状态，最终可从智－力逻辑上得到解释。

1. 归纳与推理的局限

客观与必然的问题　　对于真理的知识的探讨，无论符合论还是融贯论都有一套逻辑的支撑，即其逻辑的奠基是概念，核心是命题，关键是推理。智－力逻辑的根本局限由其定义法则和推理法则给出。智－力逻辑的定义法则和推理法则之间构成的逻辑关系即**体用关系**：定义是为推理提供概念工具，推理是对定义的运用。

在惯常思维中，定义是对事实的确定，具体地讲是对事物存在的内在规定和不变性质的揭示和定型，但实际上，定义始终是经验的，经验的性质、内涵、取向实际地决定着对事物存在的判断和抽象。所以定义并不真正的"客观"，或可说定义**并不必然**地客观，由此形成定义与存在事物的关系存在两可性，或呈完全吻合的必然，或呈部分吻合的或然。

定义既非必然的客观与定义并非与所定义的对象必然符合，这二者是定义的自身局限。定义的并非必然的客观和定义并非与所定义对象的必然符合，既决定了命题和推理都面临必然性的挑战，因为定义生成概念，概念构成命题的工具，命题构成推理的工具，定义、概念、命题、推理之间形成多米诺骨牌，定义本身的双重或然性必然影响其后的每个环节**必然地遭遇**客观性和必然性的挑战。所以，定义自身的局限之于智－力逻辑的局限而言是根本的。

---

① ［德］施太格缪勒：《当代哲学主流》（上册），王炳文、燕宏远、张金言等译，商务印书馆1986年版，第11页。

相对定义言，推理的局限是表现性的。整体观之，真理的符合论和融贯论在概念和命题方面没有根本的不同和分歧，符合论与融贯论对于真理和知识的看待与诉求方面的根本不同在于对命题与事物之间的关系构建，这就涉及对推理类型的个性化选择，符合论和融贯论的根本局限实际地从推理逻辑方面表现出来。要言之，真理符合论主要运用**归纳逻辑**，真理融贯论主要运用**演绎逻辑**。

一般地讲，唯理论诉求真理融贯论在逻辑上侧重于演绎推理，这是由于融贯论并不重视命题与经验、事实相符合，而是特别关注命题的自明性以及命题体系内部的无矛盾性，融贯论努力于发现尽可能少的自明命题，并通过这些命题的演绎推理，达到对于实在问题的完整描述。唯理论融贯论之特别偏爱演绎推理，是因为演绎推理体现不容置疑的可靠性，这种不容质疑的可靠性信念是建立在理性本身的不证自明性和绝对正确上。理性的如此特质源于它本身是先验真理，欧氏几何学为此提供了依据。以欧氏几何学为依据的先验理性构成一切演绎推理的前提，欧氏几何学的发现是理性与自然世界的几何律相吻合，这种吻合并不能证明理性的必然性，更不能证明理性的先验性，这如同归纳推理的"所有乌鸦都是黑色的"和"所有不是黑色的东西不是乌鸦"或"太阳过去一直从东方升起"和"太阳明天将从西方升起"一样充满或然性，科学的不断掘进本身说明欧氏几何学的发现揭示了自然世界的几何定律并不必然地推论出所有科学理论的发现都能完全地揭示存在世界的自然律。因为理性是属人的，将人的理性幻化地理解为自然的原则**是人赋予理性崇高地位的做法，这种做法具有象征意义和价值，但不能构成逻辑的法则，否则，理性本身被沦为虚妄**。理性的必然性是有条件的，这个条件就是合自然律。合自然律（比如欧氏几何学）的理性才是必然的，但理性本身具有两可性，理性的先验性在理性本身的两可性面前，同样是虚妄的。

演绎推理支撑的真理融贯论的根本局限就源于此，这也是演绎推理最终诉求归纳逻辑帮助的原因，因为无论符合论还是融贯论最终都追求符合：符合论追求观念与事实的符合，融贯论追求观念与信念的符合，所不同的是，融贯论追求符合以**理性**为准则，符合论追求符合以**经验**为准则。经验论诉求真理符合论在逻辑上侧重于归纳推理。归纳逻辑实际地敞开三个维度：一是心理学维度，着重探讨归纳推理的起源，发现或得到归纳结论的心理过程和心理机制，以及对某个归纳结论所持的相信或拒斥的心理态度及理由。二是逻辑学的维度，着重探讨归纳结论与观察证据之间的推理机制、原则和方法。三是哲学的维度，主要探讨归纳推理是否能得出必然性结论，如果不能得出必然为真的结论，那么它的合理性何在？如何为其合理性进行辩护？归纳推理的局限在于归纳的必然性问题，M. 布莱克在《哲学百科全书》（1967）中的"归纳推理"词条中，综合多种归纳问题的文献基础上总结出四个方面："（1）休谟的责难是无法对付的，所以归纳是站不住脚的，应该把归纳从人们称道的理性道理中排除出去。（2）从休谟的批判看来，通常的归纳论证需要改进，方法是或者增加更多的前提；或者是把结论改成概率的陈述。在这两种情况下，结论的合理性被期待为是演绎地从前提中推出的，此时，归纳逻辑被构造成应用的演绎逻辑的一个分支。（3）尽管归纳论证不能满足演绎的正确性标准，归纳行为（而非规则或原则）在某种新的意义下可以证明其合理性。归纳如果不能有效的话至少也能有存在的理由。（4）休谟问题产生于概念和语言的混乱，因此阐明这些混乱及其根源，与其说是解决了这个问题，不如说是取消了这个问题。"[①]

经验与信念的问题　　定义的经验性质及倾向规定了推理的经验论实质，也为信念烙上了经验的印迹，因为任何信念都以经验为基础，不管我们意识到没有。从根本讲，经验是信念的胎记，当人将某种经验牢固下来或放大开来予以持久地信从和坚守就是信念。经验虽然是信仰的来源，但信念通过对经验的凝练而内注为经验的本质，并以不动声色的方式构成理性的内在支撑。信念的经验主义来源和经验主义对经验的信念化，也使它自发地建构起通向理性的桥梁，并构成真理融贯论和真理符合论的共同基石。正是在这个意义上，定义的经验性质及倾向规定的推理的经验论实质既贯穿演绎推理，更贯穿归纳推理。

关于归纳推理的逻辑，英国哲学家布劳德（Broad，Charlie Dunbar，1887 – 1971）曾做过一个著名判断，他说："**归纳法是自然科学的胜利，却是哲学的耻**

---

① 转引自朱水林《现代逻辑引论》，上海人民出版社 1989 年版，第 401—402 页。

辱。"①（引者加粗）而且这个耻辱始于休谟而播散于现代哲学成为一个不解的"休谟问题"。

经验主义者休谟将人类理智的对象归纳为观念的联系和实际的事情，同一个理智面对的对象既可是实际的联系，也可是观念的联系。比如"太阳过去一直从东方升起"和"太阳明天将从东方升起"，前者是理智对实存的事实陈述，呈现事实的知识，即从过去的经验归纳出普遍的知识；后者是理智对观念的陈述，呈现推理的知识，即通过对过去经验的归纳推出知识。无论前者或后者均无矛盾，但无论是事实的知识还是推理的知识，它们的根据何在？休谟试图予以解答："一切关于事实的推理，看来都是建立在因果关系上面的。只要依照这种关系来推理，我们便能走出我们的记忆和感觉的证据以外。"但同时发现"从原因到结果的推断并不等于一个论证。对此有如下明显的证据：心灵永远可以构想由任何原因而来的任何结果，甚至永远可以构想一个事件为任何事件所跟随；凡是我们构想的都是可能的，至少在形而上学的意义上是可能的；而凡是在进行演证的时候，其反面是不可能的，它意味着一个矛盾。因此，用于证明原因和结果的任何联结的演证，是不存在的。这是哲学家们普遍同意的一个原则"②。这是因为一切因果推理都是从经验出发，而一切经验并不具有必然性，这样就使一切形式的论证都成为或然性论证，而"一切或然论证都是建立在将来与过去有这种一致性的假设之上的，这种一致性是一个事实，如果一定要对它证明，它只是假定在将来和过去之间有一种相似"③。所以"这种从原因到结果的转移不是借助于理性，而完全来自于习惯和经验"④。

休谟的问题实是逻辑的问题，休谟的逻辑问题实是对归纳逻辑的合理性的怀疑。后来者对休谟问题的论证实是归纳推理的怀疑主义论证，自然形成其论证在整体上的失败。卡尔·古斯塔夫·亨佩尔（Carl Gustav Hempel，1905－1997）发现乌鸦悖论（也称亨佩尔悖论），即建立在观察基础上归纳出

①　洪谦主编：《逻辑经验主义》，商务印书馆 1989 年版，第 257 页。

②　［英］休谟：《人性论》，第 27、367—368 页。

③　［英］休谟：《〈人性论〉概要》，载周晓亮《休谟哲学研究》附录一，人民出版社 1999 年版，第 108 页。

④　［英］休谟：《人类理解研究》，关文运译，商务印书馆 1982 年版，第 27 页。

"所有乌鸦都是黑色的"是合理的，也符合归纳的逻辑原理，但它与"所有不是黑色的东西不是乌鸦"在逻辑上是等价的，却违背了直觉，也违反了等价原理。为解决归纳推理与直觉的冲突，纳尔逊·古德曼（Nelson Goodman，1906－1998）建议对归纳推理予以条件限制，比如限制使用全称判断"所有 P 满足 Q"，并且同时支持"没有 P 满足非 Q"。蒯因（Willard Van Orman Quine，1908－2000）沿着古德曼的思路继续向前，使用"projectible predicate"来描述类似于"乌鸦"和"黑色"之类的命题是支持归纳推理的逻辑，以"非 projectible predicate"来表述诸如"非黑"和"非乌鸦"之类命题不支持归纳推理的逻辑，但所有这些努力都没有解决"乌鸦悖论"本身的问题。理查德·德威特（Richard DeWitt）指出："**非常基本的归纳推理似乎有一些令人感到莫名其妙的地方**。还有，如上所述，亨佩尔的乌鸦悖论没有形成一个实践问题，它不是一个影响实际科学行为的一般问题。然而，毫无疑问，归纳推理支持一般陈述，例如所有类星体都距离地球非常遥远，是科学的一个重要构成部分。所以说，亨佩尔的乌鸦悖论表明，**这类推理本质上有一些令人感到非常困惑的地方**。"①（引者加粗）

过去与未来 　　无论是归纳伦理或是演绎推理体现两个共同优点，并且这两个优点构成推理能够成立和存在的理由。但与此同时，逻辑推理的这两个优点又构成它们的致命局限，使它们始终处于不确定性之中并不自觉地寻求对象的支撑。归纳推理和演绎推理呈现的第一个共有的局限就是经验论取向；第二个局限就是未来诉求，无论是融贯论的理性还是符合的经验，都是基于**过去诉求未来**或**证明未来**。

推理是以经验或理性（信念）为前提条件，而经验和理性都是基于已有。这种已有始终是时间的、过去的。以过去生成并经历时间浸泡的经验和理性进入推理之域关联未有并带动未来，实质上是启动过去借助经验或理性而关联起未有，带动出未来。然而，无论是经验还是理性，其关联未有和带动未来总是呈期许性，而**期许的东西既可能必然，更可能或然**。

---

① ［美］理查德·德威特：《世界观：科学史与科学哲学导论》，李跃乾、张新译，电子工业出版社 2014 年版，第 63—64 页。

在我们过去的经验里，太阳始终是从东方升起。

所以　将来，太阳**可能**继续从东方升起。

上面关于"太阳从东方升起"的推理有其共享的逻辑形式，这一逻辑形式如下：

在我们过去的经验中，□一直（或者至少有规律地）发生。

所以　将来，□将**可能**继续发生。

理查德·德威特指出："迄今为止，没有什么事情能超出这个推理。一直以来，我们仅仅使用这个有很简单的逻辑形式。然而，很显然，休谟是第一个注意到了这种推理的一些有趣的事情。具体地说，休谟注意到，这种推理包含着下列暗示的、但十分重要的前提：**未来将继续像过去一样。**"① （引者加粗）

在我们过去的经验中，太阳一直从东方升起。

［将来将继续和过去一样。］

所以　将来太阳可能会继续从东方升起。

如上推理的逻辑形式中隐含**"将来将继续过去"**这样一个前提，并且这个隐含的前提对任何未来的推理都是必不可少的："为什么隐含的前提是必需的。这个隐含前提之所以对任何关于未来的推理是必需的，仅仅因为：**如果未来不继续像过去一样，那么，就没有任何理由认为过去的经验对未来类似的活动有指导意义了。**换句话说，如果上面'将来会继续像过去一样'这个陈述是不正确的，那么，过去的经验就无法指导未来。因此，**关于将来的推理将会是不可靠的。**"② （引者加粗）

从过去出发推理隐含将来，从经验出发推理隐含未有，为什么"不可

---

①　［美］理查德·德威特：《世界观：科学史与科学哲学导论》，第59—60页。

②　［美］理查德·德威特：《世界观：科学史与科学哲学导论》，第60页。

靠"？这涉及两个问题：

第一个问题，我们凭什么"相信将来会继续像过去一样"？

> 在我们的经验中，将来和过去一样。
> 所以，将来可能会继续像过去一样。

"将来和过去一样"的逻辑推理，呈现表述的语义循环，这种语言循环的实质是推论的逻辑循环，即几乎所有形式的智－力逻辑推理都隐含一个**循环推理**的逻辑。"首先，请注意，休谟归纳问题的要点是多么地普遍。它包括所有关于未来的推理：普通的推理（例如太阳从东边升起），或者将来是否坚持科学规则的推理，或者过去的数学信念是否和它的将来一样的推理，等等。其次——这一点对理解他很重要——休谟不是想让我们确信，**我们不应该去对未来做推理**。他教导我们说，**对未来做推理是我们人类本性的一部分——只要我们呼吸不止，就会对未来推理不止**。他要问的问题是，我们是否能从逻辑上辩护我们关于未来的推理，并且他的答案是否定的。"① （引者加粗）答案显然是否定的。智－力逻辑从（过去生成建构起来的）经验推论出未来是企图证明经验对未来的指导，也期望未来犹如过去和现在，但事实上这种推理的逻辑并没有为之辩护的逻辑，所以答案必然是否定的。这种否定之所以必然还在于它从根本上**违背**了自然的律法。

第二个问题，经验能否指涉未来？经验指涉未来是否必然？依据何在？

对于这个问题，首先是经验可以指涉未来包括未有；其次是经验对未来的指涉呈现或然性。这是因为，经验是过去对现实的要求，它体现相对的既定性；将来却是现在对未来的期许，它呈现绝对的非确定性。就存在本身言，一切非确定性的存在都是可变的，用确定性的不变经验去指涉将来，希望将来也如经验那样确定和无变化事实上不可能，因为它也同样违背了自然的律法。

2. 智－力逻辑的偏执性

智－力逻辑的本质　　逻辑从定义到推理呈现出来的局限是根本无法克

---

① ［美］理查德·德威特：《世界观：科学史与科学哲学导论》，第62页。

服的局限，这种无法克服性根源于从定义到推理的经验论诉求和未来取向，从定义到推理的这种根本性的局限影响到真理探讨、科学知识的构建、哲学的存在之问等等，总是呈现出逻辑道路越来越狭窄，溯其原因，最终源于智－力逻辑自身的本质规定。

智－力逻辑是**人造的**逻辑。人造的智－力逻辑**本能地遵循人本法则**。

在智－力逻辑中，人本法则的基本面向是**人本主体化**，智－力逻辑是以人为本体构建起来的，人既是其逻辑构建的起点，也是其逻辑构建的目的。这种以人为起点和目的的逻辑的抽象表达就是经验、信念、理性，即以信念为起步，或诉求理性的完善，或诉求经验的日新。前者缩写为以演绎推理为基本方法的真理融贯论，后者缩写为以归纳推理为基本方法的真理符合论。换言之，基于真理的目标而对知识的探求和构建，无论诉求符合论还是融贯论，都是人的**信念**（或对经验或对理性）**的舒张**。这一舒张的具体方式及其展开，第一是观念的假设，第二是观念的推论。并且，推论**在形式上**或者说在意识的诉求上是观念对事物之实的相合，而**在实质上**或者说在本能的冲动上是事物之实对观念的相合。

在智－力逻辑中，人本法则敞开的第二个面向是**存在的空间化扩张**。人造的智－力逻辑始终是空间化的，虽然它也体现时间或创造时间，即推理始终体现（由过去生成建构）经验或理性对未来的关联和带动，但它关联未有和带动未来的时间诉求总是以空间扩张为沉淀前提。智－力逻辑是空间的逻辑，是空间扩张带动并生成时间的逻辑的逻辑。这与自然存在、万物生成、宇宙运动呈现出来的自然逻辑相反：自然逻辑始终是时间的逻辑，是时间敞开带动空间的逻辑生成的逻辑。比如，宇宙大爆炸、冰川气候、温室效应等宇观或宏观自然现象的变化总是敞开由渐变向突变生成的逻辑，这一逻辑生成的本质是时间，本质上时间的逻辑张扬的是**时间的律法**。与此不同，人力创造的智－力逻辑——无论三段论还是辩证逻辑、数理逻辑——均属空间的逻辑，是空间向时间生成和空间向时间敞开的逻辑。人造的智－力逻辑的空间化特征和空间的时间化取向根源于两个因素的激励：首先是人作为自然的人类学存在相对宇宙自然的存在始终是个体的、弱小的，它从自然人类学中挣脱出来走向文化人类学的道路就是不断拓展自己的存在空间来构建属人的存在世界，以此抵御运动不止、创生不息的宇宙自然的迫压和万物的侵袭，获得存在的安全和生活的保障。其次，人从自然人类学中走出来成为文化人类学的人，其心灵从自然状态进入人文状态仍然是一个不断生成的过程，这一生成过程是不断地廓大其心灵镜像视域的过程，不仅需要通过经济、生产、物理环境的开发，更需要精神、思想、认知——具体地讲是哲学、科学、艺术、文化——的不断扩展。所有这些集聚到智－力逻辑的建构与开发、运用上来，就形成逻辑的空间化和空间对时间的生成。

由其人本主体化和存在空间化之双重规定，人造的智－力逻辑的人本法则敞开的第三个面向即**合意性**。智－力逻辑的合意性是指智－力逻辑的建构从定义到概念、从概念到命题、从命题到推理的"多米诺"链条，总是敞开或"人合物意"或"物合人意"。这种合意性表现在推理的形式努力上，即归纳推理侧重追求**人合物意**，演绎逻辑更多地追求**物合人意**。但在实质上，智－力总是本能地诉求物合人意，或者以信念的方式使事物存在合其意，或者以理性的方式使事物存在合其意，或者以经验的方式使事物存在合其意。

正是这种合意性以其强劲的方式激发智－力逻辑推动真理符合论和真理融贯论总是难以自我驻足、自我恒定和自我恒常，而是始终处于生生不息的"变"态之中。这种生生不息的"变"态就是逻辑推理永无定论，并且始终不能自足，归纳推理是如此，演绎推理更是这样。**真理符合论和真理融贯论总是各自以自身的方式努力填补不断展开的自身漏洞**。从大的方面讲，则是人类的哲学无定论、科学无定论、艺术无定论、文化无定论、教育无定论，等等。所有这些无定论或者这些所有的"变"态运动最终都来源于人的存在的无定论，无定论的人总是基于更大的存在安全、更好的生活保障和更美的人文存在而生生不息地开辟更为廓大的存在空间，这是人的智－力逻辑的空间化和空间对时间的生成始终关联起未有和带动出未来等不确定性和或然性的根本的存在论根源。

智－力逻辑的偏执性格　　人以自身智力为准则创造智力，不仅限于认知的激励与规训，更在于实用的武装。从根本讲，智－力逻辑对认知的武装和开辟的最终目的是实现实用的功能，所以智－力逻辑的人本本质决定了它达于实用的偏执性格。

对自然的否定，就是通向幸福之路。①

智 – 力逻辑达于实用的偏执性格实表现在方方面面，但最为根本的是**为我所用**。智 – 力逻辑的为我所用广播生存领域的方方面面，比如，工业主义得以建立的科学和哲学基础是由霍布斯和牛顿等人共同创造出来的机械论世界观，将这个机械论世界用于政治和经济的实用领域，则首推洛克和亚当·斯密的努力，前者将机械论世界观运用于政治生活领域，提出"对自然的否定，就是通向幸福之路"，因为能量守恒的自然世界为人类提供取之不尽、用之不竭的资源和条件，政治的全部努力就是"必须把人们有效地从自然的束缚下解放出来"，而"政府的神圣职责就是给予人民运用他们所获得的征服自然的能力去创造财富的自由"。② 引导和规训人类行为的伦理学的基本职责"就在于找寻出人类行为方面能招致幸福的规则和尺度来，并且寻出实践它们的方法。这种学问的目的不在于纯粹的思维，和人对于真理的知识；它的目的，只在于所谓'正当'right 和正当的行为"③。所以洛克宣称：一个人能耕耘、播种、栽培多少土地和能用多少土地的产品，这个"多少土地"就是他的财产。土地以及自然界的一切"一旦成为他的财产，他就可以随心所欲地加以处置，只要他不危及其他人的利益。无价值之自然完全是专横的人类的婢女或奴隶（我们只能在男性主义者与种族主义者的隐喻之间做出选择），为了人类的福祉而驾驭自然，他们是众望所归"④。为此，洛克创建起工业主义的**自由主义权利政治学**，亚当·斯密则从道德和人性入手，揭示人类存在的那只**"看不见的手"**对市场激励和导向功能，由此开辟出**放任自由主义**的古典经济学理论，为工业主义提供了经济学知识和方法。后继者康德为之建构起个体主体论哲学，为工业主义提供了激情和信念的源泉。由于如上方面的合力，以其强大的动力推动古典工业社会向现代工业社会推进，建构起傲慢

---

① ［美］杰里米·里夫金、特德·霍华德：《熵：一种新的世界观》，吕明、袁舟译，上海译文出版社 1987 年版，第 21 页。

② ［美］杰里米·里夫金、特德·霍华德：《熵：一种新的世界观》，第 21 页。

③ ［英］洛克：《人类理解论》（下册），第 721 页。

④ ［美］彼得·S. 温茨：《现代环境伦理》，朱丹琼、宋玉波译，上海人民出版社 2007 年版，第 307—308 页。

的物质霸权主义行动纲领和绝对经济技术理性行动原则，并迅速终结现代主义而迈进后工业时代，形成后世界风险社会陷阱。现在回过头来审视，当今人类的困境与危机无不与洛克的"对自然的否定，就是通向幸福之路"的逻辑相关联，而这种通过否定自然来创造人类物质幸福的智－力逻辑之所以在盛行几个世纪之后遭遇根本的存在论挑战，就在于它**从根本上违背了**自然的律法。洛克否定自然是基于机械论世界观之偏执信念，即自然是无生命的物，否定自然的生命性，就可放开胆量开发自然创造无限的物质幸福。但实际上自然是有机体，是生命存在。当违背自然作为有机体的生命律法，横冲直撞的智－力逻辑最终必然遭遇失败。

　　弯道超车。
　　跨越式发展。
　　发展才是硬道理。
　　让高山低头，叫河水让路。

　　如上如四句话既分别体现对智－力逻辑的为我所用的任性，也体现相互关联的逻辑偏执。"弯道超车"喧哗出两种任性和张狂的语义：一是为达既定或预设的目的，可以无视规则和破坏规则；二是无视己利之外的一切，哪怕他人的生命、存在的安全或社会的秩序，都可以置之不顾。所以"弯道超车"喧嚣的是绝对的利己主义和"只讲目的，不讲手段"，甚至"为达目的，不择手段"的实利主义。

　　曾成为一种社会主张的"弯道超车"主张实源于"跨越式发展"，并且是"跨越式发展"的具体行动方式。"跨越式发展"所宣扬的发展实是经济增长，为了经济的增长可以不讲规律、不讲条件和违背常识地、不择手段地"八仙过海各显神通"，其背后的精神实质仍然是"只讲目的，不讲手段"和"为达目的，不择手段"。

　　无论是"弯道超车"还是"跨越式发展"，都是对"发展才是硬道理"的具体诠释和具体运用。而"发展才是硬道理"的主张或者说发展观，是从人出发并以人为目的的**实务**逻辑，这种逻辑是将人存在于其中的自然完全排除在外，即只要能够发展可以不惜一切代价，包括不惜人的一切代价，更包括不惜环境和自然的代价，因为这种不惜一切代价背后的逻辑就是"与天斗，其乐无穷。与地斗，其乐无穷。与人斗，其乐无穷"的具体化，就是"叫高山低头，让河水让路"。这种人定胜天的张狂根本地体现人造智－力逻辑的偏执，这种偏执根源于人对自然律法的无视，但在存在本质上是无知。因为只有无知才无畏和胆大妄为。马克思讲：**"不以伟大的自然规律为依据的人类计划，只会带来灾难。"**（引者加粗）① 马克思的理性拷问不幸地构成对当代人类的预言："从来没有任何一个文明，能够创造出这种手段，能够不仅摧毁一个城市，而且可以毁灭整个地球。从来没有整个海洋面临中毒的问题。由于人类贪婪或疏忽，整个空间可能突然一夜之间从地球上消失。从未有开采矿山如此凶猛，挖得大地满目疮痍。从未有过让头发喷雾剂使臭氧层消耗殆尽，还有热污染造成对全球气候的威胁。"②

解构智－力逻辑偏执性局限的可能性　　智－力逻辑的局限以及由此生成的实用主义偏执总是毫无声息地从认知和生存两个方面伤害人类的自身存在，这种伤害最终以"无限度的扩张"和"有组织的不负责任"的社会化方式，将人类自己推向后世界风险社会的重重陷阱之中，消解人类之自我伤害的根本的认知和实务的方式，就是解构智－力逻辑的局限，避免智－力逻辑的偏执性格。这到底有无可能性，海德格尔的存在哲学尤其是后期的人与天合的存在论哲学，为我们打开了其可能性视域。

海德格尔的存在论哲学志意于"'存在'的意义"问题的澄清，但"初步目标是把时间阐释为使对'存在'的任何一种一般性的领悟得以可能的境域"③。海德格尔之所以用时间来解释"存在"，因为时间是生成的。时间的**生成既是遮蔽也是敞开**，时间的生成性内聚使存在进入黑暗的深渊而自我遮蔽，时间的生成性外播敞开显现存在的境域。存在是普遍的，是不可定义的，但因为对存在的注入而使存在具有可解释性。时间的生成性构成解释存在的

---

① 《马克思恩格斯全集》第 31 卷，第 251 页。

② ［美］阿尔温·托夫勒：《第三次浪潮》，朱志焱等译，生活·读书·新知三联书店 1984 年版，第 187 页。

③ ［德］海德格尔：《存在与时间》，陈嘉映、王庆节译，熊伟校，生活·读书·新知三联书店 1987 年版，第 1 页。

可能性境域只能于当下，这就是存在的此在化，或曰此在存在，存在总是以此在方式存在，并又以此在方式向前铺开存在。然而，时间生成性构成解释存在的境域并以恒存方式铺开存在却是存在于存在中的存在者带出生成性时间，时间使存在此在化的同时，也是存在者"在世之中"并成为"在世之在"的过程，这是"存在在"生成意义的根源，也是哲学能够清澄"'存在'的意义"的前提。

哲学对"'存在'的意义"的探寻并诉求对"'存在'的意义"的澄清就是探求真知、获得真理。海德格尔在《论真理的本质》中对"真理"予以性质类型的划分，指出真理客观地存在流俗的真理和普遍的必然性的真理。海德格尔通过定义流俗的真理引发对普遍的必然性的真理的追问，他将流俗的真理概括为：（1）经济运算的真理，也即生活经验的真理；（2）政治睿智的真理，亦即操作技术考量的真理；（3）艺术造型的真理，即科学研究的真理；（4）神秘信仰的真理，亦即深入沉思的真理"。他指出这四个方面的真理之所以是非普遍必然性的，是因为"真理的本质之间并不关心真理是否总归是实际生活经验的真理呢，还是经济运算的真理，是技术考虑的真理呢，还是政治睿智的真理，特别地，是科学研究的真理呢，还是艺术造型的真理，甚或，是深入沉思的真理呢，抑或宗教信仰的真理。这种本质之间撇开所有这一切，而观入那唯一的东西，那标识出任何一般'真理'之为真理的东西"①。海德格尔认为，本质的真理是普遍的，其自身拥有某种不言自明性的"必然性"（Notwendigkeit），这种不言自明性的 Notwendigkeit 可拆分为困境（Not）和转变（wendung），哲学就是将这种不言自明性的"必然性"转变为"困境"，"并相应地跃入所当行之物（das Unumgngliche）中，带来可能的擢升（Versetxung）"。②

海德格尔对"'存在'的意义"的追寻是要澄清隐蔽于存在之中的这种普遍的不言自明性的必然性与存在本身"符合"的"真理"。为此，海德格

---

① ［德］海德格尔：《论真理的本质》，载孙周兴选编《海德格尔选集》（上册），上海三联书店1996年版，第213页。

② ［德］海德格尔：《路标》，孙周兴译，商务印书馆2007年版，第228页。

尔从三个方面展开追问：首先发问"人们通常所理解的真理是什么呢？"① 然
后指出真理（Wahrheit）就是那个将"真实"（Wahres）带入"澄明"（die
Lichtung），并在澄明中将"真实"确立为真实，使真实显现为"真实"的东
西。② 接下来追问"什么是真实？"（Was ist ein Wahres?）海德格尔举真金和
假金来予以说明真实不能用现实来保证。"假金其实并不就是它表面上看起来
的那样。它只是一种'假象'（Schein），因而是非现实的。非现实被看作现
实的反面。但假金却也是某种现实的东西。因此我们更明白地说：现实的金
是真正的金。但两者都是'现实的'，真正的金并不亚于流通的非真正的金。
可见，**真金之真实并不能由它的现实性来保证**。于是又要重提这样一个问题：
这里何谓真正的和真实的？真正的金是那种现实的东西，其现实性符合于我们
'本来'就事先并且总是以金所意指的东西。相反，当我们以为是假金时，我们
就说：'这是某种不相符的东西。'反之，对'适得其所'的东西，我们就说：
这是名副其实的事情是相符的。"既然本质的真理是"真正的和真实的"，那
么最后，"什么是真正的和真实的？"（Was hei hierecht undwahr?）海德格尔指
出"真实的东西，无论是真实的事情还是真实的命题，就是相符、一致的东
西。这里，**真实和真理就意味着符合**（Stimmen），而且是双重意义上的符合：
一方面是事情与人们对之所作的先行意谓的符合；另一方面是陈述的意思与
事情的符合"。要言之，"**真理是物与知的符合**。但也可以说：**真理是知与物
的符合**"。③

　　具体地讲，真理是物与知的符合，整体言之，**真理是存在与认知的符合**。
这种双重符合既保证了知的真实，也保证了物的真实。知的真实根源于物的
真实，或曰知的真实以物的真实为保证，那么物的真实以什么为根源并又以
什么为保证呢？海德格尔指出，物的真实涉及物的存在本质："物之所以存
在，只是因为它们作为**受造物**（enscreatum）符合于在 intellectus divinus 即上
帝之精神中预先设定的观念，因而在观念上是正当的（正确的），并且在此意
义上看来是'真实的'。就连人类理智也是一种受造物。作为上帝赋予人的一

---

① ［德］海德格尔：《论真理的本质》，载孙周兴选编《海德格尔选集》（上册），第 214 页。
② ［德］海德格尔：《路标》，第 207 页。
③ ［德］海德格尔：《论真理的本质》，载孙周兴选编《海德格尔选集》（上册），第 215、216 页。

种能力，它必须满足上帝的观念。但理智之所以在观念上是正当的，乃由于它在其命题中实现所思与必然相应于观念的物的符合。如果一切存在者都是'受造的'，那么人类知识之真理的可能性就基于这样一回事情：物与命题同样是符合观念的，因而根据上帝创世计划的统一性而彼此吻合。**作为物（受造物）与知（上帝）的符合的真理保证了作为知（人类的）与物（创造的）的符合的真理。本质上，真理无非是指协同（convenientia），也即作为受造物的存在者与创造主的符合一致，一种根据创世秩序之规定的'符合'。"**①（引者加粗）真理既是物与知的符合，也是受造物与上帝的符合，当然是作为受造物的人与上帝的符合，这既是物的存在本质，也是（作为受造物）人的存在本质。由于在世之中的万物（也包括人）都是上帝言辞的受创物：**上帝以言造物，万物（和人）均因上帝之言而在。**上帝与物的关系实际地表述为言说与物的适合，或者说言说与物的适合是在言说与物的构成关系（Beziehung）中产生。然而，"言说"与"物"这两种完全不同的东西是如何被牵引（ziehen）到一起生成出实际的"构成关系"？因为凡言说总是源于有所言说的东西，即言说发生于言说**将自身系于**（bezieht）所说之物的显现，只有当言说**进入**所说之物使之呈"敞开状态"（Offenheit）时，言说与物的关系生成才成为可能。所以，言说与物的关系构成始源于**相互牵引**的行动，并在相互牵引的行动中达成："表象性言说与物的那种关系（die Beziehung），乃是那种关系（Verhältnis）的实行（der Vollzug），此种关系源始地并且向来作为一种行为（Verhalten）表现出来。"并且"因为只有通过行为的开放状态，可敞开者才能成为表象性适合的标准。开放的行为本身必须让自己来充当这种尺度（Maß）"②。这个使行动本身来充当行动的尺度是什么呢？——是**自由**。"作为正确性之内在可能性，行为的开放状态植根于自由。**真理的本质乃是自由**（Das Wesen der Wahrheit ist die Freiheit）。"③（引者加粗）从物或可敞开者言，"自由便自行揭示为让存在者存在"（das Seinlassen von Seiendem）"④，即"让

---

① ［德］海德格尔：《论真理的本质》，载孙周兴选编《海德格尔选集》（上册），第216页。
② ［德］海德格尔：《路标》，第210、213页。
③ ［德］海德格尔：《论真理的本质》，载孙周兴选编《海德格尔选集》（上册），第220—221页。
④ ［德］海德格尔：《路标》，第216页。

存在者存在""意思就是我们不再碰它，不再干预它"，但"'让存在者存在'一词却并没有疏忽和冷漠的意思，而倒是相反。'让存在'乃是让参与到存在者那里。当然，我们也不能仅仅把它理解为对当下照面的或寻找到的存在者的单纯推动、保管、照料和安排。让存在——即让存在者成其所是——意味着：参与到敞开之境及其敞开状态中，每个仿佛与之俱来的存在者就置身于这种敞开状态中"。① 自由即"让存在"。通过"自由"，真理的本质显现为一种保护（Wagrwn）："真理乃是存在之保护，而作为在场的存在就归属于这种保护。"从真理到真实的经过行动和自由最终被还原为保护、照料和保存、看管。②

---

① ［德］海德格尔：《论真理的本质》，载孙周兴选编《海德格尔选集》（上册），第 222、223 页。
② ［德］海德格尔：《林中路》，第 318、317 页。

第6章 自然的律法

人类以智－力制造的智－力逻辑具有的本己局限，是人类追求无限度生存的认知论根源，也是人类一切不幸、灾难的逻辑根源，比如人性的堕落、恶、贪婪、占有、囤积、掠夺、战争、集权、专制、反人道、反人类、反文明及反自然等行为、做法、方式，以及由此产生的存在困境和生存危机，都可追溯到智－力逻辑上来。莱尔·沃森指出，在存在世界里，"规律是不变的，而违背规律的任何事物要么是神干预的结果，要么是欺骗所造成的理论上的困境。在我看来，正是奇迹及时地提醒我们记住：科学永远未达到完满的状态。唯一使我感到不佳的是：它们又是如此的罕见"①。智－力逻辑的根本局限就在于它因为人而产生且人可以任意地运用它、改变它，解决智－力逻辑的根本局限并避免智－力逻辑带来的种种不幸和灾难的唯一行可方式，就是遵从自然的律法，用自然律法来规训和节制智－力逻辑的运用。

一 何为自然的律法？

逻辑准则不是直接从上帝来的恩赐，而是从不同的生活方式或者社会生活模式这一背景里产生出来，并且也只是在这种背景里才能得到理解。由此，我们不可将逻辑准则一律地用到社会生活的不同模式中。例如，科学是一种模式，宗教是另一种，每种都有自己独特的可理解性准则。

---

① ［英］莱尔·沃森：《超自然现象：一部新的自然史》，王森洋译，上海人民出版社 1991 年版，第 211 页。

这样，在某一科学或宗教之内，行为可以是逻辑的或非逻辑的。……但是，如果我们谈论科学实践本身或宗教实践本身的逻辑性或非逻辑性，那就是没有意义的。①

彼得·温奇此论表述了两层意思：首先，人造的智－力逻辑准则不是来源于"上帝的恩赐"。其次，人的智－力创造的逻辑总是基于存在敞开生存需要，它本身具有**领域性**和**不可通约性**，要使智－力逻辑突破领域的局限达于通约，需要通过自然的律法，即智－力逻辑或可通向自然的律法，能突破自身的领域局限获得通约性。

1. 科学的本性与有限

科学的本性　英国古典学者法聂特在1892年开设的希腊哲学史课程中定义"科学是世界的希腊化"，并对这一定义提供了在他看来是强有力的证据，即科学只存在于受到希腊影响的国民中间这一事实本身②。法聂特对科学的如此定义给出了两个方面的意义。一是形象地描述了科学的诞生，即科学诞生于古希腊；二是形象地揭示出科学的本性。什么是科学的本性？这需要辨别古希腊科学和现代科学的区别。吴国盛在《什么是科学》中说："通过辞源考辨给出了西方科学的两个传统，一个是历史悠久的**理知**传统，一个是现代出现的数理实验科学的**精确科学**的传统。很显然，前一个是大传统，后一个是小传统；前一个是西方之所以是西方，是西方区别于非西方文化的大传统，后一个是西方现代区别于西方古代的小传统，这个小传统仍然属于前一个大传统。"③ 作为大传统的古希腊科学诉求"理知"，即近代人所说的理性"知识"。希腊诉求的"知识"的实质是获得"自由"，斯宾诺莎认为"自由是对必然的认识"，所以"自由比任何事物都为珍贵"④，此论可看成是对古希腊人的理知观的诠释，即**知识构成自由的必为方式**，只有将自由想望落实

---

① Peter Winch, *The Idea. F a Social Science*, pp. 100－101. 参见［美］安德鲁·霍菲克《世界观念的革命》，余亮译，中国社会科学出版社2016年版，第366页。
② ［日］友松芳郎主编：《综合科学史》，陈云奎译，求实出版社1989年版，第1—2页。
③ 吴国盛：《什么是科学》，广东人民出版社2016年版，第26页。
④ ［荷］斯宾诺莎：《神学政治论》，温锡增译，商务印书馆1963年版，第12页。

到"知识"的探求上，才可成为自由的现实。波普尔提出"通过知识获得解放"①亦表达"知识实现自由"的意思。古希腊关于"**知识实现自由**"有两个方面，一是内在的自由，德尔斐神庙廊柱上那"认识你自己"的神谕，表达人只有不断获得对自己的知识，才可自由，苏格拉底开启"知识即是美德"的道德哲学，则是知识实现自由的内在方式。二是外在的自由，这就是米利都哲学关于"世界本原"和"宇宙生成"的自然认知。所以，在古希腊人那里，自由本身是目的，知识实现自由就是通过对人的存在之内外世界的认知而获得知识，这就是从内外两种认知、两个方面解放自己、实现自由的方式。所以，在古希腊人的生活中，**科学即人文**，科学的本性亦是**人文化成**的求知本性，或曰通过求知而实现自由的本性。

亚里士多德在《形而上学》开篇中讲科学和哲学的原发动机源于人的求知本性②，人的求知本性源于人的感官，尤其是视觉感知事物、发现事物之间的存在差别，虽然这种观察和认知对实际的生活并无用处，但它满足了好奇心并由此创造了科学。"如果一种研究的对象具有本原、原因或元素，只有认识了这些本原、原因和元素，才是知道了或者说了解了这门科学，——因为我们只有在认识了它的本因、本原直至元素时，我们才认为是了解了这一事物了。——那么，显然，对于自然的研究中首要的课题也必须是试确定其本原。"③实可将此段文字理解为亚里士多德对"科学"的最初定义：科学就是认识存在对象之本原、原因或构成元素的普遍方式。并且，只有当以科学的方式认知事物的本因、本原和构成元素时，才实现了对事物的认知，以满足人的求知本性。

科学的功能 基于求知本性的激励和限制，科学的功能主要体现在以下三个方面。

一是内在的方面，科学成为人释放天赋求知本性的方式，并可不断地满足人的求知本性。"古往今来人们开始哲理探索，都应起于对自然万物的惊

---

① ［美］卡尔·波普尔：《通过知识获得解放：关于哲学历史与艺术的讲演和论文集》，范景中、陆丰川、李本正译，中国美术学院出版社2014年版，第132页。

② ［古希腊］亚里士多德：《形而上学》，第1页。

③ ［古希腊］亚里士多德：《物理学》，第1页。

异；他们先是惊异于各种迷惑的现象，逐渐积累一点一滴的解释，对一些重大的问题，例如日月与星辰的运动以及宇宙之创造，……他们为求知而从事学术，并无任何实用的目的。"①

二是外在方面，通过释放求知的本性不断地了解自然，获得对自然的认知，从而增强人在宇宙中的自信和地位。"我们先谈一谈机器；它们只是人类科学努力的副产品。因为这些努力的……真正目的是为了更深刻更全面地理解整个自然界，包括我们自身以及我们同自然界的关系。**发现关于一般事物以及自身的真理这样一种强烈的好奇心**，正像人对美和善的渴望一样，是人类的特征。"②（引者加粗）

三是的功用方面。科学与技术根本不同；技术追求实用，因为**技术的本性是求生**；**科学的本性是求知**，其根本目的有三：

其一，科学就是发现隐含于自然世界中的知识，使之有条理地呈现："**科学可以说是关于自然现象的有条理的知识，可以说是对于表达自然现象的各种概念之间的关系的理性研究**。"③（引者加粗）彭加勒认为科学就是发现自然的知识，探求真理，生成思想，所以"凡无思想的一切都是纯粹的无；由于我们只能够思考思想，由于我们用来谈论事物的全部词语只能够表述思想，因此宣称存在除思想以外的某些事物是一种毫无意义的断言"，而"思想无非是漫漫长夜之中的一线闪光而已。但是，正是这种闪光即是一切事物"。④

科学以探求真理为己任，但科学并不是真理，科学对真理的探求也并不一定能接近真理。探求真理的**努力**本身才是科学的最珍贵、有最有价值和最有意义之所在："也许我们永远也达不到真理本身，但是坚定地应用科学精神之一切可能的形式将使我们越来越接近真理。在我们的经验中，最有价值的部分不是我们的科学知识，而是我们为得到它而付出的持续不断的努力。仅次于自然界本身，几乎没有比人的逐步认识自然界这件事更为奇妙。仅次于真理本身，几乎没有比人为了达到真理不顾一切地做出的持续努力这件事更

---

① ［古希腊］亚里士多德：《形而上学》，第 5 页。

② ［美］乔治·萨顿：《科学史和新人文主义》，陈恒六等译，华夏出版社 1989 年版，第 20—21 页。

③ ［英］W. C. 丹皮尔：《科学史及其与哲学和宗教的关系》（上册），第 9 页。

④ ［法］昂利·彭加勒：《科学的价值》，李醒民译，商务印书馆 2017 年版，第 177 页。

为感人，这只是因为人本身的存在就要求他去这样做。这无疑是人的一部分，也许是最好的一部分，是人性中最高尚的方面。"①

其二，科学通过求真而发现善和美。"生命的最高目的是造成一些非物质的东西，例如真、善、美。"② 科学就是通过建构有关自然世界的有条理的知识来探求真理，发现隐藏其中的善和美。

其三，科学通过发现自然中隐藏着的有条理的知识而探求统一性。首先是探求人与自然的统一，"为了保持我们的力量，我们必须能够随时同大地保持接触。还有什么更能显示**人和自然的这种严格的相互依存关系**？"（引者加粗）其次是探求科学与人类的统一，"科学的统一性和人类的统一性只是同一真理的两个方面。随你怎么看它，它都代表着人类思想的主要方向。我们不知道人类注定要走向什么地方，我们也不知道最终的目标，我们不可能理解它，这是由于一个很简单的原因，我们离它太远了，但是我们凭着至少五千年的经验知道，为我们科学努力所确定的这个总的方向基本上是稳定的"。最后是探求科学、艺术和宗教的统一，"科学同艺术和宗教不多不少都是对自然界的反作用。它企图用自然本身的语言去解释自然，也就是说，去证实自然界的统一性、整体性与和谐性"。③

科学的有限　　科学即人将自己的求知本性向自然世界释放，以探求对自然世界的认知以实现人的存在自由。由此形成科学的三个自身特征：第一，科学的认知对象是自然而不是人和人的世界，并且，科学对自然世界的认知是通过自然界中的个别事物、具体存在而展开。所以，科学认识始终以特定的、个别的、具体的、有限的存在为对象，虽然科学认识所得来的结论——比如定律、公理、理论等——具有全称命题的形式能够指涉所有个别存在物，这些"所有个别存在物"当然也是科学的对象，但它仅是科学的"间接对象"，科学始终只能通过"个别存在物"才可被认识。第二，科学对个别事物、具体存在的认知始终基于经验，虽然它可能达于超验，但始终必须接受经验的规范和验证。第三，科学基于经验而展开对具体存在对象的认识而达

① ［美］乔治·萨顿：《科学史和新人文主义》，第32页。
② ［美］乔治·萨顿：《科学史和新人文主义》，第9页。
③ ［美］乔治·萨顿：《科学史和新人文主义》，第30、33、28页。

于超验经验的全称判断的基本方式是假设和推理，即首先获得某个或某类事物的"存在状态"的普遍**假设**，然后才以归纳或演绎的方式对该假设与其相关事物做出可以检验的原则性预言，最后对其推论予以经验对事实的**验证**。由此三个方面既形成科学求知的有限性，也规定了科学知识生成与运用的有限性。所以，有限性构成了科学的自身律法。

科学的有限性主要从两个方面敞开：一方面，科学知识的探求与形成的有限。这种有限主要受制于三个方面的因素：一是科学认知的具体对象最终要达于普遍存在的知识，必通过假设和推理得来。二是科学认知必须以经验为起点并最终合于经验事实的验证。三是每一个时代的个人经验以及层累性会聚的社会经验都要受特定时代的"世纪性视野"的限制，其中，哲学、神学、教育和文化成为其"世纪性视野"生成及拓展的重要动力性因素。另一方面，科学知识和方法被运用的有限性。科学之于生活始终是前瞻性的，这种前瞻性源于科学求知始终超前于大众化的社会生活，而大众化的社会生活始终滞后于科学的探索，由此形成当一种新的科学知识和方式能够得到普遍运用时，科学早已前行而形成更新的科学认知、知识和方法，这种状况使大众化的社会生活始终既滞后科学又追赶科学，这种既滞后又追赶使科学成就的使用率大大降低。

科学放大的危害　　科学是绝对有限的求知形式。科学的绝对有限性主要源于科学本身而不是科学的运用，但无视科学的绝对有限而将其无限放大的主要原因却是**运用**。

将绝对有限的科学无限放大它的功能，可能出于多种情况，或出于对科学的无知，比如"凡是科学论"的观念社会化形成，往往出现在普遍缺乏科学启蒙和思想启蒙的社会。或因为对科学的盲目崇拜，从认知本质言，对科学的盲目崇拜生成放大科学功能的做法，一旦形成社会性认知，仍然是基于对科学的普遍无知。另一种放大科学功能的情况，是源于某种社会意识形态的设计。这种意识地放大科学的功能的社会意识形态设计，必有其特定的社会动机和目的，这些动机或目的可能均与集权和专制相关联。

无论哪种情况，将科学放大并使之形成一种社会认知的科学观和世界观，必然会突破科学的自身限度而使科学沉沦于无限度状态，形成科学无限论。

科学无限论与科学探索无关：科学探索是相对人类的人文存在和人性发展而言，科学探索的无限性是人类的人文存在和人性发展对科学充分释放其求知本性的正当之为。科学无限论是相对"科学自身的有限性"而言，指在特定的时世进程中突破了科学自身的限度而有意或无意地无限放大科学的功能。突破科学自身的有限性而无限扩大科学的功能，必然造成对人类的人文存在和人性发展的危害，这种危害从对科学的认知和对科学成果的运用两个方面敞开：前一个方面形成唯科学论，凡是对不能解释的自然现象、心理现象或唯灵现象均判之以迷信；后一个方面形成科学知识的生搬硬套，科学史家丹皮尔对此有至为中肯的批评，他说："由伽利略开始的工作，至牛顿（Newton）集其大成。牛顿证明，物体靠相互引力而非运动的假说足以解释太阳系中一切庄严的运动。结果，就形成了物理学上的第一大综合。尽管牛顿自己也指出万有引力的原因仍然不得而知，不过，他的门徒们，尤其是 18 世纪的法国哲学家，却忽视了他明智的谨慎精神，把牛顿的科学变成了机械论的哲学。根据这个哲学，整个过去和未来，在理论上都是可以计算出来的，而人也就变成了一架机器。"①

　　将有限的科学予以无限放大造成的必然危害，就是将科学"**科学主义**"化。科学与科学主义有其根本区别。《韦伯斯特百科词典》定义"科学主义"揭示了这种根本区别：

　　　　科学主义指一种信念，认为物理科学与生物科学的假设、研究方法等对于包括人文与社会科学在内的所有其他学科同样适用并且必不可少。②

　　科学是人类基于满足自身求知本性而认知自然事物和世界的基本方式，它必从经验起步并接受经验事实的验证，所以科学既是一种求知方式，也是一种经验事实，更是一种知识形态；科学主义却从如下三个方面违背和僭越了科学：第一，它抛弃了科学对"事实"本身的尊崇，单一地强调一种信念，所以科学主义是主观的，而不是客观的。第二，它无视科学的自身限度，对

---

　　① ［英］W. C. 丹皮尔：《科学史》，第 4 页。
　　② *Websters*，*Encyclopedic Unabridged Dictionary of the English Language*，New Revised Edition，Portland House，1968，p. 1279.

科学予以物理主义和生物主义的普遍化，具体地讲，科学主义把自然科学的假设和研究方法普遍化，使之指涉人文学科和社会科学领域，从而使之构成一种人类社会精神探索的普遍模式、普遍原则、普遍方法。第三，它主张对于自然科学的假设和方法的普遍化必不可少且必须如此。科学主义就是通过如上的信念预设而生成强权主义的价值指涉功能，以此顺理成章地指涉经济、政治、教育、文化和（个人和社会）生活等所有领域，并将自己自为地设计为绝对真理、普遍公理、终极价值标准。

质言之，科学主义就是对有限的科学予以无限的过度处置所形成的傲慢而偏执的认知论和方法论。这种"过度地处置科学"的做法从根本上违背了科学的本性，或可说，科学主义只有彻底地解构科学的本性才可按其**意志的**信念方式将科学捧上"万能"的位置，使本来严谨客观的科学变成主观的、任意的、夸夸其谈和高视阔步于人间的另一种神学。科学主义对科学的神化在于它把科学主观地定格为唯一正确的知识体系、绝对真理、终极真理；科学主义鼓吹科学万能在于它主观地认定科学技术的发展可能解决一切人类问题。

科学主义把科学的知识模式无限放大，并人为地延伸到人类社会生存的一切领域和人类文化的一切领域，试图以它为绝对原则、绝对价值尺度、绝对行为标准来指涉一切。科学主义为使科学达到这种无所不能的状态而把科学主观地提升为一种万能的认知论和方法论，并将其具体化，这即"在自然观上，采取机械论、还原论、决定论的自然观；在联系世界的社会层面表现为技术主义，持一种社会发展观，相信一切社会问题都可以通过技术的发展而得到解决；科学的技术所导致的社会问题都是暂时的、偶然的、是前进中的失误，并且一定能够通过科学及技术的发展得到解决。在与自然关系中，表现为征服自然，把自然视为人类的资源，从环境论的角度，认为人类社会有能力也有权利对自然进行开发"①。

科学主义对科学予以"万能"化改造，使之成为一种无所不包的但在本质上是蒙昧和专制的科学主义文化，这就是科学主义的**泛智化**，即将科学这种理知活动及理知活动成果无限扩大，使之达向无所不包的领域。当科学主

---

① 江晓原主编：《看！科学主义》，上海交通大学出版社 2007 年版，第 2 页。

义将科学的有限理知推向无限的领域，自然形成泛智化的蒙昧主义认知倾向和价值诉求，这种泛智化的蒙昧主义往往为集权和专制所追捧。由于集权和专制的追捧，以蒙昧和专制为本质规定的科学主义泛滥自然造成诸多方面的人类危害。其一，科学主义把科学等同于客观真理、绝对真理，严重地束缚和奴役了人的思维、认知、思想，把人变成了唯科学主义的奴隶。其二，科学主义将科学万能化的过程是使科学成为新的神学，使科学丧失自身本性的同时也从根本上制约了科学的正常发展，一方面侵蚀了自然科学本身，因为"科学主义过分炫耀科学且背离科学精神，这激起了让许多科学家吃惊的对科学的敌意"①。另一方面赋予科学自身之外的许多功能，比如政治功能、市场功能以及解决文化和人类生存中一切问题的功能，这使科学本身捉襟见肘、不堪重负。其三，科学主义将科学推向知识领域，用科学取代哲学，使哲学科学化——分析哲学、语言哲学、科学哲学及实践哲学等都是科学从不同方面统摄哲学的体现。其四，科学主义盛行实际激发性生成反动科学的思潮，使原本相对的科学绝对化。"虽然有这些反动思潮，但牛顿的动力学仍然既加强了朴素的唯物主义，又加强了决定论的哲学。对于有逻辑头脑而不善深思的人来说，从科学推出哲学似乎是一件必然的事。这种倾向随着物理科学的进步而得到加强。拉瓦锡（Lavoisier）把物质不灭的证据推广而及于化学变化，道尔顿（Dalton）最后建立了原子说，焦耳（Joule）也证明了能量守恒的原理。单个分子的运动的确还无法测定，但是，在统计上，组成一定量物质的千万个分子的行为却是可以计算和预测的。"② 其五，科学主义将科学神学化而解构宗教和信仰，也否定心灵和生命本身的神性品质，使一切物化，用物质主义来统摄人的精神世界，使人的世界粗糙化、物欲化和生物主义化。其六，科学主义将科学推向所有领域，使生活世界科学主义化的同时给人类世界和生活制造出许多意想不到的倒退与灾难：从理念层面，专制社会通过科学主义教育和舆论宣传使"科学万能"的观念社会心理化和意识形态化，形成一种"凡事科学"的统一认知模式和方法模式，导致探索、发现、批判、

---

① ［美］欧阳莹之：《复杂系统理论基础》，田宝国、周亚、樊瑛译，上海科技教育出版社2002年版，第356页。

② ［英］W. C. 丹皮尔：《科学史》，第5页。

创造、革新的社会精神弱化甚至普遍丧失。在实践操作层面，科学主义通过技术方式把机械论、决定论、还原论推广到生产和文化等各个领域，使之构成无论大小事务的操作模式和操作规程。

2. 科学或然性的律法

基于求知的本性和经验取向，科学不仅有限，也具或然性，将科学放大为科学主义，不仅把有限的科学无限化，也把充满或然性的科学确定论化，即将求知及其形成的理知成果绝对论化和决定论化。从根本讲，科学主义将科学神学化的外在方式是解构科学自身的**有限性**，使之获得无限度的空间扩张功能，将有限的科学变成"万能"的神学；科学主义将科学神化的内在方式是解构科学自身的**或然性**品质，将科学定义为发现绝对真理、构建纯粹客观知识的精神方式，并赋予它的理知成果以绝对论的和决定论的内在品质与功能本质。并且，只有当解构了科学的或然性取向，才可实现对其有限性的解构，由此不难发现，科学主义将科学神学化是以解构科学的或然性品质为奠基方式，以消解科学的有限性为展开方式。所以，要充分认识科学主义的危害并能实际地解构科学主义，应该正视科学的绝对论和决定论，以及科学绝对论和决定论所造成的自我伤害。

科学主义赋予科学绝对论和决定论造成科学的自我伤害引发的教训既深刻也呈全方位性，但最为突出地表现在物理学和生物学两个领域，因为科学的有限性和或然性最为集中地体现在这两门基础科学的探索上，科学被科学主义化造成的根本危害及其不断矫正的教训，也始终从这两门基础科学中得到最为突出的呈现。科学史家丹皮尔指出，在物理学领域，影响最为深远的是**机械论与决定论的谬误：**

> 科学概念，即柏拉图的理念的现代翻版，只和科学的抽象推理及学说有科学的概念有其逻辑的推论，这些推论的确是必然的，并且是科学概念的性质所决定的。但是，**科学上的决定论却是一种具体性误置的谬误，也就是把逻辑上的决定论转移到感官对象上面去了。**此外，活力论认为，在活的物质中，物理和化学定律都由于某种更高的作用力而失效了。这个观念今天已信誉扫地了，不过，有些生理学家还是指出，生物

机体的物理机能和化学机能所表现出的协调和一体性仍然是纯机械论今天所无法解释的。尽管这样，另外一些生理学家还是认为，**在物理学和化学研究的每一阶段，都曾经不得不接受机械论**，因此，正像薛定谔所指出的，到头来，也许会有一些目前还不得而知的新的物理和化学定律可以从根本上解释生命现象，虽然机械论到最后也可能在物理学的一条最后的测不准原理中归于破灭。目的论要想令人信服，可能必须把存在的整体考虑在内，而不能只考虑单个的机体。当我们从力学的抽象观点来考察的时候，宇宙可能完全是机械性的，但是，当我们从心灵的方面来看的时候，宇宙却仍然完全是精神性的。由星体而来的一条光线，物理学可以从它的遥远的发源地一直追寻到它对感光神经的效应，但是，当意识领悟到它的明亮、色彩并感受到它的美的时候，视觉的感觉及对美的认识肯定是存在着的，然而它们却既不是机械的，也不是物理的。① （引者加粗）

在生物学领域，最根本的教训却是进化论："进化论的生物学给予一般思想界的真正教训是：任何事物都有其连续不断的变化，如果这种变化在与环境不合的方向上走得很远，可能就有某种淘汰去加以制止。我们已经看见思想的各部门如何次第接受这个教训，以及如何加以推广和加深。"②

机械论和决定论之所以构成科学的荒谬，并在事实上影响到包括生物学在内的所有科学，是因为物的世界——无论是宇观的宇宙物理世界，还是宏观的地球物理世界，抑或是存在物得以构成的最小单位即微观物理世界——都是既存在持守不变的或确定性的一面，也始终呈现变的和不确定性的一面，无论是古希腊早期的科学（即自然哲学），还是量子力学以及后量子时代的复杂的科学、分形学、混沌学、共形循环宇宙学、超弦理论等都体现静与动、序与非序、线性与非线性、确定与混沌的并存运动。这种"变中不变"和"不变中变"的并存运动揭露近代以来古典物理学的机械论和决定论既是对古希腊物理学的一种倒退，也是对现代科学的一种阻碍。牛顿创建起能量守恒的力学体系曾被人们普遍认为牛顿完成了人类物理学体系，它留给后世的工

---

① ［英］W. C. 丹皮尔：《科学史》，第 9 页。
② ［英］W. C. 丹皮尔：《科学史》，第 451 页。

作也仅仅是细节性的完美。或许正是这种观念使物理学在整体上滞留近三百年后才发生根本性突破，这种根本性的突破不是相对论而是量子力学，但爱因斯坦和他的相对论却为物理学从古典主义走向现代道路构架起坚实的桥梁，因为相对论突破了牛顿经典力学的机械论框架，并解构了牛顿经典力学体系得以建立的绝对决定论的哲学基石。但相对论仍然保留了经典力学的决定论哲学基石、因果论认知和定域论方法，量子力学之所以成为现代科学的真正标志，是因为它从根本上解构了物理学的决定论哲学基石、因果论认知和定域论方法而建立起非决定论、非定域论和多元因素解释的现代科学，为后量子时代的复杂的科学诞生及其自由发展打开了全新视域，提供了知识论土壤。

从根本讲，物理学是探求宇宙万物的构成及运动的科学，它是一切科学的母体科学；生物学是探索宇宙万物如何成为生命现象并怎样展开生命运动的科学，它是最为基础的科学。物理学与生物学探讨的对象具有同一性，所不同者主要有二：一是物理学主要立足宇观和宏观（也不排斥微观，比如量子理论）来考察自然存在物，相对而言，生物学立足于微观或具体（的物种）来考察自然存在物；二是物理学从存在方式和构成等方面切入认知自然存在世界，生物学是从存在样态和展开方式等方面切入认知自然存在世界。所以，物理学的机械论和决定论也很自然地成为生物学的内在规定，生物进化论思想及其理论同样融贯了机械的思想和决定的观念。

以关联存在的眼光打量，将物理学和生物学紧密联系形成动静相生的却是热力学。热力学的发展最为形象地展示了科学的有限性和或然性，也最为具体地呈现了机械论和决定论对科学造成的伤害和阻碍。从根本讲，热力学构成物理学的形式，同时成为生物学的内容。首先，**热力学第一定律构成物理学定律的第一种形式**。"所谓热力学第一定律也是，其实它就是能量守恒定律，不过是在热力学环境下说的。我们强调热力学，是因为我们现在考虑热运动的能量，即组成系统的单个粒子的运动。这个能量是系统的热能，我们定义系统的温度等于每个自由度（我们接着要讨论）的能量。"[①] 热力学第一定律之所以构成物理学定律的第一种形式，是因为热力学第一定律强调三

---

① ［英］罗杰·彭罗斯：《宇宙的轮回》，李冰译，湖南科学技术出版社 2015 年版，第 3—4 页。

个方面：一是能量守恒；二是确定性；三是时间具有可逆性。其次，热力学第二定律构成物理学定律的第二种形式，因为热力学第二定律断言一个孤立系统中某个特定的量（即"熵"）——它是系统，无序性的度量——在后来时刻的数值将大于它在以前时刻的数值。所以，对一般系统言，熵存在着一定的模糊和随意。虽然就总趋势言，熵始终是增大的，但在大多数表述形式下，熵随时间而减小。[①] 并且，热力学第二定律"有着极大的普适性，远远超越我们所能考虑的任何特殊的动力学法则的系统。例如，它不仅适用于牛顿理论，也同样适用于相对论；它不仅适用于只包含离散粒子的理论，也同样适用于连续场的麦克斯韦电磁理论。它甚至还适用于假想的动力学理论，尽管我们没有多大的理由相信它们与我们生存的宇宙有任何关联"[②]。再次，热力学第三定律与宇宙大爆炸的各种假设性理论相连，或可构成其解释因素，因为热力学第三定律揭示热力学系统中的熵在温度趋近绝对零度时趋于定值，即"在热力学温度零度（即 T = 0 开）时，一切完美晶体的熵值等于零"。在热力学第三定律中，其"完美晶体"是指没有任何缺陷的规则晶体，由此可利用量热数据来计算任意物质物态、温度或压力等状态下的纯物质熵值，即量热熵或第三定律熵。[③] 最后，理论生物学家考夫曼在《秩序的起源》中提出热力学第四定律的假说，以揭示生命具有独立于自然选择的复杂化的内在趋势。考夫曼指出热力学第四定律类似于统计力学的定律，因为形成这一定律的决定性力量却既蕴含又敞开了从大量相互连接和调控的组分中涌现出来的复杂性[④]，其"复杂生物的进化部分是由于这种自组织，部分是由于自然选择，而且可能自组织才是起主导作用的，对选择的可能性施加了严格限制"[⑤]，并且"一旦自然变化的原因可以为我们的意志所把握，我们就能创造出我们需要的结果……一种扩张我们对自然的控制力的无限前景就开启了"[⑥]。

① ［英］罗杰·彭罗斯：《宇宙的轮回》，第 4 页。

② ［英］罗杰·彭罗斯：《宇宙的轮回》，第 4 页。

③ Masanes, Luis; Oppenheim, Jonathan, "A General Derivation and Quantification of the Third Law of Thermodynamics", *Nature Communications*, 2017（4），p. 14.

④ Kauffman, S. A., *The Origins of Order*, New York：Oxford University Press，1993.

⑤ ［美］梅拉妮·米歇尔：《复杂》，唐璐译，湖南科学技术出版社 2015 年版，第 363 页。

⑥ Rickman, H. P., ed., *Dilthey：Selected Writings*, Cambridge：Cambridge University Press，1976，p. 110.

3. 自然律法的现象呈现

热力学的快速发展，正好揭示了人类科学始终以逾越自身的方式向前开进的不可逆进程本身，既说明科学始终是或然性的，也在以不动声色的方式徐徐敞开科学或然性的秘密：科学之所以呈或然性方向，是因为科学并不是宇宙自然，它只是探求宇宙自然奥秘（即自然律法）的一种人的智力方式。人的智力始终是有限的，人的有限智力接近宇宙自然的努力也是有限的，这种有限性决定了人的智力探求宇宙自然的奥秘可能接近自然本身，也可能偏离自然本身，但最终难以真正全面整体地把握自然本身。有限的科学的或然性背后隐藏的是难以为科学真正发现和掌握的宇宙自然的奥秘，这才构成科学或然的依据和科学或然地向前的根本动力，即自然的律法。自然的律法构成科学的动力和规训方式，也构成人的存在世界的动力学和规训方式。庄子《天道》之"天地固有常矣，日月固有明矣，星辰固有列矣，禽兽固有群矣，树木固有立矣"，或许是对自然律法如何构成人的存在世界的动力学和规训方式的最好诠释。

"来世"观念背后的律法　　生命成为生命，并不由生命本身决定，生命来于世只能向死而生同样不由生命所决定，这种不能自主地向死而生的存在自然生发出一种祈望来世的观念。来世观之于人类世界是一种普遍的观念，这种观念最初通过宗教而显发，无论基督教、伊斯兰教还是佛教，来世观成为它们的共有主题，虽然不同宗教表述其来世观的方式不同。不仅如此，来世观也融贯在艺术中，成为人类艺术的普遍性的生存情绪或存在想望，更构成文学的永恒主题。比如阿尔弗雷德·丁尼生（Alfredlord Tennyson，1809 – 1892）在《死亡的沉思》（*Meditatio Mortis*）中对"继续活下去，而不是去死"的简单祈祷，共同的生活经历使我们能理解一般情况下存在的充分价值就是对来世的想望。罗伯特·布朗宁（Robert Browning，1812 – 1889）在其谈笑风生的生活风格中流露出浓浓的来世观，尤其他那希望"继续奋斗，就这样生活下去，在哪里都是如此"的诗句更是渲染了其来世情感。

来世观念不仅是宗教的主题，也构成人的世俗生活的主题，即使是生儿育女、子嗣昌盛，其内在的激情也充满来世情绪。来世观念不仅是对未来的期待，更体现对未有的期待得到或把握，所以，来世观念的本质内涵是权利或权力。洛夫乔伊认为："信奉来世观的哲学家生性是统治者，或者是隐藏在统治者背后的统治者。神秘主义者或圣人成为最有权力、有时是最精明的政治家。或许在俗世事务中没有什么东西能像高度的情感超脱这样有利于成功了。"① 来世的观念充斥于生活世界、精神世界和思想世界，表明来世观并非空穴来风，更非人的主观臆想，这种观念的意识、产生和流行一定会来自存在世界的支撑。虽然人类的"来世"观原发于"此世"，但从此世到来世所牵动的却是生命存在于世界中的自然律法，简称"生命的律法"。正是这一存在于宇宙自然中的生命律法使所有从过去来于此世的生命存在虽然可能逃避，但最终不能逃避"今世"的经历，这就是"任何来世观，无论是完整的还是有限的，看来都可能不在乎这样的事实：有一个被逃避的'今世'。它最不能公正地评判或解释这样一个世界的存在，或者最不能公平评判或说明它所否定的经验存在的特殊的性能和方面了。……因此任何不采用这种穷途末路的'物质世界幻觉说'的主张来世的哲学——看来都拥有今世，无论这种今世在本体论上有什么缺陷，就它这方面说，作为一个无法说明的神秘，一件不能令人满意的、不可理解的事，以及作为恶，它似乎不应该存在，**但不知什么缘故它却不可否认地确实存在**，这种困惑在来世观的部分形式及其全部变种中同样明显。即使你希望拒绝给我们的所知经验仅仅是暂时性、连续性和流逝性的东西以'实在'这样一个褒扬性的称号，但我们曾经经验到的一切存在都是连续的和流逝的，以及根据最初的假设，这种存在是和那些在终点上是永恒不变的东西正相反对的，这一事实却保留了下来"②。这种保留根源于生命律法的规训和激发。生命的律法即造物主创化宇宙赋予宇宙的生之本性和生生创生法则对生命的灌注和充盈，因为一切形式的来世观的观念本质是生，是生生，是长生。

道德世界的自然律　　向死而生的人面临诸多根本的困境和危机：人虽然根本不知从何处来、最终可能到何处去，但因为面向死亡而求生的此在自然激发其生之本性滋生出既然不能留住今世而可向往来世，这种向往一旦付诸当下或"今世"的努力，就面临来自四面八方的激发或阻碍，如何处理这些激发和阻碍使之更好地应对群性存在和利欲性生存，人和人相互之间就会

---

① ［美］阿瑟·O. 洛夫乔伊：《存在巨链》，第34—35页。
② ［美］阿瑟·O. 洛夫乔伊：《存在巨链》，第38—39页。

生出矛盾、冲突和求解其矛盾与冲突以及在未来的生存行动中尽可能避免其矛盾与冲突的探求方式，找到利欲约束的共守准则和方法，于是就产生刚性的法律和柔性的道德。

比较言之，刚性的法律是特殊的道德，它约束人的行为的主要的或者重要的方面，自然形成其惩戒和规训的方式和方法是暴力性质的；柔性的道德是普遍的法律，它约束人的行为的一般的或者普遍的方面，自然形成其惩戒和规训的方式与方法是非暴力性质的。但无论是法律还是道德，都是对人的行为的边界规范，这种对行为的边界规范的实质是对人的利欲的限制，使人的利欲在人们达成共识的范围内释放。人们能相互达成共识的范围是既不相互侵犯利欲又能相互维护法各自的利欲的范围。所以，道德就是进入群化生存的人利己利他或利己不损他。道德讲利，却要求利之有度，这就要求利的行为有边界、守共同的规则，最终要实现生命的**无伤害存在**，既不伤害他者的存在，也不伤害自己的存在。这一准则生成道德之要有三：一是利欲有限度，二是行为讲边界，三是实现生命的共生存在。

体现限度、边界、生命共生性的道德来源于何处？对这一道德起源问题的思考形成多种学说，择其主要者有二：一是习俗说，即道德发端于人类早年生活试误生成的习俗，习俗总是约定俗成，因而习俗说也即"约定说"，人类的原初道德"是被认可的、一个群体共同的、世世代代地传递的活动方式。这种被认可的做事和行动的方式就是习俗，或用拉丁文来说，是 mores"①。后来关于道德起源的生物学解释，不过是其"习俗说"的现代表述，是进一步探寻人类生活习俗形成与承传的生物学基础。从根本论，习俗说是道德起源的后天论、本能论、生物论。二是宗教说，即道德起源于上帝创世纪。普菲尔德里尔认为"在宗教中，可找到所有道德的历史起点。"冯特也指出"所有的道德戒律最初都有宗教戒律的特征"②。罗伯特森·史密斯更认为"所有道德，即当时人们所理解的道德，都被宗教的动机和约束所认准和加强"③。道

---

① J. Dowey, *Ethics in Later Works*, *Vol. 7*, *Souther I*, llionis University Press, 1988, p. 49.

② P. Kroportkin, *Ethics*, *Origin and Development*, 1924. 引自赵敦华《谈谈道德起源问题》，《云南大学学报》2006 年第 3 期，第 14 页。

③ P. Kroportkin, *Ethics*, *Origin and Development*, 1924. 引自赵敦华《谈谈道德起源问题》，《云南大学学报》2006 年第 3 期，第 14 页。

德起源于宗教的说法是一种道德先在论，即道德先于文化人类学而存在。

透过后天的习俗说和先天的宗教说，会发现人的习俗和宗教的背后伫立的是宇宙自然世界，上帝创世的法则融贯于宇宙自然之中而构成存在运动的内在律法，人存在于宇宙自然之中向死而生，最终不得不得接受自然的律法，或可说上帝的律法最终构成自然的律法而发挥功能。人的利欲诉求及行为的最终边界和限度实是宇宙自然本身，落实在具体方面就是大地、山水、江海湖泊、气候运动、地域环境、资源储藏、土地肥沃或贫瘠等都构成人的利欲存在的边界和限度。正是宇宙自然形成对人的存在的各种阻碍，才构成人的利欲存在的边界和限度。所以，以限度、边界、生命性为基本内涵规定的道德实是最终源于自然的律法。道德起源于习俗的观念背后同样伫立着宇宙自然，承受源于自然的律法的引导和规训，因为所有的习俗都与人类早年存在的特定地域息息相关，都与周期性变换运动的气候息息相关，也与山川河流、江海湖泊的存在之魅息息相关，或可说地域、气候、自然之魅构成人类早年生活习俗生成的根本动力学源泉。

二　自然律法的类型

无论科学诉求还是来世观念或信仰激情，抑或是人间的法律和道德规训，都不是人的智－力逻辑所任意规定的，而是要接受其存在背后的自然律法的规范。

自然的律法，是对宇宙自然之内在本性及其本性敞开**自生**存在、**自在**存在、**自为**存在和**关联**存在的根本方式呈现出来的普遍法则的简称。因为造物主创化宇宙赋予其自然的实存样态和生生不息的生命方式，自然律法也以此呈现互为体用的三种形态，即宇观形态的宇宙律令、宏观形态的地球法则和微观形态的生命律法。

1. 宇宙律令

宇宙律令是对自然律法的宇观描述，也可称"自然律令"。要理解"宇宙律令"就是"自然律令"，需定位"自然"与"宇宙"两个概念的关系。

在创化论意义上，自然是宇宙的实存样态，宇宙是自然的抽象描述，"宇宙"与"自然"是两个可互置的等义概念。宇宙是自然的，自然也是宇宙的。

宇宙自然是创化世界的原初型式、原初样态。比较言之，宇宙更具抽象性的型式取向，自然更呈具体性的实态取向。因此，当被创化的宇宙自然自为地敞开其存在运动就形成立体性的空间感和具有生成性的时间感，战国时代思想家尸佼提出"上下四方曰宇，往古来今曰宙"（《尸子》卷下），更可能源于对"宇宙自然"的立体空间性和时间生成性的直观。仅就人伫立于大地之上直感宇宙自然言，居于头顶之上的天空是宇宙，被笼罩于天空之下的大地是地球，宇宙自然也可表述为宇宙和地球：自然即宇宙和地球的概称，其只是人们对"宇宙自然"的日常性表述。在这一日常性表述中，"自然"一词是对空间化存在的地球和宇宙的描述，在这种描述结构中，自然律法亦敞开两个维度的内容，即地球法则和宇宙律令。在本质上，无论是抽象性的宇宙还是实存样态的自然，都是有机的生命存在，但以实在的姿态打量，存在于地球上的生物（包括动物、植物、微生物）才是生命存在的实存样态，所以，生命律法不过是宇宙律法和地球律法的具象形态。

想象虚构的方式 关于宇宙律令，实际地构成人类的记忆图像，这种记忆图像产生于自然人类学的人类向文化人类学的人类生成之途，并随人类文化学的发展从想象虚构转向经验推证。

在由文化构筑起来的世界里，人是宇宙自然的奇迹。人类创造文化不仅是智－力能力的实证和人可能按照自己的方式创构存在世界和自己的自我宣示，更是以此证明人类拥有成为自己的主人和世界的主宰的意愿、意志和力量，尤其是人类创造出来的上帝创世说及其对上帝的信仰。从存在论观，这一信仰给人类自己以自信存在的绝对依据、最终支撑和根本理由；从起源讲，这一信仰却是人类要为自己谋一个优越地球上任何生物的好出身，由此需要想象和虚构。人类物种从自然人类学向文化人类学方向生成，从动物存在的人变成人文存在的人，不仅是从物成为人的进化本身，而是在其从物向人诞生于世的本原状态下，其得以存在的必备条件却是经验。经验之于万物生命生成性地自聚于两个方面，即天赋和适应。天赋生命以存在的经验，往往通过物种生命的遗传及变异的进程得来。对任何物种生命言，其天赋的经验绝对有限，万物得以存在所需要的经验更多来源于生存感觉，即适应环境以谋求生存的感觉训练和感觉成长必然积累起得以存在的经验。

在生物世界里，这种万物皆有遗传得来的天赋经验和适应环境的感觉经验，亦是人这一物种生命所特有的。当人这一物种生命基于流浪存在进程中的某些偶然因素的综合发酵开始从众物中脱落出来成为文化人类学的人时，其得以存在的经验的生成性积累除源自上述两个方面外，还有两个更为重要的方面因素的激发：一是源于感觉而超越感觉的想象构成经验生成的重要方式；二是意识地行动成功或试误所生成的经验。比较言之，遗传赋予人的经验是本能性质的，或曰本能经验；感觉积累的经验是生成性质的，或曰适应性生成的经验；意识地行动达于成败积累起来正反两个方面的经验是拓展性质的，或曰拓展性经验；想象所建构起来的经验却是观念性质的，或曰观念的经验。

人类早年形成的关于宇宙律法的体认往往是想象虚构的成就。人类对宇宙律法的觉悟或发现是想象性生成的，其想象性生成的原初方式是神话。神话就是关于神的故事、传说，它是想象的，并通过口耳相传而不断丰富其想象。在想象的神话里，宇宙的律法通过神发布并借助信仰而成为存在的律法。上帝"创世纪"是最为典型的神话。[①] 在这个神话里，耶和华创世纪不过是造物主创化宇宙自然的隐喻语。昭示造物主创化宇宙自然是有秩序地展开，所创化的宇宙自然是有秩序的存在，从大到宇宙自然整体，小到具体到万物生命的存在，都是各有其位、各守其序、各有其界，不能逾越。呈现为：耶和华用五天创造宇宙自然天地万物生命，然后用一天时间创造管理宇宙自然中万物生命的管理者人，为使其专注于管理，造物主赋予人（亚当和夏娃）不劳而得食和可永生两项特权，但同时也赋予人不能偷"吃伊甸园中知善恶树上的果实"，一旦违背则"必死"的诫命。夏娃和亚当最终违背了诫命而丧失"不劳而得食"和"永生"的特权，背负"必死"和"终身劳苦"的命运。耶和华六天创世纪的等序活动和对人的赋权与诫命，实是以神话的方式展示宇宙创化和继创生的律法，即基于生之本性和生生法则生成的自生、自在、自为和关联存在的律法的具体呈现就是边界和限度。在边界和限度内遵从其边界和限度而自生、自在、自为和关联存在，就是生且生生不息；反之，逾越其边界和限度，在边界和限度之外自生、自在、自为以及哪怕是与他者

---

① 袖珍本：《圣经》，思高圣经学会译，香港天主教方济会 1988 年版，第 9—12 页。

关联存在，则必死且死而不可再生，这即亚当夏娃偷吃禁果被逐出伊甸园后继续利欲本能的扩张而最终遭受天谴，只有谨守本分的诺厄一家以方舟得自救赎。所以，上帝创世纪实是以想象性虚构的方式喧哗宇宙创化的律法必须遵从，不可逾越或违背。

耶和华创世纪是以想象虚构的神话方式书写造物主史和自然史的律法，即上帝的律法和宇宙的律法本质同一。中国文化中鲧禹治水却是以想象虚构的神话方式书写人力史和自然力的律法，即人力的律法与宇宙律法既可本质同一，也可本质不同一：在治理天谴人类的滔天洪水史上，鲧走上一条必死之路，被杀于羽山之下，因为他以"堵"的方式实是逆天而行的人力的律法与宇宙律法本质相违；禹继之探索出"疏"的方式却创造出一条必生之路，即获得舜禅让的帝位，这是因为疏泄洪水实是遵从了人力的律法与宇宙律法的本质同一，即治理滔天洪水的人力律法接受了宇宙律法的引导和规训。

经验推证的方式　　在宇宙自然的长河中，人类物种实在算不上宇宙的流星，最多只勉强可说是地球生物圈中的一颗流星。虽然自然人类学的人类物种在宇宙继创生进程中无意地获得了不同于众生物的大脑能力而开启向文化人类学方向演进，但它始终扎根于大地之中存在，并在宇宙的创生运动中敞开存在。所以，人类的"文化人类学努力"必然不断觉悟和发现宇宙的律法，并且这种觉悟和发现也将从想象虚构的神话方式转向**经验推证**的方向。

存在于宇宙中的人类物种对宇宙律法的发现和把握，从想象虚构的神话方式转向经验推证的努力的根本前提却是存在经验的适应性积累，并且其经验积累达到可以自生成完整性的经验方式时，经过对宇宙律法的觉悟和发现才可从想象虚构的神话方式转向经验推证的方式。一般地讲，想象虚构的神话方式觉悟和发现宇宙律令往往是存在的直观，而经验推证的方式则是理性，或经验理性，或观念理性，或科学理性，或生态理性，但其起步只能从经验步入理性而形成经验理性。

经验推证的方式实是以经验为出发点并以推论为展开方式，并且，以经验推证的方式觉悟和发现宇宙律令需要存在直观的协助，所以运用经验推证的方式总是要以想象虚构的神话为土壤。在存在直观的牵引下获得的最初经验是由近及远、由大地向太空的引申，即地球是宇宙中的一个星球，地球与宇宙的这种构成关系决定了地球法则必以宇宙律令为依据；人对宇宙的律法的最初意识应该是感觉的触摸引发想象的敞开，其后才逐渐进入意识的层面启动想象的培养而获得经验的描述或理性的推演。

无论个体还是人类，其对宇宙的最初感觉到底发生于何时是既无法确知也无法考证，但与地球上所有的物种一样，人这一生物得以存在的感官仍然是天生向外。感官向外这一生物构造形成的知觉特征决定了无论个体还是整体对宇宙的感觉的生发，或可追溯到与人这一物种的人质意识的觉醒同步，即当自然人类学的人突然萌发可开出文化人类学的人质意识之时，也就是生发出宇宙感觉之时。因为人作为一类物种生命，其人质意识觉醒的原初内涵可能是朦胧的分离观念和对象性意识，这一朦胧的分离观念和对象性意识生成的实际内容可能是面对茫茫的大地和无限辽远的天空时生发出来的茫然不知所措的惊诧、恐怖、畏惧，由此滋生出寻求消解其恐怖、畏惧或渴望安全的想象。面对茫茫大地和无穷天宇生发出惊诧、恐怖、畏惧想象，神被创造了出来，神创造世界的法则和安顿存在秩序的法则，也在这种无边的想象中逐渐被创造出来，或许这就是创世说。

从自然人类学向文化人类学的发生史观，无论东西或西方，无论哪个部落或民族都有自己的创世神话，并且这些创世神话都赋予了这个部落或这个民族以存在的律法和生存的法则。从想象的神话方式到向经验推证的方式的转换，这是经历漫长的经验积累而从**天启哲学**向**人为哲学**的演进性生成，所以，以经验推证的方式描述宇宙律法实际上是尝试以哲学方式发现宇宙律法。以哲学方式发现宇宙律法是一个有起点却没有终点的历史进程，这个起点大概可以确定雅斯贝尔斯所讲的"轴心时代"，它通过米利都哲学和赫拉克利特哲学以经验理性的方式开启其最初的推证，之后由毕达戈拉斯哲学、爱利亚哲学、元素论哲学、原子论哲学以及苏格拉底、柏拉图、亚里士多德等探索出观念理性的推证，这种观念理性推证进入启蒙哲学中获得纯熟境界，然后向科学理性的推证方式转换，唯物质论哲学、实证哲学、逻辑分析主义、科学哲学以及实践论哲学等从不同方面将科学理性的推证推向极端，开出一条人的智－力逻辑征服宇宙律法的路子，对这条人的智力征服宇宙律法的路子的反动就是生存理性（或曰"生态推理"）推证方式取代科学理性推证的方式，使宇宙律法重新回归于人的认知世界，以引导人与宇宙自然的共生存在。

宇宙律法的宏观呈现　　宇宙律法即宇宙原创化的律法和宇宙继创生的律法。前者是造物主创化宇宙的法则，即宇宙的原创律法，它以生之本性为本质规定，以生生为根本机制而生成建构起以自生为动力、以自在为方式、以自为为主体并以关联存在为方法的律法。后者是宇宙继创生的律法，它是以原创律法为根本规范、从"简单创造复杂"到"复杂创造简单"互为催发的律法。宇宙原创化和继创生的律法的自整合生成建构起统摄整个宇宙自然世界的三条律令。

第一条宇宙律令：宇宙创化的对立统一律令。

造物主创化宇宙，赋予宇宙以生之本性和生生机制（或曰法则）。以其生之本性为内在规定、以其生生为动力机制的宇宙律法，既充盈生且生生不息的自创造力量——通过自生、自在、自为的方式敞开，也充盈生且生生不息的自秩序力量——通过关联存在的方式敞开，融贯于宇宙的继创生之"简单创造复杂"和"复杂创造简单"的律法之中。简单创造复杂，是其自创造力量裹持自秩序力量的生生向前运动的呈现状态；复杂创造简单，是其自秩序力量主导自创造力量生生向前运动的呈现状态，前一种呈现状态是野性狂暴的；后一种呈现状态是理性约束的。统摄宇宙原创化律法和继创生律法的宇宙律令的全称表述是宇宙的野性狂暴创造力与理性约束秩序力之对立张力，或简称为宇宙的自创造力与自秩序力的对立统一，就是宇宙律令。

宇宙律令即宇宙创化（包括原创化和继创生）律令，它的存在本质是生，它的功能本质是创造。因为生而创造，也由于创造而生，这是宇宙律令的内在诠释。由于生和创造生的双重规定，宇宙创化的行动既体现野性狂暴的一面，又呈现理性约束的一面。因为，唯有野性狂暴才形成创造力，没有创造力，宇宙创化根本不可能；但是，如果仅有野性狂暴的创造力而缺乏理性约束的秩序力，创造最终不能获得成功，其创造行动最终将被泛滥的野性狂暴的创造力所毁灭。在宇宙创化律令中，其野性狂暴的自创造力是创化的原动力、原推力；其理性约束的自秩序力是创化的规范力、边界力和保障力。宇宙创化运动的展开就是宇宙生成，具体讲是存在生成、星系生成、万物生成、生命生成。并且，宇宙创化生成存在、生成星系、生成万物、生成生命的运动过程也是将自身创化力量熔铸进所创造的存在、星系、万物、生命之秩序中的过程。一旦宇宙创化成功，其野性狂暴的自创造力与理性约束的自秩序力及其对立统一所生成的无限可能性张力，就构成宇宙生成、存在生成、星系生成、万物生成、生命生成的真正标志，也构成宇宙、存在、星系、万物、生命继创生的原生动力及内在规范力量。

第二条宇宙律令：自然、生命、环境共互法则。

宇宙的实存样态是自然，自然的实体形态是生命存在，生命存在的土壤是由宇宙、地球、生命三者构成的环境。作为抽象型式的宇宙，以**具形的**方式获得自然、生命、环境的三维呈现，其野性狂暴的自创造力和理性约束的自秩序力之对立统一律令也就**具实**为自然、生命、环境三者共生互存法则，简称为**共互法则**。

从本质讲，宇宙律令是宇宙之生的律法，是宇宙生生的律法，这一生和生生从本性和原发动力两个维度规定了宇宙律令的野性狂暴的自创造力不能逾越生和生生的边界和限度，不能解构生之本性和生生之原发动力机制，不能毁灭生和生生，为此，宇宙创化必须在启动理性狂暴创造力的同时启动理性约束秩序力；反之，生和生生也从本性和原发动力两个维度规定了宇宙律令的理性约束的自秩序力不能逾越生和生生的边界和限度，不能压抑，更不能解构生之本性和生生之原发动力机制，为此，宇宙创化运动必须在敞开理性约束秩序力的同时张扬野性狂暴创造力，以求形成二者的对立统一并达到所持的**动态平衡**。宇宙创化之野性狂暴创造力与理性约束秩序力之对立统一与动态平衡的宏观呈现，就是自然、生命、环境的**共生互存**。自然、生命、环境的共生互存，就是其**共互法则**。在自然、生命、环境的共互法则中，有两个方面的具体规定：一是**共生**，它以生命为核心，形成生命与自然、生命与环境的共生，并以生命为中介，实现自然与环境的共生。二是互利。自然、生命、环境的共生，实是个体与整体的共生，其共生所遵从的基本准则是**平等**，其共生的本质是**互利**，所以自然、生命、环境共生的本质是**平等互利**。只有平等互利才可达于共生；真实的共生必然实现平等互利。自然、生命、环境以共生为前提才实现互存。自然、生命、环境的互存法则是指生命存在于环境之中，环境存在于自然之中，自然存在于生命之中，最终，环境也存在于生命之中。环境与生命是体用关系：生命是环境的本体和灵魂，环境是生命的土壤、舞台和形式。

第三条宇宙律令：地球生命的竞适生生法则

第一条宇宙律令是宇宙的整体律令，是宇宙**自身规定自身**的创化律令，具体为宇宙自生、自在、自为律令。第二条宇宙律令是宇宙创生的**关联存在**律令，它为自然、生命、环境共生互存提供根本的指导法则。第三条宇宙律令是对关联存在的宇宙中的生命遵从生之本性和生生机制的共生互存的律令。

宇宙中的生命有两层含义：一是整体的生命，如宇宙、自然、地球实是生命存在，生命的生生法则即指宇宙、自然、地球的存在运动遵从生生不息的法则。二是具体的地球生命，包括地球上的物种生命和物种化的个体生命。地球生命的**竞适生生**之宇宙律令主要指物种生命和物种化的个体生命的创生法则。这一创生法则的基本含义有三：一是生；二是竞；三是适。在竞适生生法则中，生，是动机，也是目的。基于生之动机，须以竞为行动方式，以适为根本准则，最后实现更好的生，即生命与生命、生命与环境、生命与自然的共生。

2. 地球法则

苍茫的宇宙生命最为集中地集聚在地球之上，人这一生命物种也存在于其中。存在于地球上的所有生命都以地球为生，凡以地球为生的所有生命存在为其生命继续存在而需要有秩序地创生，宇宙创化的对立统一律令，以及自然、生命、环境共互法则和地球生命的竞适生生法则，构成地球生命有秩序地创生的宏观律法。这一宏观律法的具体运行生成地球运动的法则，即地质运动法则、山水互映法则和物物相生法则。

地质运动法则　　地球运动的首要法则即**地质运动法则**。

地球是自然实体，是宇宙生命世界中的一个宏观生命存在，它的存在运动既遵循宇宙律法，也有将宇宙律法化为自生、自在、自为和关联存在的运动法则，这一运动法则就是地球自身的结构性和构造性法则。任何生命存在，无论宇观的宇宙还是微观物种或个体生物，其生命存在的**形相都是结构化**的，并且其结构必是构造的呈现，不同的生命存在的结构总要呈现区别他者而敞开自生、自在、自为和关联存在的个性特征，这要求不同生命的构造方式亦有不同。每一个具体的生命一旦获得具体的构造方式和结构形态，就必须遵从其结构化和构造化的法则而运动。地球作为一种宏观生命存在，它的构造方式和由此生成的结构形相构成它自身运动的法则，这一法则就是地质运动法则。

人类和其他生命赖以存在于其上的地球，无论其外部结构形相还是内部构造都近似于鸡蛋，外部由近似蛋壳的、厚度约 35 千米的固体物质组成地壳，距地球表面 35 千米以下的、由近似蛋青的软体性物质构成地幔，居于地幔中心的是近似蛋黄的地核。地质运动实质上是地壳、地幔、地核三者各居其位的**有序创生运动**，一旦这种有序创生运动的节奏被打破或这一有序创生运动的方式被破坏，就会发生地质的无序运动，其无序运动呈现的剧烈方式通常为地震、海啸、火山爆发等。

引发地质运动由有序创生运动演变出无序的自毁性运动的动因往往源于地球本身的构造方式和由此生成的结构框架。一般而言，地质运动实是由地壳与地幔的共生运动，并且地幔运动带动地壳运动，地壳运动反过来又影响地幔运动。在地壳与地幔的共生运动中，一方面，地幔运动的内营力因其固有的构造方式的引导而引发自身的结构性变化，这种结构性变化的实质是其内部的软体性物质结构的变位，由此带动地壳结构的改变，这种改变可能是局部的，也可能是整体的；可能是平缓的，也可能是剧烈的。如是剧烈的改变，可能会引发诸如岩石圈的演变或推动大陆、洋底的增生甚至消亡。另一方面，地质的表面巨变有可能造成地壳结构的变化，这种变化会影响地质内部结构（地幔）甚至构造方式的改变，并以此带动地壳的升降或断合运动。

地质运动法则是地球自身遵从宇宙生之本性和生生机制的有序创生运动法则，更是指存在于地球之上的所有生命存在——包括动物、植物、微生物的存在——都遵从地球有序创生运动法则，尤其是存在于地球之上、以地球为生的文化人类学的人类更应该遵从地质有序创生运动的法则，因为人类具有不同于万物的创造能力，并且这种创造能力可以移山填海，可以改变气候、改变地质结构以及宇宙太空的存在状况，如果人类不能节制自己的能力以适应地球的有序创生运动节奏和规律，就会造成地质的无序运动，最终会给整个地球生命存在带来毁灭性破坏。

山水互映法则　　地质运动法则是地球生生存在的总体法则，这一法则维护地球创生运动的构造性和结构性平衡，这种创生运动的构造性和结构性平衡才是地球之山水互映法则和物物相生法则得以发挥自身功能的前提条件。

山水互映法则讲的是地球表面的创生运动法则。地球表面亦呈现其构造性和结构性框架，并由此生成地球表面的构造性和结构性节奏及规律。地球表面的构造方式其实遵循宇宙律法而形成，即按照生之本性和生生的原动力机制而生成海陆分布的结构。这一海陆分布结构就是人们通常说的三山六水一分田。三山六水一分田就是指地球的表面分布，具体地讲即海陆分布，即六分水，四分陆地，意为四分陆地的创生运动需要六分水的滋养。在其四分陆地中，其陆地生物的栖居之山地需要三分，旷野一分。人类这一物种的创造性存在需要的土地只有一分。

地球表面海陆分布按六四结构构造而成，自然形成山水互映法则。山水互映法则首先指地球表面的创生运动必须以六分水滋养四分陆地，四分陆地为江海湖泊提供自身所需要的条件，比如江海湖泊之水承受日照而源源不断地蒸发，则需要陆地为之提供源源不断的水源。其次指海陆分布本身确定了地球表面江海的源泉与陆地的疆界，江海湖泊和陆地均应保持地球表面构造所形成的结构性疆界，否则，海陆疆界的位移，要么陆地增加而江海河流不为陆地的存在及生存于其中的陆地生物提供必需的保障，要么江海湖泊的疆界不断向陆地扩张，导致陆地的空间压缩影响江海湖泊的生生存在。再次指海陆分布的疆界分明，互不扩张，是海陆两地生物得以生生存在和繁衍的前提。最后指海陆分布形成的山水互映法则构成地球上无论水生生物还是陆地生物"物物相生"法则的根本指导性法则。

物物相生法则　　如果说地质运动法则是地球生生存在的总法则，海陆分布的山水互映法则是地球生生存在的结构性运动法则，那么物物相生法则则是地球生生运动的生物学法则。

"物物相生"中的"物"，是指存在于地球表面的所有物、所有存在者、所有生命形式。"物物相生"的"物物"，是指物与物之间，具体地讲是指所有物、所有存在者、所有生命形式之间的本来关系和应然关联：存在于地球表面的海陆两地的所有物、所有存在者、所有生命形式之间的本来关系是一种平等的关系，因而，物与物、物种与物种之间相向敞开其生生繁衍运动应该保持其本来的平等关系而关联地存在。"物物相生"中之"生"，指宇宙创化和地球生生赋予所有物的生之本性，也指地球表面所有物因其生之本性而具有的生生机制，并且这一生生机制是原发动力的，是宇宙创化和地球生生赋予每一存在物的，更指物依据其生之本性和生生机制而生成、生长运动。"物物相生"中之"相生"，是指物与物、物种与物种以及物、物种与地球相共生，即物与物、物种与物种以及物、物种与地球是相互促生的，即你的生促成我的生，我的生促进所有与之关联存在的他者之生，比如一块石头与一株小草之间、一座岩石与一条江河之间、一滴雨露与一片平原之间或者这片沙漠与那片绿洲之间，总是以直接或间接的方式**相互促生着**。

物物相生法则就是这样一些由具体内涵规定的法则。在物物相生法则的滋养和规范下，生命的法则得到彰显并发挥其应为的法则功能。

3. 生命律法

生命律法，亦是**生物**诞生、存在、生成的逻辑。

理解生命法则的内涵，需先理解生命的样态。生命的样态，在其宇观层面是宇宙，在其宏观层面是地球，在其微观层面是地球生物。生命律法实包括宇观的宇宙律令、宏观的地球法则和微观的生物律法。由此看来，宇宙律令是生命的宇观法则，地球法则是生命的宏观法则，生物律法却是生命的微观法则。参照前面两节内容，本节主要讨论生命存在的生物法则。

理解生命存在的生物律法，还需要理解地球生物的构造及其类型。从海陆分布的山水互映法则观，地球生物因其栖居地的不同而类分为水生生物和陆地生物，由此生成水陆生物的习性所异。水陆生物习性构成地球生命的生物法则的基本内容。不仅如此，无论陆地生物还是水生生物，均受地域的影响和节制而生成出存在习性的地域性特征，比如海洋生物与江河生物之间的地域性生命习性各有所异，即使同为海洋，太平洋、大西洋、北冰洋的水生生物不仅习性有差异，能够存养的种类也大有区别。如此内容均构成生命的生物法则的具体内涵。

仅陆地生命言，就客观地存在动物、植物、微生物三大类。无论动物、植物还是微生物都有其生之本性，并内具生生机制，生生繁殖是其共同的和共通的创生存在规则。与此同时，不同类型的生物均有其自身的构造方式和结构形相，由此形成生命的生物学法则在共同遵从其生生之创生法则基础上有其促进自生、自在、自为和关联存在的法则，即动物法则、植物法则和微生物法则。

在地球上，其生命世界中如上各内容总是以自发会聚的方式生成，而形成生命的多样化。并且，多样化构成地球生命世界得以有序创生和生生不息的基本法则。

动物法则　　动物法则即动物的创生法则，或曰动物的生生法则。在海陆分布框架下的水生动物和陆地动物的有序创生实展开为两个方面：一是有序的创生繁衍；二是有序的创生存在。动物的生生法则具体落实为动物的有序存在法则和有序繁衍法则两个方面。

动物的有序存在法则，即生命存在的竞适法则。因为动物的生命存在需要三个方面的基本条件，一是食物资源，二是相对固定的存在领地，三是配偶或生命繁殖需要的异性同类。地球为动物物种及物种个体提供了满足其三个条件的可能性，但要使这些可能性变成必然的现实，只有通过竞争、竞斗来实现。竞争、竞斗之于任何动物个体及物种都只是权宜之计的手段，其长久之计却是**竞中求适**，竞斗的法则只是竞适法则的**手段之用**的法则，适应的法则和自我竞斗能力的限度法则才构成竞适法则的**本体之存**的法则。

动物的竞适法则既是"物物相生"的地球法则的具体化，也是接受宇宙之自生、自在、自为和关联存在律令使然，即宇宙对立统一律令，（自然、生命、环境）共互法则和地球生命的竞适生生法则对动物法则的融贯性呈现。在生命世界里，"竞"是原动力、创造力，没有竞争、竞斗，生命会丧失生生的活力，地球会沦为死寂；但如果其竞争、竞斗没有边界和限度，生命会处于血腥之中，地球最终将沦为毁灭。所以，以"竞"为原发动力和创造机制的生命世界还需要"适"。适，不仅指顺应，适应，根本的却是**自我限度**。适就是竞斗中的自我限度能力，使竞本身达于动态平衡，共生存在。在本原上是动物的人类虽然经历文化人类学的进化和发展，但始终保持"人在形式"和"物在形式"的统一，仍然要接受有序创生的生命竞适法则的规训和引导，因为人性本源于自然，人性之根既扎于物种之中，也扎于宇宙自然之中，共同的和普遍的人性始终呈现生命的律法和宇宙自然的律法。人的生命必须遵从的自然律法即宇宙律令和地球法则，人的生命必须遵从的生命的律法，即有序创生存在的竞适法则。对于文化人类学的人类来讲同样如此，如果缺乏竞的内动力，则没有活性；如果竞之无度或适之不足，同样会丧失活性。

在动物世界里，其有序存在法则构成动物创生的基本法则，而有序繁衍法则却构成动物创生的根本法则。因为生命的存在需要具备食物、栖居领地等基本要件而展开竞适，物种的存在需要繁衍生殖，要通过有性生殖来实现。因而，动物的繁衍必须遵从**种性交配法则**，即遵从两性交配法则和同种繁衍法则，这是动物有序繁衍不可逾越更不可破坏的生物学法则，亦是保障动物有序存在的前提条件，因为两性交配和同种繁衍是保持动物的物种学基因遗传与个体变异法则的根本方法。如果逾越或破坏了这一两性交配法则和同种繁衍法则，就会引发动物世界创生存在秩序的瓦解。人类发展基因工程而在动物世界展开跨物种交流、无性繁殖以及在人类内部实施无性配种、基因编辑等都是在逾越动物繁衍法则，因为人类无论怎样发展，它之成为文化的人类的根本标志是它是自然人类学的，或具体地讲，生物学意义的动物的人类必须保持生物学的动物学法则，否则最终将自我解体和消亡。

植物法则　在地球世界里，最具能动性和能动力量的是动物。动物的最为能动性在于它们具有行动自如地运作身体的能力。动物自如运作身体的能力实源于两个方面的持久推动，一是有性生殖使物种内部获得了并不依赖外部环境而自为繁衍的能力，这种能力内在地造就了动物是一种活动性动物。二是活动性的身体使它为其存在遵从竞适法则而展开竞适运动，这种因为存在而展开的竞适运动又成为推动动物保持和强化其存在的活动力量的有力方式。与此不同，植物却呈现两个方面的存在取向：一是非活动性存在。二是无性生殖。植物是一类非活动性存在的生命存在，这里的"非活动性"不是指植物没有活动，而是指植物并没有如动物那样自为的能动性身体，它总是被固定在原发生的空间位置上存在，不能能动地运作自己的身体，不能以自己的方式改变自己存在的空间位置和位态，不能进行位移。植物也有运动。植物运动有两种基本形式，一种是无形的运动，这即是植物的自生长或自消亡运动；另一种是有形的运动，这即是植物承受外力而改变自己的身体姿态的运动，比如大风吹来而树枝摇曳、花草折断、稻麦伏地，即如是。

植物的非活动性存在实源于它的无性生殖。植物无性，因而植物的繁殖是通过死亡创造偶然来实现。植物受雨露滋养、生长并吸纳天地精华而结籽，所结之籽散落于大地之中偶然地获得大地的滋养而发芽，或可幸运地破土而出，并因偶然的空间环境而获得阳光雨露得以生长。

由此非活动性存在和无性生殖两个方面形成植物的有序存在和繁殖是自然天成的。所谓自然天成，是指其产生、存在以及死而得生均不是植物本身所为，完全是其所存在的空间环境所促，具体地讲，地域、土壤及其肥力、气候、雨水、阳光等因素聚合性生成一种使植物生或死而复生的条件。所以，植物的有序存在繁殖遵从的是自然天成的法则。所谓自然天成法则即宇宙创化的生生法则，具体地讲，植物总是最为典型地体现其对自生、自在、自为和关联存在法则的完全遵从，没有任何能动性的植物，其诞生、生长、消亡以及再诞生、生长、消亡的循环展开其存在——也就是"离离原上草，一岁一枯荣；野火烧不尽，春风吹又生"的存在——却是地球生命的生生存在必须生物多样性的要求使然。从这个角度看，最没有能动力性的植物存在实质上是宇宙创化中**最为神性**的存在，它的一切由造物主安排，一切在造物主的安排中存在、生灭、存在、生灭以至于无穷。以此观之，能够决定植物存在、生灭的只是造物主或宇宙之神。人存在于地球生命世界之中对植物之用，是窃取造物主的权利，人类对植物的无度之用，即泛滥地砍伐森林，或因为无度砍伐而做植树造林之弥补——都是对窃取造物主的权利的滥用，这种滥用体现对植物之根本存在法则即自然天成法则的逾越与破坏。所以，**人力永不可弥补和解决这种逾越和破坏所带来的生态学后果，而能够解决和弥补的基本方式就是放弃人力之为而遵从自然天成的植物法则，并通过时间来修复。**

微生物法则　　在地球生命世界里，最为活跃且始终躁动变化不已的是动物，最沉静且始终如一地坚守的是植物，最不为人们关注却总是以隐而不显的方式发力的是微生物。微生物是包括由细菌、真菌、病毒、立克次氏体、衣原体、支原体、螺旋体等组成的比动物、植物更为庞大的生命家族。在自然世界里，生命都存在于地球表面，但动物生命存在于地球表面之上；植物生命也存在地球表面之上，却扎根于土壤之中；微生物却完全地存在于土壤之中，由此可以看到存在于地球表面的生命——动物生命、植物生命和微生物生命——各自以自身的存在方式共同构筑起地球世界的生命之塔：这个生命之塔的庞大底座是微生物世界，居于塔顶的是动物世界，居于二者之间的是植物世界。在高高在上的人类看来，肉眼不能看见的微生物似乎是可以忽略的生命存在，它却构成自然世界里重要的生命样态，并且成为生命世界里的生命土壤，是生命的生命，植物生命扎根于土壤之中，与栖居于土壤世界里的微生物构成深度的关联存在；动物能动地存在于大地之上，其身体运动，尤其是支撑身体运动的双脚须臾不离大地，并因此与微生物构成全方位的关联存在，正是在这种关联存在中，动物生命和植物生命一方面源源不断地得到微生物的滋养；另一方面也成为微生物繁衍的环境和条件。在地球生命世界里，动物、植物与微生物既以**相生的**方式互存，也以**相克的**方式互存。相生互存是指动物、植物与微生物互为存在条件、互为滋养方式，并且互存于对方之中，微生物存在于植物世界和动物世界之中，植物和动物往往成为微生物存在的宿主，动物和植物也存在于微生物世界里，因为植物和动物总是不脱离大地，更不脱离土壤而存在，大地和土壤恰恰是微生物统治的世界。相克互存是指微生物与动物、植物互为疆界，一旦某一方突破天然自成的疆界，就会遭到阻遏，这种阻遏可能会使对方付出巨大的存在代价。地球生命世界里看得见的战争，是动物世界的战争，而看不见的战争却是微生物与植物、微生物与动物的战争，这种战争总是以植物物种或动物物种的失败甚至灭亡为代价，微生物世界总是战争的胜利方。微生物与植物、动物的战争是自然地展开，也是自然地暂时收场并自然地再度袭来。微生物对人类这一物种的战争却总是充满壮烈的悲歌，并最终以生命或健康的代价去求得"适"之共存，与微生物，特别重要的是与微生物世界的病毒共存，构成人类的不贰选择，这种选择在表面看是理性的，但本质上是遵从宇宙律令之微生物法则。简言之，微生物法则即微生物相对动物、植物而言的关联存在法则，这一关联存在法则即**生克互存**法则。

微生物与动物、植物之间关联存在的生克互存法则的生成建构与运用并不能自足，而是要受诸多因素的影响或推动，择其主要者有三：

一是具体的地域（即地理）环境。相对地讲，微生物在活动性方面是介于植物和动物之间，微生物的栖居具有相对稳定的地域性，但也有一定的能动性，但这种能动性更多的是通过使植物或动物成为宿主来实现。比如新冠病毒的世界性传播，并不是它本身的能动性所能达到，而是通过宿主即人体、交通、物流等中介物的运动来实现。在一般情况下，微生物的存在领地是相对固化的，所以任何一种微生物都直接地受其存在的地域环境的影响，其所栖居的地域环境构成它能否发挥以及在多大程度上发挥其生克互存功能的首要制约或激励因素。

二是土壤。微生物存在和繁殖的空间之场，就宏观言是其地域环境，具体论之却是它得以存在的那块实际的土壤。因而，土壤的实际质地、土壤肥力、土壤结构以及土壤形成的周边环境等构成微生物存在释放或抑制其生克互存功能的又一个具体因素。

三是气候。气候是对微生物之生克互存能否得到释放或在多大程度释放的根本制约或激励因素。因为微生物也与植物一样，其生命存在和繁衍生成需要光合作用。微生物发生光合作用的条件是阳光和温度。阳光由日照提供，但日照也受气候影响，温度完全由气候的周期性变换运动所决定。所以，微生物自身存在和繁殖以及微生物与宿主（植物、动物）发生存在关联或构成功能关系的两个决定性因素，即日照和温度都受制于气候。气候的周期变换运动为微生物自身存在和繁殖以及微生物与动物、植物的生克互存提供了常态化的条件；当气候丧失其周期性变换运动的规律而处于失律或极端失律的运动状态时，微生物的存在和繁殖会遭受巨大影响，微生物与动物、植物之间的生克互存法则也将被打破而陷入无序的混乱状态，一旦这种状态形成，生物世界里的毁灭性战争必然爆发，生物世界的生命体系的重构也将会悄然启动。比如，极端失律的气候如果是朝剧烈寒冷的方向演变运动，许多耐高寒的微生物家族将大量繁殖，与此同时许多非耐高寒的微生物家族必沦为毁灭，由此带动植物生命体系和动物生命体系的结构性突变；反之，当极端失律的气候朝变暖的方向运动，许多耐寒的微生物家族将相继消失，暖性微生物家族将得到大量繁殖，亦由此带动地球上的植物生命体系和动物生命体系的结构性巨变。其实，当前地球生命世界因为极端失律的气候而正全面展开

这样一场微生物世界的巨变，伴随其巨变的是植物生命体系和处于生命之塔顶的动物生命体系的悄然重组，而居于地球生命之塔尖的人类这一动物物种却刚好处于这一地球生命体系巨变的浪尖之上，承受或自我毁灭或自我重建的存在之痛。

第7章　人文的律法

人作为世界性存在者所必遵从的律法，是属人的人文律法和属社会的社会律法。但人作为世界性存在者既是自然人类学意义的世界性存在者，也是文化人类学意义的世界性存在者，人的这一必须同时承受其物在性存在和人在性存在规训的世界性存在者，所遵从的人文律法和社会律法也必须以自然的律法为最终的来源和依据。

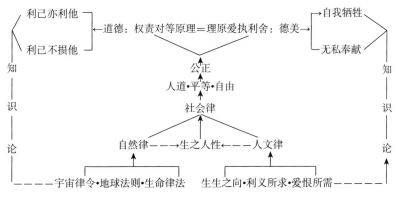

[7-1　自然・人文・社会之律法体系]

一　人文律即人性律

逻辑只属人的智力，来源于人的生活世界并企图同时指涉生活世界和物理世界，即将物理世界纳入生活世界之中；与此不同，律法却既属自然也体现人的智-力，即律法来源于物理世界却涵摄生活世界，揭示生活世界如何原本就一直存在于物理世界之中并最终接受物理世界的律法。由此观之，如下观念需要矫正，才可真正理解人文律法如何来源于自然律法，并接受自然律法的引导和规训。

首先，"物理理论越是抽象，便越不直观，凭借我们从生活世界熟知的描述性信念就越难理解这些理论。此处并非两个世界的对立，而是存在着一种**持续和渐进**的关联性。此种关联性也许可描述如下：生活世界所熟知的事被纳入一种新的阐释关系，在此，生活世界所熟知的事仅揭示了一种特例。然而**生活世界所熟知的事对科学论证来说不可或缺，因为科学内部的沟通也依赖于其承续**"①。（引者加粗）这种观念一旦颠倒过来就形成生活世界和物理世界的本来关系，也因此形成生活论证与科学论证的本原关联。客观地讲，科学的热情并不源于生活本身，而是源于天赋的好奇和惊诧，这种好奇和惊诧不是生活的刺激或激励，而是自然之魅和物理世界的神奇与浩瀚。所以，以物理世界为对象、以求解自然之魅为目标的科学探索并不一定需要熟悉生活世界，因为科学的努力并不是以生活世界为准则。相反，对生活世界的论证却需要以物理世界为镜子，即以自然为准则，比如，出行要看天气，是否带雨具或衣物；种植要了解时节和气候，以求得时和得当。所以对生活世界的论证当然需要对自然世界探讨所形成的科学理论、经验和方法的审察与借鉴。

其次，"自然科学理论有可能公理化，这对于论证问题不具有重要意义。**论证关系不是从公理演绎推导出定理**，这点亦适用少数可完全公理化的自然科学理论。**一种经验理论必须能证明它的公理化能更为清晰地突出自身的逻辑结构**"②。（引者加粗）公理化的自然科学理论的自身逻辑结构并不来源于生活世界，更不能用生活世界或对生活世界的经验来源予以证明，因为凡是公理化的自然科学理论所呈现出来的自身逻辑结构只在自然世界之中并由自然世界本身供给。生活世界的规范性知识无涉描述性的自然科学知识；反之，自然科学理论和知识对生活世界具有相应的边界和限度功能。

最后，"自然科学理论不与我们生活世界的导向性知识发生冲突，即不与那些对于我们日常行为与评判产生影响的描述性及规范性信念发生冲突。这

---

① ［德］尤利安·尼达－鲁莫林：《哲学与生活形式》，第 204 页。
② ［德］尤利安·尼达－鲁莫林：《哲学与生活形式》，第 203 页。

一事实情况亦可以反过来予以澄清：即便一位不掌握任何科学知识的人，在日常生活中也能很好地认清方向。物理学能把我们生活世界中的信念（那些涉及现象学规律的信念）纳入一种系统的联系：但物理学不会反驳任何生活世界的信念，甚至连太阳每天早晨升起，每晚落下也不会。这一现象学的规律与现代宇宙学也相兼容"①。生活世界原本就存在于物理世界之中，这一存在事实决定了生活世界只能在物理世界中敞开，生活世界一旦逃逸物理世界，就会遭到物理世界的"反驳"，比如，暴雨袭来，必须躲避，逞强行走于雷电交加之中，或许会遭遇雷击；所修筑的江河堤坝象征着生活世界的力量和智慧，但洪水汇聚、水位超过堤坝的警戒线，必须泄洪。生活世界存在于物理世界之中并受物理世界的节制的这一存在事实本身表明：人要尽可能地避免生活世界与物理世界的不必要的冲突，需要真正理解自然科学的描述性知识和理论与生活世界的规范性知识与理论之间的关系：自然科学知识和理论不与生活世界的导向性知识发生冲突，不在于自然科学知识和理论与生活世界相吻合，而在于生活世界的导向性知识对自然科学知识和理论的吻合。当然，这种被吻合的自然科学知识和理论必须符合其自身的逻辑结构，也就是生活世界的逻辑必须符合物理世界的逻辑，即符合自然的律法，而不是以生活世界的逻辑为论据要求物理世界相符合。所以，物理世界符合生活世界为前提来形成物理世界与生活世界不发生冲突，这是**人为自然立法**，是物理世界与生活世界之间的**源流倒置**和**本末颠倒**；反之，生活世界与物理世界不发生冲突，以生活世界的逻辑接受物理世界的律法引导和规训为基本要求，就是**自然为人立法**。"自然为人立法"这一命题有三层基本含义：一是指自然的律法构成人间律法，人的生活世界所遵循的人文律法和社会律法都以自然的律法为依据。二是指自然的律法生成自然原理，自然原理构成人的生活世界所需要的人文原理和社会原理的依据。三是指人作为人在形式的一切人文存在规则都必以人作为物在形式的自然原理为规训的依据。

1. 何为人文的律法？

"人文"概念的存在论语义　　人文律法是相对自然律法而言的：自然律

---

① ［德］尤利安・尼达－鲁莫林：《哲学与生活形式》，第 204 页。

法指涉宇宙自然世界，人文律法指涉人的存在世界。理解人文律法须先理解何为"人文"。人文即"人文存在"的简称，人文存在是相对动物存在而产生，并获得不同于动物存在之意义。人原本是动物，人从动物存在的人成为人文存在的人，实是其自然人类学向文化人类学方向进化的体现，"文化"概念记载了这一进化的方式和进化的历程：culture 源自拉丁文 cultura，由其词干 Col 而来，Col 的希腊文是 Con，表农夫、农业、居住等义。由此 culture 的本义是耕作，即农夫对土地的耕作并因其耕作土地而定居生活，亦有培育、训练以及注意、敬神等义。[①] 后来引申为对人的培养、教化、发展并获得修养、文雅、文明等内涵。[②] 由此不难发现，"文化"之"文"是所"化"而来，其"化"而为"文"实是经历前后两个环节，首先指化（自然）物为己所用，这就是人力作用于自然界（"土地"）并对自然事物进行加工、改造（耕作土地种植并培育庄稼）使之适用于自己（生产出粮食以养活自己）。其次指化（己）物为人，这就是人通过以己之力（比如耕作土地培育庄稼、饲养家禽并驯化动物）作用于自然界改变事物存在的行动，同时实现了对自身的训练，使自己获得智力发展并懂得法则（比如自然法则）和规律（比如人互借智－力地劳动和平等分享劳动成果）地谋求人的生存、创造人的生活。所以，文化既是人化（作用于）自然界之自然事物的积极成果，也是化（作用于）自己（人本身就是自然物）而为人的积极成果。这一双重之"化"所成的结果即是**"化物为人"**，它标志人类从顺应自然存在向人力存在方向演化。但这仅是"文化"的表层语义，透过其表层语义探知其深层语义，即人从自然存在向人力存在方向演化，就是用**"文"来化"质"，使原本动物本性的人化为有修养的、智力发展的和有教养的、文雅的文明人。**"文"是一象形字，其甲骨形式 ♈、♉、♊、♋，"象人身有花纹，本义是文身"[③]。《说文解字》释"文，错画也。象交文形"。《庄子·逍遥游》讲"越人断发文身，无所用之"，讲的是"文"之本义，这是因为"越国副近江湖断发文身，以

① 《中国大百科全书·社会学卷》，中国大百科全书出版社 1991 年版，第 409 页。
② 唐代兴：《文化伦理的基本问题》，《福建论坛》2020 年第 8 期。
③ 马如森：《殷墟甲骨文实用词典》，上海大学出版社 2008 年版，第 208 页。

避免蛟龙之难也"①。"化"字的甲骨形式 ⚡、⚡、⚡、⚡，"从二人，字象三人相依之形"。李孝定《甲骨文字集释》"疑化有相比之意。卜辞比字亦从二人"②。"比"字甲骨形式 ⚡、⚡、⚡，"象二人并比之形，以示亲密。本义亲密"③。《说文》释"比，密也。二人为从，反从为比。⚡古文比"。段玉裁注之曰"其本义谓相亲密也"④。汉字是**以形表意**的文字，从形态学观，"文"与"比"二字虽都像二人之形，但"比"字表**并从而立**或**并从而行**，实为**相依而在**，故很自然地呈亲密之义；与此不同，"化"字却呈二人**相反相背**，其相依之义必是**化**而所成，所以《说文》释"化，教行也。从匕从人，匕亦声"，应该较为切贴，即"化"字的本义不是相依，而是将相反相背而在**变成**并立而在，使之亲密、相依，这一功夫就是对人予以人力改变，后来将这种对自然存在予以人力改变的方式称为"教行"。所以，"化"之本义应该是人力改变自然存在（状态、方式）进而改变人之存在（存在状貌、方式和存在想望），故其引申义乃教行。进一步看，"从匕从人，匕亦声"的"错画"之"文"乃人力所成，而"文"所化之对象有二：一是自然存在，自然物；二是人自己。仅后者言，文所化之对象却是天赋人的身体、天赋人的生物本性和天赋生命的自然力量。天赋人的生物本性、天赋生命的自然力量是人的身体之"质"，文之真正所化者不是天赋人的身体，而是蕴含在身体中的天赋之"质"，即天赋的生物本性和天赋生命的自然力量，使之去其无限度之"野"性而有限度和边界。孔子说："质胜文则野，文胜质则史，文质彬彬，然后君子。"⑤ 这是说一个人的质朴胜过文采就会变得粗野，文采胜过质朴就会出现浮华。**只有当质朴的品质与修养的文采相得益彰，才可将自己成就为真正意义的人。**以此理解孔子之"文质彬彬"实有两层语义：首先，人的本性的力量应与其文采的智慧相得益彰，因为义胜质必沦为夸饰，变成虚张，最后是虚假；反之，质胜文必沦为喧哗天赋的生物本质，狂放野性，成为野蛮。其次，**人成为人的基本气质是质与文的适度生成**，因为质的本体是性，文的本

---

① 《诸子集成·庄子集释》第 1 卷，第 17 页。
② 马如森：《殷墟甲骨文实用词典》，第 193 页。
③ 马如森：《殷墟甲骨文实用词典》，第 195 页。
④ 《说文解字注》，上海古籍出版社 1981 年版，第 386 页。
⑤ 黄克剑：《论语疏解》，人民出版社 2014 年版，第 115 页。

质是约束，文质问题本质上是天性、本性与教化、约束之间如何达成**合生**的问题。文质彬彬讲的是气质不过是天性、本性与教化、约束的相得益彰。没有教化与约束的天性只能是野性，不能形成人的气质，人最终还是自然的动物；教化和约束完全压制甚至泯灭天性、本性同样使人成为人的气质丧失。所以，原本是生物本性的人要成为人，一定是天性与教化、本性与约束的共生，这就如同原本杂草丛生的土地通过耕作和培育而生长出庄稼一样，人的天性与教化、本性与约束互为限度的生成，就是文质彬彬，也是人的生成。

由此看来，所谓将人与动物相区别的"文化"实是**人力化成**。所谓"人力化成"，是指人从自然人类学走向文化人类学就是尝试以"两脚走路，两手做事"的方式化物为己用的同时化己为文在。人这一以己之力**化物为己用**的同时亦**化己为人在**的存在方式就是**人文存在**。

人从自然人类学中走出来成为文化人类学的人的实质是从动物存在的人成为人文存在的人，关键在一"化"字，"化"之于人并不是随意和所欲的，而是必要遵循规律和律法，这个规律和律法就是人必须化去其动物本性和动物存在方式而使之获得"文"的存在方式和"文"的本性，具体地讲，就是将"二人为从，反从为比"的相反相背的存在化为相近相亲相依（互为照护）的存在，所以，人文律法即**人与人相节制**、**相照护**、**相依存**的律法。

人文律法的人性本质　　人文即人文存在，人文存在却是人力化成。人力化成既有功能学意义，更有本质论意义。从功能言，人力化成是指**人力化成物**，即人力化成自然事物、物理存在使之成为人力存在物，比如将自然的土地化成种植庄稼的农田，把荒山变成城镇、城市，以自然物质为材料制成装饰物、艺术品等都是人力化成物。人力化成物即人力改造物和人力创造物，前者是将已有之自然存在物创造成人力物，后者是从无中创造出新物。文化学所讨论的"人文"多在这个意义上展开。① 从本质论，人力化成是指**人力化成人**，即人不断地将动物存在的人化为人文存在的人。把动物存在的人化为人文存在的人的根本要旨是将天赋人的身体之质——具体讲是将天赋于人的身体之中的生物本性和自然力量——化为能开智的、可修养发展的本性和

---

① ［美］罗伯特·C. 拉姆：《西方人文史》，张月、王宪生译，百花文艺出版社 2005 年版，第 1—8 页。

有教养与文雅的存在力量，或曰将自然人类学的自然存在物（动物）化为文化人类学的人文存在者（人），所以，人力化成有三层含义。

首先是人以己之力化物为己用。这个所化之"物"既指自然事物、物理存在，也指人的身体，人的身体既是一生物存在物，也是一物理存在物，更是一自然存在物，人以己之力作用于自然界改变自然事物的同时也改变自己的身体结构、身体功能以及身体性质，比如，原本生物学和物理学的四脚演化为两脚和两手，不仅使四脚爬行变成了"两脚走路，两手做事"，使之产生"走路"与"做事"的功能区别，更有了"脚"与"手"的性质区别。又比如，人那根生物学的尾巴在四脚爬行的动物存在阶段发挥着应有的物理功能，但当原来爬行所用的两只前脚变成做事的"双手"后，人的身体结构发生了巨大的改变，由横式爬行结构变成了立式行走结构，其生物学的尾巴不仅丧失了平衡身体的功能，而且变成了直立行走的负担，因而也就在自然人类学向文化人类学的进化之途中被"化"掉了。不仅如此，还由此变后进式的交配方式为前进式的交配方式，使纯粹生物学的交配功能发展成为具有比交配更为重要的情感培育、交流和陶冶功能。人的这一诸多身体结构功能的改变实是对自然人类学的身体予以文化人类学的改变，这种改变的实质当然首先是人以己之力化自己的身体（之物）为己用，另外是把原本性质属动物的身体化成为人文的身体。

其次是人以己之力通过化物为己用的行为和方式实现化人之动物本性和自然力量为人的文化本性和文明力量，使天赋的动物本性和自然的生命力量获得节制、开智、修养的文化本性和教养、文雅、发展的文明力量。

最后是无论人力化成物还是人力化成人都有其最终的来源和依据，这个来源和依据是可化和能化的存在物，既包括存在的自然物、物理存在，也包括人的身体、人的动物本性和人的自然生命的力量及其本性的展开方式和力量的释放方式。从直接方面讲，人力化成物和人力化成人的来源是人的自然身体、自然生命、自然本性、自然力量的自身规定，所以人力化成物和人力化成人的直接依据是人性，是人性律法，但其最终来源是物理存在，是自然力量，所以，人力化成物和人力化成人的最终依据是宇宙创化自然的律法，即自然律法。

要言之，从人的存在角度讲，人文律法本质上是人性的律法。从自然存在角度讲，人文律法本质上是自然的律法，是宇宙创化律法向人的生命化投射。

2. 人性的律法本质

人性何以成为律法？　　当对人文律法予以人性判断，指出人文律法就是人性律法时，需要先行解答如下两个问题：

第一，人性何以能够成为人文律法？

第二，人性成为人文律法的依据何在？

理解第一个问题，须先理解人性的内涵。在哲学发展史上，对人性的专门思考并不多，即使如休谟专门写了一本以"人性"命名的著作，所探讨的也不是"人性"本身的问题，而是关于"人的科学"的思考，即关于人的知（认知）、情（情感）、意"道德"的系统审辨与考察，而知、情、意却是人的人性敞开的三个维度，即理性、情感、道德，或可说是对理性人性论、情感人性论和道德人性论的综合审辨，但理性是人的认知方式，情感是人的非理性或超理性的精神状态，道德是人的理智方式，所有这些都后于人性并承载人性，而人性本身却**不是**等同于理性、情感、道德而存在的人的生命本性，它是天赋的。所以，理性人性观、情感人性观以及道德人性观是分别用理性、情感、道德来比附人性，这种对人性的比附形成的观念其实早已远离人性本身。

人性不仅是天赋的生命本性，也是天赋人生命本性的进化本性，前者是天赋人的自然人类学的自然生命本性；后者是天赋人的文化人类学的人文生命本性。但无论是其自然生命本性还是文化生命本性都是**生**，既是生命诞生于世的生之朝向，也是生命存在于世的生之朝向。合言之，**人性即人因生而活、为活而生且生生不息的"生之朝向"**，它构成人的存在敞开生存的内在生机、原动力。作为生命存在的内在机制的人性，是人的生命的内在规定，它源于生命的播种：播种生命即播种"生之朝向"；生命诞生同时诞生了生命得以存在的"生之朝向"及其自我规定；作为生命存在的原动力的人性，是人的生命存在敞开生存的内在动力原发于人性，人的生命存在敞开的全部作为或不作为均原发于其"生之朝向"并实现其"生之朝向"。对任何人言，其敞开生存的存在，是因为其生之朝向存在；其生命的奋发或困顿、宏大或萎缩亦源于其"生之朝向"的奋发或困顿、宏大或萎缩；其生命的消失亦最终源于蕴藏于身体之中的"生之朝向"的丧失而致使身体本身沦为尸体。人能够从自然人类学中走出来成为文化人类学的人，仍然是以其生生不息的"生之朝向"为内在生机和原动力。正是人性具有如此的内在生机和原动力功能，它才从自然人类学向文化人类学方向进化之途中自为地把动物存在的人造就为人文存在的人并彰显其人文律法。

从发生学观，作为生生不息的"生之朝向"的人性并不是文化的产物，而是文化的源泉。文化作为人力化成物和人力化成人的根本方式，在本质层面就是化人的动物本性和自然生命力量使之成为人文本性和人文生命力量。化人的动物本性和自然生命力量并不是消灭人的动物本性和更换人的自然生命力量，而是使人的动物本性获得节制、开智和修养的滋养，同时也使以动物本性为内在生机和原动力的自然生命力量接受教养、文雅和发展的陶冶成为一种文明存在的生命力量。所以，构成人的人文存在的内在生机和原动力的人性不过是其自然人类学的动物本性向文化人类学的人文本性的进化使然，并且这种进化伴随人的生命成长和发展的始终。

人性是对人的动物本性的人文滋养和对人的自然生命力量的人文陶冶所成，这一人文化成的事实揭示人性来源于自然人类学，来源于动物本性，但最终来源于宇宙自然创化赋予自身继创生的生之本性和生生之原发动力机制。以此观之，人性律法来源于自然律法，是自然律法的生命具体化、物种具体化和人本具体化。

人性的律法何以成为人文律法？　　人性构成人的律法，既在于它的来源，也因为它的功能。就前者言，人性源于人的动物本性，人的动物本性源于自然本性，自然本性却是宇宙创化自予的生之本性和生生机制。仅后者论，人性如此深邃而浩远的来源自然生成人性既是人存在敞开的内在生机，也是其存在敞开的原动力，它涵摄人的存在的一切并构成人的一切的源泉。并且，人性如此浩远的来源和如此无限可能的源泉，使它获得自然和人文两个方面的本质规定。

首先，人性的自然本质。

人性律法源于自然律法，自然律法生成为人性律法何以可能？抽象地讲，是宇宙创化必赋予自身以实存样态，这一实存样态的宏观形式是自然，具体形式是物种存在和个体生命，由此，宇宙创化自予的生之本性和生生机制亦必同时注入自然和构成自然的物种存在及个体生命之中而成为自然的律法和生命的律法。从人类物种和个体生命言，宇宙创化的自然律法化为人的人文律法是通过两种方式（或路径）来实现。

一是生命创化的灌注。这是通过物种创化的基因构造来实现，即宇宙创化实存的生命样态就是创造物种存在，创造物种存在的根本方式是赋予物种以不同基因构造方式，从而使众种物各相区别地存在，从而形成生命存在的多样化，这是宇宙原创化对继创生的根本考量，因为宇宙继创生之"简单创造复杂"和"复杂创造简单"的律法必须以物种生命存在的多样化为前提条件。宇宙创化其实存样态的物种存在必以构造基因的方式，其一是使物种存在多样化；其二是使物种存在必有其新陈代谢的机能，而各物种存在自启动其机能的机制，这个机制就是基因。

二是生命存在的生之本性的灵魂化。泰勒斯最初发出"存在之问"时直觉地断言灵魂是世界的本质，其后毕达戈拉斯、柏拉图不仅如是论，而且认为这是世界神性存在的秘密，亚里士多德承其说而更是专门著灵魂学说，认为存在世界中一切有生命的实体比如动物、植物和人都是有灵魂的存在，并指出植物灵魂的功能是消化和繁殖，动物灵魂也有如此功能，并且更有生发感觉、欲望和推动自身位移的功能，植物和动物所具有的灵魂，人这一物种都具有，但人的灵魂还有理性的独特功能，所以人是理性灵魂的动物。[1] 亚里士多德关于人是理性灵魂的动物的说法，并没有给出证明，或许它本身不需要证明，存在世界里万物生命自有天赋的生之朝向伴随生命的始终，更伴随物种的进化而成为永恒的进程。人从自然人类学向文化人类学方向进化不息，也是人的生命本性灵魂进化不息的过程。柏拉图知觉到这一进化的方式是**"灵魂自己洞察灵魂"**（《高尔吉亚篇》，523e），这是指人的灵魂与万物的灵

---

① ［德］爱德华·策勒：《古希腊哲学史》（第4卷上册），第170页。

魂的根本不同之处就在于人性化的灵魂既能以自身方式洞察自己的灵魂，也能以自身方式洞察他者的灵魂，更能以自身的方式洞察世界的灵魂。人性化的灵魂的这种洞察功能的释放既创造出人的心灵，也开辟出人的心灵与心灵相通的根本方法，进而开辟出人与神相通的内在方式。[①]

以此观被宇宙创化灌注物种存在并同时被灵魂化的人性的自然本质，依然是宇宙创化本质的物种存在化和个体生命化，它获得两个方面的本质规定：一方面，人性的生的本质和生生本质。生的本质，是天赋人性的存在本质；生生本质，是天赋人性敞开存在的动力本质。另一方面，简单创造复杂和复杂创造简单构成天赋人性敞开生存的功能本质。合言之，人性的简单，即生；人性的复杂，即生生。**简单创造复杂，是人性之生创造生生；复杂创造简单，是人性生生创造生。**人性之"简单创造复杂"向"复杂创造简单"的律法的循环敞开，即人"因生而活，为活而生，且生生不息"的终身劳作，亦是人类物种从自然人类学向文化人类学方向敞开其存在进化的永恒运动。

其次，人性的人文本质。

孔子曾曰"性相近也，习相远也"。从发生学观，人性天赋，所以人性是相近的或同构的。从生存论观，人性乃后天习养所成，所以人性是异构的或者是相远的。进一步论，天赋相近的人性是相对稳定和不变，所以它是简单的；与此同时，天赋相近的人性总是承受生存利欲的习染而始终呈变化的、非确定性的状态，所以它又是复杂的。

天赋"相近"的人性的存在敞开朝向"习相远"，这是人性从自然人类学向文化人类学方向展开，亦是其**自然本性**向**人文本性**方向生成的必然呈现。人的自然本性有三层内涵并敞开为三维向度：一是其物种性的存在本性，从自然人类学向文化人类学方向敞开的基本朝向是**创生**，包括生己与生他；二是其物种性的生存本性，从自然人类学向文化人类学方向敞开的基本朝向是**入群**，基本路径是求群、适群和合群；三是其物种性的血缘本性，从自然人类学向文化人类学方向敞开的基本朝向是**生命同根**，具体展开为性欲竞适、血缘亲疏和生命呵护。人的人文本性亦敞开存在、生存和血缘三维向度，在

---

① ［美］罗素·詹金斯、沃尔特·沙利文：《心灵哲学》，第 110 页。

存在维度上，其人文本性是**利欲己他**；在生存维度上，其人文本性是**竞适有度**；在血缘维度上，其人文本性是**爱恨亲仇**。

3. 人性的律法诉求

人性的自然本质和人文本质使人性获得律法的功能，即人性获得法则、规则和戒律的功能。人性的法则、规则、戒律功能从其律法内涵和功能特征两个方面得到展开。

人性的律法内涵　人性的天赋"相近"与"习相远"循环展开发挥其内在生机和原动力功能，使其作为自然人类学向文化人类学方向进化释放出来的律法内涵获得开放性生成，概括其主要者可呈现如下五个方面的内容。

一是人性底座律。

雅克·蒂洛和基思·克拉斯曼在《伦理学与生活》开篇对哲学做了一个简要的概括，指出"哲学一般关注三大领域，即**认识论**（关于知识的研究）、**形而上学**（关于实在之本性的研究）和**伦理学**（关于道德的研究）"[①]。此概括虽然简要却粗糙，哲学的整体框架并未得到完整的呈现。客观而言，知识论（亦即认识论）作为哲学的主体部分，实涵盖了自然科学、社会科学和人文艺术全部领域，自然科学探讨形成关于自然的知识，社会科学探讨形成关于社会的知识，人文学术及其艺术探讨形成关于人的知识。知识论却是对如上各种知识的生成何以可能的问题和其个性背后的共性问题予以解答的专门性学问。形而上学作为哲学的基础部分，不仅要探讨知识生成的依据，更要为哲学的探讨（当然包括知识论和伦理学探讨）提供方法论。伦理学作为哲学的实践论部分需要着力解决的是哲学如何走向社会、走进人的生活，引导人更好地存在、规训社会更健康地发展，所以伦理学既是哲学达于社会指导生活的方法论，也是哲学走向普遍实践的生存论方式。然而，无论是形而上学或知识论还是伦理学，其得以展开的依据和土壤何在？一旦追问这两个问题，就将哲学的"根"与"本"问题引发出来：哲学还包括作为自身之**根**的人性问题和作为自身之**本**的神性问题，前者构成人性论的拷问对象，后者构

[①]　［美］雅克·蒂洛、基思·克拉斯曼：《伦理学与生活》，程立显、刘建等译，世界图书出版公司2012年版，第4页。

成神学的研究主题。

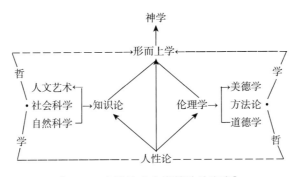

[7-2　人性构成人类精神的底座]

　　人从自然人类学向文化人类学方向演进而不断地把人从动物存在升华为人文存在的根本标志，是无止境地探讨自然、社会、人，不断地建构有关于自然、社会、人的精神体系、信仰体系、思想体系、知识体系和方法体系。而这一体系的主体部分是主认知的知识论和主实践的伦理学，基础部分是形而上学，最终的依据和归宿是神学，但其底座是人性论，即人类一切的精神探讨和人文构建，都是从"相近习远"的人性出发，人性构成自然人类学向文化人类学进发的内在机制和原发动力，也成为成哲学的归依和人类精神生长的土壤。这是因为"一切科学对于人性总是或多或少地有些关系，任何学科不论似乎与人性离得多远，它们总是会通过这样或那样的途径回到人性。即使数学，自然哲学和自然宗教，也都是在某种程度上依靠于人的科学"①。

　　二是人性善恶律。

　　人性是天赋的成果。**天赋的人性没有善恶，善恶源自人性的敞开。**人性一旦自为地展开就构成人的一切的出发点、内在生机和原动力，人的存在敞开生存的所有行动、全部努力、一切作为以及成败得失均源于人性的推动。但推动人性的是**利欲**，它来源于人性之生，即源于"人因生而活，为活而生且生生不息"的努力，这种努力可能使人性习相远，也可能使习相远的人性更相近。这种"相近习远"就是原本无善恶取向的人性获得善恶之分。概言之，人性从天赋的"相近"敞开"习相远"，可能会产生出恶的朝向并形成

① ［英］休谟：《人性论》，第6—7页。

人性习恶；反之，"习相远"的人性作为回返天赋的"相近"，就会产生出善的朝向并形成人性习善。推动人性习恶的是利欲，推动习恶的人性向善的方向生成的动力是利欲己他、竞适有度的人文诉求，这一人文诉求的原发机制却是生生，即生他才可长久地和长远地生己，长远地和长久地生己必须生他，生己生他的对立统一就是生生。以生己生他为对立统一规训的生生，就是**弃恶向善**和**去恶成善**。

三是人性真假律。

存在存在，全是真实，无所谓真假。真假既非源于存在世界，也非源于生命世界，更非源于自然人类学，真假源于自然人类学向文化人类学方向敞开的进化之途，源于动物存在的人转向人文存在的人的进程，更具体地讲，真假源于人成为意识的存在者和主体的生存者因为人意识地存在和主体地生存的利欲构成真假的分水岭：沦陷于利欲之求中，人对世界、事物、人、当下或未来、生或死、变与化的认知可能生成非真的假想、假设、假象，最后可能坐实为假实，即假的事实、假的观念、假的方法或假的理论。反之，超越利欲之求，人对世界、事物、人、当下或未来、生或死、变与化的认知则可能趋向于真实，呈现存在之为存在、事物之为事物、人之为人本身。所以，以原本居于"中"态的天赋人性为界标，假设以"相近"为真，以"相远"为假，那么，接受"习相远"的人性之鼓动，其认知必然趋向于假；反之，接受天赋"相近"的人性引导或回返"性相近"，其认知必然趋向于真。

四是人性美丑律。

美丑之于人有形式与实质之分，形式层面的美丑是其形态学的呈现，比如样态、结构、比例、时空距离、色调等形态学呈现的美丑总有内在之质，这种内在之质呈现出来的好感、乐感或丑感、恶感，就是美丑的本质使然。如果说善恶源于利害的**价值**判断，真假源于利害的**认知**判断，那么美丑源于利害的**感觉**判断，其最终动力机制依然是人性。形态之美可能是真的和善的，也可能是恶的或假的，但真的善的认知、行为及其结果哪怕是形态上的不美，它也依然是美的。所以，美与丑在本质上仍然受人性抑制或激发：人性保持天赋的"相近"或者从"习相远"的状态回返"性相近"，虽丑必美；天赋的人性趋向于"习相远"且乐此不疲，则虽美必丑。

五是人性利义律。

人性本原于生，生之本原朝向是活。由于天赋人以需要资源滋养的生命却没有赋予现成的生成资源，需要劳动和付出去创造滋养生命的资源，因而人性之生朝活的方向展开就形成"因生而活，为活而生且生生不息"的生存面向和人生面向，这一面向即**生而必求利**，利之诉求或无限度地释放人性之生或有限度地释放人性之生。若属前者，人性启动无限度求利必然带来伤害、损害，或既伤害、损害己也伤害、损害人，这就是**利而向恶、利而生恶**。若是后者，人性启动有限度的求利必然带动不损无伤的照顾他者之义，这就是**利而向善、利而生善**。所以，人性的律法构成实际生存中的**利义取舍的律法**。

人性的律法特征　　人性作为人的存在敞开之内在动机和原发动力既生成激励、规训、牵引生存的底座律、善恶律、真假律、美丑律和利义律，也敞开其天赋人性之生生性、生变性和限度性特征。

首先，人性的律法接受其天赋的规定。天赋人性本质上是宇宙创化自予其生之本性和生生机制的自然实存样态化和自然实在物种生命化，是宇宙创化之"生之本性"和"生生"机制通过自然和物种灌注入生命，使之内驻于心灵并赋形于灵魂。天赋人性的存在敞开形成三个基本特征：一是**同构性**。在人类物种内部，人种与人种之间、人与人之间、上代与下代之间，其天赋的人性在内涵、朝向、机制等方面是同构的，没有区别，没有遗传的变异。二是**自己性**。天赋的人性始终是朝己，即起点在自己，终点亦在自己。这个"自己"有两层含义，其本体含义是指天赋之"生"性和"生"机本身；其次才指拥有天赋人性的人本身。三是**趋同性**。天赋的同构性和自己性从两个方面决定了人性无论在后天生存进程中怎样因为利欲习染而各"相远"，它却始终保持其趋同性，这是"习相远"的人性可以回返天赋的"相近"的内在动力。

其次，人性的律法在其存在敞开进程中始终面临着生与变的双重倾向：人性之生，即是生生，具体地讲就是"因生而活，为活而生且生生不息"；人性之变，即是地域、环境、习俗、利欲的影响或习染而生发变异，这种变异性呈现动态不居性并体现易变性的特征。人性接受后天习染而形成的易变性表明天赋的人性既可变成"习相远"，也可变成"性相近"，源于内外两个方面的推力，其内在的推力是心灵的动力，即灵魂能否发挥出应有的功能和有无良心对生活的引导；其外在推力是社会在整体趋向是否道德社会，道德社会即从崇善弃恶、以真斥责假和趋义抑利；反之，非道德社会却是崇恶弃善、以假斥真、逐利忘义。

人性律法的生变性既直接地源于其逐利性，也表现为逐利性。这是因为天赋同构的人性构成人的存在敞开的内在生机和原发动力，必须解决如何得以存在的问题，即如何解决生的资源问题，解决这一问题就是"因生而活，为活而生且生生不息"必须带动起人们对利益的追逐，这种追逐本身不是善恶，或者说并不能用善恶来标定利益追逐行为，而利益追逐的度与无度才构成逐利是善是恶的问题：逐利有度，是朝向善的；逐利无度，是朝向恶的。由此形成人性律法的生变性的第三个特征，即趋恶性。需要资源滋养而又无现成资源必须人自己付出去谋求的原发存在状况，生成出人的根本的甚至是永恒的匮乏意识，这一匮乏意识既成为人性逐利的激活因素，也成为人性趋恶的膨胀机制。人性趋恶既是人性"习相远"的敞开状态，又成为人性"习相远"的激发因素，同时也成为"习相远"的人性回返"性相近"的动力，因为人性趋恶达于极端时可能朝向反面展开。

最后，人性律法亦构成自身的限度，这一限度表征为**人性为己**的有度性和**人性为他**的有度性。当天赋相近的人性因为后天的习染而"相远"，达于既定的限度则必然朝反面运行，这就形成它自身的限度性。这种限度性恰恰从另一个方面揭示人性生变的律法特征，无论是逐利还是求义，都是相对而论，人性朝义的方向敞开，是以己之生和生生为动力，也是以己之生和生生为边界，伤害、损害自身存在之生和生生之义，必然自行中止；反之，人性朝利的方向敞开同样是以己之生和生生为动力、边界，如果以己之生和生生的逐利行为本身伤害、损害己之生和生生，亦必然中止其单纯的生己行为而不得不考虑他者之生而生他的问题，这就是人性律法的限度于己、于人的双重性诉求。

二 人性的律法规范

人的自然人类学向文化人类学进化的实质性呈现是自然律法进化为人文律法。人文律法实际上是人性的律法。人性的律法构成人文律法，不仅要求得其自然本质和人文本质的明证，更应该具备人存在敞开功能，即人性如何可能发挥出使动物存在的成为人文存在的人，进而使物在形式的人能够不断攀登人在形式的人文阶梯功能。

1. 人性的律法原理

人性律法要发挥其激发或抑制、引导或规训人的存在敞开生存的功能，需要通过原理而展开。天赋"相近"且又可能"习相远"的人性本身包含三个基本的人性原理，即生利爱原理、同心圆原理和目的－手段原理。

人性律法的生利爱原理　　造物主创造了人的生命，同时也为之创造了各种可能性。造物主所为人的存在创造的可能性中最为重要的有两个方面：一是必得求食和必得求安全才得生的可能性；二是求食求安全必得自为的可能性。为此，造物主创造人的生命，同时赋予他生之本性和生生的内生机制和原发动力。生和生生构成人解决食与安全的存在智慧和生命动力，启动生之本性的智慧和生生的力量去解决食和安全的存在就是求利，利得而生爱，爱之激发新生，生而谋求新利，利之再添新爱，以至生生不息，是为人性本然。所以，人性律法的**奠基**原理即生利爱原理。

人性律法的同心圆原理　　人性即"生之朝向"，其存在本质是生。并且，人性这一"生之朝向"敞开的生存本质是生生。基于生和生生之双重本质规定，人性律法的根本原理即同心圆原理。

人性律法的同心圆观念最早为 19 世纪德国哲学家包尔生发现，他从人的生存心理学角度切入对人性律法予以原理审查，提炼出"人性的定律"，指出"我们的行为实际上是由这样的考虑指导的，我们可以说，自我都在一个同心圆中把所有其它的自我安排到自己的周围，离这个圆心越远的利益，它们的重要性和驱动力就越少。这是一条心理动力学的法则，它的必要性是很明显的。假如不同的利益都根据它们的客观价值来影响我们（不管距离远近），就会在我们的本性中导致一种最奇怪的混乱，并引起我们行动中的相应混乱，而就会使行动完全没有成果。给予者与接受者的距离越近，援助越是有效，而给予者与接受者的距离越远，援助也就越少其效力"[①]。包尔生的"人性定

---

① ［德］弗里德里希·包尔生：《伦理学体系》，何怀宏译，中国社会科学出版社 1988 年版，335 页。

律"即人性的同心圆原理：在人的存在世界里，天赋其"生"和"生生"之双重本质规定的"相近"人性向生存领域敞开必然引发人与人之间一种"剪不断，理还乱"的同心圆关系，这一同心圆关系可以用下图表述。

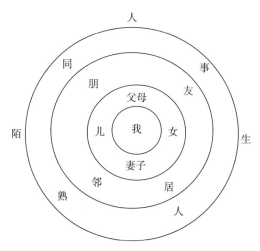

[7-3 人性的同心圆原理]

人性同心圆揭示：人一旦降生于人世就命定落入众多复杂关系的同心圆的某个点上存在着。并且，每个人基于其本性构建起来的同心圆总是在（不确定的）他人之同心圆的某个点上展开其生存，谋求其利益，以至无穷。由此两个方面，人性同心圆规定人的存在敞开从价值取向和行为规范两个方面衍生出人人必须遵从的三个人性原则：一是**利己主义目的论原则**。这一人性原则规定人的同心圆关系的构成只能且必须以自己为出发点，并以自己为归宿，反之则违背人性同心圆原理。并且，依据此一人性原则，人最利者是自己，最爱者亦是自己。二是**等同主义价值论原则**。此一人性原则揭示人与他人一旦缔结成某种关系就各自处在己之同心圆圆心与他人同心圆之圆的某一点上，他们之间构成的关系距离位置决定其相互能够给予的利与爱是等同的。三是自我利益最大化或最小化的**功利主义交换原则**，或可称为**利益互惠原则**。此一人性原则规定人与人之间的生存关系本质上是一种利益关系，无论自利还是利他，抑或是自爱、爱他，只能体现两种相反相成的价值取向：其行为不是追求利与爱的最大化，就是追求利与爱的最小化。决定利与爱的最大化或最小化的根本原则是其**生存关系距离远近原则**：凡是离自己关系越近的其相互之间的自利与利他、自爱与爱他行为都必然追求其取值的最大化；反之，凡是离自己越远的其相互之间的自利与利他、自爱与爱他行为都自然追求其取值的最小化。

利己主义目的论原则、等同主义价值原则和利爱的最大化或最小化原则，此三者得以从不同维度定义人性同心圆原理是以利爱为本质规定的**差等原则**贯穿其中。利爱差等原则包括**利有差等**和**爱有差等**两个具体原则：利有差等是从**动机和目的**来规定人存在取向及行为准则必是**"为己必多于为人"**，因而，己才是世界上最重要的；爱有差等是从结果规定人的存在诉求及价值判断必是**"自爱多于爱人"**，在这一原则规范下，己是这个世界上最大的。

目的 – 手段原理　　同心圆原理是人性的基本原理，这一原理基于生和生生的人性诉求而规定的生存取向是利爱，利爱的基本诉求是**利己多于利人，爱己多于爱人**。与此不同，目的 – 手段原理是人性的重要原理，这一原理基于生和生生的人性诉求而规定利爱实现的方式必须是互为目的 – 手段。

在目的 – 手段原理中，其目的、手段是相对利爱主体人言，即根据人性之生和生生的基本诉求，到底是目的还是手段。有关于此，康德根据人性之生而提出"人是目的，不是手段"的著名论断，指出："你的行动，要把你自己人身中的人性，和其他人身中的人性，在任何时候都同样看作是目的，永远不能只看作是手段。"① 康德认为人性就是使自己成为目的而且在任何时候都是目的的观点，这存在着两个方面的内在矛盾，一方面，根据你的人性，你在任何时候都要把自己看成是目的；同时，根据我的人性，我在任何时候都要把自己看成是目的，那么，当你和我的"任何时候"突然发生交集而存在于"同一个时候"并产生利爱的不周延或冲突时，你与我都基于自己的人性而"在此只能并且必须把自己看成目的"，那么应该如何考虑在场的对方和对方的利爱？其次，当你在任何时候都成为目的时，那么实现你之目的的"手段"必要你本人担当时，你是担当还是不担当？你若担当，你就成了你的手段；你若不担当，你成为目的就会落空。由此两个方面，"在任何时候都把自己看成是目的"的观念和信念，虽然也是基于人性之生和生生，却是把人看成原子主义的人和静止状态的人。实际上，人作为世界性的存在者是关联

---

① ［德］康德：《道德形而上学原理》，苗力田译，上海人民出版社 1986 年版，第 80 页。

存在的人，并且，人的存在敞开始终处于动态生成的状态，这两个方面均源于人性之生和生生的内生机制和原发动力，源于人性作为生和生生的内生机制和原发动力是要解决如何可能生和怎样才能生生不息的"**活**"的问题，所以，无论是相对己还是相对人，人都**既是目的也是手段**：人相对他者言，人既是以自己为目的，以他者为手段，也要以他者为目的，以自己为手段。人相对己言，人既是自己的目的，也是自己的手段。我口渴了，解渴，是以自己为目的；但挣钱买水喝，自己却成为手段。并且，解渴是以自己为目的，端起有水的杯子喝水这一行为，却使自己成为服务于自己的手段。所以，基于人性的要求，人既是目的也是手段，是目的－手段互置论，是互为目的－手段。在人性敞开存在的实际生存中，人往往既是目的也是手段，并且往往同一个行为本身既是目的也是手段。基于生和生生的人性原理，人是目的也是手段，是目的手段统一原理，也可称为目的－手段**合生**原理。这就是弗洛姆所说的"通过认识具有生机灵性的人的路只有一条：经由和谐相融而非理智所能提供的任何知识，我**捧出自身**，我**融入他人**，由此，我找到了自己，发现了自己"①。

2. 人性的律法功能

天赋的人性其存在论本义是生，其生存的扩张义是"因生而活，为活而生且生生不息"之利与爱。这一由生而利、因利而爱的人性结构即"生→利→爱"结构，这一人性结构不仅生发出人性律法的生利爱原理、同心圆原理和目的－手段原理，而且生成构建起人性功能释放的方阵，简称**人性方阵**。

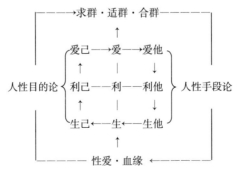

[7－4　"生→利→爱"功能释放的人性方阵]

---

① ［美］弗洛姆：《弗洛姆文集》，冯川主编，改革出版社1997年版，第358页。

生之维：自生与互生的生生功能　　造物主创造人，不仅创造了人，还创造了人的世界。人的世界是人与人（比如亚当、夏娃）相生的世界，也是人与物（比如众物与人）相生的世界，更是人与神（比如亚当、夏娃与耶和华）相生的世界。这是人性之生的三维语义，也是人性之生以其三维语义为基础敞开生生之内在机制、获得生生之原发动力。

人性之生的三维取向首先揭示人性之生是**他予的**：人性之生是造物主创化性赋予的，这意味着人性之生的神圣性、神性性，它不是可有可无的或然，而是**创化的必然**。并且，人性之生的他予性还意味着生之敞开必须是**互予的**，这种互予性即生他且生生不息。其次，人性之生的三维取向也揭示天赋人性之生必须**自生**，因为人生之性虽然是造物主的创化使然，但它一旦产生就**必自而在**，这就是自生。所以，人性之生的源头语义是他予的神圣性，但其本义是自生，即**生己**。人性之生的敞开就是以生己为起步而生他，通过生他而回归于生己，以此生生不息。

在人性之生的维度上，自生是生己，生他是己与他互生，具体展开为人与人互生，人与物互生，人与造物主互生，它的宏观方式是宇宙的继创生，落在实处是简单创造复杂和复杂创造简单的互为推动。人性之生从生己出发诉求互生并实现共生。共生的神学解释是"使他们都合而为一；你，我的圣父，在我里面，我在你里面，使他们也在我里面合而为一"①。共生的人学解释有二：首先，我是我自己的目的，同时，我也是我自己的手段，我是我自己互为目的与手段的统一，是我与我自己的合生、共生。其次，我是你的目的，我也是你的手段；反之，你是我的目的，你也是我的手段。我与你互为目的和手段的统一，就是我与你的合生，或可说我向你共生的同时，你向我生共。

利之维：自在与互存的利义功能　　对人而言，人性之生的存在必以生之求利为基本进路和根本方式，这是人性之生的自为规定，也是人性之生的他予要求。因为，造物主创造人之生是基于创造人和人的世界时赋予其生之必食和生之必安全的可能性而非现实性，要使这种可能性成为解决其生之必

---

① ［美］雷丁：《意识宇宙：心灵现象中的科学真相》，何宏译，科学技术文献出版社 2014 年版，第 216 页。

食和生之必安全的现实性，人性之生必求利。

人性之生的本义是生己，生己即自生，自生的必然方式是自在，却要以求利且利之而实为基本条件，即以生为原发动力而求利并使所求变成实实在在滋养生的利益时，人之生才可达于自在。求利目的于自在之生，但要实现其自在之生亦需从利己起步而利他。这是因为"为了自保，为了享受幸福，与一些具有与他同样的欲望、同样厌恶的人同住在社会中。因为道德学将向他指明，为了使自己幸福，就必须为自己的幸福所需要的别人的幸福而工作；它将向他证明，在所有的东西中，人最需要的东西乃是人"①。造物主创造人的世界时也创造了无限的可能性，但造物主创造人却创造了诸多的有限性，尤其是创造了人的一无所有和弱小的身体，其弱小的身体负载弱小的能力是根本不能凭一己力必求得生之所需之食和生之所需之安全，解决此双重的"生之所需"的唯一办法就是走向他人，人与人互借智－力共求生之所需之利。所以，利己必须利他，利他实现生己，这是利的辩证法。人性之生的利之辩证法就是己与他互利，即**合求其利，共创其利，同享其利**。从根本讲，人基于人性之生而利己与利他，同样遵循目的－手段原理，利己是以己利为目的的同时，也以己利为手段；同样，利己是以他利为目的的同时，也以利他为手段。

以人性之生为原发动力，为解决人性之生的存在问题人必须生而求利，利之而于己于人互借智－力，并以此相互照看、互为照顾，达成利己与利他的统一，实现己利与他利的共享，最后达成生己与生他的统一。所以，基于人性之生，从利己出发利他、通过利他而利己的循环展开是一个利的不断丰富、丰盈的过程，这个过程必然推动己与人从自发到自觉地从己他互利走向己他互义：己他互利，人性之生实现了从动物向人的转化；从己他互利起步走向己他互义，是人性之生实现了从小人向君子的转化，或者说实现着人向大人的转化。

爱之维：虔敬与感恩的信望功能　　造物主创化人和人的世界赋予人性之生的同时，既给予人性之爱，也给予人性之爱的方式和方法，这就是必须

---

① 　周辅成：《西方伦理学名著选辑》（下册），商务印书馆 1996 年版，第 189 页。

通过人性之生和生生向前而探求、开辟人性之爱的道路。探求和开辟人性之爱的道路的动力是人性之生，其起步是谋求人性之利，其目标是实现人性之爱。从人性之生到人性之利，是基于自生与互生而谋求利己与利他互为推进，进而达至己他互义之境，实现人性之爱。

具体地讲，人性之爱是以人性之生为动力，以人性之利为路径，以实现人性之利为根本方式。人性之利的谋求敞开两步阶梯，即起步阶梯和高格阶梯。在起步阶梯上，人性之利的谋求是实现利己与利他的统一。这一利己与利他的统一表现在人性之生的层面就是自生与生他的统一，是己与他的合生共生。这一利己与利他的统一表现在人性之爱的层面，是爱己与爱他的统一，但其统一是有条件的，这个条件就是"利"本身，即你给予我以利或你维护了我之利，我爱你；反之，我给予你以利或我维护你之利，你爱我。你给予我多少利，我回报你多少爱；反之，我给予你多少利，你回报我多少爱。合言之，在利己与利他统一的利爱层面利爱是对等的，并且爱直接地来源于利。并且，这种互予利爱生成的自由也是相对的。基于人性之生对人性之爱的要求，人性之利不能停留在等利等爱的起步阶段，因为利己与利他的统一只解决人性之生的基本生存问题，不能解决人性之生的高蹈存在，为此，人性之利必须以利己与利他的统一起步而攀上**己他互义**的高阶。在己他互义的高阶上，人性之利的谋求尽可能以己之智－力给予他多创造一份利，即你以你的方式尽可能地给予你关联存在的我多创造一份利益，我以我的方式尽可能地给予我关联存在的你多创造一份利益，这就是利之于义，也是利创造义，并且是相互无目的的合目的地开启以义实现利，以义丰富利、以义创造利的合利义共义利的存在方式，这种共互和合生义利的存在方式表现为人性之爱方面，不再是等利之爱，而是超利之爱，是以义创利之爱，这种爱就是感恩之爱。在等利之爱阶梯上，你予我利，我爱你；你夺我利，我恨你。在超利阶梯上，以己之智－力给予他者利，是因为回报和感恩。比如，我用两元钱买的这瓶矿泉水不知经过了多少双手、多少人的劳动才到达到我中手中，如果没有这些人的劳作和辛苦，我有再多的钱也买不到这瓶急需解渴的矿泉水。不仅是矿泉水，我的生活之所以能够如此平安顺畅地展开方方面面，都是数不清的认识的或不认识的人的劳动、奉献、付出才凝结成对我的生活的成就的，因此，我也应该以同样的方式工作、劳动、付出，这不仅仅是因为生存，而是基于以同样的劳动、工作、奉献、付出的方式回报那些源源不断给予我生活以恩惠的人们。

造物主创造人的同时创造出人的世界，人的世界即人、万物（生命）、造物主（神）三者共在的世界，以人性之生为动力谋求人性之利达于人性之爱的最高阶梯，却是人的世界性之爱，这种爱不仅是感恩，而且敬畏。基于感恩而敬畏之爱，充满对存在的希望，对造物主、对创世者、对存在世界本身的执着信仰。所以，始于人性之生而汇于人性之生的爱，是**信、望合生**的敬畏与感恩之爱。

三 人性的律法敞开

人性的律法即人性之生、人性之利、人性之爱的律法，亦是人性之生向人性之利方向敞开实现人性之爱的律法。人性的律法既是整体的也是具体的，既是人本的更是造物主的，是人本与造物主共生的律法，是具体与整体互为推动的律法。这种以人本与造物主共生为指南，以具体与整体互为推动的律法的全面敞开，即人性向信仰、人性向思想、人性向自由的方向的敞开。

1. 人性向信仰敞开

英国古典人类学家弗雷泽（James George Frazer, 1854–1941）认为，人类从动物世界里走出来谋求发展大致经历巫术、宗教、科学三个阶段。在此认知框架下，弗雷泽指出，巫术是人类精神发展的原初史，它居于人类精神的源头孕育出宗教。客观地讲，巫术和宗教都是讲世界是神性的，是神统治的世界，所以巫术也是宗教，是自然宗教；反过来看，也可以说宗教是巫术，是人文巫术。从人类精神发展史观，从巫术到宗教，既是认知的从简单到复杂，也是思想的从简单到复杂：巫术的认知原理和思想原理极为简单，即"万物有灵"与"是物皆神"的认知原理和思想原理。从巫术进入宗教，其认知和思想均获得相比巫术而言的复杂性，因为宗教呈现出来的认知假定了大自然的可见物后面还有一种超人的、有意识和有人格的神，即在巫术所描述的众神世界背后还有一个统帅众神的神。从认知和思想角度看，在思维、认知、思想方面宗教比巫术要复杂和深奥得多，因为这是简单创造出复杂，映合了简单创造复杂的创生律法。由于在思维、认知、思想方面，从巫术到宗教的历史是简单创造复杂的历史，所以弗雷泽认为其精神的发展也必然在物质的层面得到相对应的呈现，这就是物质方面的进化也同样经历了一个与"巫术时代"对应的"石器时代"，石器时代的结束代之以青铜时代，创造青铜时代的智力、思维、思想、精神和心灵却是从巫术的土壤中创建起宗教的存在世界，而"宗教一开始仅是对超人力量微小的、部分的承认，随着知识的增长而加深为承认人完全地、绝对地依赖于神灵。他旧有的那种自由自在的风度变为一种对那看不见的不可思议的神的极其卑下臣服态度。而他的最高道德原则就是对神灵的意志的屈从"①。

人类学家们讲人类史，往往如弗雷泽般采取断源截流的方式并形成断源截流的模式。这种说法亦无不可，却缺乏了根与本。讲人类史，有两个源头事实不可忽视。首先，宇宙、自然、生命是创化所成的，并且是造物主创化了宇宙、自然、生命，自然和生命是宇宙创化的实存样态，前者是宇宙创化的宏观样态；后者是宇宙创化的具体样态，人类物种是宇宙创化的具体存在样态。并且，造物主创化宇宙只是创化了宇宙及其实存样态，并没有创化宇宙的完成式，只是创化了宇宙的开启式和宇宙创生的法则和方式，这就是宇宙继创生的法则，具体地讲就是生之本性和生生法则，它具体为简单创造复杂和复杂创造简单互为开进法则。人的诞生，包括人的自然人类学的诞生以及后来的人的文化人类学的诞生都体现了宇宙继创生，或可说人的诞生不过是宇宙继创生的具体的实存样态和敞开方式。其次，人作为自然人类学的生命存在是造物主的杰作，也是宇宙继创生的体现；人从自然人类学中走出来成为文化人类学，并在文化人类学的道路上不断开进自身，同样是宇宙创化和继创生使然。具体地讲，造物主创造人，不仅创造了人，而且创造出人的三维世界，赋予人的世界性存在的律法，这即人性之生的律法，人性之利的律法和人性之爱的律法以及人性之生、利、爱合生的律法。

综上，第一个源头事实构成人类物质和精神创造史、发展史的基本框架和精神源头，第二个源头事实构成人类物质和精神创造、发展的历史敞开必

---

① ［英］詹姆斯·乔治·弗雷泽：《金枝：巫术与宗教之研究》，徐育新等译，中国民间文艺出版社1981年版，第89页。

须遵从造物主的创化律法，具体地讲必须遵从人性之生、人性之利和人性之爱的律法。以此观之，巫术和宗教的万物有灵论和世界神在论实是宇宙创化使然，这即巫术和宗教产生于人对宇宙自然及自身之神秘性的敬畏，敬畏乃是人类的人质觉醒的最初内容，敬畏也是人类最原初的文化意识和最原初的伦理观念，敬畏更是人成为人并不断向大人、神人之高阶进发的原动力量。巫术和宗教就是对这一敬畏观念的神化张扬。在万物有灵和是物皆神的人类史阶段，人人皆可通神的前提不仅是"是物皆神"，而且人本身也是造物主创化的万物之一物——既灵也是神。从巫术阶段进入宗教阶段，是自然神崇拜到一神论崇拜的阶段，人人皆可通神的神性得到了抑制，并将其通神的权利交托了教会神职人员，虽然如此，但人人皆可为神的意愿和生命冲动依然存在，人人皆可为神的向往和能力依然保持在生命之中和灵魂之中，因为这是造物主创造人和创造人的世界赋予的永久能力和根底智慧。即使是从宗教时代进入科学时代，这种永久能力和根底智慧依然存在。只是，人类进入弗雷泽所讲的科学时代，以自然世界和自然事物为对象的科学恰恰构成对敬畏观念的弱化或遮蔽。因而，科学取代宗教则是人的理性能力取代人的神性能力的表达方式。① 但这种取代只是现象学的而不是本体论的，或可说只是生存论的而非存在论的。在存在论和本体论层面，科学最终不能遮蔽人的天赋通神的永久能力和根底智慧，信仰的光芒总是遵从人性之生向人性之利，再达于人性之爱的律法而始终滋养人的心灵、灵魂和身体。所以，信仰作为一种永久能力和根底智慧是一种存在精神，亦成为人性之生达于人性之爱的故乡。

从根本讲，信仰是人性之生的必然敞开，或曰，人性之生的敞开必须信仰的引导。因为信仰的引导，人性之生达于人性之利的谋求才可从**等利爱**中超脱出来**共义爱**，至于感恩和敬畏，回归人与人、人与物、人与造物主三者共构的人的世界。从本质讲，完整结构的人的世界是充满神意、神情、神性、神圣的世界，在这个世界里，信仰成为滋养之源。

人的存在根据人性之生向人性之利和人性之爱方向进发敞开信仰之维，释放信仰的力量，发挥信仰的滋养功能，主要体现在三个方面。

---

① ［英］詹姆斯·乔治·弗雷泽：《金枝：巫术与宗教之研究》，第106页。

　　一是信仰引导人性之生谋求人性之利必有节制利欲。节制利欲，不是不讲利欲或不求利欲，因为不讲利欲以及不求利欲，违背人性之生。造物主创造人和人的世界只为其创造了无限的可能性和实现其无限可能的生命、身体、律法、动力，没有创造人性之生的现成物质资源和其他条件。所以，人性之生必生利欲，并且人性之生必求利欲。但人性之生所求利欲必须有限度，无限度的利欲之求是消解人性之生，而有限度的利欲之求是激发人性之生。所以，节制利欲之求构成人性之生的基本方式。

　　节制利欲之求来实现和弘大人性之生的基本方法是利己利他和利他利己，实现**利爱等同**；其超越的方法是在利己利他和利他利己的基础上互义，实现**义爱无疆，个性自由**。

　　二是信仰滋养人性之生创建感恩和敬畏的**神性心灵**。康德曾指出，在利欲充塞的生活世界中，"绝大多数遵守法则的行为就将是出于恐惧，少部分是出于希望，而没有一个是出于职责的。行动的道德价值……就会根本不存在。只要人的本性还如现在这般，人的行为就将变成纯粹的物理过程"①。人要摆脱这种内心恐惧的物理存在状态和物理过程的必为之法是真正地领悟人性之生达于人性之爱的律法，使之注入心灵并永驻于心灵，使之释放人性之生的信仰。因为"一旦自然变化的原因可以为我们的意志所把握，我们就能创造出我们需要的结果……一种扩张我们对自然的控制力的无限前景就开启了"②。"由于自然是智力的对象，或者由于它作为目的或手段与意志相交织，从而考察自然，那么对于心灵来说，它仍然是心灵中的东西。无论它本身到底是什么，那都完全是一个与此无关的问题。无论心灵以何种方式依赖自然的规律性而安排自身的活动。"③ 所以，"**保持永远不变的东西应该被视为某种最好的东西**"④。

---

　　① Kant，I.，*Critique of Practical Reason*，M. Gregor（Ed.），Cambridge，UK：Cambridge University Press，1997，p. 147.

　　② Rickman，H. P.，ed.，*Dilthey：Selected Writings*，Cambridge：Cambridge University Press，1976，p. 110.

　　③ Wilhelm Dilthey，*Introduction to the Human Sciences*，trans.，R. J. Betanzos，London：Harvester Wheatsheaf and Wayne State University Press，1988，p. 88.

　　④ ［美］阿瑟·O. 洛夫乔伊：《存在巨链》，第16—17 页。

三是信仰滋养人性之生实现人性之爱而至善存在。人性之生敞开人性之利的过程，如果缺失信仰，就可能因为无节制的利欲之求而制造出一种遮蔽实在物与我们的存在努力之间的阻碍。当人性之生诉求人性之利而锐意于人性之爱的至善之境，信仰必然生成，信仰的生成所发挥出来的基本功能是**去阻碍**。因为"在实在物与我们自己之间隔着一个遮蔽物，它突然落了下去，仿佛迷惑即刻消散，而且在心灵深处留下一道至今无法想象的光，那时它被揭示在我们的眼前，即实在自身第一次被揭示在我们眼前，这是柏格森的读者在其每一页中体验到的一种特有的和强烈的感觉"①。这种特有的和强烈的人性之生的感觉就是能够通过自为的努力而达于**敬畏和感恩的至善存在**。

2. 人性向思想敞开

人性之生蕴含至为深刻的思想。认真说来，人类存在敞开生存所生成建构起来的所有思想，都可溯源于人性之生。首先，人性之生源于宇宙创化自予的生之本性和生生之原发动力，所以，人性之生**蕴含**思想实源于造物主创造宇宙自然和万物生命时注入其中的生之本性和生生动力。其次，人性之生对思想的蕴含构成了人性向思想方向敞开的内在条件和全部可能性。

人性向思想方向敞开的激活方式就是人性之生、利、爱，即人对宇宙自然、生命和人的存在本身的思想均蕴含在人性之生的律法、人性之利的律法和人性之爱的律法之中，启动人性之生、人性之利和人性之爱的律法就是激发思想、生成思想、创造思想和实现思想。莱尔·沃森认为："思想是没有办法限制的，我们无法说思想在哪儿开始。每件事物流动汇合在一起进入一个不属于任何特殊地点、人物或时间的不可分割的整体活动。总之，现实并不是一件事物，而更多地象是一个思想。"② 溯其原因，是人由人性规定，有关于人的存在的一切解释都需要通过人性的思想的领悟和把握来呈现："我们希望去了解的主体不是个人的意识，而是普遍的主体。如果我们用'人性'这个词去指称这个主体，我们就必须确认，**人性并不是由人解释，而是人要由**

---

① ［美］阿瑟·O. 洛夫乔伊：《存在巨链》，第16页。
② ［英］莱尔·沃森：《超自然现象：一部新的自然史》，第274页。

人性来解释。①（引者加粗）

人性向思想方向敞开的首要方面是探求存在真理，包括人的存在真理、事物的存在真理、宇宙自然的存在真理以及历史本身的存在真理。探求存在真理就是解释存在，解释存在以人性为法则，也以与人性相合为法则。以人性为法则，即以人性之生为法则；以与人性相合为法则，就是以人性之生、利、爱的律法生生不息发挥其本己功能为法则。

人性向思想方向敞开探索真理有三个主要维度：一是哲学，二是科学，三是文学艺术。哲学，正如黑格尔指出的那样，"真理的王国是哲学所最熟习的领域，也是哲学所缔造的，通过哲学的研究，我们是可以分享的。凡生活中真实的伟大的神圣的事物，其所以真实、伟大、神圣，均由于理念。哲学的目的就在于掌握理念的普遍性和真形相。自然界是注定了只有用必然性去完成理性。但精神的世界就是自由的世界。举凡一切维系人类生活的，有价值的，行得通的，都是精神性的。而精神世界只有通过对真理和正义的意识，通过对理念的掌握，才能取得实际存在"②。哲学探求和缔造真理，并不源发于理念，而是源发于注入宇宙创化的生之本性和生生的原发动力的人性，是人性之生、利、爱的律法。科学更是如此，休谟指出："一切科学对于人性总是或多或少地有些关系，任何学科不论似乎与人性离得多远，它们总是会通过这样或那样的途径回到人性。"③ 任何科学都是人的科学，都是因为有了人才产生的科学，都是为了求证、确立或扩大人而存在的科学，哪怕就是最纯正的自然科学，它也既是以人为镜，更是以人为目的。④ 但前提必须以人性为解释的依据，并以人性为解释的最终归宿。

人性向思想方向敞开的基本努力是通过对真理的探索而获得真知存在和明智生存。所谓**真知存在**，就是真正以**知道**的方式存在，具体地讲，就是以理解、觉解人性的真谛，把握人性之生、利、爱的律法和由此生成的知识与方法体系而与人、物、造物主的共生存在，因为人性之生、利、爱的律法本

---

① ［德］卡西尔：《人论》，甘阳译，上海译文出版社 1985 年版，第 82 页。
② ［德］黑格尔：《小逻辑》，第 35 页。
③ ［英］休谟：《人性论》（上册），第 6 页。
④ ［美］乔治·萨顿：《科学史和新人文主义》，第 13—18 页。

质是生生，生生的终极原动力是宇宙创化之生生本质。所谓**明智生存**，就是以真知为思想的动力和为认知之源泉而**有度地**生存，具体地讲，**就是以人性之生为依据并以生生不息为准则，有节制地谋求人性之利，构建等利之爱并探求互义之美而至于感恩、敬畏之爱的至善生活。**

3. 人性向自由敞开

人性向存在世界敞开的第三个维度就是自由。人性生成信仰、建构思想之最终目的是存在自由。人性之生、人性之利和人性之爱的律法接受信仰的引导，开辟解释人、物、造物主之共生存在的思想道路，实是建构自由存在的世界，这是人的存在意义，也是人存在于宇宙自然之中的价值，更是造物主创化宇宙自然、万物生命、人使之神性存在的根本动机和目的。

人性向自由方向敞开的实质是**人性向自由生成**，人性向自由生成的实质是人运用人性之生的律法、人性之利的律法、人性之爱的律法探索自由、创造自由、引导自由和维护自由。所以，人性向自由生成，是指自由的探索、自由的创造和引导、维护必须以人性为原动力并以弘大人性为目的。所以，人性向自由生成的"自由"，既是存在论意义的，也是生存论意义的。

存在论意义的自由，是指"凡是由其自身本性的必然性而独自存在。其行为由其自身单独决定的东西叫作自由。反之，一个事物的存在或行为由外在于它的事物依据一定的方式所决定，便是必然的或者毋宁说是受束缚的"①。

生存论意义的自由，是指群己权界的自由，即"夫人而自由，固不必须以为恶，即欲为善，亦须自由。其字义训，本为最宽，自由者凡所欲为，理无不可，此如有人独居世外，其自由界域，岂有限制？为善为恶，一切皆自本身起义，谁复禁之！但自入群而后，我自由者人亦自由，使无限制约束，便入强权世界，而相冲突。故曰**人得自由，而必以他人之自由为界**"（引者加粗）②。

人性之生、利、爱的律法敞开生成的自由形成的存在论和生存论区别，既有其方向的不同，更有性质的差异。合言之，其人性的律法开出的存在论的自由，是人性向上的存在自由，它是人朝向宇宙自然之生的自由，是造物

---

① ［荷］斯宾诺莎：《伦理学》，第 7 页。
② ［英］约翰·穆勒：《群己权界论》，严复译，上海三联书店 2009 年版，第 2 页。

主创造人和人的存在世界所赋予的自由，这是一种人的神性取向的自由，也可是人的神在的自由；它是造物主创化世界的自由，也是宇宙继创生的自由向人的实现，更是造物主创化的自由和宇宙继创生的自由与人的分享。所以，它是绝对的无限存在的自由状态，也是呈现永恒无限的本质。[①] 与此不同，生存论意义的自由是人性向下的生存自由，是人性之生向此在的世界谋求利、爱的自由。这种谋求利、爱的自由既可无限度地铺开，也有可限度地铺开，若是前者，这种生存的自由会更为窘迫和窄逼；若是后者，这种生存的自由会超越等同的利爱而诉求超利的义爱，并可走向感恩和敬畏的至善之爱的自由，最终与存在论的神性存在的自由合生。

4. 人性有限与无限

无论从存在论观还是从生存论言，人总是由人性书写。人性以什么方式敞开，人就以什么方式存在和生存；人性能够抵达到何处，人就可将其存在拓展到何处。

客观地看，人性本身既有限也无限。人性的有限与无限并存实源于两个方面。第一个方面是人性天赋，造物主创造人和人的存在世界时赋予人的生命本性，是其造物主的创化本性，这就规定人性必然承受造物主的创化本性而节制，这种节制由两个层面的语义所规定：一是人的生命本性必须接受生之本性和由此生成的生生之原发动力的节制；二是人的生命本性必须合造物主创造由人、物、神三者为基本结构的人的世界本身。造物主在赋予人性有限的同时，又赋予人性以无限可能性，这即是造物主只创造了人和人的世界的可能性而不是现实性，人和人的世界的可能性要成为现实性，人性成为其唯一的可能。造物主赋予了人的人性之可能，即它将自身创化的生之本性和生生之原发动力赋予人这一可能性，使其内驻为人性，因而，人性之生和生生本身构成了人性本身的无限可能性。

第二个方面是人性之生的可能性。自然律法激发天赋相近的人性的展开就是人性塑造人自身，或曰是人性牵引可能性的人成为现实性的人亦呈现有限与无限的并存。首先，人性牵引人的存在敞开必须遵从其生、利、爱的律

---

① ［荷］斯宾诺莎：《伦理学》，第 7 页。

法，即人性之生的律法、人性之利的律法和人性之爱的律法本身就是人性之自我限制；并且，人性之生、利、爱的律法的运用和展开必须受制于同心圆原理、目的－手段原理的规范，而人性同心圆原理和目的－手段原理激发或鼓动人性之生、利、爱律法的运用和功能发挥始终是有边界和限度的。其次，以天赋相近的人性为原发动力和最终目标来引导人将其存在可能性变成想望的现实性这种种冲动，可以将人性之生和生生之原发动力予以无限放大，使人性之生、利、爱的律法和由此生成的同心圆原理和目的－手段原理内生巨大的非确定性张力，正是这种非确定性张力本身才构成人性塑造人的存在的无限可能的前景与动力。

人性的最终来源和人性之生及其敞开的生生本质从两个方面开启它自身的有限与无限并存的可能性，这种有限与无限并存的可能性实际地构成人性的存在论与生存论之间的持久的甚至是永恒性的巨大张力。在这种张力结构中，人性向下的生存论诉求，开辟出人性之生、人性之利、人性之爱的无限可能性和与之相伴随的各种有限性。比如，人性之生完全可敞开无限可能性，但承载人性之生的身体和想象力始终有限：身体之于人性之生是绝对的有限，想象之于人性之生是相对的有限。正是这种绝对有限与相对有限的合生，使无限可能的人性之生最终在生存论的场域中沦为有限性。人性之利也是如此，基于人性之生的本能冲动而膨胀出来的利欲呈无限性，但实现其利欲的求利努力却必须承受同心圆原理的制约和目的－手段原理的限制，具体地讲，就是要受等利爱的节制，否则，人性之生的生生朝向就会遭受阻碍，人就不能向上探求互义爱而使自己成为大人。

不仅如此，在人性存在论和生存论相拉扯构成的张力结构中，人性向上的存在论想望既是人性的生存论敞开的必然逻辑使然，即使正常的情况下，人性之生指向人性之利必要达于人性之爱，这一方向敞开人性由下而上的逻辑。与此同时，天赋相近的人性也使人性获得原发存在指涉，这就是造物主创化本性之生和生生力量必然召唤人性之生和生生力量与之保持同构，因而，人性的存在论也是造物主创造人和人的世界的神性论，人性的有限与无限均因为其神性来源构成的必然存在和其自身敞开构成人的本质。

第 8 章　社会的律法

造物主创造人的同时创造了人的社会，因而，人性之生必求群性之生。人的群性之生必产生群性的律法，因而，人性之生的人文律法必然演绎出群性之生的社会律法。

律法始终是简单的，宇宙创化的律法即是生之律法，此一生之律法生生敞开自然、人文、社会三个维度，生成自然的律法、人文的律法和社会的律法。在生之律法规范下，自然的律法、人文的律法、社会的律法也是简单的，并由简单演绎出律法体系：自然的律法是自生、自在、自为和关联存在的律法，它演绎出宇宙律令、地球法则和生命原理；人文的律法是人性的律法，它演绎出**生生所向**的自生互生、**利义所求**的自在互存和**爱恨所需**的虔敬感恩的律法；由其自然律法和人性律法双重规训下的社会律法，即是**限度的律法**，它演绎出平等的律法、自由的律法、人道的律法和公正的律法，这四大律法发挥运行的功能即生成出政治和伦理的限度律法体系。在其政治－伦理的限度律法体系规训下才生成出宏观和具体两个维度的社会规则体系。在社会层面，其限度律法与规则之间的关系即是体用关系。比如对水的认知和运用，必体现对水的律法和规则之间的生成关系及功能的把握：水之走下，是水这种存在物存在敞开的生存规则，但这一生存规则却缘发于水诉求"平"的本性，"平"构成水的存在律法。水之求"平"的存在律法和水"走下"的生存规则之间构成的律法关系，就是其本体与实用的生成关系。

一　社会律法的形成

社会律法，是社会的形成和敞开如何生和生生不息地存在的最终依据和根本法则。社会虽然在宇宙自然世界里诞生，但却不是由自然生成，是自然人类学向文化人类学方向演进的人力生成，即源于自然人类学的人从动物存在的状况中挣脱出来过一种人文存在的生活，必须解决存在安全和生活保障的问题，但个人却无力此而不得不求助于对方，形成人与人相向走近而尝试建构互借智－力的群性存在，这种互借智－力的群性存在样态就是社会。形成和建构社会运行的法则，就是基于人与人互借智－力的群性存在的需要所达成。

1. 社会律法产生的条件

社会律法产生于由人互借智－力组成的社会，直接的依据是人性之生激发人性之利、人性之利生成人性之爱的人文律法，但基本的动机和目的是己生、己利、己爱。以其己之生、利、爱为原发动机和目的的人，何以可能有走向群化存在并贡献其智－力来组建群化存在的社会？这个问题牵涉出社会及社会律法的产生的基本条件，这些为人人共有的基本条件主要如下五个方面。

一是人类的亲缘性群居本性。

美国19世纪语言学家惠特尼（William Dwight Whitney；1827－1894）指出："近代科学要求我们对人类和人类的成就进行细心透辟的研究，以证明我们人类之生存于地球上并不是从最高级开始，而是从最低级开始，逐渐向高级上升的；以证明人类的能力经历过一段发展过程；以证明文明的全部要素，诸如生活技术、艺术、科学、语言、宗教和哲学等，都是从人类心灵与外界大自然两者之间所进行的缓慢而艰苦的斗争中产生出来的。"[①] 人类的心灵与大自然之间展开的这种"缓慢而艰苦的斗争"历史就是自然人类学向文化人类学方向开辟其人文存在的历史，这一历史不是个体所能开启，也不是个人所能开辟，因为个人根本没有能力与大自然世界展开缓慢而持久的斗争，它必须是个人基于谋求"因生而活，为活而生"而集聚起来采取互借智－力方式组建起社会，通过社会方式来实现与大自然的交往，展开与大自然的斗争以取得缓慢而持久的成就，包括生活技术、艺术、科学、语言、宗教和哲学

---

① ［美］威廉·德怀特·惠特尼：《东方学和语言学研究》，转引自［美］亨利·摩尔根《古代社会》（第1册），杨东莼、马雍、马巨译，商务印书馆1995年版，第4页。

等社会性成就。所以，在其艰苦卓绝而缓慢的历史进程中人类取得的所有成就都是社会的持续展开使然，并且正是"这些社会反映了我们数千代以前的祖先的精神面貌。我们在肉体上和心灵上已经度过了与此相同的一些发展阶段，而我们之所见成为我们今天这个样子，正是由于曾经有过他们的生活、他们的劳动和他们的奋斗。我们的文明奇迹乃是**千千万万无名的人们无声无息孜孜努力**的结果"①。（引者加粗）

人类个体能够以互借智力的方式组建社会，仅有"因生而活，为活而生"的持久冲动是远远不够，因为如果仅仅只有这样一种冲动是根本地缺乏内在的凝聚力量。人类社会能够产生并得以持久凝聚和发展的真正基础是**亲缘性**的群居本性。摩尔根（Lewis Henry Morgan，1818－1881）在《古代社会》中通过对不同地域、不同种族的人类从自然人类学的蒙昧社会向野蛮社会进发继而能够进入文明社会的内在凝聚力即是亲缘性的群居本性，"这一知识，本质地改变了从来所流行的关于野蛮人与开化人、开化人与文明人之间的关系的见解。到现在我们可以以确实的证据说：恰如文明时代以前我们知道存在有开化时代一样，在人类一切部落中，于开化时代以前也都存在有野蛮时代。人类的历史都是同一源泉、同一经验和同一进步的"②。这一"同一源泉、同一经验和同一进步"主要有两个方面：一方面是人类是从低端向高端、从低级向高级发展，即从动物存在向人文存在方向发展，这一缓慢的发展经历了从蒙昧时代向野蛮时代的漫长历史，然后才进入文明时代。人类进入文明时代时才真正开启了文化人类的人文存在方式并继续向前。另一方面是人类经历自然人类学的蒙昧时代和野蛮时代的进化而进入文明时代的真正标志是组建人文社会，而凝聚和强化人文社会的原发动力是物种血缘，它经历漫长的蒙昧时代的进化而形成氏族性、部族性以及部落性的亲缘力，这种亲缘力才是人得群居存在的血缘本性，是人与人可相互走近而组建社会的内在凝聚力。③

二是人存在于世的生死需要。

人作为生命存在者，既是个体的，也是物种的，并且其物种生命的实在

① ［美］亨利·摩尔根：《古代社会》（第1册），第4页。
② ［美］亨利·摩尔根：《古代社会》（第1册），第6页。
③ ［美］亨利·摩尔根：《古代社会》（第1册），第ⅱ页。

样态是个体生命。对人而言，个体生命与物种生命在存在上的根本区别是：物种生命存在，在理论上是永生的，在进化之途是跨越代际的长存；个体生命存在却是以"一代"为限，不可能进入"代际"之域。由于每个人的生命存在只是"一代"，并且这种只能是"一代"的生命总是面临生与死的纠缠，这种纠缠编织起存在、生活和人生。

从生的方面，人有关于"生"的纠缠是全方位的，它可以从四面八方涌来，又可能四通八达的扩散开去。但择其主要者有四：一是人生于何处？即自己是从哪里来，这个问题始终构成一种生之困惑和纠缠。二是人向何处生？即自己的生命走向何处，这是一个思之极恐所以往往不愿意正视但它却始终唤醒人去意识，尤其是人进入岁月趋老的进程中更是成为难以摆脱的困惑和纠缠。三是人怎样可生？既然人被莫名其妙地推进了此在的当世之中就得存在下去，因而怎样生的问题成为每日窘迫面对的难题，它敞开两个方面：从内容讲，就是人应该凭借什么而生和能够凭借什么生？从本质讲，却是怎样才可得生？这两个方面的问题实际地构成每个人终身的探究、终身的努力、终身的困惑和纠缠。四是人谋求生的最好方式或者方法是什么？在哪儿？这同样是一个贯穿人的有限生命存在的一生问题。

对于如上方面的"生"的困惑和纠缠的求解必然将人引向对他者的关注，踏上与他者共构存在的道路，社会的生成及律法由此产生并由此展开。比如，"人生于何处"的问题，就把父母、家庭甚至天地以及造物主牵扯了出来，人之生既得之于天，亦受之于地，也承之于（物种、种族、家族的）血脉且最终才形之于父母。而"人向何处生"的问题，必须将宇宙、自然、大地、环境等带动了起来。"人怎样才可生"的问题，自然将人向人谋求群化存在的问题突显了出来。而"人谋求生的最好办法"这一问题却将"两脚走路，两手做事"变成存在的中心问题，不断解决"两脚走路"和"两手做事"的方式也就是不断地发现、开发"两脚走路"和"两手做事"的技术，这构成人不断开辟其人文存在的最好方法。

向死而生是人的宿命。正是这一宿命使人谋求生的同时被死所纠缠，并实在贯穿于人谋求"存在安全"和"生活保障"的方方面面。存在安全和生活保障，构成个人存在和人组成的社会谋求发展的中心问题：解决存在安全和生活保障的问题，就是生；不能解决存在安全和生活保障的问题，就面临死的威胁。所以，生与死构成人和人的社会谋求存在安全和生活保障的正反两面：谋求生，就是避免死；但谋求生既源于死，也终归于死。所以，生的问题带出死的全部困惑，其中最根本的困惑有三：第一，人生之死为何缘于生？并且，生为何将自己赋予死？这是最为困惑不已的方面。第二，既然人之生即是死，那么人最终向何处死？第三，人因生而死和向死而生虽然不可逆，有无"死得其所"与"死非其所"的问题？如果有，什么样的死法才是最好的？

死之于生，是因为人生之有限，如何将有限之生延长一些，就成为人生之根本难题，人之奋起一生的努力都在本能或有意地求解这一根本的存在难题。既然人生而必死，那么应该"向何处死"的问题就将存在的问题暴露了出来，产生存在的此在与彼在的区分，有了此岸努力于彼岸的向死而生方向。因其向死而生带来此在向彼在的努力，将人的"自力"存在与互借智 - 力存在的优劣之势突显出来，这种优劣之势就是人之"死得其所"和"死非其所"的区分，这种区分既敞开人之求生的生法，更敞开人之"向死而生"的死法：人的"向死而生"之死是有其死法的：仅个体本身言，或自然地死，或非自然地死；从群化存在观，死（包括其正面之生）总是群性的问题，饿死、冻死、老死、战死、病死，或者倍受各种人间折磨而死，等等，总之，死将人之于生的个体存在的最严酷的那一面暴露了出来，也将人之于生的社会存在最严酷的那一面暴露了出来，并从不同方面构成人的社会存在的律法生成的基本条件。

三是人存在于世的主体条件。

人始终是主体地存在者。人的主体存在也处于自演化的进程中，形成自然人类学与文化人类学的区别。在自然人类学阶段，人是作为生物主体而存在，其生物主体的实存样态是生命。进入文化人类学阶段，人是作为人文主体而存在，其人文个体主体的实存样态是"两脚走路，两手做事"的人。从文化人类学低级阶段进入文化人类学高级阶段，人是作为社会主体而存在，其社会主体的实存样态是公民。

生命、人、公民，此三者构成主体的三维，也是主体形成的三个源泉。

其中，生命既是主体的自然形式，也是主体的存在本体，它构成主体的价值的基石。人是主体的人文形式，也是主体的本质规定，它构成主体的价值的来源。公民，既是主体的社会形式，也是主体的权利来源。

以生命、人、公民三者为基本规定的主体，是社会形成以及社会律法产生的根本条件。具体地讲，在主体的三维内涵构成中，以人文存在的人为核心，生命与权利构成表里关系：生命是权利主体的本体，没有生命，就没有权利主体，更没有权利本身，所以权利必须通过生命得到标价。反之，没有权利，生命丧失主体的本体意义和价值的基石功能，人因此会沦落为工具，甚至被降解为"耗材"。

生命对权利的要求和权利对生命的定义，源于生命自身的有限性，这种有限性也决定了权利的有限性。生命和权利的有限性具体地体现在生命对资源的消耗本性和由此形成的生命对财富的配享本性，这一双重本性不仅构成生命与权利的本质，也构成生命与财富的本质，这即是财富的有限性：生命为占有有限的财富而做无限努力，权利却为平权地配享有限财富而努力。这就是："为界定生命价值，有必要与其他财富进行权衡。……虽然自身生命显得可与财富进行权衡，但财富一个重要特性在于其价值不取决于相关人员是否拥有它们，更为普适地说，不取决于相关人员愿望的实现与否（不依赖于经验条件）。"①

生命为占有有限财富的无限激情和权利为平权有限财富的无限努力，形成一种主观性的个人生命价值与客观性的社会存在价值在取向上的根本不同：主观倾向性的个人"自身生命无限的主观价值这一命题应更明确地阐述为：鉴于绝大多数人的主观评判标准，自身生命价值在通常条件下是无限的"②。生命价值的无限性表征为对基本权利的无条件要求；反之，客观倾向性的社会价值因为平等的权利规定总是在通常条件是有限的，社会价值的有限性表征为对基本权利的有条件的要求。由此形成主观性的个体存在与客观性的社会存在在价值、权利、财富三个面向上的冲突，化解个人与社会在其价值、权利、财富方面冲突的根本方法就是制定社会律法。所以，社会律法成为保

---

① ［德］尤利安·尼达－鲁莫林：《哲学与生活形式》，第223页。
② ［德］尤利安·尼达－鲁莫林：《哲学与生活形式》，第221页。

障社会的主体在生命、权利、财富方面得到平等配享的基本方式。

四是生之存在安全和生活保障。

生物学家道金斯（Richard Dawkins，1941 -　）从基因构成取向角度揭示生物的群居本性是因为比独居有更多的便利，能得到更多存在保障，"动物之所以要聚居在一起，肯定是因为它们的基因从群居生活的交往中得到的好处多，而为之付出的代价少"①。生物学家卡彭特（C. Ray Carpenter）也发现，以群居方式过社会生活为非人类的灵长类动物对抗食肉动物的进攻提供了某种程度的安全保障，指出基于保全生命的安全需求是社会性动物过群居生活的最为重要的因素，这也是自然选择的结果。②

人作为动物之一种，在其自然人类学阶段早已学会群居性存在而成为社会性动物。但这种群居性存在和社会性生活仅是本能地适应自然选择的体现，当人类物种从自然人类学中走出来探索文化人类学的人文存在方式，却是意识地发展了其自然人类学的群居性存在和社会性生活方式。这是因为人在自然人类学阶段只是适应环境而存在，对以食物为表征的生活保障和避免成为被捕食物的存在安全这两个方面的努力，也是本能地适应自然选择的体现，即自然地选择自然物为食物和自然地选择有利的地理环境以栖居，这种自然选择是发现性质的，这种发现的实质是"就地取材"和"就地取居"。但人类进入文化人类学阶段，大脑进化而获得意识（包括想象、构想、设计、巧取等）的能力，并以此为动力促进和不断提升"两脚走路，两手做事"的能力，对居之能安的存在安全和食之丰裕的生活保障有了内容更丰富和水准更高的要求，这些不断改变、丰富和提高的新需求仅凭个人的力量根本不可能做到，必须结成社会。但结成社会聚众之"智－力"来解决存在安全和生活保障的努力却不能一劳永逸地解决，即使有所解决也是非常有限的，这种有限性表征为暂时或存在的阶段性。因为存在世界本身的生变影响着人类的存在不断地生变，更重要的方面是人对存在安全和生活保障的欲望水平和欲望广度却伴随对存在安全和生活保障的阶段性解决而不断滋生，由此形成人类存在对存在安全和生活保障的需求无限度性，这种无限性与解决存在安全和

---

① ［英］理查德·道金斯：《自私的基因》，卢允中等译，中信出版社 2012 年版，第 188 页。
② ［美］爱德华·威尔逊：《社会生物学：新的综合》，第 489 页。

生活保障的有限性之间形成广泛的冲突和永恒的矛盾，化解这种广泛冲突和缓和这种永恒的矛盾的根本社会方法，就是制定普遍约束的社会律法。

五是利欲与责任的平衡。

存在安全和生活保障将人的生死问题关联起来，使解决存在安全和生活保障问题获得了存在论动力。同时，存在安全和生活保障也将利欲与责任突显出来成为一对矛盾：利欲和责任是相对人之谋求生生而避免死亡而言，但利欲关联的是人的自然本性、存在本能，它表征为谋求和摄取，因而呈现无限度取向；责任关联的是人的群化本性、生存理性，它表征为付出和担当，由此呈现有限取向。从个体角度言，调和其无限与有限的矛盾、化解利欲与责任的冲突，使之达于动态的平衡态，即是修养与德性，伦理地存在。从人的群化社会言，调和其无限与有限的矛盾、化解利欲与责任的冲突使之达于动态的平衡态，即是政治的努力。所以，人类政治的努力及其永相伴随的困境也就具体表现为一种走钢丝式的艰难处境，因为"人们在实现一己欲望和承认社会责任之间难以保持平衡"①。在人类社会，其利欲与责任之间之所以难以**保持**平衡，源于它的原发性动力却是**生死**本身。② 因为生死之原发动力的推动，利欲与责任之间虽然"难以保持平衡"，但个人和社会总是要诉求于对二者的调节，这种能够产生动态平衡的调节必须共守的只能是社会律法。

2. 社会律法的构成依据

社会律法构成的生存论依据　　自然人类学的人向文化人类学方向开进的必为方式是人相互走近而缔结成社会，以此构筑起互借智－力的共享平台。要使所缔造成的社会全面地、持续地和更优地发挥互借智－力的平台功能，必须创建共守的社会律法。但社会律法的创建并不能任意和任性，它必须以**共识**为基础。创建社会律法的共识基础，应该有如下的内在规定性。

第一条规则：人的孤弱存在和群居生存本能。社会律法创建的内在依据

---

① ［英］雅可布·布洛诺夫斯基：《人之上升》，任远等译，四川人民出版社1988年版，第290页。
② ［美］沃格林：《政治观念史稿》（第1卷），段保良译，华东师范大学出版社2019年版，第118页。

并不是个别的强者，也不是剥夺性质的强权，而是人的孤弱存在处境与群居生存本能。人的生命诞生于世，面对茫茫的存在世界和丛林主义的生物世界，只能是孤弱者，其孤弱的存在处境激发出比生物世界其他生物更为强烈的群居生存本能，因而，群居生存本能构成社会律法创建的主体存在论基石。

每二条规则：共生共识。基于原发性的孤弱存在处境而祈求解决此存在处境所生发出来的倔强而持久甚至永恒的群居生存本能的激励，创建并构筑持久稳定的社会律法，必须以共生为目标方向，以对共生的共识为认知框架，所以，**共生共识**成为社会律法构筑的认知基础。

共生共识作为社会律法的认知基础基于三个方面的要求：第一，共生共识构成社会律法的逻辑起点，因为只有以共生共识为逻辑起点的律法才是真正的社会律法；而真正的社会律法只能是既合于人性之生、人性之利、人性之爱的律法，也是合于宇宙创化之自生、自在、自为和关联存在的律法。第二，共生共识只能以人的群居生存本能为基石，即只有以人的群居生存本能为基石构筑起来的社会律法，才是真正以人的本性、自然本性和宇宙本性为根本规范和指导的社会律法，这种性质的社会律法才可发挥出社会"互借智 - 力"的平台功能。第三，共生共识自具的四个方面内涵实质性地构成社会律法的内在规定：一是人与人的共生共识；二是人与物的共生共识；三是人与自然的共生共识；四是人与历史的共生共识。

第三条规则：契约生存。基于如上内涵的共生共识，构筑以共生共识为准则的社会律法，必须以契约为根本。其理由是，人以个体生命的方式诞生于世，为谋求存在安全和生活保障而建构互借智 - 力的社会平台，维持这一社会平台使之发挥互借智 - 力的功能的律法，只能以契约为根本。缺乏契约这一根本，所建立起来的律法会丧失其内在凝聚力。

第四条规则：利益与共。社会是个人缺乏谋求存在安全和生活保障之完全能力的弥补形式。由个人组成的社会是个人的群居生存方式。个人存在与其群居生存在取向上根本不同：个人存在诉求的个人利益具有解构群居存在之根本利益的倾向或可能性。群居生存诉求相对个人利益言，体现凝聚和强化群居生存的现实性。由此，个人利益不能作为社会律法构筑的内在规定，只能作为社会律法生成建构之内在规定的源泉，原发动力机制。从伦理学观，个人利益属于道德范畴，而社会律法属于伦理范畴，道德的考量必须在伦理的框架下展开，绝不可能以个人利益为内容规范的道德来论证伦理，而应该是相反。通过伦理论证来确立道德的方位并判断道德的性质及其取向的实质，就是用社会律法来定义个人利益诉求的边界与限度：个人的利益诉求有边界和限度，就是道德的；反之，个人的利益诉求丧失其边界和限度，就是不道德或反道德的。所以，构建互借智－力谋求共生存在的律法必然将利益与共作为其基本准则，这既是社会对人的要求性，也是社会对利益的要求性。

首先，社会对人的要求性即是**平权**，它主要体现在两个方面：一方面是人作为个体必须成为社会性的人，或者说必须成为关联存在者、生活者，并且个人必须成为社会的构成主体；另一方面是人作为个体必须享有利益与共的平等权利。

其次，社会对利益的要求性即是**平利**。从根本讲，平权根源于天赋，它使任何人进入社会的基本权利是无条件要求的，即凡是人都可以进入社会，并且都能进入社会，并且，人一旦进入社会，其原本没有条件要求的基本权利却获得利益和责任两个方面的规定，这就是社会对利益的要求性和社会对责任的要求性，这一双重要求构成了利益与共的平利。

平利主要体现在两个方面：一是利益的保障。每一个通过对等的劳动付出和责任担当获得的利益，都应该受到社会的保护，社会律法就是保障平等利益的机制和方式。二是利益的限度性。任何人都只能获得他的劳动付出和责任担当相对等的利益，这种与劳动付出、责任担当相对等的利益始终是有限度的利益。所以，利益的限度性和利益的保障性构成了平利的两个方面的具体规定。

要言之，社会对人的要求和对利益的要求使"利益与共"构成社会律法的本质规定，**利益与共的基本构成就是利益平权、利益共赢和利益共享。**

二　社会律法的会通

社会律法虽然是人力构筑的律法，但最终依据是自然律法，这是因为：

第一，人类来源于自然，是造物主造化所成。第二，人类从自然人类学向文化人类学方向进化，是遵循宇宙创化律令和继创生法则而展开。第三，人类在文化人类学道路上缔结成社会而发展，仍然在宇宙自然的土壤中展开，必须接受宇宙创化的律令和继创生的法则。所以，社会律法的构筑既要以自然律法为最终依据，更须与自然律法和人文律法的会通。

1. 社会律与自然律会通

如果说社会律法与人文律法的会通必通过权利和尊严的合生而生成，那么社会律法与自然律法的会通，却需要适应与自由的合生。

就社会律法与自然律法的会通言，其"适应"有三层含义，一是人对自然的适应。人来源于自然，并始终存在于自然世界之中以自然为生，所以人对自然的适应从阳光、空气、气候、气温到水、大地、土壤、地域环境、资源条件等是全方位的，但最为根本的有两个方面，首先指人对群居存在的**地域环境**的适应，其次指人对群居存在的**地域化的气候运动**的适应。二是社会对自然的适应。由于社会是由人组成的，所以社会对自然的适应如人对自然的适应那样亦是全方位的，但其适应的最紧要方面有二，即对负载社会存在的地域环境的适应和地域性存在的社会对气候运动律法的适应。三是人的生命存在本性和群居存在的社会对自然本性的适应。具体地讲，由人性之生为基本框架构建起来的社会的存在本性之生，必要适应宇宙创化的生之本性和宇宙继创生的生生本性。

从存在讲，"适应"本身构成一种存在框架，支撑这一存在框架的是存在时空，即适应总是建立在存在时空框架之上的。存在时空框架的抽象形态是宇宙运动，宇宙运动的整体实存样态是自然，具体实存样态是存在者。在具体的存在视域中，存在时空始终通过存在者的存在运动而敞开。以宇宙运动为背景的存在者共存在性质的存在运动，构成它们自身运动的存在时空，也突显出宇宙运动的存在时空。在这一存在时空运动中，适应之存在框架亦是具体的存在者与存在者之间自然形成的关联存在。所以，适应是指存在者与存在者之关联存在言，只有当存在者与存在者之间构成某种或多种关联存在，并且这种关联存在是以直接或间接的方式呈现其持续性、长久性，是一个持续敞开的关联存在。在这种性质的关联存在中，必产生适应。适应是在存在关联中存在者对他者的顺从，体现势－力对峙过程中的选择，这种选择可能是主动的，也可能是被动的；并且这种选择可能是劣势对强势的顺从，也可能是强势对关联存在本身的顺从。

在关联存在中，适应的本质是限度，限度的本质是边界。作为社会律法与自然律法会通的首要方式之适应承受四重规定：第一，社会律法与自然律法的会通，是社会律法对自然律法的会通。第二，社会律法对自然律法会通的实质是以社会律法适应自然律法，即社会律法的构筑必以自然律法为准则。第三，社会律法适应自然律法的基本准则就是**尊重限度，明确边界**，即构筑社会律法以自然律法为准则必要体现明确的限度和边界。第四，这种限度和边界之适应落实在社会存在和社会与自然的关联存在中，主要强调的不是被动的劣势性顺从，而是强势主动对关联存在的顺从，从存在者自身言，这种顺从即是存在能力的自我限度，比如，森林中的老虎可以释放自己的强势之力消灭林中许多甚至全部生物，但林中的万物都能与虎相安共存，这既是林中相对虎而言的弱势众物对虎的适应（顺从），更是虎作为强势存在者对森林之关联存在者的顺从（能力的自我限度）。同样，人类物种的自身能力发展到今天可以移山填海，但却谨慎地运用甚至完全的保留和节制其移山填海的能力，这就是理性地保持人的世界与自然世界之间的天然的边界，这种天然的边界构成宇宙自然运动的生境生态，保持这种天然的边界就是维护存在的生境生态，这是构筑社会律法必要会通自然律法以建构适应方式的根本原因。

社会律法与自然律法会通的**根本方式**是适应，**适应的本质是限度和边界**，但以限度和边界为基本规定的适应诉求的目标却是自由。所以社会律法与自然律法会通的**基本方式**却是自由。

在社会律法与自然律法会通方式的框架结构中，适应与自由之间的关系是手段与目的关系：适应是自由的手段，自由是适应的目的。适应与自由之间这一目的－手段关系构成的内在依据和准则，是边界和限度。造物主创造宇宙万物之存在运动，既赋予其生之本性和生生原发动力，也赋予其各自独立和关联存在的边界与限度。这一边界和限度既规定了社会律法对自然律法的适应必须以适应为手段方式，并以自由为目的方式，并且这一边界和限度还规定了通过适应而生成的自由只是相对自由，因为绝对自由是以存在者为准则的自由，这种自由往往呈无限度、无边界性，是无律法的规范或者逾越律法规范的单向度的自由。这种单向度的自由并不符合宇宙创化的生之本性和继创生的生生机制要求，因而，无限度无边界的绝对自由违反自然律法；与此相反，促进社会律法与自然律法会通的自由是遵从宇宙创化的生之本性和继创生之生生机制的自由，这种自由是以关联存在为根本框架，是关联存在的自由，它的根本性质是限度和边界。

2. 人文律与社会律会通

构筑社会律法的首要方面，必须以人文律法为依据，即必须以人性之生、人性之利和人性之爱的人文律法来会通社会律法，这需要从三个方面着手，并且其会通亦展开为三个方面。

第一个方面是权利。

权利是社会律会通人文律的**客观方式**。

权利与个人存在无关，个人存在的世界无所谓权利。权利与**群居存在**关联，是人群居存在的产物。具体而言，权利既相对利益言，也相对权力言。相对利益言，权利产生于人的群化生存的利益渴望与谋取，没有利益的渴望与谋取，不可能有权利的意识和要求。权利产生的利益渴望与谋求必要构成利益实现的合法资格：权利就是有资格渴望和谋取利益，将这种渴望和谋取利益的资格变成利益的现实需要付出和担当与此权利相对等的责任，所以，责任是实现合法权利的利益的行动方式。对利益的渴望和谋求能否达于权利与责任的对等则牵引出权力，在权利与责任构成的框架中，权力来源于两个方面：一是权利本身超越自身的边界限度时，就可演变成权力；二是维护或破坏权利与责任的对等结构和诉求的社会公共权力。社会公共权力有狭义与广义的区分：狭义的社会公共权力指国家权力，包括国家行政权、立法权和司法权；广义的社会公共权力包括国家权力和其他社会（比如企业、社团）权力。社会律法则指涉并定义国家权力和其他社会权力，也包括权利失去其应有边界与限度而衍生出来的权力。

权利之构成社会律法与人文律法的会通方式，恰恰在于权利的两个方面。首先，人进入社会享有的权利是无条件性，但进入社会之后过群居存在的生活所获得的权利是有条件要求，这种要求即权利的有限性，权利逾越自身的有限边界也可能衍生出权力来。其次，由权利演绎出来的权力是有条件的，是条件的产物，也可能是逾越条件的实存方式。前者意指权力产生于权利则必然接受权利的规定，所以权力在本质上是有边界的，即是权力的边界是权利。后者意味着权力可能突破权利的规训而自生出无限可能性，这种可能性一旦成为现实就是权力生产权力，并且权力指控权利。使权利保持自身限度和使权力持守自身边界的共同方式就是权利，即**权利的边界是权利，权力的边界亦是权利。权利既成为权利的限度方式，也构成权力的限度方式。**由于权利自具如此两个方面的功能，它构成社会律法与人文律法会通的客观方式。

第二个方面是尊严。

尊严是社会律法会通人文律法的**主体性方式**。

权利是相对人的物质性存在和生存而言，尊严是相对人的精神性存在和生存而论。尊严是人的内在自我和人格敞开的存在状态。尤利安·尼达-鲁莫林认为，关于尊严的认知存在着误区，他将其概括为三个方面，即法制化、神学化和思想意识化。鲁莫林认为，法制化的认知误区主要源于二战以来的司法实践，神学化的认知误区源于创世说，思想意识化的认知误区的形成往往是科学和技术的任性发展使然，即任性发展的科学和技术推动了思想意识化的认知误区的社会化。客观地看，如上三个方面关于尊严的认识误区实质性地构成了社会律与人文律会通的阻碍，因为"人的尊严和自尊概念的关联性以及此种关联性自身所带来的规范性的意涵是澄清的重点所在。此概念被过于密切地与其在规范性理论中的运用相联系，以致无法从伦理学中立的角度对其加以澄清"①。

尊严之所以构成社会律与人文律的主体性方式，首先在于尊严相对的是屈辱。有关于屈辱，马格利特将其理解为"让一个人意识到自尊受到伤害的所有行为形式与关系"。因而屈辱不是心理现象，"而是一种客观的伦理事实情况。所以会有这样的人，虽然他们客观上受到屈辱，却未感到羞辱。反之，也会有这样的人，他们感到屈辱，但从这一伦理意义上看，客观上并没有受

---

① ［德］尤利安·尼达-鲁莫林：《哲学与生活形式》，第235—236页。

到屈辱"①。屈辱并非一种伦理事实，它首先是且最终是一种群居性的存在事实，这种群居性的存在事实是被迫地生成，对这种群居的存在事实——比如屈辱、羞辱、贫穷、被迫卑鄙、被迫屈从、被迫工具化或者耗材化地存在——等等的反省性意识，就是尊严。所以，人在群居地存在中意识屈辱，是尊严的体现；人在群居地存在中意识羞辱，也是尊严的体现；人群居地存在中意识贫穷以及意识被迫卑鄙、被迫屈从、被迫工具化和或耗材化地存在，更是尊严的体现。贫穷之于人既可能是物质的，更可能是精神的，并且精神的贫穷比物质的贫穷更可怕，更具有屈辱和羞辱性："贫穷迫使人过着一种面对羞辱的行为和情形的生活。"与此相反，人性之生、人性之利、人性之爱的存在恰恰解构、消灭贫穷、屈辱、羞辱、被迫卑鄙、被迫屈从、被迫工具化或者耗材化地存在而享有尊严地存在。从根本讲，"一个人类个体若没有自尊的能力，便意味着他没有感到屈辱的能力，在一种实质性意义上说，这同时意味着其人的尊严不存在问题"，所以，"人们不应做任何使他人有理由感到屈辱之事"，因为"侮辱一个人意味着剥夺其自尊"。②

马格利特认为，使人人享有尊严的社会即是**体面的社会**，"体面社会的机制不羞辱人，这同样可视为一种隐喻表征，它可这样表述：对相关机制来说，极为根本的行为方式（也就是说，与机制所具有的规范性准则相一致的行为方式）不羞辱人"③。体面社会必然是将平等的人性之生、人性之利和人性之爱的人性律法融通于社会的律法之中的社会。这种性质的社会就是罗尔斯所讲的"基本财富"人人平等享有的社会。"罗尔斯的基本财富术语涉及三个极不相同的范畴：**收入与财产**，它们是人们想过一种自主且充实生活不可或缺的经济资源；**自由与机遇**，它们是选择多样性的规范和经验层面的保障；最终或许最重要的一个范畴便是**自尊的社会条件**，这一范畴显然同样被罗尔斯视为一种成功生活的资源和前提条件（罗尔斯实现一种理性的生活计划的术语），人们也可将其视为合理使用资源的结果；自尊也许可作为一种成功生活

---

① ［德］尤利安·尼达－鲁莫林：《哲学与生活形式》，第 236—237 页。
② ［德］尤利安·尼达－鲁莫林：《哲学与生活形式》，第 237、255、239 页。
③ ［德］尤利安·尼达－鲁莫林：《哲学与生活形式》，第 238 页。

最重要的标志。"① （引者加粗）

收入与财产，是群居存在的人享有尊严必须具备的物质基础；自由与机遇，是群居存在的人享有尊严必须具备的平等权利。社会条件，是群居存在的人享有尊严必须具备的共有平台，比如制度条件、法律条件和社会机制。收入与财产、自由与机遇、基本的社会条件，此三者的合生才培育起人群居存在的尊严的土壤、构筑起尊严的环境和尊严的条件。在其中，尊严与权利相向敞开，互动推进，实实在在地生成社会律法与人文律法相会通的动力和方法。

第三个方面是尊严与权利的合生。

尊严是主体性的，并且只是个人主义的，是个体主体论的，因为尊严是自生的，是内生的，是自予的。与此不同，权利属客体论，并且只是社会客体论的，因为权利是它生的，是人进入社会之后的条件性赋予。只有当这种它予与自予的合生，才构成会通机制和会通动力。

尊严与权利的合生，既可是政治学意义的也是伦理学意义的。在政治学意义上，尊严将权力和权威牵涉出来，即权力走向权威，必然以人的权利为限；并且，只有以权利为限的权力才敬畏人的自由，并尊重人的尊严。反之，权力走向淫威，必然是权力自由地膨胀所致；并且，可以自由膨胀的权力必然形成对人的自由的傲慢，并无时不损害和剥夺人的尊严。从伦理学观，人群居存在的尊严不过是人按照人的方式相互关切的生活状态和生活努力。这种相互关切的生活状态和生活努力是相互给予的，这种相互给予不仅蕴含一种人的生活价值，而且彰显一种人的存在价值。相对前者言，尊严是一种内在价值；相对后者言，尊严是一种存在价值。

尊严、价值、人是自己的目的，此三者之间具有内在的生成逻辑：由于人是自己的目的，尊严才得以产生。并且，人作为自己的目的，必须通过尊严来彰显；但尊严的主体性来源却是其内在价值。当从尊严入手来审视内在价值，必然会打开价值的认知视域。首先，价值是多元的，既可呈使用取向，也可呈存在取向：前者是使用价值，后者是存在价值。存在价值是客观的，它的主体性内驻就是内在价值。其次，内在价值虽然构成尊严的主体性来源，

---

① ［德］尤利安·尼达－鲁莫林：《哲学与生活形式》，第374—375页。

但二者并不等同，因为尊严是一种人（包括人与人、人与社会）相互关切的生活状态和生活努力，内在价值只是这种生活状态和生活努力的固有朝向。所以，尊严不等于内在价值，尊严也不是内在价值，它只是敞开和实现内在价值的方式或朝向状态。最后，相对人而言，尊严是自予的，而且人作为自己的目的，也是自予的。这一双重自予性均源于人有内在价值，并敞开为存在价值。

在人群居存在的社会世界里，每个人都以自己为目的，并且每个人都成为自己的目的这一存在事实决定了人的存在必须努力做到两个方面：首先，任何人必不能因为自为目的的存在而侵犯他人自为目的的存在；其次，任何人必因其互不侵犯各人自为目的的存在而相互关切地存在和生活。正是这两个方面构成人的尊严既是自予的同时也是他予的"相互关切的生活着"的本原性理由，也是人争取自我存在的尊严和维护他人存在的尊严的根本理由，更是尊严成为人与人交往的"第一原则"或"首要原则"的根本依据。

当厘清人的尊严、价值、人是自己的目的三者之间的生成逻辑，就会发现尊严之所以成为人的政治生活的核心问题并不源于尊严本身，而是因为人成为人和人成为自己的价值不仅引发出人的尊严问题，而且将人的尊严问题推入政治的漩涡开辟出权力走向权威的可能性，恰恰在于人成为人的价值是天赋人的内在价值；人成为自己的价值，是天赋人的存在价值。

从根本讲，人成为人的内在价值是相对存在世界而产生，构成人区别于存在世界万物而使自己成为人的内在规定，这就是人性。人性是天赋人的生命存在本性。天赋人的生命存在本性是"生"，它构成人不可逆的生命朝向。所以，人的生命一旦诞生就必须朝向生，并生生不息地推动人自己必须继续存在下去，这是天赋人的生命权利，也是天赋人的生命责任。这种天赋的生命权利和责任构成人的尊严可以转化为人的基本权利的秘密，也是人的尊严能够从道德价值转化政治价值的秘密。因为生之于人本来是很简单的事，但它因为权利和责任而变得复杂，并因此复杂性而产生诸如生活尊严、生存自由和存在平等个人存在问题，也由此生发出权力、权威、暴力、制度等社会问题。生的本性之所以产生权利和责任，并由其权利和责任而制造出各种复杂的问题来，是因为生命既以个体方式诞生于存在世界，更因为个体化的生命需要资源来滋养才可存在下去，而滋养生命使之继续存在的资源没有现存，人必须劳动，必须创造，必须付出才可获得。因而，天赋人之生的朝向落实于人的存在敞开的生命进程中，必然要求利，并因其利之得失而滋生爱或恨。①

尊严作为人与人相互关切的生活状态和生活努力是德性取向的。这种德性取向的尊严既直接地源于内在价值，最终要接受人性的鼓动。从发生学讲，人性创造出人的内在价值，内在价值演绎出人的尊严。以人性为原动力的内在价值也因为人性而获得两可朝向：内在价值的感性朝向，使它本身创造尊严并最终归于尊严而成为尊严的内在支撑；内在价值的理性朝向，使它本身以存在价值的方式创造出存在权利。这是尊严、价值、人性的三维度逻辑。在这三维逻辑中：第一，支撑尊严的德性和强化权利的理性，都只是人性敞开的两极取向，而不是人性本身。因为人性是天赋人的生命存在的内在事实，并且，它作为生命存在的内在事实始终是客观的；与此相反，德性和理性都后起于人性，是人性朝向人与人的合生状态的表述：德性是人与人合生状态的情感性表达，理性是人与人合生状态的认知表达。第二，人性向内凝聚生成内在价值，其内在价值以德性方式释放，就是尊严。人性向外释放则生成存在价值，其存在价值以理性的方式释放就是权利。第三，在感觉的层面，权利与尊严之间伫立着价值，因而二者之间没有直接关联性，如果是这样的话，尊严"提升为人的基本权利"以及"尊严从道德价值转换为政治价值"则根本不可能。实际情况却相反，尊严与权利之间有直接的关联，这种直接关联可表述为权利创造尊严，尊严呈现价值。正是这种直接关联性，"人的尊严提升为人的基本权利，或者说把人的尊严具体化为人的权利"②，才成为可能。尊严与权利可以互相转化的内在机制恰恰源于两个方面：首先因为尊严是人与人相互关切地生活及其努力状态，其次是权利构成人与人相互限度的自由空间。所以，无论尊严还是权利，都是人始终在由他者构成的世界中，既以自己为目的但又尊重他人自为目的的存在为根本依据和绝对准则，基于这一根本依据和绝对准则，人既是目的也是手段，既是自己的目的也是自己的手段，既是他人的目的也成为他人的手段，既是环境的目的也是环境的手

---

① 唐代兴：《生境伦理的人性基石》，上海三联书店2013年版，第177—278页。
② 俞可平：《权力与权威：政治哲学若干重要问题》，商务印书馆2020年版，第31页。

段，既是将自己看成是自然的目的也实际地成为自然的手段，总之，人始终是目的－手段合生论者。

3. 三律会通的主要方式

人基于群居存在之共生而必须构筑**共守的**社会律法，人因此构筑的社会律法并不能按人的意愿而任意为之，它必须既要接受自然律法的引导，也要接受人文律法的规范。由此，构筑社会律法必须与自然律法会通，也必须与人文律法会通，前者的会通主要通过适应和自由的方式敞开，后者的会通主要通过权利与尊严的方式实现。整合观之，社会律法、自然律法、人文律法三者会通的主体论方式主要有经验和知识。

经验：三律会通的个性方式　　造物主创造宇宙和自然万物，既创造了有灵的内在性，也创造了感受其有灵之内在性的方式，这个方式就是**以身体之**。宇宙是以身体之的宇宙，宇宙的实存样态自然及其万物生命亦是以身体之的自然和万物生命。以身体之亦是动物、植物、微生物感知存在及其有灵之内在性的共有方式。**以身体之，构成万物感觉存在及其内在性的基本方式，使万物成为感觉的万物。**人亦然。

人，是造物主的造物，是宇宙自然之一具体存在，是万物之一物。人虽然从自然人类学进入文化人类学而建构起庞大的人文存在体系和社会形态，但仍然保持以身体之的感觉方式，即以身体之五官和身体本身为基本方式感知存在。这是基本的，却仅是起步。人的以身体之的感知方式最终创造一种全新的体认方式，即经验。

经验是自然主义的，也是人文主义的。因为经验是以"以身体之"的身体和五官感知存在为原初方式而形成的新的体认方式，因为"在经验中，所有的知识被确立起来。从经验中，所有的知识也将最终引导出自身"①。洛克的经验论揭示四个认知要点：首先，就思维言，人降生时大脑是一块白板，或者更确切地讲，在自然人类学阶段人与万物一样，其思维的器官不是大脑，而是身体，人体认存在、思考事物、应对生存的根本方式是以身体之。其次，人的思维产生于大脑的进化，大脑构成思维的基本器官，所以思维形成于自

---

① ［英］约翰·洛克：《人类理解论》，牛津：克拉雷登出版社 1975 年版，第 104 页。

然人类向文化人类进化之途，成为自然人类学进化为文化人类的根本标志。再次，在自然人类学阶段，以身体之的方式也可能积累存在经验，即躲避危险、寻求安全存在的经验等均来源于以身体之的感官的积累，并且这种感官积累在本质上是以本能为原发动力。人进入文化人类学阶段，经验积累获得了新的方式，即除了以身体之的方式外主要是源于大脑思维生成的经验，这种性质的经验主要不是以本能为原发动力，而是以意识为原发动力，即有意识、有方向甚至有目的地生成和积累经验，这种生成和积累的经验也包括了对以身体之的经验。最后，意识地生成和积累起来的经验开启了通向知识之路，即不仅开启了将有意识生成的经验通向知识的道路，也开启了将以身体之的感觉性生成的经验通向知识的道路。正是在这一双重开启的道路上，才可说经验构成社会律法、人文律法、自然律法相会通的基本方式。

经验始终是个体主体的，以经验会通社会律法、人文律法、自然律法需要通过个体主体展开，并体现个体主体的人格性个性。

经验作为个性化的会通社会律法、人文律法、自然律法的主体方式，既需要以大脑为工具的思维的帮助，也要以身体为工具的感知的参与。但相对而言，以开启大脑思维生成经验会通存在律法，更突出地体现为社会律法与人文律法的会通，当然也同时诉求社会律法与自然律法的会通。社会律法或人文律法与自然律法的会通，更为主要的方式应该是开启"以身体之"的感觉生成会通人文律法与自然律法或会通社会律法与自然律法。

从发生学观，先有以身体之的感觉经验的积累，并且，以身体之的感觉经验的生成和积累达到相当高的程度突破自然人类学的硬壳之后才开辟大脑的进化，进入文化人类学之域生成思维，产生思维感知的经验。以此观之，第一，存在律法会通的原初方式是以身体之的感觉经验方式，然后是以思维体认的感觉经验方式。第二，社会律法、人文律法、自然律法三者会通，首先具有自然人类学的基础，这个基础就是以身体之的感官方式，它是天赋的，并且，由于它是天赋的，也成为人会通社会律法、人文律法、自然律法的原初方式和永恒方式。第三，在继发生意义上，无论是以身体之还是大脑思维敞开体认，都是以发生学意义的以身体之的感觉经验为土壤、为源头，这就是杜威所讲"经验即是经验自身，而经验自身对于经验的存在者人来讲，则意味着它首先是一种'行动的事件'（RP，MW12：129），它是'人类与物质环境和社会环境之间进行的交流'（MW10：16），这种交流是一种交换，一种交易，在其中生命与环境的诸要素之间进行互动"①。

知识：三律会通的普遍方式　　经验是会通社会律法、人文律法、自然律法的感性方式，因为经验是个体主体的，它始终呈现个性诉求并通过"行动的事件"的方式与存在经历合生的方式呈现，这即杜威所讲的"经验就是同时进行的行为和经历的统一体"。② 以行为（的事件）和经历合生的经验虽然体现鲜明的人格个性、认知个性和思维的视域个性，但也因此呈现局限，这种局限就是个体人本性和具体境域性。但经验的局限并不一定是绝对决定论的，它具有或然性，即可突破性个体人本性和具体境域性而将自己予以人类人本性和抽象普遍性的提升，这就是经验向知识的进发。

经验向知识的进发生成建构知识则意味着经验与知识之间的构成关联：第一，个性主义经验具有通向普遍主义的知识之路的可能性。第二，经验能够通向知识的前提性条件是经验本身必须蕴含普遍性而且蕴含于其中的普遍性内涵能够被抽象提炼。第三，个性人格化的经验往往用语言来描述，用行动来再现，但可提炼为知识的经验必须能够被概念化、逻辑化，并开启或进入推论之域。所以，知识虽然来源于经验，但它必须高于经验，这种高于经验不仅在于其可普遍性、可抽象化，更体现在其形式呈现方面，即知识必须是概念的。非概念的或者无法概念化的经验内容，都不能构成知识而只能滞留于经验或感觉之域。第四，个性主义和人格主义的经验可以是感觉生成，并呈现感觉的描述性，而经验一旦通向知识则必须剔除其个性主义、人格主义气质和感觉生成及其描述特征而上升为理性。从根本讲，知识是理性的，并且知识必须是理性和只能是理性的。正是如上方面的规定，知识才可成为社会律法、人文律法、自然律法会通的根本方式。知识作为会通三大律法的根本方式，是普遍主义的理性方式。

作为理性的知识何以可能构成会通社会律法、人文律法、自然律法的普遍方式？这既可从知识的来源考量，更可从知识的类型审视。

---

① ［美］罗伯特・B. 塔利斯：《杜威》，第 52—53 页。
② ［美］罗伯特・B. 塔利斯：《杜威》，第 53 页。

诺齐克在《哲学说明》中指出，知识作为认识论（epistemology）或知识论（theory of knowledge）的研究对象，就是**知道**："知道就是拥有追踪真理的信念。知识是世界联系的一种特殊方法，拥有与世界的专门的真正现实的联系：追踪它。"①

诺齐克的知识论不过是对柏拉图知识观的现代表达：柏拉图在其对话《泰阿泰德》篇中认为信念、真、辩明此三者构成知识的必要条件，并定义知识是**被确证的**真信念，指出这一被确证的方式或过程就是**辩明，**辩明即是通过认知达向对事物的真正理解和根本把握。由此要求认知者：（1）具备能够认知的信念、能力和必须认知的需要、动机；（2）特定的认知对象；（3）具体的认知行为和（4）由此生成某种具有可普遍指涉性的认知结果，即真知或真理。所以，"知识"作为联系世界的特殊方式从两个维度建构起对世界的联系。

首先，通过认知行为实现对世界的联系，因为认知是通过能够认知的信念对（蕴含对象中的）真理的追踪方式，将作为主体的人与客观的世界联系起来形成"认知－真理"链条。

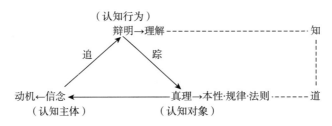

[8-1 知识生成的认知机制]

其次，知识作为联系世界的特殊方式，还指以信念为动力追踪真理形成的知识一旦产生，必然将人与世界联系起来。因为以"认知－真理"为生成内涵的知识不仅构成对真理的确信，并表征为真理，而且其表征真理的知识还获得自身的赋形而构建起属人的秩序，或心灵－情感秩序，或意志－精神秩序，或思想－生活秩序。不仅如此，表征真理的知识不仅内在地蕴含开启心智的观念、思想；而且一旦为人们运用时则自然地敞开张扬自身个性的特定视野，呈示为**待用**的方法。

---

① Nozick，R.，*Pilosophical Explanations*，Cambridge：Cambridge University Press，1981，p. 178.

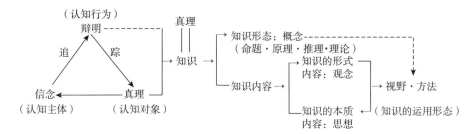

[8-2　知识的形态学呈现]

　　知识是真理的形态，真理是知识的内涵。理解知识，最终是理解真理。所谓真理，是指具有普遍指涉功能的道理，它所蕴含的是关于宇宙自然、存在世界、万事万物以及人的存在的法则、公理、律令，可具体表述为其存在敞开自为运动的规律。所以在具体的语境中基于特定的场合，亦可用法则、公理、律令或规律来指称知识。

　　以真理为内涵规定的知识，源于人类对自身之关联存在的三个世界的探索。一是自然世界，它为自然科学所分领：自然科学关注的对象是自然世界，探求宇宙、地球、生命的神性智慧、规律、法则、律令，为人更好地与自然相处和与环境打交道提供普遍的真知，即自然（或环境的）知识和真理。二是由人缔造的制度世界，它为社会科学所分领：社会科学关注制度世界，探求社会、群体、国家以及人类社会如何有序地存在与协调生存的智慧、规律、法则、律令，为人更好地与人和社会相处提供普遍的真知，即社会知识和真理。三是人文艺术，它包括人文学术和艺术，它为人文学科和艺术所分领：人文学科和艺术关注人的存在，探求两栖于自然世界和制度世界之中的人的人性、人心、人情敞开的智慧、规律、法则、律令，为人更好地为与内在自我相处提供普遍的真知，即人性知识和真理。

　　基于这一认知的大框架，才可理解罗素对知识的分类。罗素以知识的来源为依据将知识分成三类：其一是**主观知识**，完全来自个人的经验事件，即"行动的事件"和生活经历；其二是**间接知识**，来自他人的经验，包括由他人组成的历史经验；其三是**内省的知识**，来自主观反省而不依赖于经验事件的体察。罗素的知识分类是承续笛卡儿而来，但又是对笛卡儿知识类型的改造，他将笛卡儿的科学知识类分成主观知识和间接知识两类，将通常意义上的宗教知识归纳为内省而生成的"超验知识"。罗素关于知识的分类还有一种方法，即曾以知识的性质为依据将其归纳为三类：第一类是科学知识，其命题必须与事实相验证；第二类是神学知识，其命题必不可与事实相验证；第三类是哲学知识，其命题始终呈模糊懵懂状态，而且正是这种模糊懵懂状态填充科学与神学之间那片广阔的区域，同时为打通验证的科学知识与不可验证的神学知识之间的阻隔之墙开辟了可能性，提供了方法。

从来源入手类分知识的实质性努力是消解知识生成复杂性，就知识生成的行为及其过程敞开本身观，它既是间接的也是直接的，既是主观的也是客观的，既是内省的也是验证的。从研究的对象视域及其形成的知识性质角度观知识的类型，或许可将知识的来源有机地统摄起来而形成鲜活的整体，并呈现知识生成机制的复杂性。从知识探讨的对象视域及其生成的性质取向看，科学知识、神学知识、哲学知识都是普遍性的知识，只是这些普遍性的知识是从不同存在领域对律法发现的呈现。不仅如此，而且科学知识、神学知识、哲学知识还可以大体对应社会律法、自然律法、人文律法。正是这种大体的对应性使知识会通社会律法、人文律法、自然律法的普遍方式成为可能。具体地讲，科学知识和神学知识从现象和本质两个层面会通自然律法；神学知识和哲学知识又以互补的方式会通人文律法。科学知识、神学知识、哲学知识分别从经验、超验、先验三个维度会通社会律法、人文律法、自然律法。这是因为一切知识都是人为的并可用"科学"来指涉。以此来理解笛卡儿在《探求真理的指导原则》中阐述的基本知识观，则发现其实实在在蕴含知识与律法相会通的根本认知和方法："一切科学只不过是人类的智慧，而人类智慧从来就是独一的，仅仅相似于它自己的，不管它施用于怎样不同的对象；它不承认对象之间的任何差异，犹如阳光不承认阳光普照下万物互相径庭；所以，大可不必把我们的心灵拘束于任何界限之内，既然正如运用某一单一技艺时的情况一样，对一种真理的认识并不使我们偏离对另一真理的揭示，相反，它将协助我们去揭示。"所以"**我们必须相信，一切科学彼此密切联系，把它们统统完整地学到手，比把它们互相割裂开来，更为方便得多**"（引者加粗）。①

---

① ［法］笛卡尔：《探求真理的指导原则》，管震湖译，商务印书馆1991年版，第1页。

直观：三律会通的重要方式　　经验作为会通律法的起步方式，因为其个性和人格取向而自我局限不能上升到普遍性。知识作为会通律法的普遍方式不仅具有可普遍指涉性优势，而且还具有各种类型知识之互补的功能，但它仍然存在自身的局限，这种局限就是概念主义。知识的概念主义使无论是科学知识还是哲学知识或神学知识都不能不得经历概念的过滤把最为精华的和本质主义的内容压缩、折叠入冰冷、僵硬的概念之中，要求具有更高悟性并具备整体主义的修养者可予以还原性的领悟。正是经验和知识的如此局限，催生出直观地会通律法的方式。

直观的会通社会律法、人文律法、自然律法的方式是律法会通的重要方式，它的重要性主要体现在从经验会通和知识会通的局限起步而达于灵通性质的会通。

一般地讲，经验会通是典型的经验方式，它具有不可超越的性质缺陷；知识会通是典型的超验方式，它既可向下会通经验更可向上超越超验而达于先验。直观会通却是先验的方式，由于它是先验的会通方式，所以它是灵通的方式。作为社会律法、人文律法、自然律法的灵通方式，直观主要是帮助人们领悟、觉解和把握社会律法、人文律法、自然律法三者背后在存在本体意义上的原发会通机制和原发会通灵魂。直观会通律法的方式实质上是超越经验和知识的羁绊达于先验领域直接领悟造物主创化宇宙和宇宙继创生之神性魅力之信仰。所以，直观会通律法的方式就是信仰会通存在的宇宙自然世界和人的存在世界的律法的方式。

三　社会律法的构成

自然律法是造物主创造宇宙自然和万物生命的本性为基本规定的律法，这一律法通过自然人类学向文化人类学的进化而呈现为人文律法，即人性之生、人性之利、人性之爱的律法。以自然律法和人文律法为最终依据和根本规范的社会律法只能是**限度的律法**，因为只有限度的律法规训，才使人群居存在的社会生和生生不息。

1. 社会的限度律法

社会律法即是限度的律法。限度的律法即是**边界的律法**。

社会的律法何以是限度的律法？

限度的律法何以是边界的律法？

第一个问题蕴含三个基本判断。首先，人存在于其中的世界是有限度的：人存在于其中的世界是宇宙自然世界，宇宙自然世界是有限度的存在。其次，人的存在世界是有限度的：人的世界是由人的自然人类学和人的文化人类学共同构筑起来的存在世界，具体地讲就是"人在形式"和"人在形式"共同建构起来的存在世界，更是有限度的存在（参见卷四《限度引导生存》）世界。最后，承载人的存在世界和人的世界虽然是有限的，但人关于存在世界的想望、欲求却无限度；并且，人的实际的智－力能力和努力根本不能解决其想望和欲求的无限，由此形成人的想望与欲求和人的存在之间的冲突，这一冲突从根本上影响人的存在，只有真正解决这一冲突才可使人过上人的生活。所以，人基于存在安全和生活保障之需要而相向聚集建构起群居存在的社会必须有其共守的律法引导和规训，而这一可能引导和规训其群居存在的社会律法必须是以限度为根本规范的律法，必须是限度的律法。

既然社会的律法是限度的律法，那么这一限度的律法必然是边界的律法。因为"限度"产生于边界，并由边界界定。

限度根源于边界，边界源于何处？

边界来源于存在者。存在是整体的，存在于存在之中的存在者却是个体：个体之为个体，一是其个性存在，这种个性存在是其作为存在者之内在性使然，这就是个体之自生、自在、自为。二是关联存在，这种关联存在实际地敞开为个体与个体的关联存在、个体与整体的关联存在、过去与将来的关联存在、具体与抽象的关联存在。并且，个体的个性存在，意指存在者是独立的，是与任何他者保持有距离，这种独立所形成的距离构成边界本身。个体的关联存在，意指独立的存在者之间虽然有距离、有边界，但又有相互的关联，这种相互关联使个体通过整体和使整体通过个体以及过去会通将来或将来牵引过去和现实成为可能。

边界既相对存在者，也目的于存在者。仅前者言，边界生成存在者的存在限度，存在者的存在限度使存在者保持自身独立存在成为可能，而存在者能够保持自身独立存在的方式本身就是使自己得生和生生不息的方式。就后者论，因为存在者以个性存在的方式生成边界、保持边界，使存在者与存在者、个体与整体、过去与将来之间的继创生变成可能，获得内生机制。因为，宇宙继创生的基本原则是简单创造复杂和复杂创造简单的互为推进，简单创造复杂和复杂创造简单互为推进的前提条件是存在之整体必以具体的存在者能够相互地促生。由此，以边界为本质规定的限度之所以构成社会的律法，在于限度的功能就是**促生**，这是因为限度的动机是节制。节制是自我约束，使想望和行为不逾界，即既保持自生、自在、自为的存在边界，也保持关联存在的疆界。如果说边界是从结果、效果方面或者从存在者之关联存在角度来定义限度，使之构成限度的存在论本质，那么节制却是从动机或者从存在者自生、自在、自为存在角度来定义限度构成限度，使之构成限度的主体论本质。

限度之构成社会律法是因为限度实际地指涉人的群居存在世界的方方面面和人的存在敞开的方方面面。限度是全方位的，也是立体存在的。将其全方位的和立体存在的限度予以类型学概括，大致可归纳为四个方面：一是人的群居存在与自然、宇宙的关联存在的所有方面，每个维度都是要受限度的约束，限度真正成为其关联存在的依据和准则。二是群居存在的人与社会之间的关联存在所构成的方方面面，同样是受限度的规范，没有限制或丧失限制的约束，人与社会之间无法构建起正常运行的秩序。三是群居存在的人和群居存在的社会与物质的关联存在也是限度的，其方方面面也是要受限度的节制和约束才可形成有边界的关联存在。四是群居存在的人和群居存在的社会与精神、文化、知识之间的关联存在，更是有限度的，更要受限度的节制和约束。

2. 限度律法的敞开

限度作为社会律法，因其必须发挥建构和维护良序社会、促进人与人、人与社会、人与环境、人与宇宙自然共生存在而形成基本的律法规则体系，这一律法规则体系由平等、自由、人道、公正构成。

平等的律法　在宇宙创化意义上，平等是绝对的。造物主是按绝对平等的方式创造宇宙和宇宙的继创生法则。但这种绝对平等的创化落实为具体的实存样态，在其实存空间之中，就无意地生成出对绝对平等的修正。这种修正首先表现为实然存在的**地域的差异性**，其次表现为实存样态的**个体**（类型个体、物种个体或生命个体）**性**。因而，差异性和个体性构成了不平等的自然根源。

在神学的或者说造物主创世纪的意义上，造物主的创世行为本身就是等序化的，这种等序化的创化运动呈现出来的不平等性，主要不是体现在创化的次序上，而是体现在贵与贱、管理与被管理、特权与非特权三个维度上。比如耶和华的"创世纪"作为是创造万物生命与创造人，前者是以**物的准则**创造万物生命，后者是以**神的准则**创造亚当夏娃。而且，创造亚当夏娃是为了管理大地，亚当夏娃享受不劳而获和长生则体现为所创造的众物世界里最大的特权。

抛开神学的外衣，其所表述的平等思想的实质无论是宇宙创化论还是造物主创世说，都蕴含本质上的不平等，或可说：绝对的平等是拟想的、想望的和企求性质的；不平等才是实然的存在样态。基于原发性质的实然的不平等而追求平等，构成人的文化人类学存在的基本诉求，也构成人的群居存在的社会的律法生成构建的原发机制和最终的动力来源。

仅就人组成的社会和群居存在言，其所讲求的存在平等和生活平等始终是以不平等为起步，并在不平等的社会框架下展开的一种努力方式。这是因为由人组建起来的社会包括构成社会的结构、秩序、制度等本身不平等。不平等的本质是**等级**，而结构、秩序、制度是**以等级为框架和内在支撑**的，其原动力却是由人的出生、天赋、存在环境、生存造诣铸造形成的不平等，"被考虑和比较为平等和不平等的对象可以归纳为两大类：人类和所有别的事物——人类所居住和活动的所有外部环境以及所有影响人类品行和他们的福利的一切因素。我将第一类称作人类的平等和不平等（huwman equality and inequality）或个人的平等或不平等（personal equality and inequality），而把第二类称作环境的平等和不平等（circumstantial equality and inequality）。人类的平等和不平等可以进一步分为两个方面的平等和不平等。一个是天资方面的平等和不平等，它是由人生来就具有的天资形成的；另一个是造诣（或才能）的平等和不平等，它是由人们在生活的过程中所获得的属性或特性所形成的，是指他们对自己天生具有的天资的发展程度和他们通过体力、脑力劳动而作出的成就"①。天赋和环境是存在论的，天赋造成存在的**先天**不平等；环境造成存在的**后天**不平等；造诣却体现生存的不平等，这是由不平等的天赋与环境合谋造成。所以，出生、天赋、环境、造诣四者形成的不平等不仅无法消解，而且既成为构建社会结构、秩序、制度的依据，也构成维护不平等社会结构、秩序、制度的动力机制，更是不平等社会发展的动力源泉。

出生、天赋、环境、造诣此四者构成社会的**本体性不平等**，这种本体性质的不平等催生出平等追求，这种追求不是消灭由天赋、环境、造诣铸成的本体性不平等，而是要抑制社会形态和社会运作的不平等。所以，人类追求平等的实质性努力是构建人的存在尊严、社会人格和生存起点、机会、原则以及运行其原则的机制的平等。人人能过上"**优良的生活**"的平等前提不是天赋、环境、造诣层面的平等，而是尊严、人格、起点、机会、原则以及运行其原则的机制意义上的平等。这是平等的律法得以构建的依据，也是平等的律法功能发挥的范围——或者说有限性——所在。具体地讲，平等的律法就是引导和规训人的群居行为和社会创造人的良序群居存在的行为，只能在尊严、人格、起点、机会、原则以及运行社会原则的机制等方面平等。所以，平等的律法即尊严平等、人格平等、起点平等、机会平等、社会原则平等和运作社会原则的社会机制平等的律法。

自由的律法　　自由是人的存在问题，虽然它也同时涉及其他存在者的存在，但其他存在者的自由都与人的存在相关联，并且都通过人的存在的自由或不自由而敞开。所以，自由构成人的群居存在和社会服务于人的群居存在的**最紧要的**问题。它涉及三个维度并从三个维度敞开，这即是存在的自由、生存的自由和生活的自由。不仅如此，自由问题既在发生学意义上也在生存论意义上与平等息息关联。在发生学意义上，自由直接地源于平等：绝对的平等构筑绝对的自由，相对的平等构筑相对的自由。由于绝对平等在本原上是拟想性、想象性、企望性，它落实在人的群居存在的世界里，只能诉求有限的平等。所以，作为以平等为本原的存在论自由降落在实际的生存之域，

---

①　［美］阿德勒：《真、善、美、自由、平等、正义》，陈珠泉等译，团结出版社 1989 年版，第 160 页。

也只能是诉求相对的自由。

> 人是生而自由的，但却无往不在枷锁之中。自以为是其他一切的主
> 人的人，反而比其他一切更是奴隶。①

卢梭这段对自由的论述由两句话构成：

第一句：人是生而自由的，但却无往不在枷锁之中。
第二句：自以为是其他一切的主人的人，反而比其他一切更是奴隶。

第二句话紧承第一句的后一分句"但却无往不在枷锁之中"，是对"生而自由的人"却活在"枷锁之中"这种普遍性状况的揭示，哪怕就是那些制造奴役自由的"枷锁"者，最后也成为"枷锁"的奴隶。表达出在不自由的社会环境和没有自由的社会机制里，每个人都是奴隶，唯有的区别是被奴役的人客观上存在着严格的等级，享受着不同等级和不同性质的奴役。

卢梭的自由论暴露出自由的两个存在事实：第一，人的群居存在一旦失自由，必然沦落为备受奴役的生存悲剧；第二，发现自由的存在论与生存论的根本区别，这一根本区别可作如下表述：

（1）**自由的存在论**：人是生而自由的。
（2）**自由的生存论**：（原本存在自由的人一旦进入生存领域）却无往不在枷锁之中。自以为是其他一切的主人的人，反而比其他一切人更为奴隶。

"人是生而自由的"这句话，蕴含两个方面的存在论语义。
首先，自由之于人既然是与生俱来的，那就意味着自由**先在于**人：在人产生之前，自由已经存在。这表明自由是世界性的。

---

① ［法］卢梭：《社会契约论》，何兆武译，商务印书馆2003年版，第4页。

　　自由的世界性揭示了世界的存在本质。第一，自由是一切存在者的存在前提，没有这个前提，任何存在者不可能存在。第二，由于构成世界存在的一切存在者必以自由为存在前提，作为以整体方式敞开自身的世界，其存在同样以自由为前提。无论从整体讲还是从个体论，**自由是世界的本性**，亦是存在于世界上所有存在者得以独立存在的内在规定，它标识自身存在的自我力量：**自由即力量**。它之于世界本身和一切存在者言，既具创化功能，也有秩序功能。前者标识自由这种力量的自我野性与扩张朝向，形成世界和一切存在者得以秩序、稳定地存在的内在根基，这就是世界理性、自然理性、存在者的存在理性；后者标识自由这种力量的自我约束与限度朝向，使世界和一切存在者获得动态展开形成创化性生存，即**竞自由**的感性生存态，包括世界感性、自然感性、存在者的生存感性。但相对世界和一切存在者来讲，其存在的理性态和生存的感性态都因为自由本身而获得规定性。从整体观，世界、自然、存在者之静态存在敞开动态生存并从动态生存达向新的静态存在的全部力量，只能是其本身的自由力量。自由，不仅是世界以及存在于其中的一切存在者得以存在的内在本性，更是世界及存在于其中的一切存在者敞开生存的自我动力，更是世界及存在于其中的一切存在者以自身方式存在的内在必然性，即自然界的必然，乃世界及其一切存在者因为自由的自我约束和自我野性的对立统一，这种对立统一构成了自然、生命、人从秩序存在朝向创化生存进而再重归于秩序存在的永恒朝向。因而，自然界的必然，即世界及其存在者因自身的自由本性而竞自由、并最终回复于自身自由的永恒冲创运动。由此，自由是世界之为世界、存在者之为存在者的自身规定；而自然界的必然则是世界及一切存在者自身自由的展开朝向，世界及一切存在者得以存在敞开的最高伦理法则即是**自由法则**，它具体表述为自我约束与自我创化的对立统一。

　　其次，世界存在的自由本质不仅决定了自由先于人而存在，而且展示了人的自由的天赋性：由于自由是世界存在的内在规定和世界敞开存在的必然方式，形成作为大自然的造物的人类，其存在自由必然是天赋。天赋人以存在自由，既表明人获得存在自由的神圣性，更张扬人的存在自由的平等性。人的存在本质是自由，自由的本质是平等。由于平等这一本质规定，人的存在自由既接受世界存在的自由法则的规范，也接受生物世界生命存在法则的训导。前者即是存在世界敞开自我创化与自我约束的对立统一法则；后者却是生物世界存在敞开"物竞天择、适者生存"法则：物竞天择，这是生物的自我创化；适者生存，这是生物的自我约束。在生物世界里能够继续存在的物种，既需要有极强的竞斗力量和技能，更需要有极强的自我限度能力和智慧；并且，竞斗强力和自我限度能力之间如果缺乏内在的统一，就会丧失继续存在的可能性。

在存在论意义上，人平等地享有天赋的自由；但在存在敞开的生存进程中，天赋平等的自由必然会沦落于不自由的"枷锁"之中，这源于不可消解的两个方面生存论因素的激励。

首先，天赋自由的生物物种以及同一物种的个体生命，存在着体质结构、体力强弱、本能智慧优劣的差异性，这种差异性可能导致天赋平等的自由获得空间上的大小，即不同物种以及同一物种内部不同个体生命的存在敞开，体现自由空间的大小差异，这种差异性生成出生物世界的**丛林法则**。

有关于自然世界的丛林法则，人们习惯于将它理解为"弱肉强食"。大而划之，可以这样理解。但准确表述应该是"物竞天择，适者生存"。从根本讲，"弱肉强食"这种说法主观地消解了丛林法则的本质：作为自我创化与自我约束实现对立统一的存在自由，其向生物世界敞开的自为限度性和互为边界性构成丛林法则的本质规定。丛林法则的这种自为限度和互为边界落实在每个物种生命的存在敞开中，则表现为个体生命的肉身有限性和本能智慧的有限性。在生物世界里，无论多么强大的物种，相对整个存在世界和众物来讲始终既是渺小的，更是有限的。在种群化的生物世界里，再强壮体力和再优势的本能智慧，其获得自由空间和维护所获得的自由空间的能力都是绝对的有限。并且，任何一个强壮的个体生命如果因为自己的弱肉强食而惹恼了同类，必然要付出被消亡的代价。所以，在生物世界里，自我保存成为根本的本能，这种自我保存的本能智慧融化为丛林法则的有机内容，那就是**自我限度能力**。以此来看存在世界的丛林法则，不过是存在的自由法则的生存化敞开，它的本质规定是**有限度的**弱肉强食，这种有限度的弱肉强食的生物学表述就是"物竞天择，适者生存"。

其次，人类首先是一个**物种**，然后进化为**人种**，但最终不能彻底消解自身的物种性。所以，无论人类物种进化到何种程度，它都既是一种**人在**形式更是一种**物在**形式。作为一种物在形式，人类至今仍然遵循着存在世界的丛林法则。作为一种人在形式，人类必须超越本能智慧，以自身方式运用丛林法则，以最大程度削弱或降低"物竞天择"中的"弱肉强食"因素。这是人类文明上升的必为努力和不可逆方向。

然而，问题并非如此简单。人类在生物阶段也如其他生物一样只能启动天赋的本能智慧和天赋的身体强力来争自由。当人类物种获得人质能力并不断进化这一能力的历史进程中，无论指向外部的存在世界还是指向内部的人种以及由此生成的民族、国家、个体，其争自由的方式不再是本能智慧和身体力量，而是知识、科学、技术、国家机器、财富以及武装的暴力和语言的暴力等，这些因素构成了天赋人类平等的自由必然沦陷入"不自由的枷锁"之中，并成为使人人成为不自由的奴隶的根本性力量。

概括地讲，人类摆脱动物的束缚而创文明的过程既是人类自为地沦陷于不自由的"生存枷锁"的进程，也是人类自奋其智勇与不自由的"生存枷锁"做斗争的过程，这个过程就是**重建天赋自由**的过程。重建天赋自由的过程就是明确地重申天赋自由的生存规则，确立天赋自由的生存边界从而构建天赋自由的生存尺度，这就是"**群己权界**"[①]。

天赋自由的生存本质是平等，平等的本质是限度。简言之，自由的生存本质是相互为限。这种相互为限的规范表达是：己的自由的边界，是人的自由；群的自由的边界，是个人的自由。从社会论，民的自由构成政府自由的边界；公权的自由必以民权自由为规范。在人类社会里，群己权界是对自由的边界规定，这一边界规定构成人类生存的普遍准则："你的自由止于我的鼻尖。"无论个人、群体、政府，还是国家，其生存自由必须以他者（他人）的"鼻尖"为准则。一旦其自由触及他人"鼻尖"，就是实现了对他人自由的侵犯。所以，自由的律法即是群己权界的律法。更具体地讲，就是你的自由止于我的鼻尖的律法，也是你的权利构成我的权利的边界和个人的权利构成社会权力边界的律法。

人道的律法　　社会律法是人群居地存在的人道律法。

---

① ［英］约翰·穆勒：《群己权界论》，第 2 页。

人道律法，是以平等起点、以自由为目的社会律法。在人群居地存在的社会里，如果没有平等为保障，根本不可能有真实的自由，丧失真实的自由内涵，人道只可能沦为空壳性的口号或主张。所以，平等和自由构成人道的本质规定：平等是人道的结构框架化的过程本质，自由是人道的目的本质。

人道律法中的"人"，不是类意义的人，更不是没有实质内涵的抽象的"人民"之人，而是具体有血有肉的和境遇性、人格化、个性化、欲求性的人，是**历史性的此在之个人**。所以，**人道是个人之道，并且只能是个人之道**。没有以个人为诉求的人道必是假借的和虚空的人道。进一步讲，人道律法中的"人"，不是等级的人、身份的人、地位的人、贫富的人，也不是阶级的人或政治的人，更不是被人民化的人，人道指涉的"人"不能用等级、身份、地位、贫富、阶级、政治人民等来描述和定义，只有用"普遍""全体""所有"的**个人**来描述，用**人人**来定义。所以，以平等为起点、以自由为目的的人道只能是人人之道，是缔造群居地存在的社会的**所有个人之道**。所以，人道作为社会律法，是以平等为起点、以自由为目的、以人人为视域范围来确立人在社会中的地位和价值的律法。

首先，人在社会中居于最高地位，人是最高地位的存在者。每个人，无论其地位和身份如何、贫富怎样、财富和学识几何，但这一切都在"人"之后，都是人的产物，必须居于"人"之下。具体地讲，权力、财富、学问、知识、技术等所有由人派生出来的东西，都不是定义人的依据，都不能成为定义人的因素或条件。人就是人，人只能通过人本身来定义。人之于群居存在的社会言，不是由社会来定义，应该由人来定义社会，不是社会高于个人，而是社会服务个人、服从个人。个人也只有服从个人和服务个人，即个人与个人之间的存在关系必须是平等的，必须是自由的，必须平等的相予性和自由的相予性。

其次，由于人在社会上的如上实然地位，决定了人在群居存在的社会中的价值也高于其他任何存在物的价值。人在群居存在的社会中具有最高价值，所以"人是最高的价值和宝贵的财富。无论过去还是现在，这条原则对于以人道主义为取向的哲学来说，都是经久不衰的原则"①。人作为群居存在的社

①　引自王海明《新伦理学》，商务印书馆2001年版，第398页。

会中的最高价值主要体现四个方面：第一，人是一切社会价值的源泉。人创造价值，人又不断地革新价值和提升价值，没有人就没有价值；没有人，存在世界必然地失去产生价值的依据和理由。第二，人是一切社会价值的判断者。在人的群居存在的社会里，人必须以人为尺度，人必须是人的尺度，因而，社会（制度、法律、权力、财富甚至等级、技术、教育、文化、主义等）必须以人为尺度。第三，人是一切社会价值的目的。所有社会价值的创造和社会价值的实现都必须以人为起点和目的：在人的群居存在的社会里，人是价值的目的，价值是人自主选择自由创造行为的体现和实现其自由创造的成果。第四，人是人的群居存在的社会中的最高价值体现。在人的群居存在的社会需要体系构成"所有的东西中间，人最需要的东西乃是人"①。

最后，人在群居存在的社会里的最高地位和最高价值构成人必须享有平等自由的尊严的真正依据。"一个价值能被其他东西所代替，这是等价；与此相反，超越于一切价值之上，没有等价物可代替，才是尊严。"② 人成为人的尊严主要体现两个方面：第一，他能够而且只能从平等出发，以相互自由为生活的目的去爱，去博爱；第二，他能够而且必须以人的最高地位和价值去慈善、慈悲。从根本讲，人道律法是人成为平等、自由的存在者享有最高社会之地位和价值的爱的律法，或可说博爱与慈悲的律法。

公正的律法　　以平等为起步，以自由为目的，以人道为价值导向的社会律法，必以公正为根本规范。所以，限度的律法既是平等和自由的律法，也是人道的律法，更是公正的律法。

理解公正的律法需要先明确公正与正义的关系。由于罗尔斯以社会契约论为方法来重新探讨亚里士多德的两个公正原则，构建一种政治正义哲学，由此使后来者用正义取代公正，公正的社会律法由此未得学理上的当世发展，导致"没有人能够客观地和确定地知道什么是公正，公正也不得到证明"③。

客观地看，罗尔斯将亚里士多德的公正理论的两个一般实践原则纳入国

---

① 周辅成：《西方伦理学名著选辑》（下册），第 189 页。
② ［德］康德：《道德形而上学原理》，第 87 页。
③ ［英］麦考密克、［澳］魏因贝格尔：《制度法》，周谦译，中国政治大学出版社 1994 年版，第 266 页。

家框架下来考察社会制度机制构建何以正义所形成的**政治正义**理论，与亚里士多德的公正理论有两个方面的根本区别：第一，亚里士多德的公正理论是**社会**公正论；罗尔斯的正义理论是**政治**正义论，更具体地讲是制度正义论。其次，亚里士多德的公正理论是**普适**理论。公正作为一种普适理性，一是指理论的普遍性、一般性，"公正不是德性的一个，而是整个德性；同样，不公正也不是邪恶的一部分，而是整个的恶"①。二是指理论的全球性、世界性："所谓公正，是所有人由之而做出的事情来的品质，使他们成为作为公正事情的人。"② 在亚里士多德那里，公正不仅指涉所有人、所有事，更指涉分配、交往等领域。仅分配论，亚里士多德的公正理论为财富、荣誉以及其他为合法公民共享的东西的分配提供了尺度。就交往论，亚里士多德的公正理论指涉了包括自愿交往和非自愿交往领域，前者如赎买、出售、抵押、放贷、寄存、租赁等，后者如偷盗、投毒、诱骗、淫媒、通奸、暗算、伪证、袭击、杀害、关押、抢劫等。由此，亚里士多德将公正分为分配公正、矫正公正和交换公正：分配公正是谋求对他人的分配不公（过度）与对自我的分配不公（不及）之间的中道；矫正公正是谋求交往中一方得利与另一方失利之间的中道；交换公正是由第三者以仲裁的方式来强制实施以使当事人双方获得公正的主动方式，其根本准则仍然是中道。由此三者使亚里士多德的公正理论获得了指涉功能的世界性，全球性。与此不同，罗尔斯的正义理论却是**局域理论**，它不能跨越国家政治而达向日常生活领域发挥其规范功能。或许正是因为如此，罗尔斯后来才研究《万民法》，并企图对"正义"理论的运用范围予以拓展③，但这种想望性努力就如康德早就指出的那样，"国家是一个人类社会，除了它自己本身而外没有任何人可以对它发号施令或加以处置。它本身像树干一样有它自己的根茎。然而要像接枝那样把它合并于另一个国家，那就是取消它作为一个道德人的存在并把道德人弄成了一件物品，所以就和原始契约的观念相矛盾了；而没有原始契约，则对于一国人民的任何权利都

---

① ［古希腊］亚里士多德：《尼各马科伦理学》，苗力田译，中国社会科学出版社1999年版，第97页。

② ［古希腊］亚里士多德：《尼各马科伦理学》，第95页。

③ ［美］罗尔斯：《万民法》，张晓辉等译，吉林人民出版社2001年版，第1页。

是无法思议的"①。

罗尔斯的正义理论只是对亚里士多德的两个公正原则的现代诠释，即基于现代社会的公平和制度分配的完善而构成特殊的政治道德原则，亚里士多德的两个公正原则是基于人类伦理存在的自身要求而构成规范社会的一般原则，更准确地讲是人的群居存在的社会必须遵从的两个律法原则。

> 公正就是每个人得到他应得的东西（利益或损害）；而不公正则是每个人得到他不应得的利益或损害。②

威廉·葛德将公正定义为"应得的利益与损害"，不仅揭示公正蕴含"每个人应得的东西所持有的恒常不变的意志"，更揭示公正指向其实际利益或损害的获得必须接受规范与限度，"每个人应得的"东西才可能得到保证。并且，公正之限度精神不仅体现在实际利害内容上，更体现在对"好感""愿望""爱好"这些大体属于道德行为方面的内容的限度，同时还体现在对实际的利益优先的策略选择与手段运用等的明晰与限度。③ 由此看来，公正问题实际上涉及行为动机应当、行为手段正当和行为目的及其结果正义的问题；而动机应当、手段正当、目的及其结果正义之规范恰恰是公正对"每个人应得的东西"之行为追求的全面规训与限度。④

公正概念之所以对"每个人应得的东西"之行为诉求必须予以"动机应当→手段正当→目的及结果正义"系统规范和价值导向，是基于它必须为"一切人固有的、内在的权利为其基础"，以"自然法面前人人皆有的社会平等"为本质要求。正是基于这一内在要求和行为规定，"公正"才有资格成为"一个社会的全体成员相互间恰当关系的最高概念"。⑤ 公正概念表述的是人

---

① ［德］康德：《历史理性批判文集》，何兆武译，商务印书馆1996年版，第99页。

② Robert Maynard Hutchin, *Great Books of The Western World*, *Volume 43*, *UTILITARIANISM*, by, John Stuart Mill, Encyclop Aedia Britannica, Inc. , 1980, p. 466.

③ ［德］罗伯特·施佩曼：《道德的基本概念》，沈国琴等译，上海译文出版社2007年版，第35—36页。

④ 参见唐代兴《生境伦理的规范原理》，上海三联书店2014年版，第164—196、304—354页。

⑤ 陈立显：《伦理学与社会公正》，北京大学出版社2002年版，第44页。

类社会各成员之间的恰当生存关系，这种"恰当的生存关系"就是一种平等的权利关系。这一权利关系中的"权利"是源于自然法则：公正的最终依据是自然法则，政治、制度、法律必须以公正为依据。从根本讲，公正表达出来的人间关系定位恰恰是人与人、人与社会之间的利益定位，这种利益定位的具体表达是"各人得其所得"。这个"各人得其所得"的背后隐含着另外两个历来为人们忽视的客观事实，即各人"不得其所得"的事实和各人"得其不当得"（即"得其不该得"）的事实：当一个人"不得其所得"的行为是不公正的，也是不道德的和非善的，因为这涉及自我利益的损害；当一个人"得其不当得"时，必然涉及对他人利益或者社会利益的侵犯，其行为是恶的、是反公正的，也是反道德的。一个人怎样才能避免"不得其所得"和"得其不当得"而真正做到"得其所得"呢？这一问题包含人们"得其所得"的前提，这个前提条件就是亚里士多德所讲"比例"："公正就是比例，不公正就是违反比例，出现了多或少。"① 这就是"得"与"失"构成比例要公正，即所得到的和所失去的东西必须在价值（而不是数量）上一样多。

公正是实现"各人得其所得"这一实践指向要求公正必须具备两个条件：一是必须付诸行为；二是必须在行为展开中追求等利害交换。综合此二者，**所谓公正，乃是对人类社会生活中我与你及其我与他、我与它之间的等利害交换行为的规范引导方式和价值判断、评价方法**。此一概念性质定位赋予"公正"两层含义：第一，公正不是等利害**交换行为**本身，而是对等利害交换行为的**规范、引导方式和价值判断、评价方法**。第二，公正就是根据普遍利益法则对利害交换行为进行"三平等善待"（即平等善待自己、他人和生命）的等同性规范、引导、判断、评价。

公正指向实践的行为方式是等利害交换，但公正指向实践的本质规定却是三平等善待的普遍利益法则，它以多元意向的方式呈现自身：公正的存在本质是平等；平等的具体表述是平等三善待，即平等的抽象表述就是普遍利益法则。以此来看，公正始终是人与人、人与社会、人与世界生命之间缔结起来

---

① ［古希腊］亚里士多德：《尼各马科伦理学》，第 101 页。

的根本性存在关系的表达式，即等利（害）交换的本质规定恰恰是人的存在权利、生存利益和人作为人的价值。人的存在权利、生存利益、个人价值此三者的实际关系可表述为**权利是利益的容器，利益是权利的实在内容**，价值是利益的抽象形式。在实际的社会生活中，以利益为本质内容，人与他者之间形成的等利害交换关系就是分配关系，即通过分配而实现交换。但分配的依据和尺度却是普遍的公正，分配的内容却围绕利益而生成的权利与权力。然而，以公正为尺度来分配权利或权力必然要牵涉出责任，因为只有当责任形成对权利或权力的对应之势，所谋取的利益才是合道德的、公正的。当权利、权力和责任成为因交换而分配的具体内容时，必然形成权利与权力分配、权力与责任分配、权力与权力分配、权利与权利分配、权利与责任分配，这五种分配形式中的关键分配形式却是权利与权力分配。由此，权利与权力的交换平等的实质是权利与权力的分配公正，它客观地存在着两种基本形态：一是个人权利与社会权力的公正分配；二是人的权力与地球生命、自然环境权利的公正分配。

客观地看，权利与权力分配、权力与责任分配、权力与权力分配、权利与权利分配、权利与责任分配这五种具体的分配形式最终体现为权利与责任对等：**权责对等**构成分配与交换的本质规定，即权利与责任分配应该且必须遵循的原则是对等原则：一个人的权利必然是他人的责任；一个人的责任必然是他人的权利。无论你是谁，当你享有一项权利（或权力）时，你就为他人（或其他生命）赋予了某项责任，并且你自己也必须担当起另一项相对应的责任；反之，当你担当某项责任，你就赋予了他人某项权利，同时你自己也获得了某项相应的权利。假如你只担当了责任，没有给予他人以某项实质性的权利，你担当的只是一种虚假的责任；假如你担当了某项特定的责任，却并没有以此获得相应的权利，你担当的这种责任虽然是善的，但绝对是不应该的，也是非道德的。

四　限度律法的政治规训

人的智－力制定的社会律法，必须遵从自然律法和人文律法的引导和规训，自然律法和人文律法的共有法则即是生，人的群居存在要得生和生生不息所面临的根本问题是有限与有限的冲突，其解决的根本之方是节制无限而适应有限。所以，社会的律法必是限度的律法，限度的社会律法贯穿人的群居存在的社会之方方面面，但基本方面有二：一是限度的律法对政治的规训；二是限度的律法对伦理的引导。仅就前者言，限度的律法的政治规训集中落实在对国家、发展与市场、环境和技术五个方面的律法构建。

1. 国家善业的限度律法

国家诞生于人的群居存在发展到高级阶段对人人都能平等地过上"优良的生活"的需要，因而，**国家在本质上是一种善业**，但这种善业要成为现实必须构建**抑恶趋善**的律法体系以为引导和规训。前提是要充分认识**国家趋恶**的**权本逻辑**。

客观地讲，本原上作为善业的国家需要对权力和权利的分配和安排，由于这种"分配"和"安排"本身涉及人的利欲和想望，自然演绎政治逻辑的两可性，即人本逻辑或权本逻辑。

推动国家趋恶的权本逻辑　　权本逻辑即是以社群为以起点并以社群为目的的政治逻辑，国家的运作以限制权利和扩张权力为取向，形成的边际社会效应是人的群居存在之生遭遇各种阻碍，权力可自由地生且生生不息。

人群居存在的社会如果遵从权本逻辑会产生三个层面的功能取向，其一在国家功能层面，会出现对无限权力自由与有限权利限制的矛盾的强行统一，这种统一方式会成为一种持久的高成本化的社会运行范式。其二在社会功能层面诉求统治或管制治理而淡化或取消服务性治理。其三在个体功能层面采取统一的方法进行统一规训，进行对个体之人或者更具体地讲是对生活大众予以工具化或耗材性质的管理。

权本逻辑在如上三个层面发挥出的应有功能，必然合生为一种以**权力规训权利**的边际效应范式，因为在权本逻辑化的群居存在的社会里，"权力意味着在一个社会关系中，面对反对贯彻自身意愿的任何一种机遇，不论这种机遇基于何种基础"[1]。权本逻辑之能产生如此运作功能和社会效应，源于权力本身的潜能。权力本身的潜能源于权力的性质规定。从根本讲，"权力是一种

---

[1]　Max Weber, *Vfirtschaftund Gesellschaft*, *Grundriss der verstehenden Soziologie*, Tubingen，1972，p. 28.

依照自己的意向影响他人的能力。权力**只针对人而不针对物**"①。（引者加粗）权力不针对物，权力只占有物，但需要通过对人的占有来实现，**即权力必通过占有人来占有物**，这是权力只针对人而展开的原因。权力针对人而展开可以是身体的，也可以是心志的，前者可通过暴力来轻易地实现，但却可引发反抗；后者是通过对人的信念、感知、认知、观念、情感、知识的改变和塑造，使之形成自愿服从和追随，使人的"行为、意谓以及人的情感的一部分受理由驱使。驾驭人意味着驾驭导致其行为、信念和观点之理由"②。权本逻辑的实施实际上对人的身体和心志两个方面同时发挥功能，这既是基于权力的完美理念，也是基于权力的非完美现实。

权力逻辑诉求权力的完美性，因为权力在理论上是可以完美的。基于这一理想主义的信念，依据权本逻辑的操作往往从人的身体和心志两个方面实施对**完美权力**的追逐。追逐完美权力构成权本逻辑运作的基本努力，但此努力最终不能获得完美权力的形态学呈现是因为权力实施本身并不能趋向于完美，这是由权本逻辑的自身制约，因为权本逻辑实现权力完美的努力指向的是群居存在的人，而群居存在的人始终是个性、人格和充满利欲诉求的人，当权力遵从权本逻辑来对人予以身体和心志两个方面的制约或改变，自然会引发本能的对抗，或暴烈的或柔性的，总之，权本逻辑实施与运行本身就启动了身体性和心志性的对抗，这种对抗会承权本逻辑的无限扩张而潜在地集聚与扩散社会化，最后会演绎出这种追逐完美的权力最终会被迫解体，或自我解体，或被他者所解体。

权本逻辑的实施最终必遭遇自我消解或他者解构的根本原因是权力本身的局限，这种局限主要有三个方面。

首先，权力在本质上是片面的。权力的片面性主要体现在两个方面：一方面是权力本身的限度。这种限度由两个因素制约，一是受权力的来源制约。权力来源于人的群居存在，是个人谋求群居存在而产生，不具有本原性，它是人权的衍生物，是人基于群居存在而将一部分人权的平等度让而使之拢集起来形成权力。所以，权力必受制于人的权利，虽然权力可以按照权本逻辑

---

① ［德］尤利安·尼达－鲁莫林：《哲学与生活形式》，第 295 页。
② ［德］尤利安·尼达－鲁莫林：《哲学与生活形式》，第 295 页。

从人的身体和心志两个方面予以控制，但最终不能解决人的存在想望和人与生俱来的权利要求。二是权力的非完美性。由此形成完美权力的不可能性，这种不可能性恰恰由追求完美权力的行为所塑造，即在权力诉求自身完美的行为实施于人的过程中，对人的影响呈现三个特征，同时也造就三种阻碍和局限：第一种局限是部分的。这里的"部分"既相对整体言，比如部分的人，部分的区域，部分的领域；也相对个体言，比如部分的方面，部分的认知，部分的思想，部分的情感等。除此两层意义外，"部分"还指相对受到完美权力的影响言，指完美的权力不能影响甚至不能侵入的方面，比如人格、尊严或者根本的生存利益、根本的血缘亲情等，当受到侵犯时必然产生内在的不可消解的对抗，以及这种对抗对权本逻辑的解构。第二种局限是"点式性"的，即任何想使其完美的权力实施时始终是针对的，或针对具体的人、具体的群体，或某些阶层、某种利益，甚至针对某种观念、认知或思想等。对于完美权力实施的点式性特征，更具体地解释了完美权力的部分取向，这种部分取向决定了完美权力实施的不可能全面化，这种非全面化的部分努力必将达于极端，而极端本身就是摧毁一切和自我摧毁的力量。第三种局限是非稳定性。按照权本逻辑推行权力，始终将这权力的强制推行陷于明与暗两个方面的对抗性场域之中，这种对抗性场域既是无声地形成，更是无声地敞开，并无声地发挥功能，最终将权本逻辑化的权力引向非确定性甚至混沌之境况中，形成自我弱化或自我解构。

其次，权力在实施中的脆弱性。对于权力实施的脆弱性问题有两种看法。第一种是以宽容方式对待权力的脆弱性。这种宽容地看待权力脆弱性的方式有两种：一是从主体切入形成看待权力脆弱性，发现权力的刚劲取向与权力的脆弱取向均与主体息息相关，权力主体的自我认识越深刻、越明朗、越清晰，对权力来自于人权的非自根性、片面性认知就清醒，因而，对权力的看待和运用始终留有余地，这种留有余地的做法从根本上消解了权力的不屈不挠的刚劲冲动使之获得脆弱的取向。所以，权力主体对权力的来源、权力的片面性的内在觉解的行为和过程本身将权力脆弱性视为权力的本来样态、本来方式。二是以制度的方式来对待权力的脆弱性，往往形成选择个人主义取向的政体，构建以**权利约束权力**和以**权利博弈权力**的制度体系和法治体系。

第二种是以苛刻方式对待权力的脆弱性，即为了克服权力天生的脆弱性而诉求权力的完美性。这种努力方式往往朝着极端方向推进，虽然目的是克服权力的脆弱性，但实际操作形成的结果却走向反面，成为扩大权力脆弱性的方式，这种方式的持续推行最终导致权力丧失正向的边限效果而生成负向的边界后果，那就是权本逻辑的解构。

权力的脆弱性根源于权利的阻碍。

权利源自人的天赋本能。**天赋本能总是无条件地坚挺。**这种无条件地坚挺的天赋本能可能会在特定的境遇中遭受外部强力的扭曲或屈服，但这种屈服始终是有条件、有限度的，如同气阀，只有当没有一丝空隙的情况下它才被完整地关闭着，一旦有任何丝毫的空隙它都会趁机渗出或涌现。权力按照权本逻辑从身体和心志两个方面控制人的权利或解构人的权利，是根本不能将其置于用气阀掌控的密封的管道之中，只有在天然的四面八方和四通八达的存在场域中展开，而四面八方和四通八达的存在场域本身就是非密封的，是全方位式透风的。面对这种来自四面八方和四通八达的**透风性存在**，权力无论怎样极端和强大，都不仅无法消解本质上的脆弱性，而是朝向反面自为地增强其脆弱性。

更为根本的方面是无条件的天赋本能的本质内核却是**生命之生**的本性。生命之生的本性内在地具备**生生**强力。这种生生强力以生命为前提是无坚不摧的，除非摧毁了生命，只要生命继续存在，人的生生本性始终构成权力的脆弱之源。这是因为以生命存在为先决条件的生之本性，在向群居地存在方向释放出来的不可逆倾向就是众裁其群居存在的生活事务的诉求，这种诉求就是**众裁权利**，这种众裁权利与权本逻辑的独裁权力形成根本的冲突虽然可能获得形态上的或暂时的妥协或和解，但最终不能自行消解，并由此成为抵制和解构独裁权力的社会方式。

推动国家趋善的人本逻辑　　与权本逻辑相反的人本逻辑，是以个人为起点并以个人为目的的政治逻辑，国家的运作以限制权力来保护权利为基本任务，其形成的边际社会效应是生和生生不息。

人本逻辑是依据人的本性而生成构建的逻辑，它展开为三个方面的诉求。

首先，人本逻辑是遵循个人主义的人本律法。

个人主义与私利主义根本不同：私利主义是以个人为起点、以个人为目的，在利益上是以个人利益为起点，以个人利益最大化为目的。私利主义的基本信条是：世界是自己的，自己是唯一的。私利主义的行动准则是"只讲目的，不讲手段"和"为达目的，不择手段"。私利主义的极端行为准则是"有奶就是娘"。私利主义的行为方式是"凡事有而利而往，凡事无利而不往"。与此相反，个人主义是承认个人在群居存在的社会中地位至高无上，存在价值至高无上。在此基本认知基础上，个人主义具有四个层面的自我定位：其一是人本定位。在群居存在的社会里，人本是指人构成人的边界，而不是权力构成人的边界。其二是权本的定位。人以人为边界定位的实质是以人的权利为本体定位：权利是人的本体，也是构成权力的本体。其三是平等的定位。以权利为人的本体，是以平等为本质规定：权利的本质是平等，人以人为边界实是人以平等为依据。其四是自由的定位。平等的目的是自由，自由的前提是平等，自由的内涵是自由思考，自由言论，自由选择，自由行动。

以个人本位、权利本位、平等、自由为基本内涵的个人主义，是人的群居存在所需要的，因为这种性质和内涵规定的个人主义与群体、社会、国家相融，也与人类存在相融。个人主义与群体、社会、国家、人类相融构成一个分水岭；反之，与群体、社会、国家、人类不相融者不是个人主义，而是私利主义。

其次，人本逻辑是权界主义的政治律法。

权界主义与权本逻辑的权本主义相反对，它从五个方面构成与权本主义的根本区别。所谓的权界主义，是指得到边界规范的权力，它有五个方面的自身规定。其一，权界主义承认权力来源于权利，是人基于群居存在的需要而非将一部分权利按平等方式度让出来然后拢集成权力，所以权力的根源是权利，权力的边界是权利。其二，权界主义的基本信念是权力的存在的理由和根本的目的，是权力服务权利、权力维护权利和权力保障权利。其三，权界主义主张权力的边界由权利确定，权利是权力的尺度，权利是权力的准则，权利是权力的边界。其四，权界主义强调权力必须接受权利的监督与约束，没有监督和约束，或者无视监督和约束的权力只能是权本逻辑的权力。其五，权界主义规定权力服务权利的前提是必须具备明确的、有序的的权利博弈权力的制度、社会机制和法律方式。

由此五个方面的规定，权界主义的权力是合法性的权力，所遵从的逻辑是合法性的逻辑。这种合法性的权力逻辑同时接受三个方面的规定：其一，合法性是权力立与逝的根基。构成权力合法的根基由两个方面规定：一是权力合法性必须有其滋养人群居存在的人文根基；二是权力合法性必须有其最终依据的自然根基。其二，权力合法性的逻辑只能是权利逻辑，即权利构成权力逻辑的依据。其三，构成权力合法性的权利逻辑的本质规定是**人本**、**平等**、**自由**。

不仅如此，权界主义的权力还是结构合理性的权力。权力的结构合理性主要体现为两个方面：一是合作，即权力与权利的共谋与合生。权力与权利合作的基本方式是权力与权利的博弈形成互为边界与限度的常态。二是互动，即权力与权利的互动是理性的：权力必须以权利为边界，权利也要接受权力的节制而不逾度。

最后，人本逻辑是良行主义的生活律法

个人主义的人本律法讲**主体条件**；权界主义的政治律法讲**环境平台**；良行主义的生活律法讲**行为方式**，这是对人本律法和政治律法统摄的律法。

第一，良行主义就是会通自然律法和人文律法的社会律法的存在方式，包括优良的行为方式、群性方式、处事方式、利义方式的合生性敞开就是良行主义。良行主义是一种合律法的存在方式，也是一种合律法的行为方式、群性方式、处事方式、利义方式。

第二，良行主义的实质规定有三：一是合律法，即既合自然的律法和合人文的律法，也是合社会之平等、自由、人道、公正的律法。二是良行主义必合内生的良心、良知并呈良能。三是良行主义的生活诉求是善意地生活。善意生活的本质是善意。所谓善意，就是拥有平等、尊重、无伤害的生活态度。以平等、尊严、无伤害的日常行为构建一种平等、尊重和无伤害的生活方式就是善意地生活，它展开为自己、他人、社会、自然（包括物种生命、环境）四个维度，即平等尊重自己，不伤害自己地生活；又平等地尊重他人、社会、自然，不伤害他人、社会、自然地生活。人善意地生活的真实目的是实现己与他者同在、共生。要言之，人与人共生存在的生活就是善意地生活。

2. 发展与市场的限度律法

人谋求群居存在的生活而构建社会就是要从根本上解决存在安全和生活

保障问题，而存在安全和生活保障这两个根本问题将人的群居存在的所有社会问题带动起来形成问题之场。解决问题之场的根本努力，是发展。

社会发展与限度律法　　本书讨论的发展，是人群居存在的社会意义的社会发展。社会发展不是一个环节，也不是一个阶段，而是需要持续地展开。社会发展之所以需要持续地展开，不仅因为存在安全和生活保障始终构成每个当世存在必务的枢纽性问题，对这两个枢纽性问题的解决实可带动起来解决其他所有的问题，但事实上这两个枢纽性的社会问题既能够境遇性解决却不能根本地解决，所以必须发展。除此之外，还有一个根本性的问题是社会发展本身是有限的，这种有限性来源于发展的限度。发展为何是有限度的呢？这源于五个方面的限制或牵制。一是由人的群居存在构筑起来的社会，始终是坐落在具体的疆域之中，而具体的存在疆域始终是限度的，这种限度性的存在疆域源自两个因素：其一是地球本身只是一个星球，它的可数性本身构成限度，更何况"三山六水一分田"的地球表面的海陆分布也形成对人的群居存在的限度化。其二是人类物种的人种化，不同的人种总是以自己的方式构筑独立存在的方式、个性、文化，并由此开辟出只属于自己的存在疆域，这种存在疆域是绝对的有限度。二是可利用资源的限度性。这种限度首先是源于地球表面形成的"三山六水一分田"的海陆分布结构，就成为资源限度的根源。其次是人种化的群居社会占有的地域空间蕴含的资源状况形成了绝对丰富或相对丰富的限度取向。三是地球承载力的限度性。这里的承载力主要指能够适宜于人类物种安居存在的空间及其张力程度，如果丧失其安居存在空间的张力度，地球对人类的承载力就会下降，甚至最终丧失而导致地球生境的崩溃。地球承载力的限度主要取决于两个因素：其一是人口的增长度；其二是人对地球资源的索取度和对环境的破坏或者维护度。四是社会生产的限度性。人基于群居存在而组建起来的社会展开生产的目的是无限地解决存在安全和生活保障的问题，但社会生产并不可任意展开，它要接受诸如气候、日照、风调雨顺、土壤肥力、技术、劳动力、资源材料等多种因素的制约和影响，由此形成社会生产总不能按人的想望和预期而无限敞开，总是面对许多非确定性的因素。五是社会组织的限度性。社会发展需要社会生产，社会生产需要社会组织，社会组织同样要接受诸多因素的制约，比如人的利欲、人的能力、人的心理意向以及权力等都构成社会生产需要的社会组织在预想的层次上可诉求无限和完美，但在实际操作中始终呈残缺的无能为力取向。

由于如上制约因素形成社会发展的限度性，这种限度性不是局限的或暂时的，而是持久的和全方位的，基于这种持久的和全方位的限度性，社会发展必须考量其最低限度和最低条件，在发展的最低条件下，社会发展的最低限度就是全面保持可持续生存，使人的群居存在敞开生存能够持续下去，并获得持续生存的最低保障，这是发展的基本努力，也是发展的基本方略。

市场的限度律法　　社会发展的基本努力是发展经济，其最终方向是发展文化、发展文明。并且，发展文化、文明的前提条件或者说起步必须是发展经济；发展经济要得到良序地展开需要市场律法的引导和规训。市场的律法在其本质上依然是限度的律法，它涉及两个根本问题：一是市场为何是限度的？二是限度的市场如何才可构筑起有效的限度律法？

首先，市场为何是限度的问题涉及市场的来源，也涉及市场的构成，更涉及市场的运作。

从来源讲，市场不是来源于自然，而是来源于人为，是基于群居存在解决存在安全和生活保障之需要而按人的智－力方式构成的。人的智－力本身是有缺陷的，并且在许多时候呈现片面和偏激，并且也正是这些片面和偏激因素的汇集才构成了对市场的制约，使市场生成出有限性。并且，市场虽然是人为创造的，但市场解决存在安全和生活保障的努力却总是指向自然存在和环境世界，这就要求市场必须遵从自然的律法规训和引导，这种规训和引导本身构成对市场的限制，形成对市场的根本性限度。

从构成讲，市场产生于宇宙自然和人的社会这样两世界之中，形成自然世界与人的世界之间关联存在的两可性，或合生或分裂拉扯，但无论哪种情况都使市场受到牵制。除此之外，地域环境、资源状况、劳动力状况、技术、社会组织方式、制度、法律以及认知水准、价值取向、心理基础、历史内涵等等都成为市场构成的条件，这些条件以何等方式组织并以怎样的方式释放，亦同样成为市场构成的基本因素。如上诸多因素的开放性生成和开放地释放其自身功能都会直接或间接、现实或潜在地成为限制市场的力量。

其次，从来源和构成两个维度生成的市场只有有限度地运行，因而必须接受有限度的律法牵引和规范。能够有效地全面牵引和规范市场运行的律法大致由两个方面的内容构成，即契约的律法和法精神的律法。首先，契约的律法为市场构筑起一个律法框架，构建这个律法框架的基本准则是**互利**。基于互利的契约的律法必须诉求诚信和守时。诚信就是诚实和信用，这是市场互利的行为保证，守时就是坚守时间和节省时间，这是市场互利的时间保证。其次，法精神的律法为市场构筑起行为边界体系和价值判断体系。在契约的律法框架下形成守法的律法。所谓守法的律法，就是遵守市场规则和法律的律法，这一律法即是由客观、平等、自由、公正构成。市场必须是客观的，这种客观性的内涵或者说要求有两个方面：一是市场本身的运动规律，即供求规律，市场的客观性就是市场的敞开与运行应该以市场自身运动的规律为引导和基本的规范方式。二是市场的自身客观性要求人以及社会组织甚至政府，都只能是以自然人的方式进入市场，所谓自然人的方式进入市场，就是一人一权、一人一票的方式进入市场，不能以任何方式携带特权和垄断进入市场，这是市场的客观性对市场主体的基本要求。由此两个方面要求，市场守法的律法只能是平等的、自由的和公正的律法。

市场的限度根源和市场构成的条件性这两个因素合将起来形成市场限度的律法运行，其可表述为遵循供求规律的律法运行，它具体敞开为两个方面。一是市场限度的自决运行。即市场依据供求规律而自行调节运动，它呈现两个方面的含义，"①自决亦可以定义依据自身理由实施行动的能力，②自治可以定义为根据自身立法，自我合法化的能力"①。所以，"自决不能以一种聚合规则的形式出现——不管它是议会民主多数决定的集体自决。集体自决在我看来是一个令人信服的结论，具有一种**广泛的规范性共识性共识**的形式。每一种合法的决策规则均可成为这一共识的组成部分，这样的规则在集体自决中扮演一定角色。唯有这一基本共识，才使集体自决获得了规范性力量"②。（引者加粗）二是市场限度的自治运行。市场限度的自治运行有两层含义：首先指市场自治的律法即限度的律法；其次指市场自治的律法，是其边界的

---

① ［德］尤利安·尼达－鲁莫林：《哲学与生活形式》，第290—291页。
② ［德］尤利安·尼达－鲁莫林：《哲学与生活形式》，第290页。

律法。

3. 环境与技术的限度律法

人因为解决存在安全和生活保障问题而群居地存在必须谋求发展，人谋求发展必须创构市场，人创构市场必得遵从供求的律法、自决的律法和自治的律法。但必须时时刻刻不忘解决环境和技术的问题。

环境的律法　发展牵引出自然世界和环境问题，所以环境因为人而产生：环境是因为人从自然人类学向文化人类学方向发展将自己推向极端时才出现的境遇性问题。因为环境即是人存在于其中的自然，当人存在于其中的自然能够支撑人的存在时，它并不产生问题。当它不能支撑人的存在时必然变成问题而进入人们的意识领域而产生环境意识和环境问题。

环境产生于对自然不能支撑人的群居存在的问题意识表明自然为人提供的存在环境本身是有限度的，这种限度源人存在于其中的自然既是地域化的，也是气候化的。地域化既有空间疆域的限度，也有资源储藏的量化限度，更有土地可借用性的限度。气候本身是周期性变换运动的，这种变换运动的周期性本身就是限度。气候周期性变换运动由太阳的辐射所制约，更由太阳与地球的运动所制约，这些制约却是本质性的限度，因为地球与太阳运动、太阳辐射、气候同期性变换形成风雨运动，形成气温和地温的变化，而所有这些因素都从不同方面构成一种环境限度。更不说人口的变化、人的欲求的增长、人对地球资源的开发和开发速度等因素都以自身方式滋生出来的限度因素影响着人群居存在的环境，使环境成为限度的环境。

如上各因素构成的有限度的环境要能够持续地支撑群居存在的人的生活，不能要求有限度的环境适应人的存在，只能要求人的存在本身如何适应有限度的环境，这一取向引导群居存在的人制定环境的律法只能是限度的律法，限度的律法的环境本质只能是生境，所以，环境限度的律法即是生境的律法。

环境生境的正向敞开即生生的律法。

环境的生生律法蕴含三个生生法则，即环境生育法则、环境优先法则和环境限度生殖法则。

环境生育法则是环境自组织、自建构、自调节、自修复法则。自组织，是环境生育的动力法则；自建构，是环境生育的结构法则；自调节，是环境生育的动态平衡法则；自修复，是环境生育的补偿法则。

从根本论，环境生育法则对环境作出两方面自我规定。一是环境自我定性：环境必须以自生为原动力，并在充分发挥自生功能的同时才释放出生他的功能。二是环境自我赋形：环境按内在本性要求而自在地敞开自身、呈现自身。所以，环境之自组织、自建构、自繁殖、自修复是环境自为的功能发挥方式。环境之自为诉求和自为能力的功能发挥才生出为他性。环境为他性的功能释放就是生他。环境的自生与生他是就整体与个体之生成关系论：环境作为人存在于其中的存在世界是整体的，构成环境的要素、条件却是个体的。只有当作为整体的环境处于自生状态体现很强的自生能力时，它才发挥生成具体的生命、具体的存在物、具体的资源条件的功能。环境生育法则揭示了环境的整体动力学和局部动力学从何处来，也揭示了环境的整体动力向局部动力实现和环境的局部动力向整体动力回归何以可能。

环境的自生品质与生他功能之间的如上规定决定了人的群居存在必须**环境优先**，形成环境优先法则。这一法则对环境生育功能作了两个方面的规定：首先，环境必须自主自为，无论是作为整体的环境还是作为具体的环境要素，其自生优先于生他。其次，构成环境的任何要素、任何条件都必须以环境自生为存在土壤和动力源泉。以此为准则，也"只有在优先考虑环境的前提下实现经济发展才是真正的人类可持续发展之路"[1]，"尽管我们许多人居住在高技术的城市化社会，我们仍然像我们的以狩猎和采集食物为生的祖先那样依赖于地球的自然的生态系统"[2]。

环境优先法则揭示环境自生与生他关系生成构建的前提是只有当环境保持自生能力时，它才能发挥生他的功能。具体地讲，第一，只有当环境拥有自生且生生不息的内动力时，才可释放出生他功能来；第二，环境一旦获得生他力量并释放出生他功能时，就自在地增强了自生力量。

环境生育法则揭示环境的生产力功能；环境优先法则揭示环境生产力内在限度性，即环境自生与生他的能力既要受环境整体存在的约束，同时也要

---

① 冯雷：《马克思的环境思想与循环型社会的建构：日本一桥大学岩佐茂教授访谈录》，《马克思主义理论与现实》2005 年第 5 期。

② ［美］莱斯特·布朗：《生态经济》，林自新、戢守志译，东方出版社 2002 年版，第 5 页。

接受环境构成要素的约束。这两个方面的约束构成环境限度生殖法则。首先，环境作为整体的生产力量，其自我生殖能力是有限的。这种有限性既源于环境的基本构成性，也源于环境的形态类型性。从前者观，环境由个体构成，个体性的生命、个体性的资源、个体性的存在物，个体性的种群、群落……个体的本质是有限，由有限的个体性要素构成的环境，无论它具有何等的整体生产能力都要接受由有限个体构成的限度的限制。从后者论，环境的不同形态类型——比如宇观环境、宏观环境、中观环境和微观环境——其类型形态本身自设了自生与生他的限制性。正是因为如此，环境生产以及由此形成的环境生境，无论在微观层面还是在宏观或宇观层面，始终呈现其自我限度和相互限度。由是，宇观环境、宏观环境、中观环境由微观环境构成，微观环境由个体性的生命、资源、存在物构成；微观环境的存在敞开却要接受中观环境、宏观环境和宇观环境的推动和制约。其次，环境作为具体的生产力量其生殖他者的功能也是有限的，这是因为整体与个体虽然可以交融性存在，但整体与个体仍然各属自己，并且各自内生出自为的存在本性和自在方式。比如，一片绿色的草原中也可能出现一块不毛之地；广袤无垠的肥沃土地里或许有一片沼泽或乱石堆。

环境生境律法的逆敞开而生成逆生的律法。环境逆生律法蕴含三个逆态生法则，即环境破坏的层累法则、突变法则和边际法则。

环境层累法则是群居存在的人无限开发环境造成的破坏性因素层层累积最后形成对环境生境的整体性颠覆。环境层累法则揭示指细微的环境破坏因素可经过时间而聚集起来形成无限可能性的整体力量，即细微因素层层累积的精髓，是时间和聚集可以将小尺度变成大尺度，可以将细微末梢变成改变大尺度、大事物、大世界的无穷力量。时间和聚集之所以具有如此的**生化**功能是在于物理世界里能量的运动既不遵循守恒定律，也不遵从第二热力学定律，而是遵循宇宙大爆炸法则。这一法则揭示：宇宙是大爆炸所形成，但促成宇宙大爆炸的原初因素却是一个体积无限小的"奇点"。这个体积无限小的"奇点"之所以最终导演出宇宙大爆炸，首先在于这个原本可以忽略不计的"奇点"本身具有自聚合能量的潜力，当它一旦获得**时间的保证**就开始自我聚集能量的活动。正如一只蝴蝶在伦敦上空扇动了几下翅膀，几个月之后这个"初始条件"就演绎出太平洋上的一场龙卷风。层累法则的生成需要两个条件的具备：一是**自力因**，这就是"初始条件"自聚合能量的潜能；二是**孕育母体**，这即是时间。由于"层累"说内在地具有这样两个条件，所以它具有了跨越任何领域的限制获得其普遍法则的资格而可指涉任何领域并成为解释个体如何可能影响整体、小尺度怎样能够改变大尺度的最终依据。

　　环境因为人力开发形成的破坏性因素经历时间的层累而达于某种饱和状态时，就在整体上爆发出来时所遵循的环境法则就是突变法则。"突变"（Catastrophe theory）的法文原意是"灾变"，强调变化过程的间断或突然转换的意思。突变法则亦即突变原理，它原本是一种数学理论，但因它具有巨大的解释功能而指向物理学、生物学、拓扑学、符号学、语言学、发生学、信息论、逻辑学、行为学、自然科学、对策论等领域，更具有解释自然世界和人类社会所有领域的灾变现象的功能。突变法则揭示一切形态发生都是一个动力学过程，而"支配自然现象进化的动力学过程，与支配人类和社会进化的动力学过程，从根本上说来并没有两样"①。所有现象的形态恢复和提升的过程都是一个场化的动力学过程，在这样一个场化的动力学过程中"一切形态发生都归之于冲突，归之于两个或更多的吸引子之间的斗争"所导致的灾变运动。② 污染立体化，气候失律，灾－疫爆发日常化和全球化，环境能力衰竭和环境软实力对社会的柔性滋养和再生功能的丧失，都来源于人类与自然之间的持续斗争和生死较量，这种较量与斗争最终以自然对抗人类的暴虐而展现出来，从人类角度看这就是灾－疫之变。一切灾－疫之变都是突变的，所以一切灾－疫之变都遵循突变法则。

　　群居存在的人因为更高水平地解决存在安全和生活保障问题而无限度地开发环境所形成的破坏性的负面因素层累聚集突破环境生态容量极限而突变地改变运动方向，向逆生境方向运动产生的辐射性社会效应却遵循边际效应法则。

　　边际效应法则最早为经济学所发现，作为一种经济学法则它揭示经济领域的"每个生产和贸易部门中，都有一个边际，在那边际之内，任何一个生

---

① ［法］勒内·托姆：《突变论》，周仲良译，上海译文出版社1989年版，第20页。
② ［法］勒内·托姆：《突变论》，第19页。

产要素的使用量的增加，在一定的条件下都是有利的；但是，超过了这个边际，生产要素的使用量再有增加，就会产生递减的报酬，除非需要有增加同时要与某一生产要素合用的其他生产要素随着也有适当的增加"①。边际效应法则的精髓是：任何一个事物的存在以及任何一种行为或一类行为的展开都因为它本身而存在着一个客观的限度，这个限度导致了它的边际效应化：在这个限度内，它的持续存在或展开呈递增效应；反之，当其超出自身规定的限度时它的持续存在或展开就呈递减效应。由于这一内在的精神实质及其不可逆取向使边际效应法则的指涉功能超出经济学领域而获得了普适性。以此看人类与自然的关系原本是共在互存、共生互生关系，由于文化的高度发展、科技的日新月异，加之人的欲望的无限度开发，人类行为一旦突破了与自然共在互存、共生互生的边界限度，其介入自然界的活动就产生出递减效应。并且这种递减效应伴随着人类介入自然界的活动的纵深化而聚集成反抗人类的暴虐力量不断增强，这就形成所爆发的每种环境灾害和疫病都生发出边际递增效应；与此同时，人类进军自然界、发展经济的活动追求经济效益又日益加大其边际递减效应。同样，群居存在的人类因为无限度地追逐物质幸福欲望的满足而持续不断地征伐自然、掠夺地球资源，消解环境自生境能力形成的破坏性能量层层累积突破其生态临界点而突发暴虐，降灾于大地和人类社会。这些持续降临的环境灾害和疫病同样体现其动态过程性和衍生扩张性，并由此产生**水纹波浪式**的边际效应。

要言之，层累法则揭示人类改造征服自然、掠夺地球资源制造的负面影响是怎样以无声方式聚集起来形成强大的力量推动环境生境的丧失。突变法则揭示持续衰竭的环境如何以暴虐的方式表达其脱离自然轨道的逆生状态，从自然角度讲这种逆生状态就是生态链条断裂；从人类社会角度看这种逆生状态就是环境灾害和疫病的全球化和日常化。边际效应法则却揭示了暴虐的环境灾害和疫病如何产生后续影响或后续性的破坏力。

技术的限度律法　人群居存在于其中的自然出现不能支撑人类群居存在的问题时，才成为环境，产生环境意识，形成环境的律法。环境问题的产

---

① 〔英〕马歇尔：《经济学法则》（上卷），朱志泰译，商务印书馆 1997 年版，第 20 页。

生当然是人力所为，但人如果仅凭"两脚走路，两手做事"是不能生产出环境的问题。人群居地存在于其中的自然世界产生出环境问题来是因为人意识地并且持续努力地发明和创造出源源不断的新技术。从根本讲，技术的开发和不断开发而运用于改变自然、征服环境、掠夺性开发地球资源的无限过程才产生出环境问题，形成环境律法。所以，环境律法的遵循要能产生普遍的成效，必须制定技术的律法以抑制技术的开发使之有限度。

技术的开发是因为人的利欲需求和满足无限度，推动技术无限度开发的原发动力是人的生生之向和利欲所求，但无限开发的技术却总是在无声抑制甚至是解构人的生生所向和利欲所求，所以，技术开发必须有限度，这是因为技术的反自然本性和反人类本性。

在原发存在状态，人是一普通平常的生物，它与众物一样顺应生物本性而适自然的生变。在继发存在进程中，人从物演变成为人的结构形态学方式是"两脚走路，两手做事"①。手与脚在功能上的分责实是将人予以了两分："**两脚走路，是自然地存在；两手做事，是人力的存在**。从两脚行走到两手做事，生成起一个逻辑，开创出一种结构，更建构一种秩序：这个逻辑，是人从自然物到人的逻辑，展开为从脚到手的进化；这种结构，是人从自然物到人的时间进程，或者说历史结构展开为从脚的本能运动到手意识地安排事务；这种秩序，是人从自然物到人的存在秩序展开为本原性自然存在的世界与人质性质的存在世界的生成性联结，使自然存在的世界和人质存在的世界最终沦为技术化存在的世界。"②（引者加粗）这是因为手与脚的功能分责既推动大脑快速发育，也激活人的想望性存在，这种想望性存在就是按照人自己的方式和欲求存在。基于这种"按照自己的方式和欲求存在"的想望并不断放大这种想望，人命运地被两个根本问题牢牢地套住并为此展开永不能停息的努力，这就是从不间断地解决存在安全和生活保障的问题，由是只能无限地延长自己的手臂功能，即发展技术：技术是人的手臂的无限延长方式。技术的功能呈现是开辟存在安全和生活保障的道

---

① ［法］贝尔纳·斯蒂格勒：《技术与时间：1. 爱比米修斯的过失》，裴程译，译林出版社 2019 年版，第 121 页。

② 唐代兴：《生存与发展：环境与技术博弈的文化张力》，《福建论坛》2021 年第 12 期。

路，但在本质层面却是人将自己从物的世界中剥离出来而走向人。所以，"技术是从自然转化到人的目的的媒介。其特点是，将生物学上有缺陷的人保持在'自然'之中"①。造物主创造世界的同时创造出地球上的所有生物都存在生物学的缺陷。这种缺陷由两个方面规定：一是生命规定。地球上所有的生物都是**生命的**存在物，而凡生命存在物既是向死而生的存在物，也是需要资源滋养才可存活的存在物。由此两个方面的生命制约因素，构成了地球生物的根本生物学缺陷。二是物种规定。造物主创造出来的地球生物，是**物种化**的生命存在物，生物的物种化存在既赋予生命存在物的自身特质与个性，也规定了生命存在物的限度与边界。生物的生命化和物种化从两个方面规定了生物的生物学缺陷，既是一种**普遍的**存在论缺陷，也是一种存在敞开生存的**正常的**生存论缺陷。唯有当人这一物种的进化（遗传变异）遭遇一些至今都不可知的偶然因素的激活从"自然转化到人"道上来时，才将其原本正常的缺陷突显出来成为非正常的即需要去改变或缩小的一种"缺陷"，所以"人的生物学缺陷……（引发）技术的无条件性将会自行出现。人无外乎就是一个技术的动物，**倘若抛弃技术，他失去的将不仅是对自身负担的消除，而且是自身存在的基础**"②。（引者加粗）

从根本讲，"技术是从自然转化到人的目的的媒介"这一表述道出了技术的人本性质：**技术是一道门槛**，跨进这道门槛，人这个动物就朝人的方向转化，不再是纯粹的物而成为既是"物在形式"又是"人在形式"的人③。这是因为"从生物学上说，我们属于人这个物种，此物种通过进化而成，并且只是**细微地**同高等动物有所区别。从精神科学和文化科学的观点上说，人具有意识和理智，发明了文字并建立了诸如法治国家这样的社会组织机构。因此，人和技术可以用两种互补的方式进行考察——**依附于自然的束缚**和**摆脱了自然的束缚**。人具有符号方面的能力，如语言、技术和宗教。自古以来，宗教的目的就是为了革除这样一个认识，即我们完全听命于大

---

① ［德］马蒂亚斯·古特曼：《技术作为自然的转化》，载［德］阿明·格伦瓦尔德主编《技术伦理学手册》，第 166 页。

② ［德］马蒂亚斯·古特曼：《技术作为自然的转化》，载［德］阿明·格伦瓦尔德主编《技术伦理学手册》，第 166 页。

③ 唐代兴：《伦理学原理》，上海三联书店 2018 年版，第 7 页。

自然的摆布而且终不免一死；**技术的作用则是利用自然的过程，达到进一步对自然进行掌控的目的。人类的技术就是有计划地进行改造后的自然，人就是有计划地重塑自己的自然环境和自身自然本性的一种动物**"①。（引者加粗）

从发生学讲，技术构成人由物到人的标志。从生存论讲，技术构成人的自我重塑的方式，即通过"**利用自然**"来"**重塑自己的自然环境和自身的自然本性**"，这是技术诞生的**动机**，也是技术发展的**目的**，这一动机和目的最为实在地落实在对两个根本的"存在缺陷"的努力解决：第一个存在缺陷是存在的无安全性，它源于两个方面，一是来源于生物世界生物的威胁；二是来源于自然世界的生变运动。第二个存在缺陷是生活的无保障性，具体表征为生存资源的无现成性、匮乏性和谋求必付出高成本的代价。技术就是解决人的存在安全和生活保障的根本社会方式，也是在更新的生存处境中不断地解决其存在安全和生活保障的基本工具，因为技术武装了人的"**生存能力**"，"**将自然改变为服务于自己的生活之物**"。在物理层面，技术"改变自然"的实际成果是"重塑了自己的自然环境"，即不断地解决存在安全和生活保障问题，因为人"按照自己的方式和欲求存在"的想望无限度无止境激发人解决存在安全和生活保障的水准也敞开为无限变化的进程，从而导致存在安全和生活保障问题成为"**人成为人**"的永恒生存问题。在精神层面，技术"改变自然"的实际成果是"重塑了自身的自然本性"，即它的"总概念叫作文明，文明世界就是人的世界"。

由于技术的动机和目的是通过"利用自然"亦即改造自然来"重塑自己的自然环境和自身的自然本性"，所以它始终是**合伦理**的。技术的发展从合伦理性向伦理问题滋生的方向展开，既是创造技术的人出了问题，也由此推动的技术本身出了问题，只有当技术与人**相向敞开**为问题时，技术合伦理性的历史格局才被打破而不得不将技术伦理问题突显出来予以生活的和理论的双重关注。

从技术角度观，技术引发出伦理问题可能源于两种情况。一种情况是技

---

① ［德］布里吉特·法尔肯堡：《互补视角：自然主义理想主义》，载［德］阿明·格伦瓦尔德主编《技术伦理学手册》，第215页。

术通过"利用自然"来服务于人逾越了人与生物或人与自然的边界；一种情况是技术的研发和运用扩大了"利用自然"来服务于人的动机，抑或是技术的研发和运用改变了"利用自然"来服务于人的动机。前一种情况具体表征是技术"改变自然"突破了人与生物、人与自然之间共生存在的边界，逾越了技术"利用自然"来服务于人的合伦理的限度。由于技术对自身动机的逾越而造成人的存在与自然的对立、人的生存发展制造出来的环境死境化日益明显和普遍，致使由技术引发出来的伦理问题被环境的伦理遮蔽，即人们往往关注环境的伦理问题而忽视技术的伦理问题，因为在本质上，技术是人为了具备生存能力，其构造是以改造和征服自然为目的的——通过利用自然来"重塑自己的自然环境和自身的自然本性"——这一动机和目的可具体表述为如下三个维度的硬性规定：

第一，技术开发的对象是指向自然的，即技术是"利用自然"来服务于人的实质是通过改变自然（和自然物）的性质、状貌、结构的方式来服务于人的存在，使人的存在安全和生活保障得到根本的或更好的解决。

第二，技术改变自然只是手段，其目的是从两个方面服务人的存在：一是重塑人得以存在的自然环境，使自然环境人化。二是重塑人自身的自然本性，使人获得本性上的文质彬彬，成为有尊严地存在且意识地追求高贵地生活的文明人。

第三，技术通过改变自然（或自然物）的方式实现"重塑自己的自然环境和自身的自然本性"的过程，就是不断地解决或更高水准地解决其存在安全和生活保障的过程。

以此观之，当技术通过"利用自然"来服务人转向通过"利用人"来服务人时，其伦理问题必然出现。比如临床医学中的中医按摩、推拿、针灸、药石技术和西医手术技术、诊断技术、治疗技术的运用之所以未突显出伦理问题来，是因为所有这些技术都是通过"利用自然"事物、资源、物质条件来恢复人的健康。但产生于 20 世纪 70 年代以来的临床医学中的堕胎技术、遗传控制技术之所以导致伦理问题的产生[1]，是因为堕胎技术、遗

---

① Lester S. King, "Who Shall Live? Medicine, Technology, Ethic", *JAMA：The Journal of the American Medical Association*, Vol. 212, No. 9, 1970, p. 1528.

传技术是通过"**利用人体**"来解决人的生命问题，这种**改造人的身体**的技术方式对人类技术发动了根本性质的逆转，这种逆转就是技术既违背了人的生命伦理，也违背了生物伦理和自然伦理。因为在存在世界里，决定生命的诞生或死亡的不是人的权力，而是人力之外的造物主（或曰宇宙自然之创化力）所司，通过技术来决定生命的诞生和死亡是从根本上违背生命伦理和宇宙自然的律法。同样，人的遗传（或变异）也不是人的权力所致和职责所司，它同样是人力之外的造物主所司，所遵从的是宇宙自然的律法和世界进化的法则。世界的进化法则本质上是生物世界的生态平衡法则，包括生物世界物种间的生态平衡和物种内部的生态平衡。通过技术的方式进行遗传控制，实是干扰和破坏生物世界的进化法则，从根本上违背了自然的律法。从人的角度看，无论堕胎还是遗传控制都是人**自为狂妄地**通过技术来逾越宇宙自然的律法和世界进化的法则窃取造物主的权力，其行为从根本上丧失了人的本性。

要言之，技术因为人的解决存在安全和生活保障问题而开发出来，但也正是基于存在安全和生活保障之需要而必须对技术的开发做出限度，因为不加限制，技术的反自然本性就会膨胀为反人性和反人类。为限制技术的发展而必须制定技术的律法以强制技术在全面保障人性之生的范围内展开。限度技术无限制开发的根本律法有三个方面的规训：

一是基于存在安全需要对技术的限度，由此需要制定限度技术的安全律法。

二是基于生活保障的需要对技术的限度，由此需要制定限度技术的生活律法。

三是基于人的权利维护的需要对技术的限度，由此需要制定限度技术的权利律法。

五　限度律法的伦理规训

人的群居存在要求社会具有保障其群居存在的社会律法。社会律法的功能发挥需要以政治和伦理为枢纽。政治运作社会律法往往以刚性的制度和法律支撑，伦理运作社会律法则更以信念和信仰为支撑，这是因为伦理以信念和信仰为准则，因为信念和信仰本原性地蕴含在普遍的人性之中而构成生活世界的律法。

1. 利益限度的伦理律

人群居存在的奠基性信念是的利益观念，这一观念构建起人群居存在的伦理律法体系。

利益之能够产生利益的信念和律法，根本地源于人的存在的本原状况，即作为需要资源来滋养才可得存在的个体生命为其存在必须解决的资源问题却需要付出巨大的代价，这种代价意识滋养出利益的意识、观念，并生成建构起一种奠基性的利益信念。具体地讲，个体生命的人以自身之力勇往直前地使自己继续存在的本性，却被命运地嵌入利欲之中，利欲构成人性的本质内容，也构成生命的内在事实。以利欲为本质规定的人性律法构成人群居存在的伦理律法的概念系统得以产生的生命基石。当以人性为基石来构建社会运作的伦理律法体系，必须围绕"利益"而展开。

构建社会运作的伦理律法体系的"利益"，是指对个人的群居存在有利有益的全部内容，不仅指物质性的内容，也包括情感、精神、思想、认知、方法等对人的群居存在有益有利的因素。所以，构建社会运作的伦理律法体系的利益既是物质主义的，也是精神主义的，还是情感主义的。

由于人性之生、人性之利和人性之爱都是围绕利益而展开，所以利益构成伦理律法的基石。利益对伦理律法基石的构建实际地从两个方面得到规范：首先，利益是人本存在的基石，它可表述为"因生而活、为活而生且生生不息"必须谋求利益。因为利益是生之起步，也是爱之起步。其次，利益是人性存在的基石，因为人性之生必指向"人性之利"而才可达于"人性之爱"。人要生，必求利益且必得利益的滋养；人要爱，必得以利益为基础，没有利益对生命的滋养，根本不可能生发出爱和爱的持久展开。

作为人本基石和人性基石的利益是人性之生和人性之爱的必须，但人对利益的必须也必须有限度，无限的利益诉求或追逐最终要摧毁人性之生和人性之爱。所以，人群居存在的社会要构建起良序的律法的奠基性工作，就是构建起**利益限度**的律法体系，它应是以利益为逻辑起点、以权利、责任和利害、爱恨为四维向度的伦理信仰体系和行为规训体系。

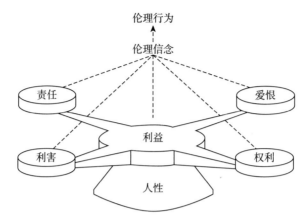

[8-2　利益限度的伦理律法体系]

　　利益限度的伦理律法体系必须以人性为土壤，更要以人性之生、人性之利、人性之爱为认知指导和价值导向。在此认知框架下，人性不是伦理问题，但人性是伦理构成的基石，正如树与土壤一样，土壤决不构成树也不成为树的要素，但树的诞生、生长与存在却离不开土壤，土壤是树得以孕育、诞生和得以立足生长与存在的那一块土地，而树根却是把树和土壤接近起来使之构成有机的整体的那部分内容。马克思讲人有两个机体，有机机体的肉体和无机机体的自然界，其实，任何一个实存物都有两个机体，树也是一样，树的有机的机体就是树（包括树干、树枝、树叶在内），树的无机机体就是土壤；使"树"这一有机机体和无机机体连成一个生命整体的就是树根。伦理与人性的关系，就如同树与土壤的关系，把伦理和构成伦理土壤的人性连成一个生机勃勃的整体的只能是利益，**利益就是伦理的根须，它盘桓缠绕于人性的土壤之中而生成出全部的伦理问题。**

　　从伦理学观，构成伦理学的原初概念对创构伦理学具有三个基本功能：第一，能够成为伦理学的原初概念的那个概念本身应该具有生成的扩张性，并能够生成出全部的伦理问题，也能够生成出全部的伦理概念。第二，能够构成伦理学的原初概念的那个概念，具有统摄涵盖性，即能够统摄整个伦理学而涵盖全部的伦理问题，包括实操问题和理论问题。第三，能够构成伦理学的原初概念的那个概念，一定能被独享，即它只属于伦理学所独享，而不能为其他领域、其他学科所共享。以此三者来衡量，"利益"概念满足了这三个条件并具备了这三个方面的伦理功能。

首先，利益之于生命生发出利害意识与观念：利益的获得或满足之于生命存在就是有利；有利，则生发出爱；利益的丧失或损害之于生命存在，就是有害；有害，则生发出恨。利与害、爱与恨均生于利益。在利害爱恨构筑起来的价值框架和情感框架中，利与爱，往往生成正向价值，形成善并滋养善；害与恨，往往生成负向价值，形成恶并滋养恶。

其次，以利益概念为核心，不仅生发出**利害爱恨**四者，还由此拓展出基本的伦理范畴，即权利与责任。无论对个人来讲还是对社会言，利益就是资源，包括物质资源、心灵资源、情感资源、精神资源。获取利益就是获取资源，但获取资源的首要前提是取得获取资源的资格，这种资格就是权利，具体地讲就是利益权利。享有获取利益的权利，并不等于就能获得利益，也并不能表明所获得的利益是正当的、合法的、善的，只有既获得谋取利益的权利又具备和担当谋取利益的责任时，利益行为及所产生的结果才是正当的、合法的、善的。

最后，当以利益概念为核心，以权利和责任为基本规范、以利害和爱恨为开放性生成的价值取向，才生成出伦理信念。伦理信念就是伦理理想的内在凝聚型式，它是道德行为得以产生、伦理目的以及伦理原理、原则、规范等得以生成的内在指南。伦理信念是人基于伦理实存的事实状况（即人性状况）而设想伦理应存之蓝图，并为实现其蓝图而努力于行动所开创的伦理必存之境界。

要言之，利害、爱恨、权利、责任、伦理信念等概念均生发于"利益"概念，并与"利益"概念共同构成伦理律法体系。

2. 利益限度的道德律

利益的律法是限度的律法。作为构成社会律法体系的利益限度律法，就是道德的律法。对利益限度的道德律法的认知需要注重于如下三个方面的内容。

第一，利益限度的道德律法性质。

利益限度的道德律法的性质由三个维度规定：首先，利益限度的道德律法是求利性质的，并且其求利性质生成于人性之生。其次，利益限度的道德律法也内生互利或共利的性质规定，这一性质规定源于平等律法原理。最后，利益限度的道德律法更是限度和边界性质的，这种限度和边界性质源于相对自由律法原理的规定。

第二，利益限度的道德认知律法。

利益限度律法的首要构成是其利益限度的道德认知律法，它由三个具体的律法原理构成的具有普遍指涉功能的道德认知律法体系。

第一个道德认知律法是**普遍利益法则**。它揭示世界是利益的世界，人是利益的人，由人组成的社会是利益的社会，即使过去、现在和将来仍然是以利益为基石，并以利益为动力，更以利益为土壤。所以利益是普遍存在的，没有无利益的生命，更没有离开利益的存在。利益的普遍存在和存在的普遍利益要求，构成人群居存在的存在论法则，这一存在论法则既可能是社会存在的良序法则，也可能成为社会存在的恶序法则。

第二个道德认知律法是**利益权利对等法则**。在人群居存在的世界里，无论是个体与个体或是个体与群体，其互借智－力谋求存在和生存的根本法则就是人人共享的对等的权利。在利益限度的道德律法体系中，权利相对利益而论，离开利益，既不能讨论权利，也不能奢谈权利。权利对等论是指群居存在的任何个体所谋求或创造群居性存在的利益付出多少就应该享有与此对等的权利。这种利益与权利对等的律法，构成人群居存在的生存论法则。

第三个道德认知律法是**天职责任法则**。所谓天职责任是指将必为责任看成是天赋的，并且这种天赋的责任必须是平等的，是通过平等的责任担当而获得相对的自由。在利益限度的道德律法框架中，责任既与利益关联，也与权利关联，更与自由关联。在这多维向度的关联体系中，利益构成责任的原发动力，即责任是利益的动力，利益必须构成责任的启搏器。以利益为原发动力的责任必求对等的权利，没有权利的充实和驻守的责任根本不是责任，而只能是义务或者剥夺。在利益限度的道德律法体系中，责任必须与权利对等，而且对等的权利和责任必须围绕利益而展开，即享有对等的权利而为此担当对等的责任，均是为了实现合法期待的利益，并由此享有道德应得的自由，这就是自由与责任的生成关联：在利益限度的道德律法体系中，自由来源责任的践履。因而，对等的责任对利益、权利、自由的关联构成人群居存在的实践论法则。

第三，利益限度的道德规范律法。

在利益限度的道德律法体系中，其道德认知的律法构成道德规范的律法的律法，在道德认知律法的牵引和规训下，道德规范的律法由三个基本法则构成。

首先是**动机、目的、效果有机统一法则**，这是利益限度的道德动力学法则。这一动力学法则揭示人群居存在的利益限度的道德行为生成的内在契机本身是一个动力系统，它由人性之生、人性之利、人性之爱的相互推进而生成建构起一个连续统化的道德行为的**原发**动机；并且，以人性之生、人性之利、人性之爱为导向生成的"利益、权利、责任"则构成人群居存在的道德行为的**继发**性动机；由人性之生、人性之利、人性之爱催生出来的**趋利避害之权衡和避苦求乐之目的诉求**却构成人群居存在的道德行为的方向性动机。

动机是人群居存在之道德行为生成的动力机制，它生成目的并规范目的，目的却为人群居存在的道德行为的展开明确具体的"利益、权利、责任"方向。

在利益限度的道德律法体系中，人群居存在的道德行为动机、目的、结果三者实际地构成双重因果关系。在这一双重因果关系构成中，目的与手段之间又构成"目的→手段"和"手段→目的"之双重结构模型。正是这一双重因果关系和双重结构模型，使群居存在的道德行为"动机、目的、结果"获得有机统一并成为道德行为的动力学法则。

其次是**行为的动机应当、手段正当和结果正义相一致法则**，它构成利益限度的道德行为的边界法则。在人群居存在的社会里，任何一个具体的道德行为从发动、展开到最后完成，要获得良好的规范效果，其动机生成、手段选择、目的确立必须接受应当、正当、正义的一致性规范。基此要求，一个利己不损他或利己亦利他的道德行为必须是动机应当、手段正当、结果正义的统一。判断一个具体的道德行为是否良德行为，必须接受应当原则、正当原则和目的与效果统一原则的整合判断与评价。

最后是**利爱与害恨对应生成的法则**，它构成人群居存在的道德行为的类分法则。在人群居存在的道德认知法则和道德行为规范法则双重规范下，道德行为类型构建必须遵循生、利、爱之人性要求：生，是道德行为类型生成的**根**，它构成其存在论动力；利，是道德行为类型生成之**本**，它构成其生存论动力；爱（它的派生形态是恨），是道德行为类型生成的情感方式，它构成其实践论动力。在实操层面，以自爱为底蕴、以自利为价值指向的爱与恨，构成人群居存在的一切道德行为的原动力法则，这即是得利生爱并失利滋恨的动力学法则。

第四，利益限度的道德价值律法。

在利益限度的道德律法体系中，其道德价值的律法是一个体系，它由三个道德价值法则构成。

一是**完整的人道法则，**它构成人群居存在的道德律法体系生成的目标价值导向法则。完整的人道的基本构成内容是三平等善待，即平等地善待自己，努力使自己成为人；平等地善待他人，努力使每个人成为人；平等地善待地球上一切生命，努力使所有生命成为完整的生命。完整的人道的基本价值诉求是指向人、社会、地球生命和自然世界的博爱和慈悲。博爱和慈悲，构成人群居存在的人道论的基本思想特征；平等善待生命，构成人群居存在的**人道根基原则**；平等善待人人，构成人群居存在的**人道社会原则**；平等善待自己，构成人群居存在的**人道个体**原则。

二是**全面的公正法则，**它构成人群居存在的道德律法体系生成的规范价值导向法则。公正就是遵循行为动机应当、手段正当、结果正义之规范法则要求"各人得其所得"。公正敞开的基本方式是广义交换，包括利益、权利、权力、责任、物质的等利害交换。公正的实质是权力分配和权责分配的对等：以权利为准则进行**权力分配**，构成公正的基础律法；以利益为导向进行**权责分配**，构成公正的根本律法；以权责对等为根本规范，构成公正的实践本质的律法。公正的律法敞开为（资格）分配公正的律法和（权利）实践公正的律法。在分配公正领域必须遵循平等原则、对等原则、资格原则：平等原则用以判断"必须获得什么"，是权利责任分配的基础原则；对等原则用以判断"应该获得多少"，是权利责任分配的基本原则；资格原则用以判断"应当获得多少"，是权利责任分配的发展原则。在实践公正领域，必须遵循平等原则和惟德才贡献原则：平等原则用以判断"可能获得什么"；唯德才贡献原则用以判断"能够获得多少"。

三是**普遍的平等法则**，它构成人群居存在的道德律法体系生成的实践价值导向法则。普遍平等涉及存在平等和生活平等两个维度的问题，由此构成两个具体的道德价值引导法则，即存在平等的价值引导法则和生活实践平等的价值引导法则。在存在维度上，存在平等是平等的本质问题：平等既是世界的内在需要，也是生命的内在需要，更是人的内在需要；因而，人必须秉持世界平等或众生平等的天赋权利，基于这一普遍的平等要求，在实际的生活过程中，人格平等、尊严平等、起点平等、机会平等和基本生存需求得到平等保障，构成人人必持之权利和必尽之责任。在生活维度上，生活平等法则的实质是人与自然平等，人与生命平等，人与人平等。实现此三个维度的生活平等所遵循的根本道德法则是基本权责完全平等法则、非基本权责比例平等法则和非基本权责限度平等法则。依据这三个人群居存在的道德平等法则，引导生活平等的努力方向是实现政治生活全面平等、经济生活全面平等和社会机会向全社会平等开放。

参考文献

［爱尔兰］理查德·柯尔内：《20 世纪大陆哲学》，鲍建竹、李婉莉等译，中国人民大学出版社 2016 年版。

［奥］维特根斯坦：《论确实性》，张金言译，广西师范大学出版社 2002 年版。

［奥］维特根斯坦：《思想札记》，唐少杰等译，吉林大学出版社 2005 年版。

［奥］维特根斯坦：《哲学研究》，李步楼译，商务印书馆 2017 年版。

［德］阿明·格伦瓦尔德主编：《技术伦理学手册》，吴宁译，社会科学文献出版社 2017 年版。

［德］爱德华·策勒：《古希腊哲学史——从最早时期到苏格拉底时代》（第 1 卷上册），聂敏里等译，人民出版社 2020 年版。

［德］爱德华·策勒：《古希腊哲学史——从最早时期到苏格拉底时代》（第 1 卷下册），余友辉译，人民出版社 2020 年版。

［德］爱德华·策勒：《古希腊哲学史——苏格拉底与苏格拉底学派》（第 2 卷），吕纯山译，人民出版社 2020 年版。

［德］爱德华·策勒：《古希腊哲学史——柏拉图与老学园派别》（第 3 卷），詹文杰译，人民出版社 2020 年版。

［德］爱德华·策勒：《古希腊哲学史——亚里士多德与早期散步学派》（第 4 卷上、下册），曹青云译，人民出版社 2020 年版。

［德］爱德华·策勒：《古希腊哲学史——斯多亚学派、伊壁鸠鲁学派和怀疑主义学派》（第 5 卷），余友辉、何博超译，人民出版社 2020 年版。

［德］爱德华·策勒：《古希腊哲学史——古希腊哲学史的折衷主义流派史》

（第 6 卷），石敏敏译，人民出版社 2020 年版。

［德］弗里德里希·包尔生：《伦理学体系》，何怀宏译，中国社会科学出版社 1988 年版。

［德］哈贝马斯：《在事实与规范之间：关于法律和民主法治国的商谈理论》，童世骏译，生活·读书·新知三联书店 2003 年版。

［德］海德格尔：《存在与时间》，陈嘉映、王庆节译，熊伟校，生活·读书·新知三联书店 1987 年版。

［德］海德格尔：《林中路》，孙周兴译，上海译文出版社 2004 年版。

［德］海德格尔：《路标》，孙周兴译，商务印书馆 2007 年版。

［德］黑格尔：《法哲学原理》，范扬、张企泰译，商务印书馆 1982 年版。

［德］黑格尔：《小逻辑》，贺麟译，商务印书馆 1996 年版。

［德］黑格尔：《哲学史讲演录》（第 1 卷），贺麟、王太庆译，商务印书馆 1983 年版。

［德］黑格尔：《哲学史讲演录》（第 2 卷），贺麟、王太庆译，商务印书馆 2013 年版。

［德］黑格尔：《哲学史讲演录》（第 3 卷），贺麟等译，商务印书馆 1959 年版。

［德］卡西尔：《人论》，甘阳译，上海译文出版社 1985 年版。

［德］康德：《道德形而上学原理》，苗力田译，上海人民出版社 1986 年版。

［德］康德：《历史理性批判文集》，何兆武译，商务印书馆 1996 年版。

［德］莱布尼茨编：《人类理智新论》，陈修斋译，商务印书馆 1982 年版。

［德］利普斯：《事物的起源》，汪宁生译，四川人民出版社 1982 年版。

［德］罗伯特·施佩曼：《道德的基本概念》，沈国琴等译，上海译文出版社 2007 年版。

［德］施太格缪勒：《当代哲学主流》（上、下册），王炳文、燕宏远、张金言等译，商务印书馆 1986 年版。

［德］威廉·冯·洪堡特：《论人类语言结构的差异及其对人类精神发展的影响》，姚小平译，商务印书馆 1999 年版。

［德］尤利安·尼达－鲁莫林：《哲学与生活形式》，沈国琴、王鸶嘉译，商

务印书馆 2019 年版。

［俄］克鲁泡特金：《互助论：进化的一个要素》，李平沤译，商务印书馆年
1984 版。

［俄］洛尔德基帕尼：《乌申斯基教育学说》，范云门、何寒梅译，江苏教育
出版社 1987 年版。

［俄］普列汉诺夫：《普列汉诺夫哲学著作选集》（第 1 卷），汝信、刘若水、
何匡译，生活·读书·新知三联书店 1959 年版。

［俄］乌申斯基：《乌申斯基教育文选》，张佩珍等译，人民教育出版社 1991
年版。

［法］昂利·彭加勒：《科学的价值》，李醒民译，商务印书馆 2017 年版。

［法］笛卡尔：《探求真理的指导原则》，管震湖译，商务印书馆 1991 年版。

［法］勒内·托姆：《突变论》，周仲良译，上海译文出版社 1989 年版。

［法］卢梭：《社会契约论》，何兆武译，商务印书馆 2003 年版。

［法］让娜·帕朗－维亚尔：《自然科学的哲学》，张来举译，中南工业大学
出版社 1987 年版。

［古希腊］亚里士多德：《尼各马科伦理学》，苗力田译，中国社会科学出版
社 1999 年版。

［古希腊］亚里士多德：《物理学》，张竹明译，商务印书馆 2009 年版。

［古希腊］亚里士多德：《形而上学》，吴寿彭译，商务印书馆 1959 年版。

［古希腊］亚里士多德：《政治学》，吴寿彭译，商务印书馆 1983 年版。

［荷］E. J. 戴克斯特霍伊斯：《世界图景的机械化》，张卜天译，湖南科学技
术出版社 2010 年版。

［荷］斯宾诺莎：《笛卡尔哲学原理》，洪汉鼎译，商务印书馆 2010 年版。

［荷］斯宾诺莎：《伦理学》，贺麟译，商务印书馆 2010 年版。

［荷］斯宾诺莎：《神学政治论》，温锡增译，商务印书馆 1963 年版。

［加］斯图亚特·C. 杉克尔：《20 世纪科学、逻辑和数学哲学》，江怡、谢涤
非等译，中国人民大学出版社 2016 年版。

［加］约翰·V. 康菲尔德主编：《20 世纪意义、知识和价值哲学》，江怡等
译，中国人民大学出版社 2016 年版。

［美］D. 莫里斯：《裸猿》，周兴亚等译，光明日报出版社 1986 年版。

［美］Dean Radin：《意识宇宙：心灵现象中的科学真相》，何宏译，科学技术文献出版社 2014 年版。

［美］R. 柯朗、H. 罗宾：《什么是数学：对思想和方法的基本研究》，左平、张饴慈译，复旦大学出版社 2014 年版。

［美］阿德勒：《真、善、美、自由、平等、正义》，陈珠泉等译，团结出版社 1989 年版。

［美］阿尔温·托夫勒：《第三次浪潮》，朱志焱等译，生活·读书·新知三联书店 1984 年版。

［美］阿瑟·O. 洛夫乔伊：《存在巨链》，张传有、高秉江译，商务印书馆 2015 年版。

［美］埃德温·阿瑟·伯特：《近代物理科学的形而上学基础》，张卜天译，湖南科学技术出版社 2012 年版。

［美］爱德华·格兰特：《近代科学在中世纪的基础》，张卜天译，湖南科学技术出版社 2010 年版。

［美］爱德华·威尔逊：《社会生物学：新的综合》，毛盛贤等译，北京理工大学出版社 2008 年版。

［美］安德鲁·霍菲克：《世界观念的革命》，余亮译，中国社会科学出版社 2016 年版。

［美］彼得·S. 温茨：《现代环境伦理》，朱丹琼、宋玉波译，上海人民出版社 2007 年版。

［美］伯纳德·科恩：《新物理学的诞生》，张卜天译，商务印书馆 2016 年版。

［美］曹天予：《20 世纪场论的概念发展》，吴新忠、李宏芳等译，上海科技教育出版社 2010 年版。

［美］弗洛姆：《弗洛姆文集》，冯川主编，改革出版社 1997 年版。

［美］亨利·摩尔根《古代社会》，杨东莼、马雍、马巨译，商务印书馆 1995 年年版。

［美］杰里米·里夫金、特德·霍华德：《熵：一种新的世界观》，吕明、袁舟译，上海译文出版社 1987 年版。

〔美〕卡尔·波普尔：《通过知识获得解放：关于哲学历史与艺术的讲演和论文集》，范景中、陆丰川、李本正译，中国美术学院出版社 2014 年版。

〔美〕莱斯特·布朗：《生态经济》，林自新、戢守志译，东方出版社 2002 年版。

〔美〕蕾切尔·卡逊：《寂静的春天》，吕瑞兰、李长生译，吉林人民出版社 1997 年版。

〔美〕理查德·德威特：《世界观：科学史与科学哲学导论》，李跃乾、张新译，电子工业出版社 2014 年版。

〔美〕罗伯特·B. 塔利斯：《杜威》，彭国华译，中华书局 2002 年版。

〔美〕罗伯特·C. 拉姆：《西方人文史》，张月、王宪生译，百花文艺出版社 2005 年版。

〔美〕罗伯特·C. 所罗门、〔美〕凯特林·M. 希金斯主编：《德国唯心主义时代》，诸傅华、冯俊等译，中国人民大学出版社 2016 年版。

〔美〕罗尔斯：《正义论》，何怀宏、廖申白、何包钢译，中国社会科学出版社 2009 年版。

〔美〕罗尔斯：《作为公平的正义：正义新论》，姚大志译，上海三联书店 2002 年版。

〔美〕罗尔斯：《万民法》，张晓辉等译，吉林人民出版社 2001 年版。

〔美〕罗素·詹金斯、沃尔特·沙利文：《心灵哲学》，韩宁译，科学出版社 2022 年版。

〔美〕梅拉妮·米歇尔：《复杂》，唐璐译，湖南科学技术出版社 2015 年版。

〔美〕欧文·M. 柯匹、卡尔·科恩：《逻辑学导论》，张建军、潘天群译，中国人民大学出版社 2005 年版。

〔美〕欧阳莹之：《复杂系统理论基础》，田宝国、周亚、樊瑛译，上海科技教育出版社 2002 年版。

〔美〕乔治·萨顿：《科学史和新人文主义》，陈恒六等译，华夏出版社 1989 年版。

〔美〕梯利：《西方哲学史》，葛力译，商务印书馆 2001 年版。

〔美〕天宝·格兰丁、肖恩·巴伦：《社交法则：以孤独症解析社交奥秘》，张雪琴译，华夏出版社 2020 年版。

［美］威廉·H. 沃勒、保罗·W. 霍奇：《星系与星际边缘》，帅且兴译，外语教学与研究出版社 2009 年版。

［美］沃格林：《政治观念史稿》（第 1 卷），段保良译，华东师范大学出版社 2019 年版。

［美］雅克·蒂洛、基思·克拉斯曼：《伦理学与生活》，程立显、刘建等译，世界图书出版公司 2012 年版。

［美］约翰·杜威：《艺术即经验》，高建平译，商务印书馆 2005 年版。

［日］友松芳郎主编：《综合科学史》，陈云奎译，求实出版社 1989 年版。

［新加坡］C. L. 腾主编：《19 世纪哲学》，刘永红、陈善贵等译，中国人民大学出版社 2016 年版。

［英］G. H. R. 帕金森主编：《文艺复兴和 17 世纪理性主义》，田平、孙喜贵等译，中国人民大学出版社 2009 年版。

［英］W·C·丹皮尔：《科学史及其与哲学和宗教的关系》，李珩译，商务印书馆 1997 年版。

［英］阿尔弗雷德·艾耶尔：《二十世纪哲学》，李步楼、俞宣孟等译，上海译文出版社 1987 年版。

［英］艾萨克·牛顿：《自然哲学的数学原理》，王克迪译，陕西人民出版社 2001 年版。

［英］安东尼·肯尼：《牛津西方哲学史 第 1 卷·中世纪哲学》，王柯平译，吉林出版集团有限公司 2012 年版。

［英］安东尼·肯尼：《牛津西方哲学史 第 2 卷·中世纪哲学》，袁宪军译，吉林出版集团有限公司 2012 年版。

［英］安东尼·肯尼：《牛津西方哲学史 第 3 卷·近代哲学的兴起》，杨王译，吉林出版集团有限公司 2012 年版。

［英］安东尼·肯尼：《牛津西方哲学史 第 4 卷·现代世界中的哲学》，梁展译，吉林出版集团有限公司 2012 年版。

［英］大卫·福莱：《从亚里士多德到奥古斯丁》，冯俊等译，中国人民大学出版社 2004 年版。

〔英〕弗兰西斯·培根：《新工具》，许宝骙译，商务印书馆1935年版。

〔英〕莱尔·沃森：《超自然现象：一部新的自然史》，王森洋译，上海人民出版社1991年版。

〔英〕理查德·道金斯：《自私的基因》，卢允中等译，中信出版社2012年版。

〔英〕罗杰·彭罗斯：《宇宙的轮回》，李冰译，湖南科学技术出版社2015年版。

〔英〕罗杰·斯克拉顿：《现代哲学简史》，陈四海、王增福译，南京大学出版社2013年版。

〔英〕罗素：《人类的知识：其范围和限度》，张金言译，商务印书馆2003年版。

〔英〕罗素：《逻辑与知识》，苑莉均译，商务印书馆1996年版。

〔英〕罗素：《我的哲学的发展》，温锡增译，商务印书馆1998年版。

〔英〕洛克：《人类理解论》，关文运译，商务印书馆2012年版。

〔英〕马歇尔：《经济学法则》，朱志泰译，商务印书馆1997年版。

〔英〕麦考密克、〔澳〕魏因贝格尔：《制度法》，周谦译，中国政治大学出版社1994年版。

〔英〕乔纳森·沃尔夫：《政治哲学导论》，王涛、赵荣华、陈任博译，吉林出版集团2009年版。

〔英〕斯图亚特·布朗主编：《英国哲学和启蒙时代》，高新民等译，中国人民大学出版社2009年版。

〔英〕泰勒主编：《从开端到柏拉图》，韩东晖、聂敏里、冯俊、程鑫译，中国人民大学出版社2003年版。

〔英〕威廉·R.索利：《英国哲学史》，段德智译，商务印书馆2017年版。

〔英〕休谟：《人类理解研究》，关文运译，商务印书馆1982年版。

〔英〕休谟：《人性论》，关文运译，商务印书馆1983年版。

〔英〕雅可布·布洛诺夫斯基：《人之上升》，任远等译，四川人民出版社1988年版。

〔英〕亚·沃尔夫：《十六、十七世纪科学、技术和哲学史》，周昌忠译，商务印书馆1997年版。

〔英〕约翰.洛克：《人类理解论》，辽宁人民出版社2017年版。

〔英〕约翰·穆勒：《群己权界论》，严复译，上海三联书店2009年版。

［英］约翰·马仁邦主编：《中世纪哲学》，孙毅、查常平等译，中国人民大学出版社 2009 年版。

［英］詹姆斯·乔治·弗雷泽：《金枝：巫术与宗教之研究》，徐育新等译，中国民间文艺出版社 1981 年版

袖珍本：《圣经》，思高圣经学会译，香港天主教方济会 1988 年版。

（清）戴望：《管子校正》，中华书局 2006 年版。

（宋）朱熹《四书集注》，岳麓书社 1995 年版。

（魏）何晏注、（南朝）皇侃疏：《论语集解义疏》，中华书局 1985 年版。

《马克思恩格斯全集》第 3 卷，人民出版社 2002 年版。

《马克思恩格斯全集》第 31 卷，人民出版社 1972 年版。

《马克思恩格斯全集》第 42 卷，人民出版社 1979 年版。

《马克思恩格斯选集》第 1 卷，人民出版社 1995 年版。

《马克思恩格斯选集》第 3 卷，人民出版社 1972 年版。

《十六—十八世纪西欧各国哲学》，商务印书馆 1975 年版。

《西方哲学原著选读》，商务印书馆 1983 年版。

《诸子集成·庄子集释》，世界书局 1935 年版。

陈立显：《伦理学与社会公正》，北京大学出版社 2002 年版。

丹溪草：《人类命运：变迁与规则》，知识产权出版社 2020 年版。

范文澜：《中国通史简编》第 1 编，人民出版社 1953 年版。

洪谦主编：《逻辑经验主义》，商务印书馆 1989 年版。

黄克剑：《论语疏解》，人民出版社 2014 年版。

江晓原主编：《看！科学主义》，上海交通大学出版社 2007 年版。

罗志希：《科学与玄学》，商务印书馆 2000 年版。

苗力田主编：《古希腊哲学》，中国人民大学出版社 1989 年版。

孙周兴选编：《海德格尔选集》，上海三联书店 1996 年版。

唐代兴：《伦理学原理》，上海三联书店 2018 年版。

唐代兴：《生境伦理的规范原理》，上海三联书店 2014 年版。

唐代兴：《生境伦理的人性基石》，上海三联书店 2013 年版。

唐代兴：《生境伦理的知识论构建》，上海三联书店 2013 年版。

唐代兴：《生境伦理的制度规训》，上海三联书店 2014 版。

汪子嵩、陈富村、姚介厚：《希腊哲学史》（第 1 册）人民出版社 1997 年版。

汪子嵩、陈富村、姚介厚：《希腊哲学史》（第 2 册）人民出版社 1993 年版．

汪子嵩、陈富村、姚介厚：《希腊哲学史》，第 3 册，人民出版社 1993 年版。

汪子嵩、陈富村、姚介厚：《希腊哲学史》，第 4 册，人民出版社 2014 年版。

王海明：《国家学原理》，生活、读书、新知三联书店 2014 年版。

王海明：《新伦理学》，商务印书馆 2001 年版

吴国盛：《什么是科学》，广东人民出版社 2016 年版。

吴思：《血酬定律：中国历史中的生存游戏》，四川人民出版社 2013 年版。

俞可平：《权力与权威：政治哲学若干重要问题》，商务印书馆 2020 年版。

张光直：《中国青铜时代》，生活·读书·新知三联书店 2013 年版。

赵敦华：《西方哲学简史》，北京大学出版社 2001 年版。

赵敦华：《现代西方哲学新编》，北京大学出版社 2001 年版。

周辅成：《西方伦理学名著选辑》，商务印书馆 1996 年版。

周晓亮《休谟哲学研究》，人民出版社 1999 年版。

朱水林：《现代逻辑引论》，上海人民出版社 1989 年版。

Anthony Kenny, *Ancient Philosophy*, Oxford：Clarendon Press, 2004.

Carnap, R. , *The Logical Structure of the World*, trans. R. George, Berkeley：University of California Press, 1967.

Frege, G. , *The Basic Laws of Arithmetic*, trans. and with an introductionby M. Furth, Berkeley：University of California Press, 1964.

J. Dowey, *Ethics in Later Works*, Vol. 7, Souther I, llionis University Press, 1988.

J. van Heijenoort, ed. , *From Frege to Goedel*, Cambridge, Mass. ：Harvard University Press, 1964.

Johannes Kepler, *New Asronomy*, translated dy Willian H. Donahue, Cambridge：Cambridge UniversityPress, 1992.

JohnRawls, *Political Liberalism*, Columbia University Press, 1996.

Kauffman, S. A. , *The Origins of Order*, New York：Oxford University Press, 1993.

Kneale, W. C., and Knele, M., *The Development of Logic*, Oxford: Clarendon Press, 1962.

Nozick, R., *Philosophical Explanations*, Cambridge: Cambridge University Press, 1981.

Rickman, H. P., ed., *Dilthey: Selected Writings*, Cambridge: Cambridge University Press, 1976.

Robert Maynard Hutchin, *Great Books of The Western World*, Volume. 43. UTILI-TA RIANISM, by, John StuartMill, Encyclop Aedia Britannica, Inc., 1980.

Russell, B., *The Philosophy of Logical Atomism*, ed and with an introduction by D. Pears, La Salle, Ill. : Open Court, 1985.

Russell, B., *Our Knowledge of the External World*, London: George Allen & Unwin, 1952.

Russell, B., *My Philosophical Development*, London: George, 1959.

Thomas Hobbes, *Le-viathan*, Oxford World Classics, 1996.

Websters, *Encyclopedic Unabridged Dictionary of the English Language*, New Revised Edition, Portland House, 1968.

Wilhelm Dilthey, *Introduction to the Human Sciences*, trans. R. J. Betanzos, London: Harvester Wheatsheaf and Wayne State University Press, 1988.

索 引

后　记

卷5紧承卷3"存在世界的存在之问"和卷4"人的世界的存在之问"而展开，尝试讨论人类如何解决人的世界与存在世界的共生存在问题，这个问题又真实地聚焦在每个人如何善待自己、如何善待他人、如何善待环境和自然上来，其问题的实质是人如何与自己共生存在、如何与他人共生存在和如何与环境、与自然共生存在。因为从自有文字记载的人类史观，人类越是无所顾忌地向前发展自己，人的世界与存在世界、人与他者的共生存在问题就越发突出。从现象学观，这些问题都源于人看待世界、物质、生活以及幸福的根本信仰、信念、思想和观念，然而，造成人类和个人看待世界、物质、生活以及幸福的根本信仰、信念、思想和观念又是如何形成的？一但检讨这个问题，人类的知识论问题就逐渐显露出来。无论从人类整体讲，还是从存在个体言，我们之如此这般走来而不是那样走来，所持有的信仰、信念、思想或观念，其实都源于历史性地遵从层累原理而构建起来的越筑越高的知识体系，支撑这个日益高危的知识体系持续地层累性构筑的恰恰是一套日益精致和完美的认知体系，这一认知体系的内核逻辑。构筑人类知识体系的认知逻辑，却是被我们人为地放大的观念逻辑。它总是以无限自恋的方式放大我们对自己的智－力迷恋，而渐行渐远地忘却了存在世界以它自身的方式存在，也忘却了存在世界静持和动变所遵循的存在逻辑，更忘却了存在世界的存在逻辑与人的世界所迷恋地持守的智－力逻辑之间的生成关联。本书意识地拾起这些被忘却的问题，重新审问，以揭发业已深入我们的骨髓的知识论的根本谬误，探求存在世界与人的世界、人与自我、人与他人、人与环境和人与自然真正得以共生存在的认知逻的依据何在？以及为人类的自救所需而重构知识论何以可能？

后人类时代敞开的是世界的巨变和无边的苦难，尤其当人为制造的新冠状病毒向世界喧嚣其无边的魔力之时始，就已然开启了人类史的重写。在这一重写进程中，仍然继续加速孽变的病毒、更加恶化的全球气候、更为猖獗的各种战争叫嚣、全面蚕食文明之光和人性之美的价值对决，狂妄地取代上帝之能的生物工艺学技术，即以计算机为运演工具、以会聚技术为认识方法、以大数据为分析方法的基因工程和人工智能技术的无限开发，等等，无时不在向人类发出存亡性警示：正处于狂热进行时中的人类的胡作非到底给人类自己留下的时间还剩下多少？这种急切和紧迫要能唤醒当世沉沦于迷醉的愚狂，不仅需要重振信仰，需要重建当世新哲学，更需要重建弥合存在世界与人的世界之根本分裂的知识论和逻辑体系，这是卷5做如此尝试的初衷。这种尝试于知识论和逻辑体系的重建努力，能有幸得传播的机会，实要感谢中国社会科学出版社高瞻远瞩的扶持，尤其是责任编辑刘亚楠女士面向未来的热忱和挚诚于严谨的矫正，籍此致以衷心的感恩之情。

二零二三年十一月二十四日书于狮山之巅